BERNARD DUPUY DU GREZ

TRAITÉ
SUR LA PEINTURE

TEXTES CARTÉSIENS EN LANGUE FRANÇAISE

Directeur : Denis MOREAU

Cette série fait partie de la collection " Bibliothèque des textes philosophiques " dirigée par Jean-François Courtine.

Paru

AMELINE (Claude), *Traité de la volonté* suivi de *L'Art de vivre heureux*, éd. par S. Charles, 2009.
ARNAULD (Antoine), *Des vraies et des fausses idées*, éd. par D. Moreau, 2011.
DUPUY DU GREZ (Bernard), *Traité sur la peinture*, éd. par D. Dauvois, 2011.
LANION (François de), *Méditations sur la métaphysique* suivi de FÉDÉ (René), *Méditations métaphysiques*, éd. par J.-C. Bardout, 2009.
POULAIN DE LA BARRE (François), *De l'égalité des deux sexes. De l'éducation des dames. De l'excellence des hommes*, éd. par M.-F. Pellegrin, 2011.

À paraître

BOSSUET, *De la connaissance de soi-même* suivi du *Traité du libre-arbitre*, éd. par L. Devillairs.
CORDEMOY (Géraud de), *Discernement du corps et de l'âme en six discours* suivi de *Discours physique de la parole*, éd. par K. S. Ong Van Cung.
DANIEL (Gabriel), *Voyage du monde de M. Descartes* suivi *de Suite du Voyage du monde de M. Descartes*, éd. par M. Devaux.
DESGABETS (Robert), *Critique de la critique…* suivi *de Traité de l'indéfectibilité des substances*, éd. par E. Faye.
DU ROURE (Jacques), *La philosophie divisée en toutes ses parties* suivi de *Abrégé de la vraie philosophie*, éd. par X. Kieft et J.-C. Bardout.
LA FORGE (Louis de), *Traité de l'esprit de l'homme*, éd. par Ph. Drieux.
LAMY (Bernard), *Entretiens sur les sciences*, éd. par G. Radica.
LAMY (François), *Les premiers éléments des sciences*, éd. par S. Charles.
POISSON (Nicolas), *Commentaires ou Remarques sur la méthode de M. Descartes*, éd. par D. Moreau.
RÉGIS (Sylvain), *Système de philosophie*, éd. par D. Kolesnik-Antoine.
ROHAULT (Jacques), *Entretiens sur la philosophie*, éd. par J. Poulain.

BIBLIOTHÈQUE DES TEXTES PHILOSOPHIQUES

TEXTES CARTÉSIENS

BERNARD DUPUY DU GREZ

TRAITÉ SUR LA PEINTURE

POUR EN APPRENDRE LA THÉORIE ET SE PERFECTIONNER DANS LA PRATIQUE

Édition, introduction et notes
par
Daniel DAUVOIS

PARIS
LIBRAIRIE PHILOSOPHIQUE J. VRIN
6, place de la Sorbonne, V^{e}
—
2011

ISBN 978-2-7116-2088-3
ISSN 0249-7972
Imprimé en France

www.vrin.fr

INTRODUCTION

Frayer le chemin à cette grande politesse...

> *Ces monstres odieux des siècles ignorants,*
> *Que de la barbarie ont produit les torrents,*
> *Quand leur cours, inondant presque toute la terre*
> *Fit à la politesse une mortelle guerre.*
>
> Molière, *La gloire du Val-de-Grâce*, v. 84-88

Bernard Dupuy du Grez est un avocat toulousain qui va abandonner assez tôt la pratique du barreau pour se consacrer à l'étude de ce qu'il appelle fréquemment du nom de beaux-arts, en un temps où ce vocable n'est pas encore très usuel. Il est un homme dont on sait peu[1], et c'est à peu près l'homme d'une seule œuvre éditée, le *Traité sur la peinture pour en apprendre la théorie et se perfectionner dans la pratique*. Cet ouvrage semble n'avoir connu qu'un succès d'estime[2] et il ne sera pas réédité après la première édition de 1699/1700. Comme Félibien de ses *Principes de*

1. Dans une conférence du 6 avril 1911, Saint-Raymond remarque que cette ignorance est en partie due à la perte de la plupart de ses papiers durant un incendie occasionné par l'insurrection royaliste de l'an VII (*Mémoires de l'Académie royale des sciences, inscriptions et belles-lettres de Toulouse*, dixième série, t. XI, Toulouse, 1911, p. 242, d'une conférence qui est aux pages 241-278).

2. Estime dont témoignent l'intérêt historique que lui auront porté Chennevières-Pointel (*Recherches sur la vie et les ouvrages de quelques peintre provinciaux de l'ancienne France*, Paris, 1854 ; Dupuy est au t. 4), ou André Fontaine (*Les doctrines d'art en France*, Paris, 1909, reprint Slatkine, Genèce, 1970 ; Dupuy est traité p. 89-97), ainsi que l'intérêt théorique, plus près de nous, de B. Teyssèdre (*Roger de Piles et les débats sur le coloris au siècle de Louis XIV*, La Bibliothèque des arts, Paris, 1957 ; Dupuy est assez favorablement évoqué p. 408-420).

l'architecture, de la sculpture, de la peinture et des arts qui en dépendent[1], Dupuy a désiré que son livre soit une somme de ce qu'il faut honnêtement savoir en peinture, de son histoire, des peintres, des règles et des techniques, ainsi qu'un manuel pour pratiquer cet art[2]. Il s'adresse donc à tous ceux qui sont susceptibles de devenir des curieux de cet art ainsi qu'à ses apprentis, et il leur offre une introduction assez complète de ce qu'il faut savoir pour acquérir le goût bon et pratiquer correctement.

L'HOMME

L'homme Dupuy du Grez[3] présente pour nous principalement le trait singulier et l'intérêt, qu'il partage avec un magistrat de Bourges, Nicolas Catherinot, polygraphe fort prolixe mais simple compilateur en matière de peinture, de n'être pas un professionnel des arts dont il désire instruire

1. *Avec un dictionnaire des termes propres à chacun de ces arts*, Paris, 1676. Nous solliciterons ce *Dictionnaire*, dans la suite, selon la seconde édition de 1690.

2. « Je me suis aussi flatté que plusieurs s'y arrêteront pour le seul plaisir de la théorie et que quelques autres y trouveront des maximes très utiles pour la pratique » (*Traité sur la peinture*, Préface, p. 1).

3. Voici la biographie de Dupuy du Grez, tirée de la revue des *Hommes illustres* présentée en suite de *l'Histoire de Toulouse* de J. Raynal (Toulouse, 1759, p. 395-396) : « Bernard DUPUY DU GREZ, l'un des plus savants hommes de son temps, naquit vers le milieu du XVIIe siècle. Son goût pour l'étude éclata dès sa plus tendre jeunesse ; et les progrès les plus rapides dans la connaissance des langues latine, grecque, italienne, espagnole et dans la science du droit civil et canonique furent le prix de l'éducation recherchée qu'il reçut de ses parents. Il embrassa d'abord et soutint avec gloire la profession d'avocat dans le parlement de cette ville. Ensuite il disputa avec l'applaudissement du public une chaire ou régence de droit dans l'université ; mais soit qu'il fût rebuté par son peu de succès, soit qu'il cédât à son penchant pour la solitude ou à son goût pour une autre science, il quitta le barreau, se renferma dans son cabinet et ne fit part de ses lumières qu'aux pauvres qui allaient le consulter ou à ceux qu'il allait visiter dans l'hôpital dont il était un des plus zélés directeurs. Dans cette retraite volontaire, il se livra à l'étude de l'histoire ancienne, sur laquelle il a laissé de savantes remarques ; et par amour pour sa patrie, il s'appliqua particulièrement à l'histoire de Toulouse. On a trouvé parmi un grand nombre d'ouvrages manuscrits, des recherches sur l'histoire de cette ville, écrites en latin et en français, où il traite très savamment cette matière depuis la fondation de Toulouse jusqu'à la mort du président Duranti. Non content de publier la gloire de sa patrie, Bernard Dupuy voulut l'augmenter en y faisant naître l'émulation pour les beaux-arts. La peinture, dont il connaissait parfaitement les préceptes, était négligée. Il tenta d'établir une école publique pour le dessin, fit exposer à ses frais un modèle vivant, d'après lequel on allait dessiner ; et donna des prix à ceux qui réussirent le mieux, suivant l'avis des plus habiles peintres et sculpteurs qui concoururent avec lui dans ce jugement. C'est ainsi que cet illustre citoyen encourageait et récompensait les talents après les avoir éclairés par un excellent traité de peinture qu'il fit imprimer en 1699. Mort le 18 août 1720, âgé de 80 ans, 7 mois, 12 jours » (p. 395).

son public. Son autorité ne saurait provenir de sa main ni de ses œuvres, même si l'on doit à Dupuy un certain nombre de dessins. Comme l'autre juriste berrichon, Dupuy prétend écrire à la condition de ne pas faire et introduit un nouveau rapport à l'art, intermédiaire entre le monde des « ouvriers » comme on dit au XVIIe siècle, où le terme d'« artiste » n'est pas encore en cet usage, et le monde des connaisseurs, des curieux et de tous ceux dont la dignité commande qu'ils sachent ce que c'est que de peindre et qu'ils puissent reconnaître ce qui est bien fait et de bon goût. Sa position n'est pas bien sûr celle que va inaugurer La Font de Saint-Yenne à partir de 1747 [1] et de ses comptes-rendus du *Salon*, celle qu'on pourra dire adéquatement *critique,* mais elle n'est plus non plus celle de tous les prosateurs d'art – ou ses peintres-poètes comme Hilaire Pader – qui s'autorisent de leur savoir-faire professionnel pour dire ce qui se doit et donner à connaître les procédés, les façons et les tours qu'il faut savoir. Il ne s'agit pas de dévoiler les secrets de l'art, secrets chimiques ou chiffrés, mais de tenir celui-ci pour un objet, en principe docile à l'activité d'écriture qui prétend le traverser et en montrer les propriétés. Dupuy n'est alors pas davantage l'homme de la *poiésis*, qui saura dire parce qu'il sait faire, que l'homme de la *critique*, apte à décrire les effets engendrés par les œuvres sur sa faculté de goût et de discernement esthétique. Il ne fait ni ne juge : il sait seulement et l'expose. Son ouvrage est tout d'enseignement.

Bernard Dupuy du Grez est né à Toulouse en 1639. La *Biographie toulousaine* souligne que ses parents le vouèrent fort tôt aux lettres de sorte qu'il possédât le latin et le grec, l'italien et l'espagnol. Après avoir embrassé la profession d'avocat au Parlement de Toulouse, il quitta bientôt le barreau pour l'étude et les sciences. Ses travaux le portèrent principalement dans deux directions ; la première est celle de l'histoire régionale, puisqu'il a laissé à sa mort un manuscrit inédit de *l'Histoire de Toulouse*, qui courait de la fondation de la ville jusqu'à la mort du président Duranti, en 1589, pendant les Guerres de religion. La seconde direction le conduit à publier en 1699 un *Traité sur la peinture*, sans postérité sinon un reprint de l'édition originale à Genève (Minkoff, 1972).

Cette publication porte la marque d'une intention constante chez Dupuy, de transformer l'appréciation régionale des arts du dessin et de former les esprits à leur meilleur accueil. Elle exprime les désirs

1. *Réflexions sur quelques causes de l'état présent de la peinture avec un examen des principaux ouvrages exposés au Louvre le mois d'août 1746*, La Haye, 1747. Le terme de *critique* appartient déjà aux *Réflexions critiques sur la poésie et sur la peinture* de l'abbé Du Bos, parues en 1719.

d'institutions académiques de la vie artistique de Toulouse, concentrés au XVIIe siècle sur la création d'une académie de dessin, puis exaucés au siècle suivant par la création d'une académie royale de peinture, en 1750. Reprenons ce point de plus loin.

Les capitouls de Toulouse ont, depuis le Moyen Age, stimulé la vie picturale de la cité par la commande coutumière de leur portrait[1] et par la nomination d'un « peintre de la maison de ville » à cet effet ; cet office de premier peintre de la cité est ainsi occupé, au début du XVIIe siècle par Jean Chalette, qui a été dispensé de chef-d'œuvre contre l'usage de la Maîtrise mais à l'imitation des peintres à brevet de l'entourage du roi, et à qui a été octroyé un grand atelier dans l'hôtel de ville. L'un de ses élèves, Hilaire Pader, à son retour de Rome, en 1641, avec Jean Auduy, dont on sait peu, et Guillaume Fontan, sculpteur, institue une sorte d'académie du dessin, sans doute sous l'influence des académies italiennes fréquentées par Pader, et afin de s'émanciper de la formation corporative qui, à Toulouse, mêlait peintres et verriers. Académie minimale et non institutionnelle puisqu'il s'agissait de donner des cours chez Auduy, le dimanche en présence d'un modèle sans doute *dal naturale*. Selon Dupuy, cette école ou bien les leçons de dessin ultérieurement assurées par Pader dans les années 1670, furent concurrencées par Antoine de Troy qui se tenait aussi dans la même rue Peyrolières. Le désordre de ces essais, qui devait conduire à l'échec, invita Dupuy à militer pour l'ouverture d'une académie véritable à Toulouse, où des statuts se développent en règles d'institution, en enseignements dispensés, en connaissance et en pratique des arts du dessin diffusées et améliorées. Dupuy ouvre[2] en effet sur ses deniers en 1693 une école publique et gratuite de dessin, où posait le modèle vivant et par laquelle étaient décernés des prix et distribuées des médailles. On y étudiait le nu deux fois la semaine, avec la contribution d'Antoine Rivalz. Ainsi le peintre Jean Michel (1659-1709) qui a succédé à Jean-Pierre Rivalz comme peintre officiel des Capitouls (1694) remporte la médaille d'argent ou premier prix de dessin en 1697. Cette école sans subvention ni aide municipale durera jusqu'à la mort de son fondateur en 1720. Peu après la disparition de Dupuy du Grez, Antoine Rivalz ouvre en 1726 une école similaire mais qui devient municipale en 1727, avec 400 livres de subven-

1. Ils sont huit qui, outre leur portrait collectif, ont droit chacun au sien en particulier.

2. On consultera l'*Histoire de Toulouse* de Henri Ramet (Toulouse, 1935, reprint Le Pérégrinateur, Toulouse, 1994, p. 527 et 606-607) ainsi que le collectif : *Les collectionneurs toulousains du XVIIIe siècle*, Somegy éditions d'art-Musée Paul Dupuy, Toulouse, 2001, p. 15-30.

tion. À la mort respective dudit Rivalz, en 1735, le peintre de l'Hôtel de ville, Guillaume Cammas assure la continuité de cet enseignement; il s'associe avec le chevalier Pierre Rivalz, fils d'Antoine, aux sculpteurs Marc Arcis et Pierre Lucas et au graveur Simonin aîné. Cette société est pourvue de statuts en 1746 puis rapidement transformée en Académie royale de peinture et de sculpture, par le roi et les lettres patentes du 25 décembre 1750. Le rêve académique de Dupuy du Grez était réalisé.

Le désir académique de Dupuy est suffisamment intense et sensible au fil de son ouvrage, notamment de façon très explicite à la *Dissertation* seconde consacrée au dessin ; de cette évidence, on demandera : pourquoi espérer d'une certaine sorte d'enseignement artistique qu'il polisse et qu'il civilise, ainsi que la propre *préface* de Dupuy en fournit la finalité, qui est d'œuvrer à l'avancement et au progrès des beaux-arts, dont la perfection forme la raison dernière de ses principales entreprises, de ses tentatives académiques et concurremment, de la publication de son *Traité sur la peinture* ? Pourquoi la vie de Dupuy du Grez se subordonne principalement à l'urgence qu'il y a désormais et à l'effort qu'il faut soutenir présentement pour que les arts progressent, que leur pratique et leur enseignement se développent ? Car si l'institution de l'Académie royale de peinture, en 1648, était une aventure de peintres à brevet, gravitant autour de la Cour, des Princes, et empressés de se démarquer de la trop mécanique Maîtrise ; si sa reprise en main par Colbert au moment instaurateur des premières Conférences confirmait l'attention soucieuse portée vers la gloire du roi : bref si l'Académie des premières décennies a le roi pour cause finale et le souci de sa gloire pour perfection propre, le souci provincial d'un Dupuy est d'essence civile et civilisatrice : rendre meilleurs ses semblables par le progrès des arts qui implique leur pratique plus fréquente et leur connaissance plus répandue. Il faut fonder des écoles qui espèrent devenir académiques, et produire des Traités, qui contiennent tout ce que l'honnête homme provincial doit apprendre pour se parfaire et se polir. Je vais essayer de rentrer dans les raisons de cet idéal académique constamment poursuivi et de manifester que Dupuy du Grez n'est pas à la peinture dite classique ce qu'Emma Bovary est au mouvement qu'elle pensait romantique.

LE *TRAITÉ SUR LA PEINTURE* ET SA DOCTRINE

Le *Traité* de Dupuy est une somme et un aboutissement. Il est animé par l'esprit de tout dire ce qu'il y a d'essentiel à propos de la peinture, de son histoire, de ses parties et de ses procédés d'atelier ainsi que de sa théorie, c'est-à-dire, du moins provisoirement, des règles intellectuelles qui président à la production de ses œuvres. Il résume également et concentre les débats et les querelles dont le second XVIIe siècle a été l'occasion, de sorte que dessin et coloris semblent avoir cessé de se faire concurrence et opposition, et que l'unité l'emporte sur la variété contrastée qui toutefois la tempère. Aussi les sources auxquelles Dupuy s'est formé sont-elles multiples mais revendiquées de manière équanime.

Ce sont essentiellement Vitruve, Pline et Quintilien pour les Anciens, et dans une mesure moindre le Philostrate des *Eikonès*[1]. Des auteurs en l'occurrence secondaires apparaissent cursivement, Lucien ou Pausanias, mais c'est très régulièrement que Dupuy, lorsqu'il a besoin d'une anecdote sur un peintre ancien, mobilise *l'Histoire naturelle*[2] de Pline ; lorsqu'il désire avancer un élément de doctrine ou de technique, sollicite le *De architectura* de Vitruve, commenté par Philandrier et Daniele Barbaro[3]; quand enfin il désire comparer peinture et rhétorique, convoque Quintilien, et notamment le livre XII de *l'Institution oratoire*. Illustration, fondement, parallèle sont des opérations essentielles de la prose d'art de Dupuy.

Chez les Modernes, les autorités sont en un premier temps italiennes, quoique Dupuy n'hésite jamais à prendre des distances et des précautions à l'égard de ces références que sont Alberti[4], Vasari[5] et Lomazzo[6]. A. Dürer intervient presque exclusivement à l'endroit des proportions du corps humain, et F. Junius seulement pour la définition de la peinture. Importent plutôt les sources contemporaines que sont André Félibien et Roger de Piles, celui-ci ressaisi en général comme l'auteur des *Remarques* au *De arte graphica* de Dufresnoy, augmentés d'un Claude Boutet destiné à demeurer anonyme durant le *Traité* et seulement mentionné comme l'auteur du *Traité de la miniature*.

1. Les *Images ou tableaux de plate peinture*, dont B. de Vigenère a fournie en 1578 une traduction et un commentaire (2e éd. 1597, sur laquelle est faite l'éd. F. Graziani en deux tomes, Honoré Champion, Paris, 1995).

2. Les tomes XXXIV, XXXV (surtout) et XXXVI, pour l'essentiel.

3. Les deux principaux commentateurs de Vitruve. Je ne développe pas plus en détail afin de ne pas charger cette présentation ; nous retrouverons tous ces auteurs, anciens comme modernes, et noterons leurs œuvres et leur apport particulier pour Dupuy du Grez, au fil des diverses dissertations, auxquelles je renvoie donc.

4. Le *De pictura* de 1435, mais moins que rarement le *De re aedeficatoria*.

5. Dupuy le tient, dans les *Vite* ... pour trop favorable aux Florentins en particulier, aux Italiens en général.

6. Lequel semble souvent inutilement compliqué à Dupuy, dans sa définition de la peinture comme dans son système de proportions du corps humain.

L'usage de ces références apparaît critique plutôt qu'autoritaire, et Dupuy ne se prive pas de souligner les faiblesses et les propositions contestables chez les auteurs qu'il convoque. De la définition inaugurale de la peinture jusqu'au petit traité d'optique terminal, un même impératif de clarté et de simplicité dans l'exposition, un même souci de la facilité dans la mise en pratique, une semblable réprobation du confus et de l'inutilement composé reconduisent le texte à dénoncer aussi bien les définitions chantournées de la peinture, celle de Lomazzo par exemple, que les exposés de perspective qui ne permettent pas l'application délinéatrice du peintre : la peinture se réduit en composition, dessin et coloris tout comme l'optique picturale se résume au principe de l'égalité phénoménale de tout ce qui se voit sous un angle égal, quelle qu'en soit la distance au point de vue. Cette fécondité revendiquée depuis l'application d'un principe simple semble relever d'un esprit cartésien, identifiable en l'occurrence à la méthode des idées claires et distinctes. Cela nous va nous conduire, après avoir brièvement représenté le contenu doctrinal de l'ouvrage de Dupuy du Grez, à rendre raison de sa présence dans une collection de textes cartésiens.

Le *Traité* propose quatre dissertations, respectivement suivies de quatre suppléments qui les complètent et en infléchissent le sens. La première porte sur la peinture en général, sa définition, son usage, sa comparaison avec la sculpture sous le motif des deux sœurs, enfin sa dignité d'art libéral. Dupuy conteste la définition de Lomazzo, imparfaite, embarrassée, vague et trop composée, ainsi que la distinction des parties de la peinture offerte par Junius, confuse et lacunaire à la fois. Ce double rejet se prononce selon un double critère : ces éléments de définition ne permettent ni aux peintres d'avancer dans la pratique de leur art, ni aux curieux d'en pénétrer la théorie. Il confirme que Dupuy s'adresse aux ouvriers de la peinture, afin de faciliter leurs commencements, ainsi qu'aux connaisseurs de ce bel art, afin de leur dévoiler les principes théoriques par lesquels les œuvres sont produites. Or cette division téléologique n'est pas susceptible d'être abolie : le meilleur fruit de la lecture du Traité ne saurait s'attendre du côté de l'identification de ceux qui œuvrent et de ceux qui goûtent. Savoir n'est pas faire ; en d'autres termes : la pratique va se révéler, en chaque région de l'analyse et pour chaque partie de la peinture, irréductible à la théorie et à ses règles intellectuelles et prescriptives. La composition comme le dessin et le coloris exigent des talents que les règles n'engendrent pas et se contentent seulement de corriger ou d'éduquer ; les œuvres réussissent par un effet d'union ou de *tout-ensemble*, une grâce ou un *je ne sais quoi* qui ne s'apprennent pas et ne se réduisent pas en principes théoriquement représentables ni régulièrement applicables. Ce constat récursif nous fournit la raison la plus générale de la distinction systématique de l'ouvrage en dissertations et suppléments : celles-là sont à destination théorique et pour instruire les curieux de cet art de peinture, tandis que ceux-ci nous font entrer dans la fabrique de l'œuvre et dans l'atelier du peintre. Ils nous apprendront à retenir le nom et le lieu des os et des muscles, la forme nombrée des proportions idéales, les ingrédients de fabrication de certains pigments colorés, les façons aisément praticables d'une perspective adaptée à la faible science géométrique du peintre.

Une seconde conséquence doit être en ce point soulignée et qui nous semble d'assez grande conséquence. C'est que le terme même de théorie est devenu équivoque : car Dupuy distingue, de façon usuelle, théorie et pratique de la peinture, autrement dit composition, d'une part, dont il renvoie l'étude d'une manière qui n'est plus du tout coutumière à la fin de son *Traité*, et dessin et coloris, d'autre part, qui sont les parties pratiques. La composition est théorique parce qu'« elle se produit dans l'esprit » et non par la main, et qu'elle consiste tout d'abord en une invention purement imaginative, sans contribution sensible ni manouvrière. Mais théorique vient aussi à s'employer pour dire « l'effectivité de règles », considérées universellement voire nécessairement comme propositions prescriptives opposées à leur application. Ces acceptions ne se recouvrent pas du tout puisque l'invention peut bien se produire par le génie et sans règle, quoique toute en l'esprit : elle est théorique car de pure fabrique mentale, mais non pas théorique au sens d'une identité avec – ou d'une soumission à – des règles fixes et déterminantes de façon homogène. Inventer ne se fait pas par représentation de propositions intellectuelles – et, en cela, universelles – nécessaires et destinées à s'appliquer régulièrement sur un terrain sensible et particulier, car cela se fait par un talent qui ne se trouve pas chez tous et ne s'apprend pas. Il y a donc la théorie comme corps de principes ou de règles applicables – et en ce sens, il y a une théorie du dessin, et une science de celui-ci consistant en la possession de ce corps de règles ; mais aussi la théorie comme la composition, qui est la partie théorique de la peinture, opposée au dessin et au coloris qui en forment la pratique. Et bien plus, si l'on y regarde d'un peu plus près, cette partie de la peinture est théorique mais, sous l'espèce principale de l'invention, impossible à enseigner et à expliciter en règles universelles applicables et imitables, et « ce sera seulement dans les effets » du talent ingénieux qui assure la facilité d'invention compositive, que ce caractère théorique pourra être aperçu et montré. Une règle peut s'énoncer indépendamment de son application, elle est pourvue d'autonomie discursive, mais non pas une belle invention qui n'est perceptible et démontrable que dans l'œuvre où elle est incarnée.

Puisque chez Dupuy l'invention n'est pas le pouvoir des règles, une dualité théorique est offerte, qui signifie une tension dans la définition de la peinture, entre son intégration pure et simple sous le chef d'art libéral et son émancipation spécifiée sous le genre des beaux-arts. De l'invention picturale, comme du dessin ou du coloris, on devra concéder qu'ils ne se réduisent pas en techniques subordonnées principalement à des savoirs qui ne demanderaient qu'à transitivement s'appliquer ; mais alors leur essence n'est point dans l'expression de ces règles ni dans la manière dont celles-ci s'incarnent en ceux-là. En un mot leur essence n'est pas *poétique*, au sens de la *poièsis* aristotélicienne ; elle tend à devenir *esthétique,* au sens où elle n'est perceptible que par l'appréhension et le sentiment des œuvres, l'agrément qu'elles engendrent et que le discours ne peut rendre qu'avec peine et embarras. L'invention, le dessin et le coloris, se rapportent à des règles qui permettent d'éduquer la faculté de les cultiver, mais ils excellent en dépit de ces règles qu'ils excèdent et négligent pour acquérir la valeur artistique des œuvres de goût. Cet excès qui ne se déduit ni ne se dérive de propositions générales, ne saurait donc qu'être montré et offert à l'attention esthétique perspicace, d'où la présence abondante des œuvres mêmes sous la plume de Dupuy, puisque seule leur perception est véritablement instructive. L'existentielle singularité des objets est nécessaire à la bonne pédagogie picturale.

Dans sa division de la peinture en parties, Dupuy assume la simplicité tripartite inaugurée par le poème de Charles-Alphonse Dufresnoy, le *De arte graphica*, que Dupuy consulte, non dans l'édition latine assurée par les soins de Pierre Mignard, l'ami de longue date de Dufresnoy, mais dans la traduction augmentée de *Remarques* que, cette même année 1668, Roger de Piles a donnée. Cette distinction théorico-pratique en composition, d'une part, dessin et coloris d'autre part, exprime un souci d'émancipation à l'égard des divisions rhétoriques et de leur prestige. Dupuy ne cherche pas à entretenir l'analogie avec *l'ars bene dicendi* au-delà du double besoin d'assurer la dignité libérale de l'art de peinture, que sa parenté avec l'art évidemment libéral du discours indique assez, et de souligner en lui toute l'importance de l'invention et de la disposition, qui forment des divisions communes à la rhétorique et aux arts du dessin. D'ailleurs, cette dimension proprement théorique de la peinture est renvoyée en dernière partie, après l'étude plus spécifiquement attachée à l'art pictural du dessin et du coloris, dont l'être pratique n'est donc point équivalent à celui d'une application dans le sensible de règles et de propositions intellectuelles ; en outre Dupuy s'attachera particulièrement à analyser moins le fait d'inventer au sens de « former l'idée de ce qui est et reste à peindre », ainsi que le rhéteur trouve les thèmes et l'argumentaire de son discours, que le fait d'inventer comme opération de transposition plastique d'un donné discursif, d'une *historia*. Pour inventer, il faut faire « élection de plusieurs attitudes ou apparences de divers corps visibles et les produire aux yeux par le ministère du crayon, du pinceau ou de l'ébauchoir », de sorte que le tout forme un « assemblage élégant ». Il est ici remarquable que ce versant théorique de la peinture n'existe qu'au travers de son expression pratique : l'invention présente un caractère plastique et non purement intellectuel, voire purement imaginatif. Les expressions linéales sont nécessaires à l'imagination inventive afin qu'elle fixe et s'imprime les belles attitudes, afin également que la main s'accoutume à suivre les idées de l'imagination. L'*application* linéale est tout aussi bien une *formation* de la faculté inventive.

L'invention n'est elle-même que dans et par sa mise en pratique ; de même et comme inversement, le dessin n'est tracé matériel qu'à partir de l'intelligence qui en fonde la correction et le goût. Il consiste en une pratique qu'une science seule identifie à soi-même. Ce point de définition suffit à justifier, chez Dupuy du Grez, l'entreprise longuement méditée et mise en œuvre d'une école académique du dessin : car on ne saurait apprendre le dessin qu'en le pratiquant, cependant qu'en cette pratique, ce n'est point un faire ni même un savoir-faire qui s'enseignent et se communiquent – comme en un corps de métier – mais bien l'idéalité des belles proportions dont l'étudiant dessinateur se rend familier. Reprenons en effet l'exacte définition que donne Dupuy au début de la *Dissertation seconde* :

> Le dessin est une faculté de l'entendement qui consiste dans l'intellection de la belle proportion, ou, si vous voulez, une science pratique qui dirige les opérations de la main lorsqu'elle veut imiter les corps visibles dans leur proportion.

Dupuy écrit de fait « dessein » et non « dessin », comme il est bien entendu usuel de son temps. Mais ce « dessein » fait aussi bien voir par son « e » supplémentaire une intention intellectuelle, une visée, qu'une délinéation, un tracé visible. Bien mieux cette graphie indique que l'intention fait déjà figure ou qu'elle est déjà le schème dont le tracé linéal sera l'expression immédiate dans le visible, le *schizzo* et l'esquisse, au sens où *schizzare* signifie le fait de jaillir. Cette richesse de déterminations contrastées et concentrées dans le vocable de dessein, en son usage dix-septièmiste, on sait qu'elle vient du *disegno* et de ses théoriciens italiens, et particulièrement de Federico Zuccaro, qui aura développé la distinction entre *disegno interno* et *disegno esterno* aux deux livres de son *Idea de'pittori, scultori et architetti*[1] de 1607 (Torino). Charles Le Brun réassume cette distinction ou plus exactement cette mise en continuité de l'intellectif et du sensitif, au début de sa conférence du 9 janvier 1672, en réponse à Gabriel Blanchard, où il établit deux sortes de dessins, le théorique et le pratique[2]. L'équation du dessin et d'une intellection n'est donc aucunement propre à Dupuy, non plus que l'objet visé que serait la belle proportion ; l'erreur serait d'y percevoir les principes d'une esthétique intellectualiste, comme on dit. Car la belle proportion, ce n'est ni une pure idéalité, ni le canon systématique de rapports mathématisés ; ou plutôt ce ne saurait être simplement ni principalement cela, car c'est aussi un « assaisonnement », un « je ne sais quoi » ou un goût qui charme, qui plaît et dont l'intellect ne saurait rendre raison. La proportion plaît par la convenance des parties avec le tout, mais on ne peut assigner la cause de cette convenance, dont on est charmé sans qu'elle puisse être expressivement ramenée à des raisons. Le dessin est expression immédiate de la pensée, à laquelle toutefois il ne se ramène pas ; il en est l'effet et qui ne se connaît pas par sa cause. La direction des opérations de la main se mesure ainsi moins dans la fidélité analogique aux règles intellectuelles que sous la raison des effets esthétiques produits : une œuvre de goût présente un rapport des parties au tout qui plaît par je ne sais quoi.

Ainsi le dessin procède d'une science mais son excellence résulte d'un talent ou génie ; les opérations qui l'engendrent obéissent à des règles que la main doit s'incorporer, mais la perfection visible de leur résultat se manifeste comme grâce, comme charme, comme plaisir. L'essence du dessin est dans l'application de principes réglés et dans l'unité advenue de l'intention théorique et de l'effectuation pratique du tracé, autrement dit dans la proportion ; mais sa valeur ou sa teneur artistiques ne sont pas tant dans la visibilité des règles au travers des lignes, que dans la puissance du rapport interne des parties au tout, ou de la juste proportion et *symmetria*, qui sont aptes à engendrer un plaisir chez le spectateur. Car la proportion « plaît par la convenance des parties avec le tout qu'elles composent » ;

1. Titre étonnant, puisque la nature morphogénétique de l'*Idea* est précisément prise intégralement en charge par le concept de *disegno*. Il n'est ainsi aucunement question d'*idée* dans le texte de Zuccaro (un *disegno* divin se substitue même aux Idées divines de tradition, cf. *Idea*..., livre I, chap. v, p. 8-10).

2. Nous nous référons à l'édition critique intégrale *des Conférences de l'Académie royale de peinture et de sculpture*, de J. Lichtenstein et C. Michel (ENS B-A, 2006) ; en l'occurrence, t. 1, vol. 1, p. 450.

mais on ne peut « connaître la cause qui produit cette convenance qu'on ne saurait exprimer, quoiqu'on en soit charmé » (*Deuxième dissertation*).

Il semble en aller un peu différemment du coloris; si en effet la belle proportion s'est incarnée dans la statuaire gréco-romaine, de sorte qu'on paraît en avoir perdu le secret sinon le canon, si par conséquent, les Anciens persistent à manifester de la supériorité sur les Modernes en matière de *summetria* et donc de dessin, en revanche le coloris marque l'excellence des Modernes, notamment par l'invention de la peinture à l'huile qui donne au coloris plus de force et plus de beauté dans l'union des couleurs. Car le coloris consiste essentiellement dans la mise en relation lumineuse ou ombrée des teintes et des couleurs ; il n'est pas la propriété qualitative d'une chose ou d'une autre, dans une représentation, mais l'effet d'union dans la variété des diverses couleurs. L'ennemi d'un beau coloris c'est donc la couleur *tranchée*, qui se détache de façon discontinue des autres valeurs chromatiques, et qui prétend valoir pour elle-même. Son fondement consiste au rebours dans « plusieurs couleurs unies et noyées ensemble », dans la pratique « des lumières larges qu'il faut encore faire perdre insensiblement dans les ombres qui les suivent ou qui les entourent » (*Troisième dissertation*). Il est en effet de l'office du coloris que de distribuer des lumières larges et des ombres semblablement, afin de mettre en relief certains détails et de les lier en une agréable continuité au reste de la représentation.

Certes Dupuy rappelle la distinction, qu'il va chercher chez Lomazzo, des divers plans, qu'il nomme plutôt lignes, du tableau : premier plan, plan principal, arrière-plan et fond ; certes cette distinction ordonnée de lieux que la phénoménalité perspective appelle, signifie une volonté de mise en ordre de l'espace du tableau et de congé donné à toute confusion, afin que la distribution des lumières et des ombres puisse s'effectuer selon des façons différentes pour chacun de ces plans ; certes Dupuy distingue et juxtapose pour exposer les principes du coloris, mais ce sera toujours dans un souci de continuité qui s'attache nécessairement à cette partie de l'art de peindre. Coloris veut dire mise en relation continue des différences chromatiques ; il n'est d'ailleurs point nécessaire de rajouter ici « lumineuses » à « chromatiques », puisque la lumière du peintre n'est autre que le blanc pur, tandis que la ténèbre pure est le noir. Faire jouer les lumières et les ombres afin d'unir les parties du tableau, ce n'est donc que rompre ses couleurs avec du blanc, avec du bistre, avec du noir. On doit donc concevoir la distribution des jours par la variation continue du mélange des teintes sur la palette ou de leur juxtaposition sur la toile. Ainsi Dupuy en vient-il à condamner en principe l'opposition tranchée du jour et de la nuit et la juxtaposition discontinue des ombres pures et des lumières franches que pratiquent les peintres « de la manière obscure et forte », comme il le dit, autrement dit les Caravagesques, qui ont laissé une œuvre assez abondante à Toulouse ; songeons seulement à Nicolas Tournier ou au Simon Vouet de la première manière. Non pas que le Caravage soit né pour détruire la peinture, suivant une formule prêtée à Poussin (et d'ailleurs Dupuy étudiera assez en détail plusieurs tableaux toulousains de sa manière) ; mais tous ces tableaux ténébristes d'après *La vocation de saint Matthieu* s'exceptent du vrai coloris qui demande une manière plus fraîche, parce qu'il ne se satisfait pas de l'opposition insoluble et fortement contrastée ainsi que théâtralisante entre un fond de pure ténèbre et quelque source lumineuse plus ou moins violente et incertaine qui le déchire pour faire voir l'*historia*.

L'essentielle propriété de mise en continuité des figures et des différences plastiques qu'assure le coloris fait également comprendre pourquoi Dupuy loge le clair-obscur du côté du dessin, sans être pour autant un fervent ni unitaire partisan du dessin *contre* le coloris ou *au-dessus* de lui. La juxtaposition de l'ombre et du jour peut se faire par de simples hachures tracées parmi des blancs de traits, elle relève alors du dessin et du voisinage discontinu des contraires. Ce point de localisation du clair-obscur exprime par ailleurs que la Querelle du coloris est, du moins provisoirement, éteinte ou dépassée. On peut valoriser le coloris comme intelligence de l'union et de l'amitié des couleurs tandis qu'on refusera de lui subordonner le département du clair-obscur.

La dernière partie affectée à la composition autorise les mêmes conclusions, déjà tirées à l'endroit du dessin ou du coloris. Dupuy passe fort vite sur l'expression des passions, auxquelles un Le Brun ou un Poussin étaient bien davantage attentifs comme à une partie essentielle de la peinture. Il s'attache davantage aux deux parties de la composition, après l'invention, que sont l'ordonnance et la convenance. La première d'entre elles s'analyse en disposition et perspective, tandis que celle-ci concerne la vraisemblance, le décor ou l'ornement.

L'invention demande plus et autrement que l'imitation du naturel, elle doit résulter d'un choix des plus belles attitudes et viser la variété et le contraste qui plaisent à l'œil. Elle doit donc concilier des impératifs mimétiques qui subsistent et la fin désirable de charmer et d'élever le sentiment du spectateur par la noblesse expressive des attitudes. Dupuy donne à penser, par le bref historique de la peinture et de la statuaire qu'il esquisse en prolongement de Quintilien, que l'imitation du naturel fixe l'essence constante et stable de l'art de peindre, tandis que la recherche de l'expression et de la grâce, en position de cause finale, engage une histoire progressive de ces beaux-arts, et qui se répète dans leur naissance puis leur renaissance : « Il est aisé d'observer dans nos Modernes le même progrès que cet auteur (*i. e.* Quintilien) a reconnu parmi les Anciens ». L'art se répète dans son progrès ; car sa perfection, faite de beauté charmante et d'expressivité plaisante, se distingue de ce que son identité, procédant de l'imitation du naturel, commande.

La disposition revient à une théorie des groupes, qui forment les unité narratives principales sous la destination qui incombe au tableau de raconter une *historia*. Les figures qui les composent ne doivent être ni isolées, puisque « l'homme recherche la compagnie dans l'art avec autant de soin que dans la nature, ni collées les unes sur les autres » de sorte qu'elles nuiraient au principe gracieux de variété et de contraste. Dupuy développe moins cette théorie des groupes qu'un auteur tel qu'Henri Testelin, il lui suffit d'indiquer que la disposition de ces groupes doit obéir à une exigence de successivité paisible, car « l'œil s'offense de voir plusieurs belles choses au même temps », et il faut donc lui offrir du contraste dans la répétition ; tandis qu'il convient de ne pas attirer l'œil par de grands jours et de trop riches ornements au-delà du centre du tableau, afin « que les yeux ne se sentent pas arrachés comme avec violence de l'endroit où ils sont naturellement portés ». Il faut ainsi offrir à l'œil la récréation de la variété sans l'y forcer.

De la perspective, Dupuy ne dit presque rien dans sa *quatrième dissertation*, puisque son supplément lui est intégralement consacré ; il se contente d'annoncer le principe directeur de cette exposition prochaine, qui résulte de l'assimilation de l'espace bidimensionnel du tableau à une glace transparente sur laquelle s'arrêtent les espèces des figures. Cette identification peut faire songer à la fenêtre d'Alberti, quoique la perspective de Dupuy ne connaisse pas ces points pris à l'extérieur du cadre du tableau, grâce auxquels la construction réglée de l'apparence de profondeur est rendue exactement possible, et qui seront appelés points de distance à partir de Jean Pèlerin Viator. C'est une perspective toute pratique, et fondée sur l'égalité de l'angle balayé par le rayon visuel qui se porte aux extrémités d'un objet proche et d'un objet plus grand mais plus lointain, dont la forme réelle devra être raccourcie sur le plan phénoménal du tableau. Ce qui se voit sous un angle égal est égal sur ce plan du tableau.

La convenance affecte la vraisemblance et « le costume », elle engage le savoir du peintre, dans la fable et l'histoire, la religion ou les coutumes des nations ; et elle concerne la relation du tableau à son sujet, de sorte que les formes représentatives conviennent avec ce qui est représenté. Un point nous intéressera particulièrement, et qui reconduit à la question de la voie frayée vers une plus grande politesse d'où nous étions partis, celui de la représentation convenante du nu. Dupuy s'interroge sur la « delicatesse pour les nudités » [1], à partir de l'opposition entre l'intelligence et le cœur, qu'il faut entendre comme celle d'une faculté de représentation et de connaissance face à une faculté de désirer. Si certains ne peuvent souffrir les nudités, alors qu'ils professent aimer la peinture :

> Cela vient de leur peu d'intelligence et de ce que leur esprit n'y prenant point part, les yeux leur portent les objets dans le cœur qui s'intéresse d'abord, n'étant capable d'autre plaisir que de vouloir quelque chose.

Plus loin, Dupuy qualifiera de « vraie rusticité » cette contemplation « intéressée » du cœur plutôt que de l'esprit, à laquelle il opposera de la « politesse » et des « mœurs bien réglées ». Comprenons que le cœur, comme centre de l'appétit ou faculté de désirer, n'appréhende que des objets de pur plaisir sensible, tels l'éclat de l'or ou les vives couleurs des teinturiers ou des enlumineurs : le plaisir s'attache alors à une présence, non à une représentation. Et c'est à peu près ce que signifie le « peu d'intelligence », qui revient à saisir un objet pour ce qu'il est, non pour ce qu'il représente. Selon Dupuy, le désir et l'intérêt sensibles ont pour pendant la chose même reconnue comme l'objet final du mouvement de satisfaction qu'ils constituent, tandis que l'intelligence et l'esprit posent ce qui leur est offert en situation de représenter autre chose que ce que c'est. Les yeux saisissent la présence, ils portent l'être au cœur ; l'esprit le transfigure en signe, en médiation, en représentation : il pose ce qu'il perçoit en objet d'une satisfaction plutôt désintéressée, ce qui en dévoile la vraie beauté. Celle-ci en effet ne porte pas aux passions brutales et « elle inspire le respect et l'admiration ». Mais elle n'est pas de soi manifeste dans les œuvres excellentes, puisque certains négligent de tenter sa ressaisie pour se complaire dans le plaisir sensible ; et ceux-là sont de mauvais goût. Il faudrait donc empêcher en eux le régime direct de mise en présence de l'objet de désir par l'office des yeux :

> Le plus raisonnable moyen de guérir les gens qui ont cette étrange délicatesse, c'est de leur donner quelque théorie de peinture, afin que leur esprit arrête et coupe le passage que les objets peuvent faire au cœur, et que la beauté ne fasse impression que dans leur esprit.

1. On sait que les nudités de Michel-Ange à la Chapelle Sixtine ont permis à Daniele da Volterra, qui les a couvertes, de recevoir l'appellation de *bracchettone*, de peintre-braguettier.

Ici est donnée une nouvelle acception de la théorie, ni corps de règles applicables, ni ensemble d'opérations présentes en l'esprit, mais plutôt *représentation* objectivant ce qu'est la peinture, dans l'institution d'une distance critique qui interdit le passage direct des objets au cœur. La voie d'une plus grande politesse se dessine alors, qui requiert une esthétisation du regard. Le terme d'esthétisation, qui n'est bien entendu pas davantage présent chez Dupuy que celui d'esthétique, pourrait sembler aventuré, dans l'exacte mesure où l'impression de beauté qui doit en être le résultat, ne se fait, semble-t-il, que dans l'esprit et paraît présenter un caractère exclusivement intellectuel. Mais il faut porter l'attention sur les deux points suivants : en premier lieu, que l'esprit n'est pas transparent à soi-même et que présence à l'esprit ne signifie donc pas connaissance par celui-ci – toutes les remarques sur la grâce et le je ne sais quoi le rappelleraient – de sorte que la vraie beauté se tient en l'esprit comme la saveur fait impression sur le goût ; en second lieu, que Dupuy, lorsqu'il s'agit de tenter d'analyser le plaisir pris à la peinture, prend toujours le soin de coordonner l'office des yeux et celui de l'esprit, voire de la raison, de sorte que les deux soient ensemble satisfaits et que le sensitif et l'intellectif ne trouvent pas à se distinguer. On peut en conclure qu'écrire sur la peinture visera à en instituer et en souligner le caractère essentiellement représentatif afin d'informer et de réformer le regard qui se peut porter sur les œuvres dans le sens de la satisfaction désintéressée. « Donner quelque théorie de peinture » fait connaître qu'il faut couper l'effet sensible naturel des objets sur la faculté de désirer, afin de se retrancher du monde rustique de l'immédiateté et de faire retraite au monde spirituel où tout n'est qu'ordre et beauté. Ainsi le *Traité sur la peinture* cherche à nous déprendre et nous éloigner de ce qui est peint et de ses attraits immédiats : les objets immédiats deviennent représentation tandis que c'est la vraie beauté qui est alors présence à l'esprit. Que le beau comme présence passe ainsi du côté de la réceptivité est certainement une condition de l'ultérieure naissance d'une esthétique pleinement constituée.

La question d'une esthétique cartésienne

Dupuy du Grez ne saurait passer pour un tenant d'une esthétique cartésienne, pour la suffisante raison qu'une telle esthétique n'existe ni assurément chez Descartes lui-même, ni davantage, et ce point mérite d'être un peu plus soigneusement étudié, dans une filiation artistique sur laquelle flotterait un esprit cartésien, et pour laquelle se tiendraient tout prêts des principes cartésiens ne demandant qu'à être appliqués au-delà de leurs domaines inauguraux de définition. Le discours sur l'art pictural ne se déduit pas, au XVIIe siècle d'un discours philosophique fondateur.

Ni chez Descartes

On sait en effet que le terrain particulier des beaux-arts n'intéresse pas Descartes, pour qui ce n'est pas un objet : aucun traité sur les arts, certes à la notable exception du *Compendium musicae*, ni sur la beauté ou sur la réception sensible des œuvres. Ce n'est pas que les arts et même ceux qui seront ultérieurement dénommés beaux-arts soient absents des textes cartésiens, et on peut recenser les passages assez nombreux où il en sera question, quoique les arts n'y valent pas comme l'objet du discours, mais plutôt selon un usage instrumental et comparatif ; on ne peut aventurer que l'intervention de la peinture dans la *Première Méditation*[1] soit l'occasion d'une évaluation proprement artistique, non plus que les rares mentions d'Apelle, qui reste d'ailleurs le seul peintre[2] nommé dans tout le corpus cartésien. Descartes avoue[3] certes s'être adonné, jeune, à la peinture, mais ce sera pour n'en presque rien dire par après. Quant à la gravure, il n'y a guère qu'un texte, celui de la *Dioptrique, Discours IV*[4], qui en traite sur une pleine page, et c'est pour faire entendre comment une image cérébrale peut représenter un objet sans avoir à lui ressembler ; les autres mentions ne concernent que la technique de l'eau forte et le cas échéant, ce qu'elle permet de concevoir analogiquement de la digestion. La sculpture, de même, est presque totalement absente du corpus.

A l'égard de la beauté, on sait que la lettre du 18 mars 1630 au père Mersenne propose, en réponse à la question de la raison du beau, un extrait du *Compendium musicae* :

> Entre les objets du sens, le plus agréable à l'esprit n'est pas celui qui est perçu le plus facilement par le sens, non plus que le plus difficilement ; mais c'est celui qui n'est pas si facile à percevoir pour satisfaire pleinement le désir naturel par quoi les sens se portent vers les objets, et qui n'est pas non plus si difficile qu'il fatigue le sens[5].

1. Nous citons l'édition Adam-Tannery, Paris, Vrin, 1996, tome, page et ligne ; ici VII, 19, 27-20, 8.
2. Lettre à Regius de juin 1642, AT III, 567, 2 et 5.
3. Lettre à Beeckman du 24 janvier 1619, AT X 152, 3-5.
4. AT VI, 113.
5. AT I, 133, 9-14. Traduction de Clerselier de l'article 2 du *Compendium* (AT X, 92).

Descartes établit ainsi deux bornes extérieures à l'agrément : une borne inférieure, consistant dans la satisfaction naturelle ou purement fonctionnelle du sens, une borne supérieure dans la fatigue du sens. Ces bornes ne sont pas exclusives de l'agrément, mais seulement de son degré superlatif. Il faut que le sens soit sollicité au-delà de sa fonction vitale, en deçà de l'effort pénible. Ces bornes figurent enfin une double négation, mais il n'est pas dit que le plus agréable soit au milieu entre le plus facile et le plus difficile, bref Descartes n'établit pas de mesure de cet agrément. Il en a averti quelques lignes plus haut, en assimilant entièrement le cas de l'agréable et celui du beau, lesquels ne signifient rien qu'un rapport de notre jugement à l'objet, jugement qui est différent selon les hommes. Notre passage extrait du *Compendium musicae* fait mieux entendre cette différence qu'aucune mesure ne saurait unifier, et par conséquent l'absence de raison du beau : entre nos deux bornes en effet, le plus agréable pourra tomber, selon les individus, sur ce qui est plus proche de l'usage naturel du sens ou bien sur ce qui s'approche mais sans y tomber, de l'exercice pénible ; ce sera selon la fantaisie de chacun, de sorte que rien n'est absolument le plus beau. Ainsi Descartes reconnaît que le beau s'attache à un plaisir qui n'est pas le plaisir sensible naturel, lié au simple « relâche [1] du sens » ; mais il refuse d'avancer davantage son analyse dans l'appréciation de cet excès du plaisir esthétique sur le plaisir simplement naturel, renvoyant à une fantaisie seulement bornée entre des extrêmes qui lui doivent demeurer extérieurs. Le travail du jugement dans le sens reste à l'appréciation de chacun, et le plus beau ne saurait être alors que ce qui plaît au plus grand nombre. C'est là une manière de clore la question de la raison du beau, sur laquelle, de fait, Descartes ne reviendra plus. Bien entendu, il aura pu sembler qu'une esthétique s'ébauche ici, en rapport à un usage du sens détourné de sa fin naturelle, mais elle ne s'accomplit pas et Descartes délaisse entièrement le sujet, de sorte qu'une réflexion future sur la question pourra difficilement se réclamer des fondements qu'il aurait posés et qui ne demandaient que d'être surmontés de l'édifice approprié.

Il est vrai que, même si la notion de beauté ne fait point retour, le thème de la réception esthétique revient furtivement quant à lui, et, après quelques apparitions dans la correspondance avec Élisabeth [2], c'est dans les *Passions*

1. *Relâche* ou plutôt *relasche* (*conferre* le *Furetière* à cette entrée) est masculin au XVIIe siècle. Descartes emploie cette expression dans la lettre à Élisabeth du 28 juin 1643 (AT III, 693, 1-2) : « …j'ai donné tout le reste de mon temps au relasche des sens et au repos de l'esprit ».

2. On trouve ces évocations du plaisir tragique devant Élisabeth en AT IV, 202, 29-203, 4 ; 219, 1-13 ; 309, 7-26 ; 331, 15-18 et 355, 12-25.

de l'âme, dans le cadre d'une réflexion comparée sur la vie et le théâtre. Nous y reviendrons terminalement pour la confronter brièvement aux traits essentiels de l'esthétique de Dupuy.

Ni non plus suivant un esprit cartésien

Le thème d'un esprit cartésien qui viendrait déterminer une attitude classique dans les beaux-arts au cours du second XVIIe siècle se rencontre notamment chez Cassirer[1]. Il est en charge d'expliciter la gloire du cartésianisme en France sur cette période, dont le succès irradierait en diverses directions, et parmi elles, vers le domaine des beaux-arts. La doctrine classique devrait en l'occurrence à Descartes sa double préoccupation de l'ordre et des règles, dans la production des œuvres, ainsi que de la clarté et de la distinction des représentations, dans le résultat obtenu et dans sa consommation agréable. C'est la thèse qu'un tableau classique, de fait et en tant que représentation, c'est le même genre d'être qu'une idée cartésienne, laquelle participait déjà des *quasi rerum imagines*. Le beau résulterait ainsi de la transplantation des conditions de fabrication et de reconnaissance du vrai sur le terrain des représentations plastiques. Au sens très indécis et flou d'une influence (de Descartes sur la doctrine classique des arts) c'est sans doute aussi vaguement vrai que difficile à prouver et à tester. Disons par là qu'on peut tenter d'attester une diffusion (mais c'est alors aussi bien une expansion qu'une raréfaction et donc une déperdition de soi) de ce que l'on nommera cartésianisme ou esprit cartésien. En ce sens plus il y a de cartésianisme, moins il a chance de ressembler à Descartes, quoique certes une philosophie puisse ainsi étendre son influence et être en vogue; mais de façon non philosophique, et l'on ne peut alors parler de causalité, laquelle suppose au moins une relation de succession nécessaire entre des identités assez subsistantes et assignables pour se tenir respectivement en position de cause puis d'effet. Or Descartes ne dit ni ne prescrit quoi que ce soit à l'endroit de la beauté des représentations ; une idée sensible et confuse peut fort bien être plaisante, et l'on ne voit guère de quelle autorisation cartésienne pourrait se justifier un désir de clarté et de distinction en peinture, où, comme le souligne Roger de Piles, il s'agit de tromper les yeux.

1. *La philosophie des Lumières*, Fayard, 1970, p. 278 (éd. originale, Tübingen, 1932). Par exemple : « Et plus se répand l'esprit du cartésianisme, plus la nouvelle loi est étendue énergiquement au domaine de la théorie esthétique ». On retrouve ce postulat cassirérien chez L. Ferry, *Homo aestheticus*, Paris, Grasset, 1990.

D'ailleurs, au principe des divers discours sur l'art du second XVIIe siècle, personne ne se réclame de fondements cartésiens qui viendraient rendre vrais les propos que l'on publie et les jugements que l'on fait sur les tableaux. André Félibien comme Roger de Piles, les principaux promoteurs de cette réflexion picturale, et Dupuy du Grez à leur suite, ne renvoient guère aux philosophes en général que pour marquer la distance qu'entretient leur propre discours à leur égard, à Descartes plus rarement, ainsi que pour moquer l'usage incertain et peu fidèle qu'en a pu faire un Charles Le Brun. La théorie picturale ne cherche pas davantage à s'appuyer rétrospectivement sur l'autorité philosophique cartésienne que Descartes n'a visé inversement de l'anticiper. Ce n'est pas pour autant qu'il n'est point donné de relations ; mais elles ne relèvent pas d'une étiologie linéaire et il faut ainsi se garder de faire de Dupuy du Grez un cartésien aventuré ou égaré en peinture. Car s'il n'est point donné de filiation, le discours pictural prétend certes se constituer de manière autonome, ce qui n'exclut pas de tirer parti aussi bien de propositions et de décisions conceptuelles relevant de la région philosophique que de points problématiques et obscurs. Pour un tel discours, au temps de sa constitution, la philosophie cartésienne sera d'aventure autant voire plus utile en ses imperfections et ses marges rationnelles que sous l'action positive de ses thèses centrales ainsi que de sa systématicité. C'est du moins ce qu'il faut montrer.

UTILITÉS DE DESCARTES POUR DUPUY DU GREZ

Dupuy ne se réfère jamais explicitement à Descartes ni à quelque point de doctrine singulier. On notera cependant quelques échos qui semblent indéniables : l'exigence finalement posée, à la *Quatrième Dissertation* et à propos de l'ordonnance, de fuite de la confusion et de poursuite de la distinction pour la représentation picturale ; la mention de la machine du corps et des esprits animaux au début du *Supplément* à la *Seconde Dissertation* ; le renvoi, à la *Troisième Dissertation* sur le coloris, au *sentiment de nos nouveaux philosophes*, pour ce qui concerne la nature des couleurs, issue des réflexions et réfractions d'une lumière corpusculaire. Cependant le second écho est inessentiel au propos contextuel de Dupuy, et il semble relever de l'usage d'un cartésianisme commun, proche d'une philosophie scolaire. Le troisième mérite davantage d'attention car il a de la convenance avec le souci, présent chez Dupuy et caractéristique des emplois contemporains, de bien distinguer le coloris de la couleur, celui-là consistant dans l'intelligence des relations entre les couleurs. Le coloris est ainsi une science autant qu'une pratique et il s'affecte non pas partitivement aux choses qui attendraient chacune sa couleur propre, mais globalement au tout-ensemble du tableau dont il ordonne harmonieusement les différences internes ; cette spécification du coloris comme ordre unifiant s'accorde mieux avec la libération moderne de la couleur d'avec le support de la chose même et avec sa résolution en figures et mouvements. Elle exprime une déprise à l'égard de *l'ousia protè* et une orientation attentive à la puissance unifiante ainsi que singularisante des relations. Comme Dupuy y insistera plus loin dans cette *Troisième Dissertation*, le coloris demande à la fois les qualités d'union et d'entente qui se subordonnent à un impératif d'unité et de continuité sans rupture ni trop fort contraste, et les qualités de fraîcheur et de « vaguesse » que soutiennent la diversité et la variété des tons ; or cette « vaguesse » (italianisme tiré de la *vaghezza*, qui est harmonie gracieuse) est ressaisie par Dupuy comme « variété agréable de plusieurs teintes », de sorte qu'elle ne signifie pas simplement la nécessité du tempérament de l'un par le multiple dans l'œuvre, mais aussi cette autre nécessité téléologique qu'est l'agrément ou le plaisir. L'ordre pictural est moins pour aller au vrai que pour plaire, et la confusion n'est répréhensible que parce qu'elle empêche l'agrément. Qu'ainsi il faille entendre tout écho cartésien autrement qu'au titre d'une répétition ou d'une application, mais plutôt sur un domaine extérieur et sous un régime de discours dont les fins sont distinctes, bref qu'il faille en mesurer la transformation par appréciation d'un déplacement et d'une finalité autre, le cas du premier écho dont nous avons fait mention l'indique clairement. Car recommander d'éviter la confusion conduit Dupuy à soutenir que l'ordonnance doit permettre aux yeux de considérer « toutes les parties distinctement et avec plaisir ». La distinction ne participe pas d'une règle générale dans l'estime de la vérité, elle concourt à la genèse du plaisir en ce qu'elle détache et fait bien reconnaître les figures et les groupes sans que se brise pour autant l'unité de la représentation de l'*historia*. Ainsi à chaque fois que Dupuy proscrit le confus et recommande le clair et le distinct pour la représentation picturale, ce n'est point application locale d'un esprit cartésien régnant sur l'époque, ni technologie picturale philosophiquement enracinée ou fondée, mais ce sont des concepts transplantés sur un nouveau domaine et subordonnés à une autre fin que le savoir, le complaire.

Comprenons que, tout comme un Félibien ou un Roger de Piles, les auteurs auxquels il renvoie le plus souvent, Dupuy du Grez a le souci de produire un discours sur la peinture qui la fasse singulière et irréductible à toute autre discipline. Il s'agit pour lui et malgré – ou peut-être en collaboation avec- ses ambitions académiques, de ne pas réduire ce bel art à un pur et simple art libéral, autrement dit une science ou une science appliquée, laquelle participerait alors sans doute ou dépendrait de l'arbre de la philosophie. S'il refuse, comme ses plus illustres devanciers, de soumettre la peinture aux règles de la rhétorique et de concevoir son œuvre propre comme acclimatation aux arts de l'espace des principes de *l'ars bene dicendi*, s'il refuse, en même façon, de plier la construction du tableau aux seules règles de perspective, ce qui eût subordonné la peinture à une science de l'espace, s'il rappelle avec constance qu'en peinture les règles sont certes à apprendre mais surtout à transgresser et que le grand peintre n'est pas le mieux réglé mais celui qui s'écarte des règles pour mieux séduire et faire de l'effet, ce n'est point pour rechercher d'autres règles, fussent-elles méthodiques et philosophiques, sous lesquelles plier l'art de peindre. Le *Traité sur la peinture* est donc en recherche de fondation autonome d'un genre de discours qui ne soit ni l'exposition de pures et simples recettes pratiques et de métier, ni celle de règles théoriques auxquelles l'art se doit soumettre pour atteindre son essence et sa dignité libérale. Toute détermination philosophique doit donc être intégrée autrement dit ordonnée au genre pictural du discours pour devenir utile ; en outre le souci d'originalité discursive va commander, dans cette espèce de dialogue avec la philosophie et particulièrement le cartésianisme, moins de prolonger les parties vives du système ou de la doctrine que de vivifier ou revivifier des branches mortes, des aspects essentiellement secondaires, des points problématiques peut-être insurmontables. La théorie picturale naissante cherche à s'instituer dans les creux plutôt que dans les pleins de la philosophie. Nous allons chercher à le montrer sur trois exemples pris de Dupuy, mais tout d'abord sur le cas de la théorie de la grâce chez Félibien.

Comme plusieurs de ses contemporains, Félibien institue et prononce une différence entre la beauté, qui pour l'essentiel tombe et se connaît sous les règles de proportion des corps et des volumes, autrement dit sous la notion de *summetria*, et la grâce qui échappe à toute règle, se révèle rebelle à l'analyse et aux procédures de connaissance raisonnée, mais qui s'éprouve et se reconnaît par les sens : la grâce dans une œuvre doit donc moins se ramener intelligiblement à ses causes qu'elle n'est reconduite à son appréhension par ses spectateurs, appréhension effective en laquelle seulement elle peut venir à s'identifier. Sur le mode de la représentation, elle est toute en ses effets. Félibien développe davantage que Roger de Piles, ou d'autres, cette amorce de théorie de la grâce au premier de ses *Entretiens sur les vies et les ouvrages des plus excellents peintres*. Pymandre demande au narrateur la différence qu'il met entre la beauté et la grâce. Réponse :

> Je puis vous dire en peu de mots la différence qu'il y a entre ces deux charmantes qualités. C'est que la beauté naît de la proportion et de la symétrie qui se rencontre entre les parties corporelles et matérielles. Et la grâce s'engendre de l'uniformité des mouvements intérieurs causés par les affections et les sentiments de l'âme [1].

Le respect réglé des proportions et la correction subséquente du dessin engendrent donc la seule beauté qui n'est que « symétrie des parties corporelles » lorsque lui manque justement cette grâce qui fait paraître l'âme et ses animations à même le corps. Ainsi la grâce dans un tableau résulte des mouvements intérieurs qui semblent animer les parties corporelles ; elle accomplit la perfection de l'œuvre qui doit donc non seulement faire voir et admirer ce qui ne se peut donner à la vision, l'âme animant le corps, mais de plus le faire sans correspondance réglée à respecter, autrement dit sans appliquer de principes d'expression. En effet la grâce résulte de l'union incompréhensible de l'âme et du corps quoique sensible à notre réceptivité ; elle ne procède pas d'une mise en harmonie de deux étants distincts, elle est la liaison unifiante de ce que l'entendement ne peut en vérité concevoir comme un. Ce pourquoi elle appartient au département du je ne sais quoi :

> Ce je ne sais quoi qu'on a toujours à la bouche et qu'on ne peut bien exprimer, est comme le nœud secret qui assemble ces deux parties du corps et de l'esprit [2].

On rapprochera ces éléments d'une doctrine de la grâce avec la proposition des trois notions primitives que Descartes détaille pour Élisabeth en la lettre du 28 juin 1643, et plus particulièrement avec cette troisième notion, celle de l'union qui est entre l'âme et le corps :

> et enfin, les choses qui appartiennent à l'union de l'âme et du corps ne se connaissent qu'obscurément par l'entendement seul, ni même par l'entendement aidé de l'imagination ; mais elles se connaissent très clairement par les sens [3].

La grâce fait connaître, et certes s'agira-t-il là d'une connaissance particulière, l'âme et le corps comme une seule chose, elle fait donc connaître leur union dans le cadre d'un « relâche des sens » auquel Descartes ne songeait assurément pas. Comprenons en ce lieu que la

1. *Entretiens sur les vies et les ouvrages des plus excellents peintres*, éd. de Trévoux, 1725, t. I, p. 83.
2. *Entretiens...*, I, éd. Trévoux, p. 85. Voir aussi p. 87.
3. *Œuvres de Descartes*, AT III, 691-692.

doctrine felibienne de la grâce peut s'entendre comme une exploitation d'une branche peu vivace du cartésianisme et source de difficultés bien connues, à l'endroit de l'union de l'âme et du corps. Cette exploitation peut être rendue actuelle par la propriété de la grâce de s'éprouver sensiblement et d'être rétive à toute forme de connaissance d'entendement. C'est alors sous l'égide de la troisième notion primitive qu'il devient possible de concevoir la perfection des œuvres picturales, qui ne résulte pas d'applications réglées ni ne se peut réduire en leçons ou préceptes raisonnés, en remarquant que la constitution d'une théorie de la grâce dévoile des possibilités qui n'étaient pas inscrites d'origine dans la proposition de cette troisième notion primitive. Félibien, se référant à l'union de l'âme et du corps, renvoie à l'évidence vers un point bien connu du cartésianisme, moins cependant pour s'en autoriser qu'afin d'en plier l'exercice à l'estime des rapports divers entre les règles poiétiques et les effets esthétiques, auxquels s'emploie de façon originale la théorie de l'art.

Il en va de même pour l'essentiel chez Dupuy, lorsqu'il aborde, à la *Quatrième Dissertation*, le point de la grâce, qu'il subordonne à l'invention. Il la saisit comme « un certain agrément, une certaine noblesse qu'on trouve dans les yeux, dans le visage, dans l'attitude et dans les contours d'une figure » ; elle s'ajoute à la beauté pour donner « le comble de la perfection dans la peinture ». Dupuy ne vise cependant pas, comme Félibien, le thème de l'union de l'âme et du corps, pour donner leur consistance à ses remarques sur la grâce ; il préfère, sans la développer très en détail, l'impliquer en une suite de notions qui expriment toutes comme elle, l'excès du grand art sur le pouvoir des règles et la nécessaire transgression de celles-ci : le « génie », comme talent inventif qui met les œuvres au-dessus de la nature, le « feu » et autres « assaisonnements » qui donnent de l'action et du mouvement et font que l'œil est satisfait par la variété et le contraste, « je ne sais quoi » enfin qui résulte du concours de toutes les parties et qui rend expressif ce qui n'est qu'un ouvrage muet. Toutes ces déterminations ont en commun de ne pouvoir ni s'analyser ni s'enseigner, parce qu'elles sont par définition en écart sur les règles de production des œuvres, en excès intensif sur la nature et sur les normes mimétiques qui s'y rapportent. Un passage du début de la *Seconde Dissertation*, consacrée au dessin, détermine assez bien ce magistère du « je ne sais quoi » dans le discours de Dupuy :

> Enfin il y a dans toutes choses un certain assaisonnement qui en fait la juste proportion. C'est aussi ce qui flatte et touche le goût dans les mets ; et c'est pour cela que les peintres se servent encore du mot de goût pour signifier l'effet que les ouvrages font dans leur esprit. Ainsi ils disent souvent qu'un

> tableau est du bon ou du mauvais goût ; dessiner de bon goût, c'est-à-dire parmi eux, donner dans les belles proportions.
> Mais quoique nous puissions dire, il serait impossible de donner la véritable raison de la proportion. On remarque qu'elle plaît par la convenance des parties avec le tout qu'elles composent et que les yeux et la raison la sentent et l'approuvent, mais cela ne suffit pas pour contenter ceux qui voudront connaître la cause qui produit cette convenance, qu'on ne saurait exprimer quoiqu'on en soit charmé.

On remarque en ce passage la raison de l'usage du vocable d'assaisonnement, qui se tire du goût ; aussi l'emploi métaphorique du goût, non pour signifier une faculté de juger, mais bien l'effet pour le coup proprement esthétique que font les œuvres sur les esprits. On remarque enfin que la raison, comme les yeux, peut sentir, ce qui ne la rend pas davantage apte à exprimer et à connaître selon sa destination appropriée. C'est alors une raison vécue et sans la maîtrise de soi qui l'accompagne dans les purs arts libéraux. De l'idée de perfection dans les œuvres, suit fort clairement que l'attitude due devant un tableau ne saurait consister en quelque espèce de recherche scientifique des règles, de leurs motifs et des formes de leurs applications, mais en une quête du goût, en une perception interne des effets qu'une œuvre ambitionne de produire en ceux qui l'admirent comme il faut. Concluons ici que ce je ne sais quoi par quoi une œuvre plaît, relève d'un assemblage de déterminations parfaitement internes, qui commande avec quelque nécessité l'approbation des yeux et de la raison, quoique cette succession nécessitante ne puisse être retournée en quête étiologique de ce qui engendre un tel sentiment et une telle approbation. Le charme est précisément en cette nécessité du sentiment effectif sans assignation causale identifiable en l'œuvre.

Or il se rencontre chez Descartes un équivalent de ce je ne sais quoi, en un contexte évidemment assez différent d'estime de la valeur de vérité de nos sentiments *(sensus)* et de leur portée objective. On sait que Descartes, aux paragraphes 68-70 de la première partie des *Principes de la philosophie*, distingue d'une part la connaissance de la grandeur, de la figure et du mouvement, et autres propriétés présentes en tous les corps, et d'autre part les sentiments de la couleur, de la douleur, de l'odeur, de la saveur, etc., dont il énonce la valeur aléthique ainsi :

> Il est donc évident, lorsque nous disons à quelqu'un que nous apercevons des couleurs dans les objets, qu'il en est de même que si nous lui disions que nous percevons en ces objets je ne sais quoi dont nous ignorons la

> nature, mais qui cause pourtant en nous un certain sentiment fort clair et fort manifeste qu'on nomme le sentiment des couleurs [1].

On aperçoit ainsi le semblable motif d'une cause, insaisissable par le sens, hors de nous, d'un effet sensible clair et manifeste en nous. Il s'agit pour Descartes de souligner les bornes de la faculté sensible dont les sentiments ne sont aucunement en général à la ressemblance de ce qui les engendre dans le monde des corps. L'intervention de la formule du je ne sais quoi permet d'extérioriser l'irréductible obscurité de ce qui ne peut qu'être ignoré du sens, hors du champ de la représentation sensible, ou du moins du sentiment : le sentiment des couleurs demeure clair et manifeste alors que l'ignorance s'affecte à sa cause. On sait qu'il s'agit d'une reformulation de ce qui, dans les *Méditations métaphysiques*, se nommait autrement : idée matériellement fausse. Sans entrer dans les détails de cette notion délicate, notons seulement que Descartes, du moins au travers des expressions propres aux *Quatrièmes Réponses*, semblait loger dans la représentation[2] sensible elle-même l'obscurité et la confusion que les *Principes* ont plutôt assignées à la relation causale entre le sentiment et l'agent corporel.

Remarquons alors que Dupuy répète nettement le motif de l'obscurité radicale de la cause pour un effet manifeste et sensible, à propos de la représentation picturale. Mais l'intention n'est plus d'estimer la réalité objective de nos idées sensibles ni de dénoncer le préjugé de ressemblance entre nos sentiments et leur cause externe ; il s'agit de plaire et de distinguer l'effet manifeste qu'est le plaisir pris à la représentation picturale, de sa cause inassignable et inconnaissable dans l'œuvre. En ce cadre, le « je ne sais quoi » exprime moins une limitation d'une faculté particulière de connaissance que la séparation manifeste qu'il faut faire entre l'analyse intellectuelle des causes et la présence effective d'un charme et d'un plaisir, aussi bien pour les yeux que pour la raison. Ce « je ne sais quoi » est un excès plutôt qu'une borne, un surcroît de présence qui se peut éprouver en

1. *Principes*, I, § 70, AT IX-2, p. 57. La formule est redite quelques lignes plus loin (« nous nous contentons de croire qu'il y a je ne sais quoi dans les objets ») et correspond au latin *quod quidem sit ignoramus* puis *quod quidnam sit ignoramus* (AT VIII-1, 34, 11-12 puis 17-18). Ce n'est donc pas exactement le *nescio quid*, mais on trouve cependant plus loin dans le latin de Descartes *etsi revera nesciamus quidnam sit* (AT VIII-1, 34, 22) tandis qu'au § 68, il y avait déjà la formule *se nescire quid* (AT VIII-1, 33, 18). Le texte cartésien vise bien le je ne sais quoi.

2. On peut être ici gêné par l'emploi de ce terme de représentation, puisque les idées dont il s'agit n'ont peut-être pas d'objet ; du moins paraissent-elles en avoir, et même si elles représentent pour quelque chose ce qui n'est rien.

nous au-delà de ce que l'entendement peut connaître : il ne s'agit donc plus de dénoncer des préjugés attachés à une faculté mais d'inviter et d'apprendre à éprouver ce plaisir spécifique à l'art dont l'entendement ne rend pas la raison.

Seconde remarque : alors que Descartes établit dans le je ne sais quoi une relation négative d'extériorité entre le sentiment et la cause qui l'engendre, de sorte qu'obscurité et confusion sont comme expulsées du champ interne de la représentation sensible qui peut demeurer claire et manifeste, Dupuy inscrit le je ne sais quoi en sa positivité affective dans la représentation picturale. Au lieu de choses corporelles externes engendrant obscurément des représentations claires en nous, on a donc des représentations extérieures intrinsèquement et positivement rétives à l'intellection, qui produisent en nous du plaisir. Dans ce jeu de déplacement de certains termes de l'analyse, c'est donc la représentation – non plus la psychique sensible mais la picturale – qui acquiert cette épaisseur opaque ou cette obscurité intrinsèque qu'exprime le je ne sais quoi. Ainsi l'usage de cette notion chez Dupuy renvoie-t-il davantage et ressemble-t-il mieux à cette espèce d'épisode conceptuel sans avenir ou de branche morte que fut le motif de l'idée matériellement fausse, apparu au cours de la troisième *Méditation* et presque disparu après les *Quatrièmes Réponses*, ou du moins en est-il la reviviscence sur un domaine nouveau. Le je ne sais quoi pictural se présente en effet comme une obscurité intrinsèque à la représentation et une source de plaisir subjectif, il reproduit l'intrinsèque opacité de l'idée matériellement fausse, dont il faut bien supposer qu'elle enveloppe quelque puissance puisqu'elle est apte à faire apercevoir ce qui n'est rien comme si c'était quelque chose, et qu'elle est parfois apte à plaire comme dans le cas de l'hydropique.

Un second exemple de mise en dialogue de la doctrine cartésienne et du discours pictural de Dupuy concernera en général le rapport aux règles et plus particulièrement celles que prescrit la perspective. Au plan général, on pourrait avancer que l'usage des règles que Dupuy s'autorise paraît bien peu cartésien, puisqu'il est aussi souvent question de les transgresser et de n'y obéir point que de les appliquer ; c'est d'ailleurs vrai au sujet de la perspective, dont l'exactitude réglée qui la caractérise gêne davantage Dupuy qu'elle n'exprime pour lui la dignité libérale de l'art qu'il étudie. Il l'exprime très nettement au tout début de son petit traité d'optique qui clôt l'ouvrage : jusqu'à lui, les auteurs, en matière de perspective, « ont cru que les yeux devaient suivre les règles de leurs lignes au lieu que leurs lignes se devaient accommoder au plaisir des yeux ». L'effet esthétique de l'œuvre accomplie doit l'emporter sur la considération de l'application rigoureuse des principes de construction perspective dans l'œuvre se faisant, car la peinture n'est pas une technologie à fondement géométrique ; c'est la fin de la délectation qui est plutôt la raison des déterminations de l'œuvre que la fidélité à de trop efficients principes. Les peintres doivent donc corriger et adoucir les règles « par leur propre jugement et suivant que leur vue a trouvé à redire dans l'exécution ». Le plaisir factuel de la faculté visive [1] est alors décisif, au détriment de l'exigence rationnelle.

Cette limitation du pouvoir prescriptif de la perspective et ce refus d'en faire la science même de la vision, d'où s'affirme et se préserve chez Dupuy du Grez l'originalité de l'activité picturale, semblent ne point prolonger les usages théoriques cartésiens qui tendent plutôt en général à reconduire les faits sensibles à leur fondements constructifs rationnels, comme l'innovation de la géométrie analytique le paraît suffisamment souligner. Descartes est toutefois moins prolixe à l'endroit de la perspective, qui ne relève pas de sa géométrie et plutôt de celle d'un Desargues ; et quand il vient à l'évoquer dans un cadre artistique, comme c'est le cas au *Discours IV* de la *Dioptrique* (AT VI, 113, 8-31), en une comparaison des tailles-douces avec les images cérébrales, c'est pour subordonner les principes de construction perspective, ressaisis comme principes d'une déformation réglée des figures, à des effets de représentation qui relèvent du fait de voir et qui dévoilent la nature de la réceptivité visive. On sait qu'en ce passage Descartes désire montrer qu'il faut moins ressembler pour mieux représenter et que les images font voir non par les éléments de ressemblance qu'elles enveloppent mais par les effets de représentations qu'elles produisent chez ceux qui les considèrent. Ainsi fait-on mieux voir un cercle par un ovale et un carré par un losange, « suivant les règles de la perspective » (113, 18-19). Mais cette puissance à faire voir une figure par une autre, lesquelles entretiennent un rapport réglé et constructif de leur correspondance point par point, que connaît la géométrie perspective, n'est qu'une puissance représentative moindre, puisqu'elle fait correspondre des entités de même degré ontologique (une figure pour une figure), en regard des effets de représentation auxquels elle se trouve subordonnée. Car Descartes, se référant aux tailles-douces, a tout d'abord manifesté comment un peu d'encre pressée sur le papier représente, c'est-à-dire fait voir, des forêts ou des batailles, des villes ou des tempêtes, de sorte que, pour le coup, ce qui est ontologiquement moindre (de l'encre posée sur une feuille) est apte à faire voir ce qui est bien davantage. Une gravure fait voir comme représentation bien plus qu'elle n'est en elle-même. Or cet effet de

1. « Visif : terme dogmatique qui se dit de la puissance de voir » (*Furetière*).

représentation ne semble pas dans le texte obéir aux mêmes règles que la vision des cercles par les ovales; l'art et le talent d'un Jacques Callot à susciter le sentiment visuel d'armées affrontées à partir de quelques taches ou maculations déposées sur le papier n'obéit pas à une proportion réglée. Quelque ressemblance de figure subsiste sans doute là entre le représentatif et le représenté mais elle ne fonde pas la puissance d'un peu d'encre à faire concevoir autant de qualités dans des objets. Descartes ressaisit donc à propos de la gravure une puissance représentative et évocatrice que les règles ne forment point, et qui les excèdent. La représentation réussie fait voir ce qu'elle n'est pas sans qu'on puisse réduire sa puissance à des règles constructives de déformation. Si l'on cherchait chez Descartes comment nommer ce qui nous fait voir des tempêtes et des batailles à partir de quelques traces d'encre, ce ne pourrait être que l'institution de la nature, responsable des caractéristiques factuelles de nos manières de voir et qui fait correspondre aux données matérielles sensibles de la gravure les objets que celle-ci, sans raison intelligible à nous donnée, fait concevoir. Comme à propos de l'union de l'âme et du corps pour Félibien, comme à l'égard de l'idée matériellement fausse évoquée plus haut, c'est ainsi à une nouvelle limitation proprement cartésienne du champ d'investigation rationnel que nous aboutissons, puisque l'institution de la nature établit des correspondances entres des séries corporelles et des séries psychiques dont la raison nous échappe et dont le seul fait peut être constaté ou dévoilé. Le domaine de l'art pourrait ainsi être compris comme celui sur lequel s'explorent et se manifestent les divers aspects factuels de l'institution de la nature, dans le cadre offert par la troisième notion primitive. Cette possibilité ouverte n'est bien entendu pas le fait même du discours cartésien mais le résultat, constitué dans le discours pictural, d'un mouvement rétrograde du vrai.

Nous pouvons à présent revenir vers les quelques aspects de réception esthétique qui se peuvent entrevoir chez Descartes, à propos du théâtre et aux *Passions de l'âme*, afin d'estimer notre aptitude à les faire dialoguer avec les éléments de réceptivité esthétiques présents chez Dupuy du Grez.

Descartes revisite une question fort labourée depuis la *Poétique* d'Aristote[1], et encore destinée encore à un avenir fertile[2], celle du plaisir tragique qui nous fait éprouver agrément et délectation devant des spectacles dont le représenté est intrinsèquement affligeant, déplorable et

1. *Poétique*, 4, 1445b, 6-19.

2. Ainsi la première partie des *Réflexions critiques sur la poésie et sur la peinture* de Du Bos (1719) se fonde-t-elle sur ce genre d'interrogation .

terrible. Mais il ne traite de cette question qu'à dessein de distinguer le chatouillement de la joie, et l'émotion intellectuelle causée en l'âme par l'âme même des passions qui s'excitent en elle. Les articles 94 et 147 de la seconde partie des *Passions de l'âme* semblent s'être divisé la tâche de cette façon : le premier définit les conditions propres à l'union de l'âme et du corps et qui concourent à l'effet paradoxal d'un plaisir pris à la représentation tragique, tandis que le second détermine les conditions et l'état intérieurs à l'âme elle-même, d'où procède cet effet. Rappelons rapidement que le chatouillement est en l'âme plaisir ou sentiment agréable, immédiatement résulté (puisque selon l'institution de la nature) de la bonne disposition du corps que signifie sa force de résistance aux excitations issues des objets des sens. Cette force résistant à ce qui aurait pu lui nuire et ne lui nuit point en effet, imprime dans le cerveau de quoi représenter, par l'institution de la nature, en l'âme la bonne constitution du corps auquel elle est unie, ainsi que sur un théâtre on « prend naturellement plaisir à se sentir émouvoir à toutes sortes de passions »[1]. C'est donc l'innocuité de ce qui pourrait cependant nous nuire qui fonde le plaisir de la représentation tragique, ce qui implique que le spectateur soit à la fois pris par la pièce, s'identifiant à ce qui s'y produit (faute de quoi le risque de nuire ne serait aucunement constitué), et toujours en situation de se pouvoir reprendre lui-même en son indépendance à l'égard des circonstances négatives et s'éprouver comme joyeux de n'être pas ce que la représentation figure[2]. Il faut donc poser un mouvement de se porter hors de soi et de se ressaisir soi-même à même ce premier transport, quoique indépendamment de lui, et ce, afin de rendre raison du plaisir tragique. L'article 197, qui introduit explicitement les émotions intérieures de l'âme, délaisse ces conditions de l'union qui président au plaisir paradoxal pour insister sur le fait que c'est bien l'âme qui se donne à elle-même ses émotions intérieures et qu'elle est le véritable sujet du plaisir qu'elle éprouve aux « aventures étranges dans un livre ou que nous (...) voyons représenter sur un théâtre »[3]. Dans l'émotion intérieure l'âme jouit proprement d'elle-même dans un plaisir qui s'accommode de toutes espèces de passions et d'objets de l'imagination, puisqu'il réside dans une reprise de soi distinguée de la valeur émotionnelle des contenus représentés. Ainsi le spectateur cartésien intériorise le

1. AT XI, 399, 11-12.

2. D. Kambouchner parle à juste titre du spectacle que le spectateur se donne ainsi intérieurement de lui-même à lui-même. On se reportera à *L'homme des passions* (Paris, Albin Michel, 1995) et au t. II (Canonique), p. 170-187, pour l'analyse des émotions intérieures, en particulier p. 186 pour cette idée d'intériorisation réflexive du spectacle.

3. AT XI, 441, 16-18.

spectacle par le jeu de motions identifiantes et de retours réflexifs à soi, il se rend par là-même apte à supporter toute passion, ainsi que la lettre à Élisabeth de janvier 1646 le conclut, en concédant « qu'il faut être fort philosophe pour arriver jusqu'à ce point » [1] ; ce point d'arrivée consistant à se rapporter aux sujets de tristesse vécus comme à ceux qu'occasionnent les comédiens. Il apparaît alors comme une esthétisation possible de la vie, qui résulte de sa constitution en spectacle et de sa concentration intrapsychique où l'âme éprouve par différence la jouissance de persister au fondement de soi.

La constitution d'un rapport esthétique à la représentation, qui surmonte une probable et immédiate inconvenance, se retrouve chez Dupuy du Grez, au passage de la délicatesse à l'endroit des nudités. Ceux qui ne peuvent souffrir le nu se portent en fait vers les tableaux avec les yeux du désir au lieu de s'y rapporter par un esprit attentif à la seule beauté, et désintéressé des objets. Ils ne souffrent pas ce qu'en fait ils considèrent dans l'élément de présence pure de l'objet, et il s'agit, pour les éduquer, de faire en sorte qu'ils posent le tableau auquel ils se confrontent comme une représentation plutôt qu'une présence d'objet. Bref chez Dupuy, c'est sur l'œuvre plutôt que sur soi que doivent être réalisées les opérations qui conjurent le négatif apparent ou provisoire du représenté : plutôt qu'un œil chargé du désir dont Dupuy nomme cœur la faculté, il faut lancer vers le tableau un esprit distancié de l'ordre du désir et qui saura considérer la représentation comme l'objet d'une satisfaction désintéressée. L'œuvre est transfigurée par sa mise à distance à l'égard des exigences immédiates de la vie dont il ne faut pas mêler le désir à la relation au tableau. Plutôt que de tendre vers une esthétisation spectaculaire de l'existence qui en rende le négatif supportable voire plaisant, le propose de Dupuy vise à singulariser la réception esthétique des œuvres et à la détacher des conditions immédiates et grossières de la vie. L'action sur soi qui doit permettre d'aller vers une telle réception ne consiste plus alors dans une réflexion différenciante mais dans l'appréhension et dans l'apprentissage théoriques de la peinture, qui permettent de ressaisir les conditions de production des représentations picturales et de chasser l'illusion de présence des objets de désir. Dupuy ne recherche pas à rendre supportable la vie en l'assimilant au déroulement d'une représentation spectaculaire, il souhaite par l'œuvre de son livre former et incliner les esprits vers d'autres satisfactions que celles qui s'attachent immédiatement aux désirs : par l'exposition des déterminations poiétiques des œuvres susciter les conditions d'une réception esthétique

1. AT IV, 355, 24-25.

qui se rapporte à l'en-soi des représentations et non à la relation désirante qui en empêchait l'apparition. Le but de haute politesse, auquel tout l'ouvrage est ordonné, consiste en « une innocente satisfaction dans la finesse d'un art qui fait surprendre agréablement les yeux et la raison de ceux qui s'y connaissent ».

TRAITÉ SUR LA PEINTURE POUR EN APPRENDRE LA TEORIE, & se perfectionner dans la Pratique.

Par Me. BERNARD DUPUY DU GREZ, Avocat en Parlement.

A TOULOUSE,
Chez la Veuve de J. Pech & A. Pech, Imprimeurs du College de la Compagnie de JESUS, à l'Enseigne du Nom de JESUS.

M. DC. XCIX.

PRÉFACE

On sera surpris, sans doute, que j'aie voulu traiter de la peinture, n'étant pas peintre de profession, et que je ne me sois pas rebuté, après que deux excellents hommes[1] de ce siècle ont écrit sur le même sujet dans toute la pureté de la langue française et avec une approbation universelle.

Mais on sait que tous ceux qui ont parlé de ce bel art dans l'Antiquité et même parmi les modernes, n'étaient pas peintres non plus que moi[2]. Et à l'égard de nos auteurs français, ils sont en si petit nombre, et la matière est si vaste, qu'on peut aisément comprendre qu'ils ne l'ont pas épuisée.

Ce n'est pas que je donne mon *Traité* au public pour ôter quelque chose à leur réputation. Je suis trop éloigné de cette pensée puisque, si mon ouvrage doit être connu hors de notre province, ce ne sera qu'un effet du hasard ; et je serais content de mon travail, s'il pouvait procurer quelque utilité à nos villes du Languedoc, et quelques satisfactions à leurs habitants.

Comme nous remarquons dans ce climat des personnes qui ont l'esprit très solide pour bien juger de la peinture et encore un très grand nombre qui ont la main excellente, s'ils voulaient s'y exercer, j'ai cru que je ne déplairais pas tout à fait si je leur faisais part de ce que j'en ai écrit. Je me suis aussi

1. La suite fera savoir qu'il s'agit d'André Félibien et de Roger de Piles. La doctrine picturale de Dupuy du Grez s'autorise de ces deux auteurs, dans le souci de négliger leurs oppositions, attachées à la Querelle du coloris. Félibien et de Piles peuvent être considérés comme des peintres mineurs, et non de purs amateurs, tel que Dupuy.

2. C'est davantage vrai des Anciens – Pline, Quintilien, Horace ou Philostrate n'étaient pas peintres – que des Modernes : avant Dupuy du Grez, outre Nicolas Catherinot, magistrat de Bourges, il n'y a guère, pour consacrer un opuscule à la peinture, que Fréart de Chambray, qui est un connaisseur lorsqu'il écrit *l'Idée de la perfection de la peinture* (1662).

flatté que plusieurs s'y arrêteront pour le seul plaisir de la théorie, et que quelques autres y trouveront des maximes très utiles pour la pratique[1].

La théorie même suffit pour écrire sur la peinture puisqu'il y a très peu d'auteurs, parmi ceux qui en ont traité, qui aient tiré leurs connaissances de leur propre expérience : ils ont fréquenté longtemps dans l'atelier de plusieurs habiles peintres, avec qui ils se sont éclaircis curieusement de tout ce qui dépend de la pratique, mais ils ont su mettre toutes ces choses dans leur ordre et ils y ont ajouté l'élocution et le style, à quoi les plus excellents ouvriers[2] ne sauraient réussir que par l'étude de la rhétorique[3].

En effet ce n'est pas la fin que les peintres se proposent que d'apprendre à bien parler et à bien écrire de leur art : ils tâchent d'accoutumer leur main plutôt que leur langue et leur plume, à copier fidèlement toutes les images qu'ils forment dans leur imagination. Il est vrai qu'ils en perfectionnent les idées à force de voir plusieurs beaux ouvrages, à force de comparer les uns avec les autres.

Mais après tout, si vous exigez du peintre des raisonnements sur sa pratique, il vous répondra qu'il lui serait impossible d'exprimer par ses paroles les secrètes règles qui font que sa main obéit à son génie[4] ; il vous avouera que c'est une habitude qui se forme par le seul exercice, et laquelle on ne peut faire comprendre que par l'ouvrage même.

Enfin s'il faut qu'il s'explique au long, ce sera d'une manière qui ne vous sera pas plus sensible que s'il n'avait jamais manié le pinceau, de sorte que vous jugerez bientôt que la pratique ne rend pas le peintre fort habile à discourir de son art, quelque nécessaire qu'elle puisse être à ceux qui le veulent exercer. Et vous serez convaincus qu'il ne faut pas être peintre de profession pour écrire sur la peinture.

Si j'ai dit plusieurs choses que d'autres ont touchées auparavant, je les ai tirées des auteurs latins et des italiens, principalement de Vasari et de

1. L'ambition du *Traité* est ainsi régionale et académique : il vise l'*instruction* des Toulousains, et dans la *pratique* de l'art à partir de règles et principes théoriques.

2. Le XVIIe siècle manque d'un terme spécifique pour désigner nos contemporains *artistes*. *Ouvrier* équivaut à *artisan*, autrement dit celui qui s'applique aux arts mécaniques (voir le *Furetière* à ces entrées respectives) ; il est susceptible cependant de recevoir des qualités libérales, comme ici la rhétorique en ouvre la possibilité.

3. Déplacement du motif de *l'Ut pictura poesis* : la rhétorique ne sert plus de modèle poiétique pour inventer, disposer et pratiquer, mais de fonds utile au porte-parole des peintres.

4. L'art de peindre implique un génie, aveugle à toute règle exprimable, et qui se reconnaît seulement dans la réussite des œuvres et comme la raison de leurs effets.

Lomasse[1] qui sont des plus remarquables ; j'ai appris le reste de plusieurs peintres habiles, avec qui j'avais formé quelque liaison d'amitié, et de la lecture de nos écrivains français, l'auteur des remarques sur le poème latin de Dufresnoy[2], Félibien[3] et le petit anonyme sur la miniature[4].

Mais quoique ces excellents hommes aient écrit sur le même art, qu'ils se soient aidés souvent des écrits de ceux qui avaient auparavant parlé de peinture, qu'ils soient quelquefois conformes dans leurs sentiments, ils n'en sont pas moins charmants et moins agréables, et ils sont toujours différents par leur méthode.

C'est aussi dans l'ordre, dans la méthode que j'ai suivie et dans un soin exact d'expliquer toutes choses, qu'on peut remarquer de la nouveauté : principalement dans le petit traité d'optique que j'ai ajouté à mon ouvrage et qui est entièrement de mon invention, ne connaissant point d'auteur qui en ait écrit de cette manière.

Et afin que vous sachiez d'abord l'ordre que j'ai suivi dans mon traité, je l'ai divisé en quatre dissertations : dans la première je donne des idées assez précises de la peinture, par sa définition et par sa division, traitant cette matière comme si je parlais de la rhétorique ou de l'art poétique, ou même d'une véritable science. Je fais ensuite le parallèle de la peinture et de la sculpture, et je tâche de faire comprendre par les difficultés de l'une et de l'autre, combien elles se distinguent des professions vulgaires. Enfin puisque l'excellence de ces arts ne paraît jamais mieux que dans la beauté des ouvrages qu'ils produisent, j'ai cru que je ne me pouvais dispenser de parler de ceux de Nicolas Bachelier[5] qui sont à Toulouse, pour la sculpture, ce que les ouvrages de Donatelle[6] sont à Florence.

Mais n'ayant pu comprendre dans les bornes d'une seule dissertation tout ce qui peut être avantageux à la gloire de l'art que je traite, j'ai ajouté un

1. Il s'agit bien entendu de Giovanni Paolo Lomazzo.

2. Dufresnoy avait écrit un *De arte graphica*, publié par P. Mignard, l'an 1668, et que Roger de Piles, en ce même 1668, traduisit en français, y ajoutant ses *Remarques*. Dupuy désigne par après R. de Piles comme l'auteur de ces *Remarques*.

3. André Félibien, l'auteur des *Entretiens sur la vie et les ouvrages des plus excellents peintres* (1666-1688) sera la référence principale pour Dupuy du Grez.

4. Il s'agit du *Traité de mignature* (*sic*) publié par Claude Boutet en 1673. L'épître dédicatoire à Mademoiselle Foucquet est signée C. B.

5. Sculpteur toulousain du XVIe siècle (1487 ?-1556), dont il sera question au cours de la *Première Dissertation*.

6. Donatello (1386-1466), le sculpteur de Côme de Médicis.

supplément qui contient ce que Quintilien a dit[1] en faveur de la peinture, pour la mettre au nombre des arts libéraux du premier ordre. On y voit un abrégé curieux de l'histoire des peintres de l'Antiquité, après ce que Pline[2] et quelques autres en ont écrit. Puis, venant aux restaurateurs de ce bel art dans les derniers siècles, je fais pareillement l'histoire de toutes les écoles modernes de peinture, où je parle succinctement de ceux qui en ont soutenu la réputation depuis qu'elles ont été formées.

Ma deuxième dissertation est sur le dessin[3], qui sert de base et de règle à plusieurs autres[4] arts ; j'explique ce qu'on entend proprement par le dessin, et ensuite j'enseigne une méthode aisée et naturelle pour s'y avancer. Je parle encore des maîtres qu'il faut tâcher d'imiter et d'un moyen très facile pour faire une école dans Toulouse, et ailleurs où il sera jugé nécessaire, afin que le public soit toujours pourvu de bons peintres, sculpteurs et architectes.

Et comme l'unique but du dessin est, à mon avis, la science de la proportion, cette dissertation est de même suivie d'un supplément où je parle de la structure du corps humain et où je rapporte le sentiment de ceux qui ont le mieux enseigné les proportions : je commence par l'opinion de Vitruve[5], puis j'explique celle d'Albert Dürer[6], laquelle j'ai tâché d'abréger et de rendre intelligible ; celle de Philander, de Pomponius Gauricus, du seigneur Barbaro[7] patriarche d'Aquilée, de Jean-Paul Lomasse milanais, et enfin de quelque autres plus modernes.

1. Quintilien *Institution oratoire*, livre XII, chap. 10, § 3-6 sur la peinture, et 7-9 sur la sculpture (Paris, Les Belles Lettres, t. VII, p. 114-116).

2. Pline, *Histoire naturelle*, t. XXXV. Nous renverrons à l'édition J.-M. Croisille, Paris, Les Belles Lettres, 1985.

3. Dupuy écrit évidemment *dessein,* dont l'orthographe renvoie au *disegno* italien, richement conceptualisé de Vasari à Zuccaro. On perd ce renvoi avec le *dessin,* même si le sens le plus obvie du terme vise désormais le tracé constructif et la délinéation des figures.

4. Les arts du dessin (italianisme issu des *arti del disegno*) comprenaient, outre la peinture, l'architecture, la sculpture et la gravure.

5. Marcus Vitruvius Pollio (-88 /-26) traite de la proportion du corps humain au chapitre premier du livre III de son *De architectura*. L'idée centrale du chapitre, ensuite reprise et modulée par les commentateurs, est que chaque membre du corps de l'homme a une proportion (*symmetria*) avec le tout ; et que les édifices doivent adopter ce même rapport – dit alors de *commodulatio* – des parties au tout.

6. Albrecht Dürer (1471-1528) a publié en 1528 les *Quatre livres de proportion du corps humain*, assez rapidement traduits en français (par L. Meigret, Paris, 1557).

7. Philander est le nom latinisé de Guillaume Philandrier (1505-1565), le principal commentateur de Vitruve au XVIe siècle (*In decem libros Vitruvii Pollionis de architectura annotationes*, 1544, Rome) avec Daniele Barbaro (1513-1570) lequel traduisit Vitruve en italien en 1556. Pomponius Gauricus (1481 ?-1530) est l'auteur d'un *De sculptura* (1504). Nous avons déjà mentionné Giovanni Paolo Lomazzo.

La troisième dissertation traite du coloris. J'explique en premier lieu ce que c'est que le coloris parmi les peintres ; j'y parle de la lumière et des ombres ; je fais voir ce qui en appartient au dessin et ce qui dépend de la couleur [1]. Je m'arrête quelques moments sur la distribution qu'on doit faire des lumières, suivant l'ordonnance et le fond du tableau. J'explique ce que c'est que la rupture des couleurs, leurs effets et leurs tons, et je touche comme en passant quelque chose des plus fameux coloristes. Enfin je fais remarquer les différentes manières de colorier qui se trouvent dans les meilleurs tableaux que nous voyons exposés dans Toulouse, sur lesquels on peut faire choix d'un bon coloris.

Mais comme c'est la partie la plus pratique de la peinture, j'ai pareillement ajouté à cette dissertation un supplément, où après avoir parlé des diverses manières de peindre de l'Antiquité et remarqué celles qui se sont conservées et celles dont l'usage s'est perdu, j'en propose d'autres qui étaient inconnues aux Anciens et que nous avons inventées. J'entre dans l'atelier du peintre où j'enseigne après ceux qui en ont écrit, et suivant ce que j'en ai appris dans la conversation, plusieurs choses qu'il faut observer dans l'usage des couleurs. J'indique celles qui sont propres à la fresque, à la détrempe, à l'huile et à la miniature. Je donne ensuite quelques préceptes pour l'application des couleurs dans la miniature, lesquels peuvent servir de règle dans toutes les autres manières de peindre.

La quatrième dissertation comprend tout ce qui concerne la composition [2] que j'explique avec ordre, comme les autres parties de mon sujet. Celle-ci renferme l'invention, l'ordonnance ou la disposition et la convenance, sur lesquelles je raisonne assez au long, en touchant toutes leurs circonstances et toutes leurs difficultés. En un mot, j'ai ramassé dans cette dissertation toutes les maximes d'une parfaite composition et remarqué tous les vices qui sont opposés à cette perfection. Après cela je tâche d'insinuer des préceptes pour la conduite des jeunes peintres, par l'exemple de plusieurs grands hommes que je propose à imiter. J'ajoute encore un

1. Ce fut un enjeu central de la Querelle du Coloris que de fonder l'attribution, au dessin ou bien au coloris, de la distribution des ombres et des lumières ainsi que de la science du clair-obscur.

2. Cet ordre n'est pas le plus courant : en général, et c'est le cas chez Fréart de Chambray ou bien Félibien, l'étude de la composition, parce qu'elle concerne la dimension proprement théorique ou libérale de l'art de peindre, précède l'étude des parties pratiques où la main est engagée, dessin et coloris. Dupuy n'éprouve plus la nécessité d'insister sur la dimension libérale de la peinture, qui n'est pas non plus la plus spécifique de cet art. Cependant les principales considérations poiétiques et esthétiques seront en cette partie.

catalogue de certains auteurs, qu'on peut appeler la bibliothèque des peintres.

Mais parce qu'il est impossible de bien comprendre un tableau d'histoire sans entendre l'optique, j'en ai donné quelques règles d'une nouvelle façon dans un traité séparé, après avoir observé que celles qui sont fondées sur la proportion des angles aboutissant à un point de l'horizon et sur les lignes diagonales, ne contentent pas toujours la délicatesse des yeux. Ce qui vient peut-être de ce que ces angles n'ont pas la même proportion que le rayon visuel a avec les objets. Que si ma méthode n'a rien de surprenant par son artifice, elle est du moins remarquable par la sûreté de sa pratique et par sa simplicité, étant toute conforme à la nature. Ainsi on en voit la démonstration et l'effet au même temps.

Outre l'infaillibilité de cette méthode, il y a beaucoup de facilité dans son exécution : car il ne faut que mesurer la grandeur du lieu où l'ouvrage doit être peint ou appliqué, la distance qu'il faut à l'œil pour le voir, et rapporter ces mesures sur le papier où, après avoir établi la grandeur des figures de la première ligne, on trouve assez facilement celles de la seconde et de la troisième, pour faire un dessin correct.

Au reste on comprendra sans peine que j'ai eu principalement en vue les grandes ordonnances, c'est-à-dire les grands tableaux, qui ne se peuvent accommoder qu'à de vastes lieux, pour servir d'ornements aux édifices publics, tenir lieu de lecture, même aux plus ignorants, pour divertir et pour instruire également toute sorte de personnes.

En effet ne serait-ce pas une injustice de prétendre que la peinture ne puisse servir uniquement qu'à l'usage des plus opulents, qui s'imaginent avoir le droit de tenir les tableaux dans l'esclavage ? C'est pour cela que nous voyons rarement de beaux ouvrages exposés à la vue de tout le monde ; les particuliers les renfermant dans leurs cabinets comme dans des cachots, à la manière des trésors. Si bien que la plupart des habiles peintres se sont retranchés à travailler en petit, ce qui est une décadence de la peinture, car comme elle n'est qu'une imitation, cette imitation est défectueuse si elle n'a pas du rapport à la grandeur naturelle des choses qu'elle représente.

La nécessité qu'il y a d'embellir les lieux publics afin qu'il en soient plus agréables et plus riants paraît assez par le soin que nous prenons d'orner nos temples de plusieurs manières pour inviter tout le monde à les fréquenter. Ce sont des spectacles dans notre siècle également propres à plaire au peuple et à l'attirer à la piété.

Il serait à souhaiter qu'il n'y eut eu que de bons ouvriers, qui eussent touché à tant d'ornements que nous voyons dans nos églises ; car les connaisseurs les regarderaient avec une entière satisfaction au lieu qu'ils en conçoivent souvent du dégoût. Et le vulgaire même se ferait une habitude de bien juger des beaux ouvrages ; il en naîtrait deux autres avantages, car les plus habiles ouvriers seraient employés préférablement aux ignorants, et nos villes attireraient la curiosité des étrangers, à l'exemple de plusieurs villes d'Italie, qui l'attirent aujourd'hui comme autrefois celles de la Grèce, qui se disputaient entre elles la gloire d'être les mieux ornées.

Si mon traité sur la peinture semble frayer le chemin à cette grande politesse, ceux qui aiment les beaux-arts ne sauraient désapprouver un dessein qui touche leur inclination et dont le succès serait agréable et avantageux à toute sorte de personnes. Il s'agit donc de la gloire et de l'avancement des beaux-arts plutôt que de la réputation de mon traité, et on ne trouvera pas mauvais que je prie ceux qui connaissent à fond la peinture d'ajouter ce qui peut manquer à mon ouvrage, d'en faire même une rigoureuse critique, de la donner généreusement au public, et d'embrasser cette occasion pour travailler de concert avec moi au progrès de ce bel art ; puisque je n'aurai pas moins de joie de voir qu'il arrive à sa perfection dans notre province, plutôt par l'adresse d'un autre que par la mienne.

Les arts, particulièrement la peinture, qui est le plus beau de tous, ne se peuvent perfectionner que par le soin de plusieurs personnes et dans le cours de plusieurs années.

Quelque heureux que soit le succès de la nation italienne dans les beaux-arts, on convient que leurs peintres et leurs sculpteurs ne sont pas arrivés au point de la perfection où les ouvrages des plus excellents hommes de l'antique Grèce étaient parvenus [1]. On en juge de la sorte par les pièces de sculpture qui se voient encore [2] parmi les restes de l'Antiquité.

Animons donc nos jeunes peintres à cette entreprise, par l'espérance d'égaler et même de surpasser les plus habiles qui ont paru ; puisque nous voyons dans ces provinces beaucoup de feu et de jugement en même temps, et enfin toutes les qualités nécessaires pour y bien réussir.

Pour moi, je me vois au comble de mes souhaits si je pouvais me persuader d'avoir mérité l'approbation particulière de ceux qui connaissent, qui pratiquent ou qui aiment la peinture, et si quelques autres étaient poussés par mon exemple à travailler sur la même matière.

1. Ce propos semble classer Dupuy parmi les Anciens plutôt que les Modernes dans la Querelle bien connue. On verra que sa position est plus nuancée que ce que cette préface esquisse.

2. Toute la peinture de chevalet des Grecs a disparu et il n'en subsiste que des descriptions ou *ecphraseis*.

AVERTISSEMENT

Les devises, les emblèmes et les hiéroglyphes sont une manière de langage particulier à la peinture et à la sculpture ; mais les devises demandent une âme qui les déterminent à quelque signification.

Les emblèmes et les hiéroglyphes se font assez comprendre d'eux-mêmes, néanmoins on les explique souvent pour épargner la peine d'en rechercher le véritable sens.

Les tailles-douces qu'on ajoute ici pour l'ornement des quatre principales dissertations, sont du dessin et de la gravure d'un jeune peintre de Toulouse appelé Rivalz [1], qui est à Rome et qui a voulu représenter la peinture tantôt comme une muse [2] que la déesse Minerve élève au ciel, et lui donne la place parmi les dieux, tantôt comme une muse qui cherche un lieu où elle puisse faire apprendre la peinture, la sculpture et l'architecture à trois jeunes enfants qui l'accompagnent ; Minerve les vient recueillir favorablement et leur offre un asile.

Cette muse est représentée dans la troisième taille-douce avec la palette et les pinceaux, imitant la couleur des plus beaux objets. Et enfin elle paraît rêveuse dans la quatrième planche avec un crayon et des tablettes à la main, pendant que Minerve lui parle à l'oreille.

Au reste la déesse Minerve n'est ici autre chose que le beau génie qui fait les grands peintres et la croix de la province du Languedoc qu'elle porte à son écu, marque que c'est la Pallas de Toulouse.

1. Il s'agit d'Antoine Rivalz (1667-1735), qui était le fils de Jean-Pierre Rivalz, lui-même déjà peintre, et ayant été de l'atelier d'Ambroise Frédeau, qui fut peut-être élève de Simon Vouet. Antoine Rivalz fit un long séjour à Rome jusqu'à la fin du XVIIe siècle ; peu après son retour, il devient, en 1703, le peintre de l'hôtel de ville de Toulouse.

2. Seules les première et troisième tailles-douces ont été gravées par A. Rivalz ; nous les reproduisons à la place que Dupuy leur avait ménagée, à la gauche de la page initiale des première et troisième Dissertations. Les pages de gauche qui font face au début des seconde et quatrième parties (p. 82 et p. 282 de l'édition de 1699) sont occupées par du texte, de la fin des Suppléments des première et troisième Dissertations.

Apothéose de la peinture

TRAITÉ SUR LA PEINTURE

PREMIÈRE DISSERTATION

Contenant sa définition, sa division et sa noblesse

La peinture plaît naturellement à tous les hommes[1] : elle leur représente la forme, la couleur et l'action de plusieurs choses agréables ou touchantes. Mais la finesse n'en est point connue partout également. Il y a même des climats où l'on se contente de méchantes imitations, qui ont à peine quelque idée de ce qu'on leur veut faire représenter.

Tous les ouvrages de cet art sont monstrueux et sans aucune proportion parmi les Indiens ; les peuples de la Chine, où l'on prétend que les connaissances sont si anciennes et que nous croyons si polis, ne savent faire que des figures grossières.

L'Europe a toujours surpassé les autres nations dans l'intelligence de la peinture et de la sculpture, et la gloire de leur grand progrès dans l'Antiquité est due premièrement aux Grecs, comme dans ces derniers siècles elle est due à l'Italie, où ces nobles arts ont paru une seconde fois avec toutes leurs grâces ; et c'est d'Italie que les autres peuples de l'Europe les ont appris, à mesure qu'ils ont acquis de politesse et de discernement.

Les écrivains, dans les meilleurs siècles, en ont parlé avec admiration, et plusieurs ont enrichi leur style d'exemples et de comparaisons prises des peintres et de la peinture ; mais parmi ce grand nombre qui nous reste de Grecs et de Romains, il n'y en a point qui nous apprennent précisément de

1. Cet incipit n'est pas sans évoquer l'entame de la *Métaphysique* d'Aristote.

quels préceptes on se servait autrefois pour y réussir et quelles maximes[1] il fallait avoir devant les yeux pour en juger sainement.

Il serait à souhaiter que Pline[2] et Philostrate[3] nous eussent éclairci sur la peinture et sur la sculpture comme a fait Vitruve sur l'art de bâtir des Anciens. En effet ces deux auteurs se sont contentés de nous dire les effets merveilleux que ces beaux arts[4] ont produits autrefois, pour la gloire des ouvriers ou pour la magnificence de leur siècle, sans nous en développer les difficultés par le détail.

Lorsqu'on eut fait revivre la connaissance des belles lettres, qui étaient comme ensevelies dans les ruines de l'empire romain, les Modernes se sont efforcés de suppléer au défaut des Anciens et nous ont donné des remarques plus précises pour la théorie et pour la pratique de la peinture. Ce n'est pas seulement par les expressions de la langue latine que des savants, dans ces derniers siècles, ont trouvé le moyen de se bien expliquer sur les difficultés de cet art; la langue italienne nous a fourni plusieurs volumes sur la peinture et sur la vie des peintres, et enfin nos Français ont fait voir que notre langue a toutes les grâces des autres pour traiter cette matière.

Tous ceux qui en ont parlé conviennent que la peinture n'est autre chose qu'une imitation, qu'une ressemblance; mais ils n'ajoutent pas en quoi consiste cette imitation, cette ressemblance, quoique ce soit la question principale et que nous désirons particulièrement de savoir. Jean-Paul Lomasse[5] peintre milanais, donnant la définition de la peinture, dès le

1. Les *préceptes* servent donc à appliquer et sont de poétique, tandis que les *maximes* servent à juger et relèvent d'une esthétique.

2. Pline a consacré le livre XXXV de son *Histoire Naturelle* à la peinture; c'est une source biographique et anecdotique pour les peintres grecs anciens. Ces anecdotes tendent à former, des raisins de Zeuxis au *Ne sutor supra crepidam* d'Apelle, autant de mythes fondateurs des divers attributs de la peinture.

3. Philostrate est un sophiste du second siècle de notre ère, auteur d'un recueil d'*ecphraseis* consacré à une galerie sans doute imaginaire de peintures rassemblées à Naples, *les Images de plate peinture*, traduites et présentées en français en 1578 par Blaise de Vigenère.

4. Dupuy du Grez écrit exactement *beaux Arts*, avec une seule majuscule, aux Arts, et sans tiret. Cette graphie courante témoigne de la nouveauté non encore évidemment syntagmatique de l'expression. Le singulier *bel art* est encore usuel.

5. Giovanni Paolo Lomazzo (1538-1600), théoricien maniériste de la fin du *Cinquecento* italien, auteur d'un *Tratatto dell'arte della pittura, scultura ed architettura*, auquel le texte s'apprête à faire allusion, et dont le premier livre a été traduit en français par Hilaire Pader, toulousain comme Dupuy du Grez, en 1649. Voici sa définition de la peinture : « La peinture est un art qui, au moyen de lignes proportionnées et de couleurs semblables à la nature des choses, à la lumière de la perspective, imite si bien la nature des choses corporelles que non seulement elle représente dans un plan la grandeur et le relief des corps, mais encore le

premier chapitre de son ouvrage, la fait si longue et si embarrassante qu'on n'y peut rien comprendre, d'abord à cause qu'elle explique une chose obscure par une autre qui est plus obscure : on peut à peine concevoir qu'il veut dire qu'elle est une imitation de corps naturels, dont elle exprime aussi les passions. La distribution qu'il fait ensuite des parties de cet art me paraît extrêmement vague, car il le divise en théorie et en pratique, partition qui est commune à toutes les autres disciplines.

François Junius, auteur du traité *De la peinture des Anciens*[1], faisant la division de ses parties, nous veut persuader qu'elles sont : l'invention ou l'histoire ; la couleur, la lumière et les ombres ; le clair et l'obscur ; le mouvement, et, dans le mouvement, l'action et la passion ; l'arrangement enfin des objets ou la disposition des parties d'un ouvrage, ce qu'on appelle aussi l'ordonnance.

Mais qui ne sait pas que l'histoire[2] dans la peinture, est une sorte d'ouvrage comme le paysage et les portraits, et qu'elle est différente de l'invention comme l'effet l'est de sa cause ? C'est par la même raison qu'elle n'est pas une partie de l'art oratoire parmi les rhétoriciens, quoique la narration soit une des plus nobles et des plus difficiles productions de la rhétorique. Tous les autres membres de cette division sont contenus les uns dans les autres, et ces parties prises ensemble ne remplissent pas le tout

mouvement, et qu'elle manifeste visiblement à nos yeux affects et passions de l'âme » (*Trattato dell'arte della pittura*, éd. Saverio del Monte, Roma, 1844, t. 1, p. 27).

1. *De pictura veterum*, 1637, de François du Jon, latinisé en Junius. Ce texte est cité déjà par Fréart de Chambray dans *son Idée de la perfection de la peinture* (Le Mans, 1662 ; éd. Stanic, ENSB-A, 2005, p. 203). On s'accorde à y voir une influence déterminante sur la formation de la doctrine académique. Junius a repris de Xénophon la définition suivante de la peinture (*De pictura veterum*, I, chap. 1, § 3) : *Ars pingendi est assimilatio eorum quae videntur* (*La peinture est la représentation de ce que l'on voit*, trad. C. Nativel, Genève, Droz, 1996, t. I, p. 134). La distinction des parties de la peinture est à l'argument introductif du livre III (*De pictura veterum libri tres*, Amsterdam, 1637, p. 131) : « C'est pourquoi en peinture, ces cinq parties étaient observées par les anciens : l'invention ou l'histoire ; la proportion ou symétrie ; la couleur et en elle, la lumière et l'ombre, le clair et l'obscur ; le mouvement et en lui, l'action et la passion ; la collocation enfin ou disposition économique de toute l'œuvre ».

2. L'invention, qui est ici l'art de trouver son sujet, est une partie de la peinture héritée de la première des parties de la rhétorique, avant *dispositio, elocutio, actio et memoria* ; tandis que l'histoire, autrement dit le sujet tel qu'il se peut textuellement attester, alors qu'il s'agit de s'en donner l'équivalent plastique, est une notion introduite par Alberti, au livre III de son *De pictura*. À partir du texte fondateur de Félibien concernant la hiérarchie des genres picturaux (la *Préface aux Conférences de 1667*), l'histoire désigne le premier de ces genres, d'où son inscription prochaine parmi le paysage et le portrait par Dupuy. D'où également son assertion d'un rapport de cause à effet entre invention et histoire, celle-ci demandant en effet d'être inventée, c'est-à-dire à la fois découverte (identification du sujet) et produite selon des modalités plastiques proprement picturales (formation de l'*idée* du tableau, ou de sa *pensée*).

qu'on prétend qu'elles doivent composer ; car l'invention comprend l'attitude ou la posture, le mouvement et l'action. Et à l'égard de l'histoire, quand on la voudrait prendre pour un membre de cette division, n'est-il pas tout visible qu'elle renferme aussi l'arrangement et l'économie[1] ? On peut dire la même chose de ces parties qu'il appelle la couleur, l'ombre et la lumière, le clair et l'obscur, puisqu'elles sont toutes comprises dans ce que nous appelons le coloris[2].

Enfin Junius a omis la principale et même la plus essentielle partie de la peinture, qui est le dessin, de sorte que par la lecture de son savant ouvrage, les peintres ne se peuvent point avancer dans la pratique de leur art, ni ceux qui ne sont pas peintres dans la théorie qu'ils en veulent apprendre. Le moyen donc le plus assuré pour connaître à fond la peinture, c'est d'en établir en premier lieu la définition ou description, et de convenir ensuite de ses parties essentielles.

Pour commencer par la première : nous apprenons de Félibien dans la vie de Poussin que ce peintre, consulté sur la peinture par un de ses amis, lui avait écrit qu'elle est une imitation faite avec lignes et couleurs, en quelque superficie, de tout ce qui se voit sous le soleil, dont la fin est la délectation[3]. Quoique cette définition parte de la main d'un des plus excellents peintres qui ont paru dans ces derniers siècles, il semble pourtant qu'on y pourrait ajouter quelque circonstance, pour en faire une description achevée ; parce que l'étude des peintres ne se borne pas seulement à l'imitation des choses visibles. Ils les doivent encore représenter dans la plus parfaite idée qu'elles peuvent donner ; et la fin de cet art n'est pas de plaire uniquement aux yeux[4], mais d'avertir, d'enseigner et de plaire en même temps.

1. La distinction de l'ordonnance et de l'économie *(taxis* et *œconomia)* se trouve chez Vitruve, *De architectura*, livre I, chap. 2, *ab initio*.

2. Les distinctions de Junius semblent embrouillées pour Dupuy, après le travail de simplification qui fait désormais consensus, en France, pour la peinture, à savoir la détermination de trois parties de la peinture : composition, dessin et coloris. La première enveloppe invention et disposition ou économie – l'appellation vitruvienne –, et elle est théorique ; dessin et coloris sont les parties pratiques. Notons que Dupuy prend en compte les résultats de la Querelle du Coloris qui ont conduit à placer le clair-obscur du côté du coloris plutôt que du dessin.

3. C'est la définition de la peinture prise au livre VIII des *Entretiens sur les vies et les œuvres des plus excellents peintres* (Lettre de Poussin à Fréart de Chambray, du 7 mars 1665, dans *Huitième Entretien*, éd. de Trévoux, 1725, p. 69-70).

4. Dupuy commet peut-être un faux sens sur la poussinienne définition, de ce que la délectation signifie selon Poussin plutôt un plaisir intellectuel que sensible. C'est un faux sens toutefois compréhensible selon l'esprit contemporain de la langue, puisque le *Furetière* donne pour équivalent de *délectation* la *volupté*.

Ce que Vitruve[1] nous dit de la peinture dans le septième livre de son ouvrage, est digne d'attention : elle est, dit-il, l'image d'une chose qui est ou qui peut être : ainsi, si elle n'est pas possible dans l'ordre des choses naturelles ou qui semblent naturelles, on ne doit point en former une image. C'est aussi la pensée d'Horace, qui a remarqué fort judicieusement dans son *Épître aux Pisons*[2], qu'il n'y a rien de plus ridicule que de peindre une figure humaine qui ait la tête d'un cheval, parce que c'est un assemblage tout opposée à l'ordre de la nature, qui s'est elle-même prescrit des bornes qui n'offensent jamais la raison. C'est une idée extravagante qui fait plutôt de la peine qu'elle ne donne du plaisir à la vue, bien différente de celles qui tirent leur origine de l'histoire fabuleuse[3], comme les sirènes, les centaures[4] et les satires, où l'homme conserve sa dignité par-dessus la nature de la bête.

Quelque liberté que les peintres et les poètes[5] aient prise dans leur art, il n'est pas permis aux uns ni aux autres de s'éloigner de la vraisemblance, dont ils doivent indispensablement garder les règles. Ce n'est pas sans raison que plusieurs ont reconnu que la peinture et la poésie sont deux sœurs qui ont un entier rapport entre elles : celle-là s'énonce d'une manière figurée, que les poètes ont appelée[6] la langue des dieux ; celle-ci par la

1. Vitruve écrit au *De architectura* (livre VII, chap. v, consacré à la peinture à fresque et intitulé : *De ratione pingendi parietes*) : « La peinture est la représentation des choses qui sont ou qui peuvent être, comme d'un homme, d'un édifice, d'un navire ou de tout autre objet que ce soit dont on imite la forme ou la figure » (trad. C. Perrault, 1684, p. 241).

2. Ou bien *l'Art poétique*, en ses quatre premiers vers : « Si un peintre voulait ajuster sous une tête humaine le cou d'un cheval et appliquer des plumes de diverses couleurs sur des membres pris de tous côtés, dont l'assemblage terminerait en hideux poisson noir ce qui était par en haut une belle femme… » *(Art poétique*, trad. Villeneuve, Paris, Les Belles Lettres, 1934, p. 203).

3. Autrement dit la Fable, c'est-à-dire et à peu près (car s'y peuvent ajouter le contenu des romans modernes), les récits mythologiques gréco-latins. Ainsi Boileau au chant III de son *Art poétique*, v. 233 : « La Fable offre à l'esprit mille agréments divers ».

4. Il peut sembler étonnant que le cheval à buste d'homme soit de droit en peinture et non l'homme à tête de cheval ; nous touchons ici aux contrastes engendrés de l'impératif pictural d'une imitation de la belle nature d'après l'Antique. Ce que l'Antiquité a pu léguer vaut pour une détermination naturelle.

5. Première occurrence explicite qui corresponde à la doctrine de l'*Ut pictura poesis*, selon le vers 361 de *l'Ars poetica* d'Horace.

6. Le texte original porte *appelé* (*sic*), où on attendrait *appelée*, avec *peinture* ou bien *celle-là* pour antécédent. D'ailleurs la phrase est bizarre, il semble que manque un verbe dans sa proposition terminale. Il faut peut-être construire ainsi : les deux membres en apposition (celle-là…, celle-ci…) explicitent *l'entier rapport*, avec le fait de l'énonciation figurée pour la peinture, des idées et du coloris pour la poésie (échange de déterminations), de sorte qu'il faudrait entendre ou lire un « *ce* que les poètes… ».

richesse de ses idées toutes divines et par les charmes de son coloris. En effet, qu'est-ce que la poésie, qu'une peinture parlante [1], ou qui s'explique par des termes propres à la versification ; et qu'est-ce que la peinture, qu'une poésie muette, ou qui prononce quelque chose par l'expression de ses figures et par l'imitation du jour et des ombres ? De sorte que, comme le langage du poète est d'un style plus figuré que la manière de parler ordinaire des hommes, quoique pourtant il en observe les lois, l'ouvrage du peintre a pareillement des expressions surprenantes, où pourtant il ne s'éloigne jamais des bornes de la nature, dont il suit les plus belles proportions.

On peut conclure de ce raisonnement que, comme il y a des ouvrages dans la poésie qui sont faits seulement pour toucher notre esprit et pour nous plaire, d'autres pour nous plaire et, en même temps, pour nous enseigner, il en est de même dans la peinture : elle en a pour la seule délectation, elle en a pour instruire [2] en même temps d'une manière agréable aux yeux et à l'esprit. En effet, si nous considérons l'usage de la poésie dans ces premiers temps où les poètes, les savants et les sages n'étaient qu'une même chose, on trouvera qu'elle fut inventée pour célébrer noblement les louanges des dieux et des héros. C'était aussi la fin principale de la peinture et de la sculpture de représenter aux yeux des hommes la grandeur et la majesté des divinités chantées par les poètes ; de renouveler la mémoire de ceux que le mérite avait placés au range des demi-dieux. Et enfin ces arts se proposaient de plaire et d'attirer l'esprit des peuples les plus grossiers à la religion et à la vertu.

Ainsi les peintres comme les poètes tâchent d'assembler toute la beauté et la bonne grâce qu'ils se peuvent imaginer pour donner une noble idée des dieux de l'Antiquité et des personnages célèbres dans l'histoire, afin que ce qu'ils expriment par leur pinceau fasse des impressions extraordinaires de

1. La peinture parlante et la poésie muette viennent d'un aphorisme de Simonide, repris par Plutarque, au *De gloria Atheniensium*, III, 346f-347c. Ces appellations sont fort communes, par exemple depuis Lomazzo : « l'una pittura loquace e l'altra poesia mutola s'appellarono » (*Trattato dell'arte della pittura*, Milano, 1585, livre VI, chap 66, p. 486). Voir aussi le tout début du *De arte graphica* (*op. cit., v. 1*) de Dufresnoy : *Ut pictura poesis erit...* Ce sont donc des sœurs, ce que le genre féminin du latin *ars* favorise.

2. Reprise de l'idéal synthétique, pour l'art, du *placere* et du *docere*, proposé par Horace, à *l'Art poétique* (v. 333-34 et 343-44) : « Ou être utile ou charmer, tel est le désir des poètes, ou encore dire tout ensemble des choses puissent à la fois avoir de l'agrément et servir à la vie (...) mais il enlève tous les suffrages celui qui mêle l'agréable à l'utile, sachant à la fois charmer le lecteur et l'instruire » (*op. cit.*, p. 219-220).

majesté et de vertu : et c'est ce que Vitruve[1] appelle *megalographie*, terme grec qui signifie peinture de choses grandes. Que si quelquefois on peint des paysages ou des ornements qui plaisent sans instruire, il ne faut pas inférer pour cela que la fin de la peinture n'est que la délectation ; car ces sortes d'ouvrages qui n'instruisent point ne sont pas la principale fin de cet art, qui ne fut inventé que pour l'instruction du peuple, dans les sujets qui concernaient la religion et la connaissance des choses mémorables qui s'étaient passées autrefois.

Il semble que nous pourrions composer une définition assez régulière de la pensée de Vitruve et du sentiment de Poussin si nous disions que *la peinture est une imitation de corps visibles tels qu'ils sont ou qu'ils peuvent être, qui se fait avec des couleurs sur une superficie* ; car les termes de *corps visibles* comprennent tout ce qui se voit sous le soleil, et le mot de *couleurs* renferme aussi les lignes, qui ne sont que couleurs. Il est constant que cette définition ne conviendra pas moins à la sculpture, si nous en ôtons les mots de couleurs et de superficie, qui sont propres et particuliers à la peinture, et si nous disons *qu'elle est une imitation par le moyen du relief de choses visibles telles qu'elles sont ou qu'elles peuvent être*. En effet ces deux arts ne sont différents que par la matière de l'ouvrage, et l'un et l'autre ont pour principe le dessin, qui est comme la base sur laquelle se doit appuyer tout l'édifice de la peinture et de la sculpture. Que si j'en retranche ces mots *dont la fin est la délectation,* qui ne voit pas que cette fin ne lui est pas essentielle ni propre, et qu'elle est commune à la musique, à la poésie, et à plusieurs autres arts, quoiqu'elle ne soit pas leur unique fin.

Quant aux parties de cet art, il m'a toujours paru que Dufresnoy n'en reconnaît que deux dans son *Art de peinture*[2], savoir l'invention et le

1. Le terme de *megalographia* est au livre VII, chap. v du *De architectura*. C. Perrault a traduit ou plutôt interprété par le vocable d'*histoire* (éd. Perrault, 1684, p. 241) ce dont le sujet se tire proprement de la Fable.

2. Charles-Alphonse Dufresnoy a écrit un *De arte graphica*, longuement mûri durant son séjour romain, et publié, juste après sa mort, par les soins de Pierre Mignard, son ami, en 1668. Cette édition ne comprenant que les vers latins originaux n'aura aucun succès, tandis que la publication, cette même année, d'une traduction française du texte, enrichie de remarques, par Roger de Piles, va rencontrer une faveur qui témoigne que le latin n'est plus une langue naturelle à tous les peintres ni à tous les curieux de peinture.

On ne voit pas tout d'abord comment Dupuy du Grez peut attribuer à Dufresnoy le jugement qu'il y a deux parties de la peinture : le texte, comme sa traduction, dit explicitement qu'il y en a trois : l'invention, le dessin et le coloris – ou chromatique (Vers 74, 103 et 255-56). Certes Dufresnoy a tout d'abord séparé la théorie et la pratique de cet art, mais lorsqu'il parle de parties, il en compte bien trois. Dupuy veut sans doute faire entendre que les *attitudes* (italianisme de R.de Piles, qui correspond en latin à *dispositio sive operis totius œconomia*) semblent relever de l'invention, dont la disposition serait une dépendance afin que le tout

coloris : sous le mot d'invention, il comprend tout ce qui appartient à la composition d'un tableau, le choix des attitudes, l'élégance des contours et la proportion. Il semble même que ceux qu'il tâche d'instruire doivent avoir une parfaite connaissance du dessin, sans lequel ils ne sauraient mettre ses principes en pratique. Mais comme le dessin consiste particulièrement dans l'intelligence des belles proportions, il mérite d'être regardé pour une des principales parties de la peinture, et ne doit pas être confondu avec l'invention qui est un talent naturel plutôt qu'acquis, ni avec la disposition, l'ornement et la convenance, qui dépendent du jugement du peintre, et qui, avec l'invention, sont comprises sous la partie qui s'appelle la composition. On peut dire la même chose de la partition que Junius [1] a faite de la peinture, puisque l'invention et la disposition sont visiblement des dépendances de la composition.

Je dis donc que cette division se fait plus commodément en trois principales parties : la première est le dessin, la seconde le coloris et la troisième est la composition [2]. On appelle dessin la science des proportions et de la situation des figures, qui discerne si elles peuvent faire dans la nature ce qu'elles font dans l'art. Le coloris regarde l'emploi, l'usage, l'économie et l'effet des couleurs. Et enfin la composition comprend la faculté inventive, l'ordonnance des parties et la convenance ou le rapport de l'ouvrage avec le temps, le lieu et le sujet. Mais qui [3] demandant chacune en particulier de grands éclaircissements, je suis obligé pour éviter la confusion, d'en faire des traités séparés, dans les trois dissertations suivantes, où j'ai tâché de ramasser tout ce qui dépend de l'art du peintre, tant pour s'y perfectionner que pour juger sainement de toute sorte d'ouvrages où l'intelligence du dessin est nécessaire.

Ce n'est pas pour combattre Junius et les autres auteurs dont j'ai parlé, que je rejette leur division des parties de la peinture. C'est plutôt parce qu'elle m'a paru moins commode que celle que j'ai suivie, et que tous les peintres que j'ai consultés là-dessus se sont déclarés de ce sentiment, avec les meilleurs auteurs modernes, Léon–Baptiste Albert, Vazari, Lomasse [4]

forme la composition, mais aussi du dessin (*graphis*) au moment de l'énoncé de la *secunda picturae pars*.

1. Sur le début et l'argument du livre III du *De pictura veterum*, voir *supra* les notes 1, p. 53 et 2, p. 54.

2. Il est notable que Dupuy pose les parties de la pratique avant la partie théorique de la peinture, contrairement à l'usage définitionnel de ses prédécesseurs.

3. Avec pour ce *qui* la valeur de *lesquelles* ou, plus clairement, de *celles-ci*. Sa position en sujet d'une participiale au présent rend dans le français actuel la syntaxe un peu rude.

4. Graphies usuelles au XVIIe siècle pour Alberti, Vasari, Lomazzo.

et Félibien. Ces trois choses en effet, dessiner, colorier et composer renferment tout ce qui dépend de cet art, puisqu'il n'y a rien dans les ouvrages de peinture, qui ne se réduise à quelqu'une de ces trois parties.

Mais puisque nous avons résolu d'en parler amplement ailleurs et que la description que nous avons proposée de la peinture et de la sculpture ne comprend que ce qui leur est essentiel et propre, en qualité d'arts libéraux : donnons encore une idée de ces deux professions, où l'on puisse facilement connaître leur noblesse et leur dignité. Mettons-les donc en parallèle l'un[1] et l'autre, et traitons en peu de mots cette question qui est souvent agitée parmi les peintres et les sculpteurs, savoir laquelle des deux a plus d'excellence et de mérite.

A dire vrai, si la peinture a de grands avantages, la sculpture n'en manque pas de son côté : parce qu'elle produit des ouvrages d'une durée qui est pour ainsi dire éternelle, à cause de la matière, qu'elle peut choisir parmi les marbres et les métaux. La première au contraire ne subsiste pas longtemps, le grand air la gâte facilement, si elle n'est pas conservée avec un extrême soin. Je puis dire encore qu'elle perd, nonobstant tout cela, une partie de son éclat et ne saurait durer plusieurs siècles. Mais la sculpture, comme je viens d'avancer, n'a cet avantage que par sa matière, non pas qu'il y ait plus d'art, non pas qu'elle représente mieux la forme des choses.

La peinture en effet a une telle étendue qu'elle embrasse toutes les connaissances : il semble que rien ne doive être inconnu à un grand peintre et que son imagination n'a[2] point de bornes. J'avoue que l'ébauchoir et le ciseau peuvent représenter une infinité de sujets ; mais toujours un tableau sur l'histoire demande plus de capacité qu'un bas-relief. On voit dans la peinture la variété de plusieurs teintes et l'éloignement des objets ; la sculpture n'a point de couleur différente de sa matière et s'arrête ordinairement sur une ligne. Que si nous comparons une seule figure de peinture avec une statue de ronde-bosse ou d'autre relief, je sais que le sculpteur la doit finir de plusieurs côtés au lieu que le peintre ne la représente que d'une vue ; je sais que l'ouvrage de l'un et de l'autre doit être tendre dans les chairs, de sorte que ce tendre soit palpable et sensible dans le marbre comme dans le tableau. Il doit être moelleux dans les draperies et naturel en toutes choses dans la peinture comme dans la sculpture. Il est vrai que le sculpteur ne se met point en peine des jours ni des ombres, à quoi le peintre

1. Le parallèle sera entre ces deux arts libéraux. S'entame ainsi un lieu commun du discours sur les arts dont les italiens ont nommé l'opération le *paragone* (*cf.* par exemple, l'Introduction générale des *Vite* de Vasari, éd. Chastel, Arles, Actes Sud, 2005, p. 54-63).

2. Changement de mode verbal qui renforce le degré assertorique de la proposition.

trouve des difficultés presque insurmontables. Et bien qu'il ne fasse voir sa figure que d'un côté, il doit avoir, en même temps, ce qui en est caché présent à son imagination, puisque les parties qui se voient dépendent toujours de celles qui ne paraissent pas.

Quelles finesses ne demande pas la science du clair-obscur dans les ouvrages de peinture, que la ronde-bosse ni le bas-relief ne connaissent pas ? Peut-on assez admirer l'artifice d'un excellent coloris, lorsque le peintre donne à son ouvrage une couleur naturelle, agréable, en un mot qui enchante les yeux ? Si bien que par ce seul endroit, il a de plus grandes difficultés à surmonter que le sculpteur, qui ne se donne aucun soin pour l'effet des couleurs [1]. Ma pensée n'est pas pourtant d'ôter aucune de ses prérogatives à la sculpture ; car, quoique, dans le parallèle que nous faisons d'un savant peintre et d'un excellent statuaire, le peintre, à mon avis, doive tenir le premier rang, j'avoue de bonne foi qu'un excellent sculpteur est toujours préférable à mille peintres médiocres.

Si nous fouillons dans l'antiquité, nous verrons que les villes de l'ancienne Grèce honoraient également la peinture et la sculpture. Et parce que l'honneur sert comme d'aliment à ces deux arts, ils montèrent alors à un haut point de perfection et de gloire. Que si plusieurs grands monarques ont préféré les sculpteurs aux peintres, c'est qu'ils ont reconnu que l'art des premiers pouvait remplir l'idée d'une vaste ambition, en éternisant la mémoire de leur règne par des statues de marbre ou de bronze, monuments dont la plupart se sont conservés jusques à nous et qui dureront encore plusieurs siècles ; cependant rien ne nous reste des anciens peintres que ce que les auteurs nous racontent de leurs ouvrages et quelque fragment que le hasard a conservé dans les ruines de l'ancienne Rome. Mais que cette considération ne nous oblige pas à priser moins la peinture puisque nous jugerions sans doute en sa faveur, si les ouvrages s'étaient conservés jusqu'à nos jours, pour les mettre en parallèle avec les excellentes pièces de sculpture qui nous restent de l'antiquité : et peut-on croire que les peintres de ce temps-là fussent inférieurs aux statuaires, si la parfaite intelligence de ces deux arts se prend d'un même principe et se puise à la même source ?

Qui ne sait pas que les souverains pontifes dans ces derniers siècles, ont également reconnu digne de leur estime la vertu des fameux peintres et des excellents sculpteurs ? Ils ont cru qu'il n'était pas indigne de leur sage prévoyance d'accorder des marques d'honneur aux uns et aux autres, et

1. La supériorité du peintre se rapporte ainsi au coloris et au clair-obscur qui en dépend. Sur ce point, Dupuy exprime le point de vue victorieux des coloristes sur les partisans du dessin.

d'en honorer plusieurs du rang de chevalier, pour inviter les honnêtes gens à ces deux professions, qu'ils ont considérées comme deux ornements de la société civile. On sait bien que l'architecture semble aller de pair avec les deux premières ; mais si l'on considère qu'elle tire toutes ses règles du dessin et que l'architecte ne saurait former ses jugements que par l'intelligence des proportions, on avouera qu'elle est une dépendance de la peinture et de la sculpture, et que si elle a quelque chose qui lui soit propre, c'est l'art de mettre en œuvre les matériaux pour la solidité de ses ouvrages.

En effet, qu'est-ce que l'architecte sans le secours de la sculpture et de la peinture ? Osera-t-il élever des bâtiments ornés de colonnes doriques, ioniques ou corinthiennes, si celle-là ne lui prête le ciseau et la main ? Et peut-il rendre les appartements accomplis, si celle-ci ne lui fournit l'usage des tapisseries et des tableaux ? À quoi servent ces matériaux si bien taillés et rangés avec tant de symétrie, qu'à faire triompher la sculpture dans les ornements de relief ? Et ces palais, ces appartements, ces galeries et ces cabinets, ne sont-ils pas destinés à faire éclater le mérite de la peinture, qui rend ces lieux si agréables et si riants ? Ne parait-il pas que l'architecture s'offre ici la première pour l'exécution, et que la peinture en a été la fin principale, ou pour parler d'une autre manière, la première dans l'intention ? L'ouvrage de l'architecte se peut assez bien comparer à ce tableau où le fameux Apelle s'était surpassé lui-même à représenter la déesse de la beauté[1]. Y a-t-il apparence que ceux qui connaissaient la réputation de ce peintre, eussent voulu préférer la toile ou la planche dont il s'était servi, à la peinture dont elle était enrichie, quand c'eût été même une table d'or ?

Si l'histoire des peintres de l'antiquité, ramassée par Aristodème[2], dont parle Philostrate[3] dans sa *Préface* des *Images*, si cette histoire s'était conservée jusqu'à nos jours, elle nous apprendrait agréablement la vie de ceux qui furent autrefois les plus illustres de cette profession ; quelle furent les villes qui rendirent le plus d'honneur à la peinture ; et les rois qui ont eu autrefois une généreuse complaisance à favoriser le progrès de ce bel art. Mais cet auteur avec dix ou douze autres qui traitaient de la même matière, nous ont été enlevés par le temps envieux de la gloire des peintres. On peut

1. Il doit s'agir de la Vénus anadyomène, tableau qu'Auguste fit transporter, vers -30, de Cos à Rome afin d'orner le temple de César au forum. Voir Pline, *HN*, XXXV, § 91 et *Recueil Milliet*, p 332-339 .

2. Aristodème ou Aristodémos de Carie, auteur cité au *Recueil Milliet* (p. 56, note 3), dont la source unique semble Philostrate, et tenu pour inconnu.

3. Il existe une édition moderne des *Images de plate peinture* traduite en 1578 par Blaise de Vigenère (éd. de F. Graziani, H. Champion, 1995). Philostrate s'y réfère à Aristodème Carien p. 28, et déclare s'être entretenu longuement avec lui.

conjecturer qu'il y avait des aventures dont le récit nous serait bien agréable, puisque les fameux peintres ont toujours passé leur vie parmi les puissants de leur siècle, leur pinceau ayant été particulièrement consacré à représenter les personnes extraordinaires, les princesses et les souverains, les dieux et les déesses, et enfin tout ce qui est digne d'admiration et de respect parmi les hommes.

Comme les Athéniens ont autrefois surpassé en esprit et en politesse non seulement les autres Grecs mais tous les peuples de la terre, ils se distinguèrent principalement par l'estime qu'ils faisaient de la peinture. Car ils avaient eu le soin de faire peindre leurs actions mémorables par les plus fameux peintres qui avaient paru ; et dans Athènes, le pinceau apprenait encore mieux que les annales l'histoire des plus remarquables aventures de cette république. Les vives expressions de ce noble art animaient incessamment leurs citoyens à imiter la vertu de leurs ancêtres, qu'ils avaient toujours devant les yeux et qui étaient représentés au naturel dans des tableaux exposés à la vue de tout le monde, principalement dans les portiques du Céramique, enrichis des ouvrages d'un excellent peintre appelé Euphranor[1] ; dans le Poécile, c'est-à-dire le portique des peintures, où l'on voyait, du pinceau de Panaenus[2], frère de Phidias : les Athéniens et les Lacédémoniens animés d'une pareille ardeur d'en venir aux mains ; le fameux Thésée restaurateur de leur ville combattant les Amazones, et la mémorable bataille de Marathon contre les Perses. Et s'il faut en croire Pausanias[3], les expressions étaient très vives dans tous ces ouvrages. Le temple du même Thésée et les plus célèbres lieux de cette florissante ville n'étaient-ils pas encore ornés de rares peintures de la main de Polygnote, de Mycon, de Timanthe et de Théon de Samos[4] ? De manière qu'il n'y a que la peinture qui représente vivement une histoire, pendant que la sculpture se contente d'une seule statue.

Il n'est pas moins curieux de savoir laquelle de ces deux connaissances est la plus ancienne parmi les hommes : c'est-à-dire si l'usage de la

1. Euphranor est traité en peintre au livre XXXV de *l'Histoire Naturelle* de Pline (§ 128-129. C'est le peintre parfait selon Quintilien (*Institution oratoire*, livre XII, chap. 10).

2. *Histoire Naturelle*, XXXV, § 57.

3. Pausanias, *Description de la Grèce*, t. I, *L'Attique*, chap. XV, éd. Casevitz, Pouilloux et Chamoux, Paris, Les Belles Lettres, 1992, p. 54-55.

4. On se reportera, pour ces peintres, au *Recueil Milliet, Textes grecs et latins relatifs à l'histoire de la peinture ancienne* d'Adolphe Reinach (1re éd. 1921, Paris, Klincksieck). Selon l'édition Macula de 1985, ils sont respectivement aux numéros d'extraits suivants : Polygnote : 100-135 (p. 86-154) ; Mycon : 136-160 (p. 154-167) ; Timanthe : 305-314 (p. 244-251) ; Théon : 515-517 (p. 386-388).

sculpture a été plus tôt établi que celui de la peinture. La question ne regarde pas la science[1] du dessin qui les a sans doute précédées, puisque toutes deux dépendent nécessairement de lui et que c'est par le dessin[2] qu'on se rend habile dans l'un et dans l'autre de ces arts. Car s'il est indispensable de dessiner à la plume et au crayon pour devenir peintre, il n'est pas moins important de dessiner[3] avec de la terre de potier ou de la cire maniable, pour se rendre sculpteur. L'une et l'autre de ces manières peuvent sans doute servir à ces deux professions, mais, quoique pour parvenir à la sculpture, on commence à dessiner sur des tablettes ou sur du papier, on ne peut se dispenser de modeler assidûment dans la suite de ses études. Il en est de même pour réussir à la peinture, où il faut dessiner incessamment au crayon, quoiqu'on puisse commencer par de petits modèles.

La science du dessin a donc précédé la profession du peintre et du statuaire, ce qui a fait dire joliment à Vasari[4] que la peinture et la sculpture sont deux sœurs filles du dessin. Ainsi la question que nous allons traiter n'est que pour savoir si l'usage de la peinture et du coloris est plus ancien parmi les hommes que les statues de ronde bosse ou d'autre relief. Pour en être éclairci, je ne crois pas qu'il faille rechercher l'origine de ces arts plus haut que le siècle de Moïse, quoiqu'elle se puisse prendre de plus loin. Mais ce serait assez inutile à notre question.

Nous voyons dans l'histoire de ce prophète que la sculpture était dès ce temps-là un art fort connu parmi les Égyptiens : car le peuple juif qui érigea le veau d'or[5] dans le désert pour s'en faire une idole, avait appris la fonte dans l'Egypte et, à l'exemple de cette nation idolâtre, il adorait l'ouvrage de ses mains comme une divinité. La sculpture pourtant n'a rien de criminel que par son mauvais usage, puisque ce prophète lui-même fit orner l'arche

1. Ces expressions : *ces deux connaissances*, *science du dessin*, semblent relever d'une doctrine intellectualiste qui assimilerait l'art au savoir. Il y a cependant une tendance générale et propre à l'époque de revendiquer la qualité d'art libéral, que ces vocables impliquent, *tandis que* le lexique des arts peine à désigner peinture et sculpture par des termes exactement appropriés.

2. C'est le motif, provenu de Vasari et des concepteurs italiens du *disegno*, d'un dessin *père des arts*, et par conséquent responsable de l'expression des *arti del disegno* ou arts du dessin (architecture, peinture, gravure, sculpture).

3. On aperçoit ici un sens du dessin proche du dessein : la figuration d'une forme dans une matière plutôt que la délinéation.

4. Vasari, *Les vies des meilleurs peintres, sculpteurs et architectes*, « Introduction générale », § IV, p. 62 : « J'affirme donc que la sculpture et la peinture sont en réalité sœurs, nées en même temps d'un même père, le dessin ».

5. Préparation d'une inflexion de sens pour l'enquête vers l'originaire : le plus ancien ne sera pas nécessairement le plus excellent. La sculpture a commencé avec l'idolâtrie, et la peinture doit sa postériorité aux difficultés, partant à la supériorité, de son art.

d'alliance de deux chérubins de plein relief. J'avoue que le tissu, la broderie qu'on doit considérer comme un ouvrage de rapport, n'étaient pas inconnus de ce siècle-là ; mais je ne puis conjecturer que la peinture qui se fait avec le pinceau et plusieurs couleurs fut alors en usage. Je n'oserais pas même assurer qu'elle fut connue au temps d'Homère, quoiqu'il ait parlé de la broderie en quelque endroit de ses poèmes, où il a fait encore une ample description des bas-reliefs qui étaient au bouclier d'Achille. Ce poète néanmoins a paru longtemps après Moïse ; mais nous savons, par le rapport de Pline, qu'environ trois siècles après Homère, il y avait des peintres et dans l'Asie et dans l'Europe, et qu'un tableau d'histoire fut acheté au poids de l'or par un roi de Lydie appelé Candaule[1] . Le prophète Ézéchiel qui vivait à Babylone presque en même temps que ce roi régnait dans la Lydie, nous fait comprendre que la peinture était alors dans quelque perfection parmi les Babyloniens, car ils faisaient peindre leurs portraits de diverses couleurs sur des murailles.

Il serait inutile de demander si cet art était en même temps connu dans la Grèce, puisqu'Anacréon, qui était de ce siècle-là, nous le marque assez sensiblement dans une de ses *Odes*[2], où s'adressant à quelque habile peintre qui travaillait au portrait d'une dame, il fait une charmante description de toutes les beautés que cet ouvrier y devait exprimer par ses couleurs ; et, surpris de voir cette peinture parfaitement belle et ressemblante, il finit par ces termes d'admiration : Parlez madame, je vois que c'est vous-même !

Enfin on ne peut douter que les peintres et la peinture n'aient toujours été dans une haute estime parmi les anciens Grecs ; cette estime s'augmentant de plus en plus jusqu'au siècle d'Alexandre[3], où cet art se trouva dans son plus beau période dans l'antiquité. Elle passa enfin aux Romains, de manière que Paul-Emile et plusieurs illustres de Rome firent montrer le dessin à leurs enfants comme une connaissance nécessaire aux personnes de qualité, parce qu'elle apprend aux hommes à régler leur imagination, à

1. Candaule est un roi légendaire de Lydie, royaume qui occupait la partie ouest de l'Anatolie jusqu'à la mer Égée. La Fable veut, selon le *Grand Dictionnaire historique* de Moreri (Nouvelle édition, Paris, 1759), qu'il soit tué par Gygès qui lui succède sur le trône en l'an – 716. L'anecdote est au livre XXXV, § 55, de *l'Histoire Naturelle*.

2. Il s'agit de l'ode intitulée *Le pourtrait de sa maîtresse*, dans la traduction de R. Belleau. Dupuy se réfère au quatrain terminal : « Il suffit, je la voy, c'est elle / Et possible est que la cruelle / Par la peinture que je voy / Parlera doucement à moy » (éd. Achille Delboulle, *Anacréon et les poèmes anacréontiques*, Le Havre, 1891, p. 89 ; Genève, reprint Slatkine, 1970).

3. Les rapports d'Alexandre et d'Apelle figurent et anticipent ceux du Titien et de Charles-Quint.

former leurs idées par la proportion et à les bien faire comprendre aux autres, qui sont des choses bien nécessaires à ceux qui gouvernent pendant la paix ou qui commandent durant la guerre. Les Romains pourtant prisèrent moins les peintres que leurs ouvrages, qu'ils ramassèrent avidement de toutes parts pour en faire la matière de leur magnificence et les marques de leur grandeur.

Plusieurs ont cru qu'Ovide a composé ses *Métamorphoses*, où l'on voit de si belles descriptions, sur des peintures [1] qui se voyaient à Rome pendant le siècle d'Auguste. Et nous remarquons que cet art a suggéré de nouvelles inventions aux poètes, desquelles Homère ne s'était pas servi. Ainsi Virgile a suivi le génie de quelque excellent peintre, lorsque, ayant conduit Énée au milieu de la ville de Carthage et dans le temple que Didon faisait élever avec beaucoup de magnificence en l'honneur de la déesse Junon, ce poète fait remarquer [2] à son héros l'histoire de la prise de Troie, représentée dans des tableaux, où il se reconnut lui-même parmi les Grecs et les Troyens. Je ne doute point que ces peintures ne fussent effectivement dans Rome ou dans Naples, et Virgile les avaient assurément devant les yeux, lorsqu'il travaillait à cet endroit de son *Énéide*. Si bien que la peinture, dont l'usage n'a été connu que longtemps après celui de la sculpture, ne saurait lui contester l'ancienneté. Il est vrai que ce désavantage lui est même favorable, parce qu'étant un art plus difficile et plus surprenant par ses effets, elle n'a pu arriver à sa perfection qu'après plusieurs siècles, lorsque la sculpture était déjà fort connue parmi les hommes.

On sait que Michel-Ange est également reconnu pour peintre, statuaire et architecte; néanmoins ses ouvrages de peinture ne sont pas dignes d'éloge [3] par leur coloris, et les connaisseurs ajoutent qu'il était inférieur à des peintres très médiocres dans cette partie de son art. C'est par la sculpture qu'il a acquis de la réputation et de la gloire, ayant presque égalé

1. Sur les sources picturales des *Métamorphoses*, on consultera, de P. Schönfeld, *Ovids Metamorphosen* in *irhem Verhältnis zur antiken Kunst* (Leipzig, 1877) ; de P. Grimal « Les Métamorphoses d'Ovide et la peinture paysagiste à l'époque d'Auguste » (*Revue des études latines*, 1938, p. 145-161) ; de Simone Viarre *L'image et la pensée dans les Métamorphoses d'Ovide*, Paris, 1965, p. 29-140 ; de Stephen Hinds « Landscape with figures : aesthetics of place in the Metamorphoses and its tradition » (*The Cambridge Companion to Ovid*, 2002, p. 122-149).

2. *Énéide*, livre I, v. 453-493 (éd. J. Perret, Paris, Les Belles Lettres, 1992, p. 22-23).

3. La gloire de Michel-Ange, qui était au plus haut chez Vasari, est singulièrement tombée dans la France du second XVIIe siècle, au point, certes singulier, qu'il fournit au Fréart de Chambray de *l'Idée de la perfection de la peinture* son modèle négatif de l'artiste. Le défaut de son coloris est derechef noté par Roger de Piles en sa *Balance des peintres*, qui clôt le *Cours de peinture par principes*.

les plus belles pièces de l'antiquité et surpassé en fierté[1] et en grandeur tous les modernes. Il n'a pas mérité moins d'honneur dans l'architecture puisque les ouvrages qu'il a ordonnés font avouer à tout le monde qu'il avait acquis une parfaite intelligence de cet art ; que c'est lui qui l'a rétabli dans sa régularité où il était parmi les anciens Grecs et Romains. Mais il n'en est pas de même de la peinture ; il semble qu'il n'a pas eu le temps de surmonter les difficultés de cet art et d'en atteindre la perfection. Après ce que je viens de dire de ce grand personnage, il n'est pas malaisé de comprendre l'ancienneté de la sculpture et les difficultés de la peinture. Tandis que[2] nous conserverons l'intelligence des beaux-arts dans notre Europe, que nos ouvrages modernes de peinture, de sculpture et d'architecture s'oseront comparer avec ceux de l'antiquité, on ne saurait disputer à la ville de Florence la gloire de les avoir tirés de l'oubli où ils étaient tombés depuis plusieurs siècles. Il est vrai que, dans les suites, la maison de Médicis s'en déclara particulièrement la fautrice, et que ce fut à la faveur de Laurent et par ses libéralités que plusieurs beaux génies cultivèrent les sciences ; que Léonard de Vinci et Michel-Ange Bonarote[3] se rendirent si savants dans le dessin ; et certainement il y a peu de maisons de princes en Europe qui aient acquis tant de gloire par des actions éclatantes de guerre que cette illustre maison de Florence en a mérité par la promotion et l'avancement des lettres et des beaux-arts. Il est tout visible que le bon goût pour eux est une marque certaine que les états et les villes – ajoutons-y même les familles – sont florissantes, qu'elles n'ont plus cette rusticité qui est naturelle à tous les peuples et à tous les particuliers à qui les beaux-arts sont inconnus.

Si les Grecs traitaient autrefois de barbares toutes les autres nations, je ne sais si parmi nous on se pourrait servir du même terme à l'égard de ceux qui n'ont aucun goût pour le dessin et pour les arts qui en dérivent comme de leur source. Et quand nous ferons réflexion sur ce que Vitruve rapporte des Alabandiens[4] – leur ville étant la principale de Carie, je doute qu'on ne

1. Au sens de l'altitude ou de la hauteur, par lequel *fier* veut dire *altier*. On notera peut-être le rapport au lexique des sculpteurs, pour qui, selon Furetière, la pierre est fière lorsqu'elle est difficile à travailler et qu'elle éclate sous le ciseau.

2. Avec la valeur de *tant que*.

3. Buonarotti.

4. Dupuy écrit *Alabandois*. La ville d'Alabanda était en Carie, dans l'Asie Mineure, près du Scamandre (*Grand Dictionnaire Universel du XIX*e *siècle*, Larousse). C'était une cité opulente et concurrente de Sybaris. Son goût douteux et inconvenant a donné l'expression d'*alabandicum opus* pour désigner une œuvre de mauvais goût (source *Grand Dictionnaire historique* de Moreri). Vitruve évoque les Alabandiens au livre VII du *De architectura*, chap. V, éd. Perrault, p. 243.

puisse dire la même chose de plusieurs villes remarquables dans notre siècle, où nous voyons fort peu d'intelligence pour les ornements publics, où nous remarquons mille choses qui sont contre les règles et même contre le bon sens. Les bourgeois d'Alabanda, dit Vitruve, étaient fort riches, mais ils avaient placé dans leur gymnase ou palestre, des statues qui semblaient haranguer devant des juges ; tout au contraire, on voyait dans leur barreau, qui était le lieu destiné pour les harangueurs, des statues qui représentaient les courses et les autres exercices du gymnase. Il est vrai que les gens de bon goût ne pouvaient souffrir ce renversement, mais le nombre en était si petit qu'il était toujours entraîné par la multitude. Cependant, quoique cette ville fut très opulente, il paraît que le peuple y manquait de politesse et de discernement ; et les Grecs avaient tourné en raillerie cette opulence grossière des Alabandiens, parce qu'elle était dénuée du bon goût pour la peinture, sculpture, et architecture, sans lequel les choses les plus somptueuses sont ridicules.

J'ai été quelque temps surpris que Philostrate eut osé dire dans la Préface[1] de ses *Images*, qu'il n'appartient qu'aux honnêtes gens de connaître et d'aimer la peinture, mais je vois que cela va passer pour une maxime à l'avenir en France, comme dans le siècle de cet auteur à Rome, et que ce sera peut-être une marque d'une éducation fort négligée dans les personnes qui n'en connaîtront point le mérite.

Les privilèges que le roi Charles VII avait autrefois accordés aux peintres et vitriers par lettres patentes[2], ne sont pas une preuve qu'on connaissait la finesse de la peinture, car alors on ne considérait cet art que par le seul éclat des couleurs sur le verre. Ce ne fut que très longtemps après et sous le règne de François Ier que la France commença de l'estimer par l'intelligence du dessin, dont la connaissance se répandit au-deçà des

1. Aucune formule telle que celle-ci dans la préface des *Images ou tableaux de plate peinture*, mais une entame qui ressemble un peu (éd. Graziani, p. 27) : « Quiconque n'embrasse et chérit la peinture, offense la vérité des histoires, offense pareillement tout – tant de doctrine (*sophian*) qui concerne les poètes ». Le propos souligne la qualité libérale (*sophia*) de la peinture comme de la poésie, partant l'honnêteté d'y consacrer son loisir. Il est repris en vue chez Léonard (*Carnets*, éd. Mac Curdy, Paris, Gallimard, 1987, t. II, p. 228) ainsi que chez Pomponius Gauricus, avec renvoi explicite à Philostrate (*De sculptura*, éd. et trad. Chastel-Klein, Genève, p. 47).

2. Il s'agit sans doute des lettres patentes du 3 janvier 1430, qui confirment celles du 12 août 1399, sous Charles VI. Les peintres dits « à brevet » furent exemptés des charges mécaniques et des troubles de la Maîtrise (que le Prévôt de Paris avait ordonné sous des règlements corporatifs le 12 août 1391). Source : B. Teyssèdre, *Roger de Piles et les débats sur le coloris au siècle de Louis XIV*, Paris, 1957, p. 16.

Alpes. Il est vrai que les guerres qui troublèrent ce royaume dans les suites en arrêtèrent le progrès pour quelque temps.

On renouvela la faveur pour les excellents peintres sous Henri le Grand ; Louis XIII, son fils, donna des pensions à Vouet et encore à Poussin. Mais l'estime pour cet art s'augmenta de plus en plus à Paris, depuis qu'on y eut établi l'Académie des peintres, ce qui arriva l'année mille six cent quarante huit, que le roi leur accorda ses premières lettres patentes. Ce grand prince ayant lui-même beaucoup de discernement et de goût pour les beaux-arts, eut la bonté de leur assigner mille livres de pension annuelle, pour entretenir les modèles. Et par de secondes lettres patentes, Sa Majesté augmenta cette somme jusqu'à quatre mille livres ; voulant encore qu'on établît à Rome sous son autorité une Académie du dessin et un Collège en faveur de jeunes Français, approuvés par l'Académie de Paris. On voit assez que l'intention du roi était de les faire élever à la peinture, sculpture et architecture, pour remplir la France d'excellents hommes de ces trois professions.

Enfin par lettres patentes du mois de novembre mille six cent soixante seize, ce magnifique monarque unit les Académies de Rome et de Paris. Il déclara encore qu'il trouvait bon d'établir des écoles académiques de ces arts dans toutes les villes de son royaume où elles seraient jugées nécessaires pour les apprendre, ce que je considère comme un titre glorieux et authentique de la noblesse de ces beaux-arts. Cette Académie royale de peinture est une fameuse université, composée de plusieurs facultés, car il y a des professeurs en peinture, géométrie et perspective, qui ont des gages et des privilèges. Que si cette magnificence ne se voit que dans la seule ville de Paris, et s'il n'y a rien de semblable partout ailleurs, c'est qu'elle est plutôt une libéralité de la grandeur royale qu'une dépense qui soit absolument nécessaire pour étudier la peinture, où l'exercice continuel et la méditation sur les beaux ouvrages, particulièrement sur la nature même, sont les plus fidèles maîtres qu'on puisse suivre et consulter.

Que cela donc ne rebute point les provinces ni les autres villes du royaume, où l'on voudrait faire quelque chose en faveur d'un art si charmant, puisqu'on le pourrait effectuer sans beaucoup de dépense et avec un succès merveilleux, comme je ferai voir dans un autre endroit[1] de ces dissertations où je traiterai du dessin et des moyens de s'y avancer.

Mais si l'inclination, le goût, le discernement pour ces beaux-arts sont des marques sensibles du génie et de la politesse des villes, comme je viens

1. Renvoi vers la fin de la *Seconde dissertation*, où Dupuy prône la création d'une académie du dessin à Toulouse.

d'observer, nous voyons parmi nous des preuves certaines de cette inclination par les plus rares ouvrages de sculpture qui soient dans tout le reste du royaume, si nous en exceptons ceux du fameux Puget de Marseille, et ceux que le roi a fait faire à Versailles et ailleurs, depuis environ quarante années. Aussi y a-t-il peu de personnes parmi les gens de qualité à Toulouse, qui ne les estiment beaucoup, et la plupart du peuple les admire, ou par ses propres lumières, ou par le rapport de ceux qui s'y connaissent. Ces ouvrages sont de la main ou du dessin de Nicolas Bachelier, qui était, à ce qu'on m'a assuré, originaire de Lucques[1]. Plusieurs ont cru pourtant qu'il était toulousain, et qu'étant sorti fort jeune de son pays, il passa en Italie où, ayant travaillé longtemps sous Michel-Ange et autres excellents hommes, il fit un progrès admirable dans la sculpture et architecture. Étant enfin venu ou revenu à Toulouse pendant les guerres d'Italie sous le roi François, la réputation de son mérite s'établit dans cette ville par la première pièce qui partit de sa main. Tout le monde prit un merveilleux goût pour sa manière et en même temps de l'aversion pour la gothique, qui était en usage auparavant. On le fit enfin travailler dans les suites à ces excellents chefs-d'œuvre que nous admirons tant aujourd'hui.

Mais quoiqu'il semble que je m'écarte de la principale fin de ces dissertations qui est la peinture, lorsque je m'arrête à parler de sculpture et d'architecture, il est difficile pourtant de ne pas les mêler quelquefois parce qu'elles ont les mêmes principes. Que d'ailleurs les ouvrages de Bachelier sont les plus beaux ornements de notre ville et comme des règles de ces arts parmi nous. En effet y a-t-il rien de mieux imaginé que l'autel de la paroisse saint Étienne où, pour représenter en ronde bosse la mort de la sainte Vierge mère de Dieu, à laquelle nous savons, par tradition, que se trouvèrent tous les apôtres, l'ouvrier a fait un corps d'architecture qui règne dans toute l'étendue des deux crédences[2] et de l'autel. Il est soutenu de huit colonnes,

1. Lucca, ville de Toscane dont la famille de Nicolas Bachelier semble originaire, mais où il n'est sans doute pas lui-même né (plutôt à Arras, en ou vers 1487-mort en 1556). Les détails de la biographie de Bachelier par Dupuy sont pour l'essentiel repris dans le t. 2 du *Grand Dictionnaire historique* de Moreri.

Nicolas Bachelier est un architecte et un sculpteur, qui s'intitulait soi-même *maître-maçon* dans ses rapports contractuels avec la ville de Toulouse. Il passe pour avoir abandonné le goût gothique en sculpture et restauré les règles d'une statuaire ordonnée à la *summetria*. Les restes de son œuvre sculpté sont aujourd'hui au musée des Augustins ; ce sont des reliefs issus de la cathédrale Saint-Etienne et de l'église de la Dalbade, ainsi que des bustes qui ornaient le clocher de la Dalbade, écroulé en 1926.

2. Une crédence, dans le mobilier ecclésiastique, est une console apposée à l'autel et destinée à recevoir les objets nécessaires à l'office.

il y en a quatre sur le devant et autant sur le derrière. Les deux angulaires antérieures sont torses, très bien ornées et d'un ordre composé [1]. Elles ont leurs piédestaux de même ordre. Les autres six sont d'ordre corinthien, dont les deux sont placées derrières les torses à chaque aile, avec des piédestaux convenables ; et les quatre du milieu sont posées sur un grand soubassement de même hauteur que les piédestaux des colonnes angulaires et de la profondeur de l'ouvrage. Toutes ces colonnes soutiennent un entablement et un soffite [2] ; et l'entre-colonne du milieu, étant de toute la longueur de la table forme une espèce de pavillon. C'est là que Bachelier a disposé son histoire, mais si dégagée que c'est un enchantement de la voir. Il y a sur le devant trois apôtres à genoux qui expriment tendrement leur tristesse. On en voit un autre debout à côté, et deux qui entrent dans le pavillon, en embrassant les colonnes qui le soutiennent. La Vierge est couchée sur un lit, les yeux fermés et les mains jointes vers le ciel ; les six autres apôtres sont de l'autre côté du lit dans des attitudes différentes, qui marquent assez leur douleur, de sorte que, voyant cet ouvrage, on se sent en même temps touché de cette histoire. Il a même observé les règles de l'optique, faisant les figures qui sont les plus éloignées un peu plus petites que celles du devant, toutefois d'une manière imperceptible. Mais parce qu'un tabernacle aurait caché son histoire, il a fait une espèce d'arche d'alliance, sur laquelle on voit un petit enfant qui dort et un ange qui répand des fleurs sur lui ; c'est dans ce coffre qu'on réserve le saint ciboire.

Sur ce corps inférieur, il y en a un autre de quatre colonnes corinthiennes avec leurs piédestaux assis à plomb sur celles du premier. Elles portent un entablement et un soffite, sous lequel, dans l'entre-colonne du milieu, et dans une niche fort large, on voit une image assise de la sainte Vierge, tenant son petit sur ses genoux, et plusieurs petits enfants qui se jouent diversement auprès de lui. Tous ces petits enfants tiennent entièrement de la manière de Michel-Ange ou de Donatello, car ils sont un peu musclés et font un bel effet dans la sculpture lorsqu'ils sont vus d'un peu loin.

Il a fait deux autres autels presque de la même ordonnance, qui sont aussi fort beaux : l'un est aux pères de la Trinité, l'autre, qu'on appelle le sépulcre, est à l'église de la Dalbade. Il y a seulement cette différence qu'à ceux-ci le pavillon du milieu forme un corps avancé et qu'il y a un soc ou

1. Nous dirions plutôt *ordre composite*.

2. Italianisme issu du *soffitto*, c'est-à-dire du plafond. Le terme est particulièrement en usage dans le lexique architectural, notamment pour dire la face inférieure d'une corniche dépassant de l'entablement. Il est attesté en ce sens au *Furetière*.

massif de la hauteur de la table de l'autel, et encore là-dessus un soubassement sur lequel posent les colonnes qui portent l'entablement et le soffite. Ce soubassement a même près de deux pieds de hauteur, à la Trinité, et il est orné d'une belle basse-taille[1]. Dans l'entre-colonne du milieu, qui forme un pavillon, est représentée la naissance du Sauveur, dont les principales figures sont de ronde-bosse, et celles de derrière de demi-relief. Par-dessus l'entablement, il y a un autre corps de deux colonnes avec leur architrave, frise et corniche et sur le tout un fronton. On voit au milieu de ces colonnes un grand demi-relief qui représente le ministère de la Trinité et le couronnement de la sainte Vierge après son Assomption : les figures de Dieu le père et Dieu le fils y sont d'une beauté surprenante. Cet autel au reste est d'ordre corinthien, mais le sépulcre de la Dalbade est d'ordre dorique. On voit à ce dernier le corps du Sauveur nu, tout étendu sur un tombeau, et la Madeleine à genoux sur le devant, qui lui prend la main pour la baiser ; la Vierge sa mère et quelques autres femmes avec saint Jean, sont de l'autre côté, ayant les visages en pleurs avec une expression fort touchante. Pour remplir encore toutes les circonstances de cette histoire, il a mis, dans l'entre-colonne des crédences, Nicodème et Joseph d'Arimathie, qui surviennent avec des linges et des parfums. Le corps supérieur est composé de deux colonnes corinthiennes au milieu desquelles est représenté en bas-relief le mystère de la Résurrection ; le travail pourtant n'en paraît pas si exquis qu'à la principale histoire.

Puisque je me suis engagé si avant dans les ouvrages de Bachelier, je parlerai encore du maître-autel de la même église, qui est une excellente pièce de sculpture et d'architecture, ayant trois corps un peu avancés, dont l'un est au milieu, les autres sont sur les crédences. Chacun est fait de deux colonnes corinthiennes, entre lesquelles il y a des niches où l'on voit, à celle du milieu, une belle image de Notre Dame et aux deux autres, les images de sainte Catherine d'un côté, et de sainte Barbe de l'autre. Pour ce qui est des arrière-corps, il y a de belles basses-tailles qui représentent plusieurs mystères de la religion chrétienne. Par-dessus la corniche de ces corps et arrière-corps, dont je viens de parler, il y a un autre étage de colonnes à plomb des inférieures, avec leur entablement et leurs frontons. Mais au corps du milieu, il n'y a qu'une basse-taille représentant le Nom de Jésus dans une gloire, et aux deux autres corps des côtés, dans des niches, les figures de l'apôtre saint Jacques et de saint Christophe, fort belles.

L'autel de la paroisse saint Nicolas est encore de la même ordonnance, si ce n'est que les membres d'architecture sont un peu plus grands et les

1. La *basse-taille* est un autre nom, et plus tôt vieilli, pour le *bas-relief*.

colonnes plus détachées ; on y voit de belles figures de plein relief ou de ronde bosse dans des niches, et des basses-tailles dans les arrière-corps. Toutefois l'ouvrage ne paraît pas si exquis que celui de la Dalbade.

Je ne puis m'empêcher de remarquer encore qu'il y a de fort belles sculptures de Bachelier dans l'église des pères Cordeliers : on y distingue sur tout le reste un grand demi-relief de la naissance du Sauveur, et cette pièce est incomparable pour le dessin, l'expression et l'ordonnance, et les figures y sont grandes comme le naturel. Ce n'est pas que tout ce qui est de lui n'y soit fort beau, et particulièrement les basses-tailles qui sont sur les trois portes ; il est vrai que celle qui est dans l'attique du milieu, où la sépulture du Sauveur est représentée, est merveilleuse et d'une expression extraordinaire. Les petites figures des évangélistes et des premiers Pères de l'église, qu'on voit dans les niches aux deux grands pilastres isolés, où est attachée la balustrade, sont encore merveilleuses. Du reste les deux larrons de la passion de Jésus-Christ, cloués en croix, grands comme nature, ne sont pas de lui, suivant ce que j'ai appris des connaisseurs. Ils sont de bois ou de stuc, et pourtant de fort bonne main. Pour ce qui est des ouvrages de Bachelier dont j'ai parlé, ils sont de pierre : on les a chargés la plupart d'or et de couleur, ce qui plaît au peuple, mais qui fait de la peine aux intelligents.

Je remarquerai, puisque je suis en train, une autre pièce de cet excellent homme : c'est une façade de maison qu'on appelle le portail de saint Jory. Elle est pareillement de pierre, exposée à l'air depuis environ cent soixante années. On y voit au corps inférieur quatre colonnes, au milieu desquelles est l'entrée : elles sont d'ordre dorique, cannelées, rudentées et posées deux à deux sur un soubassement ou large piédestal qui s'avance quelque peu dans la rue. Ces colonnes soutiennent un entablement, dont la saillie est à proportion, où pourtant on ne voit ni métopes ni triglyphes, qui sont affectés à l'ordre dorique ; mais au-dessus de la frise il y a des modillons qui supportent la corniche, et celle-ci fait retraite de chaque côté, et ensuite elle est continuée sur la muraille de la maison environ une toise et demie, et sert par ce moyen d'arrière-corps. Il y a deux anges au cintre de la porte, qui soutiennent les armoiries de cette famille et qui semblent effectivement voler.

On voit par-dessus cet entablement un fronton élevé sur deux colonnes d'ordre corinthien, sans autre ornement que leurs chapiteaux et leurs cannelures, ce qui fait un effet charmant par sa simplicité ; si ce n'est qu'on a quelque peine, que la base de ces colonnes ne se puisse pas voir d'en bas, faute d'un petit soubassement qui les élève au point de vue. Au milieu de ces colonnes, sous le fronton, on voit une grande croisée avec de beaux termes[1] de chaque côté, qui portent un cartouche de la largeur du linteau, avec ces mots d'Horace *Multa renascentur*[2]. Il y a encore une demie croisée de chaque côté du fronton sur l'arrière-corps que fait le mur, avec des termes de même qu'à la croisée du milieu. Ces termes sont si beaux, et enfin toutes les figures et autres ornements ont tant de force que, parmi les ouvriers, on tient que cette pièce est du dessin de Michel-Ange, à quoi il n'y a point d'apparence, parce qu'il faudrait dire la même chose de la plupart de ce que nous avons de Bachelier. Car ce n'est pas la seule maison particulière où l'on admire son savoir ; on voit d'excellentes sculptures de sa main dans la cour d'une maison à la rue de l'arc des Carmes. Ce sont divers termes aux fenêtres supérieures à la droite, où la pierre paraît extrêmement attendrie, tant ce travail est exquis. Cette opinion pourtant fait assez voir le mérite de Bachelier.

Voici en peu de mots en quoi consiste l'excellence de ses ouvrages. Les figures ont beaucoup d'expression et de grâce, les attitudes en sont hardies, les membres bien attachés les uns aux autres et bien proportionnés ; la place, le mouvement des muscles et leurs effets y sont partout très bien observés. Les têtes de Bachelier sont fières, variées, nobles et gracieuses ; la plupart ont le nez carré comme les plus belles antiques. En un mot elles sont toutes merveilleuses : soit qu'il ait représenté des vieillards, des hommes dans un âge viril, des filles ou des femmes de tout âge, il leur a toujours conservé le caractère et l'air qui leur sont propres. Pour ce qui est des draperies, il les a pratiquées d'une manière convenable à la sculpture, qui demande de petits plis et des étoffes légères. Il a néanmoins observé la différence qui doit être entre les personnes de l'un et de l'autre sexe, jeunes ou avancées en âge. Lorsqu'il a fallu imiter des étoffes grossières, les plis n'ont rien de dur et la draperie est moelleuse : ainsi les apôtres de l'autel saint Étienne sont merveilleusement bien habillés ; l'étoffe y paraît assez légère pour marquer le nu en faisant plusieurs plis, et assez forte pour convenir à des personnes de leur état.

Quant à son architecture, il en a banni tous les ornements étrangers, mais il s'est étudié à faire de beaux chapiteaux corinthiens, en détachant bien les feuilles et conduisant délicatement les caulicoles[3] et les volutes, à

1. Un *terme* est, en architecture, une statue représentant une figure humaine à mi-corps, émergée d'une gaine qui s'harmonise avec l'ensemble.

2. « Beaucoup renaîtront ». Citation tirée de *L'Art poétique*, v. 70 (Paris, Les Belles Lettres, p. 206). Le contexte indique que ce sont *multa vocabula*, beaucoup de mots, que l'usage, *usus*, fait venir en vogue, tomber et renaître.

3. Dupuy use de l'ancienne forme : *caulicules*. Ce sont les tiges qui sortent des feuilles d'acanthe du chapiteau corinthien et qui viennent s'enrouler en volutes sous le tailloir.

l'imitation des colonnes antiques. Il s'est toujours servi de la base attique et n'a jamais retranché les cannelures, où elles sont essentielles, faisant la diminution des colonnes sans les enfler du milieu, comme ces gros boudins de marbre que l'usage vient d'introduire parmi nous, contre le goût de la belle antiquité, contre l'exemple du fameux Michel-Ange et de tous les architectes qui ont le mieux entendu Vitruve.

Quoiqu'il paraisse que Bachelier se soit licencié[1] en supprimant les triglyphes au portail de saint Jory, dont les colonnes inférieures sont doriques et qu'il y ait fait entrer des modillons, qui semblent appartenir au corinthien, cela n'est peut-être pas hors de raison, parce que les modillons représentent le bout des solives de même que les triglyphes. En tout cas cette licence prise avec prudence et jugement lui a très bien réussi, par le bel effet qu'elle produit.

Dès qu'on se présente devant les ouvrages de Bachelier, on les voit tout à la fois[2] sans peine : on en parcourt facilement et avec ordre toutes les parties, au lieu que, lorsque l'architecture est chargée de trop d'ornements, ils emportent l'effet des belles proportions et n'engendrent que confusion. Mais il y a environ quarante années ou plus qu'on a rétabli l'architecture à Paris dans sa perfection, de sorte que la plupart des ouvriers qui n'ont que la pratique, appellent cela bâtir à la mode, quoique cette mode ne consiste qu'à suivre les plus beaux exemples de l'Antiquité, à imiter Michel-Ange et ceux qui l'ont suivi ; à quoi nous pouvons appliquer cette inscription prise d'Horace, qui est à ce bel ouvrage de Bachelier dont nous avons tracé une légère idée, que plusieurs choses renaîtront ou se rétabliront.

Comme il se voit des ouvrages sur l'argent et sur le fer, du dessin de Bachelier, quelques-uns ont cru qu'il avait deux frères, dont l'un était orfèvre et l'autre serrurier ; que l'aîné, dont nous avons parlé, leur avait toujours servi de guide et leur avait fourni les modèles, comme s'il fallait être frère de Bachelier pour travailler sous sa conduite et sur ses dessins. Il est donc tout visible que c'est une erreur du bas peuple, et des plus grossières. En effet, m'en étant informé de personnes qui ont connu sa famille par des alliances, elles m'ont assuré que Nicolas Bachelier n'avait point de frère à Toulouse, qu'il laissa un fils appelé Dominique[3], qui fut un célèbre architecte et que ce nom a fini par un chanoine de Lombez.

1. « Se licencier » au sens de « prendre de soi-même des libertés avec ». Le *Furetière* donne l'exemple : « Les soldats dans cette ville se sont licentiés (*sic*) à toutes sortes de désordres ».

2. « Tout à la fois » : au sens de « en une fois, d'un seul coup ».

3. Bachelier eut en fait trois fils, Dominique, Antoine et Géraud, tous architectes.

Depuis que cet excellent ouvrier a fait paraître son rare savoir dans Toulouse, il y a toujours des gens de bon goût et ce goût se forme par la réflexion qu'on fait souvent sur ses ouvrages et par leur comparaison avec ce qu'on a fait depuis et avant lui, de sorte que l'on le peut considérer comme un auteur d'une école deçà [1] les monts, et comme le premier qui a porté la bonne manière parmi nous. On remarque même que nos dessinateurs, qui vont quelquefois à Rome pour y apprendre, goûtent mieux ses ouvrages à leur retour qu'ils ne faisaient avant d'aller en Italie. Et certainement l'honneur qu'on rend dans Toulouse à la mémoire de Bachelier, ayant placé son buste parmi les illustres Toulousains, démontre assez l'inclination qu'on a pour les beaux-arts dans cette ville.

Que si je me suis attaché dans cette première dissertation à décrire quelques pièces de sculpture et d'architecture de Bachelier plutôt que de parler de nos peintures, ce qui eût paru plus naturel à mon traité, j'ai observé que les plus anciennes sont très grossières, que la plupart sont de méchantes détrempes faites par des vitriers, et qu'ainsi je devais commencer par ces ouvrages de sculpture auxquels nous devons tout le bon goût que nous avons pour la peinture. Au reste ce qui me paraît le plus ancien, dans Toulouse, de cet art, est une mosaïque qui se voit à l'église de la Daurade. On juge qu'il y a quatre cents ans qu'elle est faite, et cet ouvrage marque assez par son mauvais goût l'extrême ignorance des ouvriers de ce temps-là.

La fresque qui est à la voûte de l'église saint Sernin, où l'on voit un grand Christ assis et l'histoire de ce saint lorsqu'il fut traîné par un taureau, est un ouvrage sur le stuc de près de deux cents ans, si je ne me trompe : on y voit beaucoup d'or et d'outremer, le dessin en est très bon, et il y a des endroits excellemment peints, principalement la draperie du Christ et les animaux qui sont le symbole des évangélistes de notre Sauveur.

Tout ce que nous avons de plus remarquable pour la peinture a été fait dans ce siècle ou sur la fin du précédent ; et je ne prétends pas m'engager présentement à parler des plus rares tableaux que nous voyons exposés en public, principalement dans nos églises, parce que je serai obligé, dans la suite de ces dissertations, de faire remarquer ce qu'il y a de plus considérable pour la beauté du coloris, qui est la partie de cet art qu'on fait le mieux comprendre par des exemples.

Je finis donc cette dissertation, où je ne me suis proposé d'autre but que de faire connaître la peinture par la plus exacte définition, ou plutôt description, qu'on en peut donner ; où j'ai fait voir que les meilleurs auteurs

1. Le *Furetière* précise : « Deçà : préposition ... La Provence est deçà les monts ».

l'ont divisée en trois principales parties, dessin, coloris et composition ; que ceux qui en ont fait la partition d'une autre manière, l'ont considérée par ce qu'elle a de plus matériel et mécanique, ayant plutôt tiré leur division de la pratique du peintre ou de l'ouvrage lorsqu'il est achevé, que de sa théorie[1] et de son art ; comme si quelqu'un divisait la poésie dramatique par la scène, par les acteurs et par la décoration du théâtre. Car en matière d'arts libéraux, ils se règlent plutôt par l'intelligence et par l'esprit qui produit et qui dirige un ouvrage, que par la main qui peint, qui écrit ou par la voix qui le prononce.

J'ai fait encore voir quelle est la dignité de la peinture et de la sculpture, et combien elles surpassent tous les autres arts connus et pratiqués parmi les hommes, par le parallèle que j'ai fait de l'une avec l'autre, traitant deux questions qui éclaircissent merveilleusement toutes leurs difficultés et l'ancienneté de leur usage, mais où la peinture a toujours conservé sa prérogative et tous ses avantages. J'ai montré avec tout le soin dont je suis capable, la réputation et l'éclat qu'elles avaient parmi les anciens peuples de la Grèce, et particulièrement ans la ville d'Athènes ; j'ai parlé de l'estime que les Romains en firent dans les suites, lorsqu'ils considérèrent les ouvrages des plus fameux peintres et statuaires comme les plus éclatantes marques de leur grandeur et comme des choses nécessaires à leur magnificence. J'ai fait remarquer le temps de leur rétablissement et ceux qui en avaient mérité la gloire, premièrement en Italie et ensuite deçà les monts, où nos rois les ont toujours honorés[2] de beaux privilèges. J'ai enfin éclairci ceux qui auront la curiosité de savoir d'où vient la connaissance et le goût que nous avons pour les beaux-arts à Toulouse, ce qui m'a obligé de faire la description de plusieurs ouvrages de Bachelier et d'ajouter que c'est par manière de reconnaissance qu'on honore la mémoire de cet illustre ouvrier, qui nous a laissé des leçons immortelles du bon goût, que nous avons toujours conservé parmi nous depuis que cet excellent homme fut envoyé comme du ciel pour bannir la manière gothique de notre ville.

1. Apparaît en ce point le sens particulier donné au vocable de *théorie* : c'est moins une réflexion sur un objet (par exemple en situation *critique* à son égard) que l'ensemble des vues idéales qui sont antérieures à – et au principe de – l'application manouvrière. Dupuy a bien écrit : *de* sa *théorie*, et non *de la théorie*. Ce qui ainsi appartient au peintre, ce sont les principes poiétiques et intelligents de l'œuvre à faire.

2. On pourrait attendre plutôt : « honorées », renvoyant à la peinture et à la sculpture ; « honorés » renvoie à « ceux qui en avaient mérité la gloire », ce qui est également possible. Notons que les accords de participe de Dupuy sont très inconstants et irréguliers, et qu'on ne peut tirer aucune hypothèse de tel ou de tel choix.

SUPPLÉMENT À LA PREMIÈRE DISSERTATION

Sur la dignité de la peinture, sur l'histoire des peintres de l'Antiquité et des restaurateurs de cet art

Quand on nous dit que la peinture est du nombre des arts libéraux du premier ordre, on y comprend en même temps la sculpture qui a les mêmes principes, comme nous avons remarqué dans la première dissertation de ce traité. Elles ont cet avantage l'une et l'autre parce qu'elles dépendent également de l'esprit, de l'intelligence et de cette partie que nous appelons le dessin.

Quintilien faisant la division des arts[1], nous enseigne qu'il y en a de trois sortes : les premiers consistent dans la seule théorie, dans la seule spéculation, et l'astrologie est de ce nombre. Les autres dépendent de la seule pratique, du seul exercice, sans qu'ils laissent aucune trace, comme il arrive à la danse. Ceux de la troisième espèce laissent un ouvrage, une marque qui subsiste après que l'ouvrier a fait le devoir de son art, et la peinture est de ces derniers. Il dit, parlant de la rhétorique, qu'elle participe de la théorie et de la pratique, parce que l'orateur n'est pas moins orateur, lorsqu'il ne parle pas, que le médecin n'est pas moins médecin lorsqu'il ne traite point de malade. Il est vrai que l'orateur exerce fréquemment son art par la seule prononciation, sans laisser que le plaisir de l'avoir ouï, mais aussi le plus souvent, il se sert de l'écriture pour produire son ouvrage, ce qui est indispensable lorsqu'il compose sur l'histoire. Voilà ce que nous pouvons dire du peintre : il se contente de la seule théorie comme le

1. Quintilien, *Institution oratoire*, livre II, 18, 1-3 (Paris, Les Belles Lettres, p. 100). En fait, Quintilien reprend la tripartition aristotélicienne du théorétique, du pratique et du poétique, puis la distinction de l'entéléchie première et de l'entéléchie seconde.

médecin ou l'orateur, et il peut exercer son art en exprimant ses conceptions avec son pinceau et ses couleurs.

Or si la rhétorique est un art purement libéral, on doit dire la même chose de la peinture. Vossius, ce savant hollandais, n'a pas osé contredire ouvertement le sentiment de Quintilien dans son *Traité des quatre arts populaires*[1]; mais, après avoir établi certains principes par une nouvelle partition des arts, comme il le prétend suivant les Grecs, il soutient que la peinture est un art populaire[2] et qu'elle n'est art libéral que par comparaison avec les arts vulgaires. Pour venir à la fin, il ajoute que les Grecs, sur lesquels il fonde son opinion, ont réglé les degrés d'honneurs que les arts doivent tenir parmi les hommes et qu'il y en a de quatre différentes classes : ceux de la plus basse sont les vulgaires ou sordides ; les seconds sont nommés populaires, parce que toutes sortes de personnes les peuvent apprendre sans faire tort à leur condition ; mais ceux qu'on appelle libéraux, dépendant[3] de l'esprit, sont plus nobles et plus élevés que les précédents. Il fait une quatrième classe de cet art qui enseigne les règles de la sagesse et qui s'appelle la philosophie. Cela supposé, il rapporte[4] un endroit[5] d'Aristote où ce philosophe dit qu'il y a quatre choses qu'on fait apprendre à la jeunesse : l'art de lire et d'écrire qu'il appelle grammatistique ; les cinq arts qui sont la danse, la course, le palet, le javelot et la lutte, tout cela sous le nom de gymnastique ; l'art de chanter, appelé musique ; et le quatrième art est l'art de peindre appelé graphique. Mais,

1. G. Vossius, *De quatuor artibus popularibus*, Amsterdam, 1650. Nous citons les *Tractatus philologici* (Amsterdam, éd. Blaeu, 1697) qui reprennent ce Traité. La pagination n'y est pas continue, et la distinction intitulée *De quadripartita artium ac scientiarum omnium distributione* est au livre I, chap. 1, du *De artium et scientiarum constitutione, sive de quatuor artibus popularibus*, p. 1. Vossius distingue des arts vulgaires, puis populaires (comme la grammatistique ou la gymnastique), ensuite les *artes liberales*, propédeutiques à la philosophie, enfin ceux qui sont *liberaliores*, et enseignent à connaître l'homme ; ils sont philosophiques.

2. Vossius *De quatuor artibus*..., p. 1, § 1 : ...*ex multorum judicio etiam ars pingendi. Has artes dicemus* populares, *quia dignior populi vox quam plebis* (« Parmi beaucoup j'y discerne aussi l'art de peindre. Nous appelons ces arts populaires parce que la voix du peuple est plus digne que celle de la plèbe »).

3. Le texte de Dupuy porte ici « dépendent » plutôt que « dépendant ». Ce n'est pas forcément une coquille, quoique la syntaxe préfère ici un participe présent. Le sens du passage n'est pas changé au demeurant.

4. Vossius *De quatuor artibus popularibus*, chap 1, § 6, p. 2.

5. Il s'agit de la *Politique*, livre VIII, chap. 3, 1337b 23-27. Aristote énumère quatre arts, les lettres (*grammata*), la gymnastique, qu'il ne détaille pas en espèces (et pas davantage un peu plus loin en 1338b 4-1339a 10), la musique et le dessin (*graphikè*). À noter que les *arts sordides* plus hauts mentionnés et tirés de Vossius, ont leur origine dans le même livre III de la *Politique* d'Aristote, 1337b 5-10.

quoique Aristote remarque qu'on faisait apprendre ces quatre arts aux enfants de toutes sortes de conditions et aux esclaves mêmes, il dit pourtant que quelques-uns en exceptaient la peinture. Or la raison qu'ils en avaient ne pouvait être prise que de sa qualité d'art libéral et parce qu'on ne la montrait qu'aux gens libres ou à peu de personnes.

En effet, quoique la seule habitude de peindre les lettres, que nous appelons l'écriture, que la danse, la course et la pratique de chanter soient des arts populaires, on ne peut pas dire la même chose de la musique théorique, ou de la composition dans la musique, et de l'art de peindre, qui dépendent de l'esprit et de l'intelligence et qui, par conséquent, sont d'un ordre plus élevé. Nous voyons donc que Vossius s'est mépris, ou qu'il a voulu parler des peintres d'habitude, qui savent faire des copies par des moyens mécaniques ; et il serait ridicule d'avancer cela à l'égard des peintres savants dans le dessin et dans la composition. Car, outre que l'étude de la peinture est trop longue pour la faire apprendre à toutes sortes de personnes, comme les autres exercices, on ne peut raisonnablement placer cet art, accompagné de cette intelligence qui en est la principale partie, au rang de la course, de la lutte et de la simple habitude de lire, d'écrire et de chanter la note.

Je demanderais à ceux qui seraient de ce sentiment, s'ils pourraient comparer la rhétorique avec la lutte ou la course, comme elle se peut comparer avec la peinture ? Il est donc tout visible que la course, la lutte et les autres arts qui dépendent de l'exercice du corps, sont d'un ordre inférieur à la peinture, comme ils sont bien éloignés de la rhétorique ; et que si la rhétorique est un art libéral, comme personne n'en peut douter, la peinture l'est aussi, comme l'a cru Quintilien [1]. Je ne conteste pas que l'art de manier les couleurs, de copier même un ouvrage, ne se puisse comparer à l'art de lire et d'écrire, parce qu'ils consistent l'un et l'autre dans une habitude corporelle, où l'esprit a fort peu de part. Il en est de même de l'art de chanter et de connaître la note, qui se forme par le seul exercice et qui est inférieur à l'art de composer la musique ; car le premier n'est qu'une habitude et ce dernier dépend de l'intelligence. Quoiqu'il en soit, il est certain que les arts prennent leur rang de leur plus noble partie.

1. Quintilien établit, *ab initio*, au chapitre 10 du livre XII de *l'Institution oratoire* (désormais *IO*) un parallèle de la rhétorique et des arts comme la statuaire et la peinture. Il affirme d'ailleurs (*IO*, XI, 3, 67) que la peinture est parfois plus éloquente que la parole, ou plus exactement la *vis dicendi*.

Il y a pourtant quelque distinction[1] parmi les peintres, ce qui est très raisonnable, car ceux qui travaillent d'histoire tiennent le premier rang, les portraitistes suivent après, les paysagistes et ceux qui font des fleurs et des fruits sont les derniers de tous. Il y a encore de simples copistes : de là vient la grande différence qu'on fait des originaux d'avec les copies, parce que le prix d'un original se prend de la science et de la réputation du peintre, et souvent il est extraordinaire ; au contraire le prix des copies s'estime par le temps qu'il a fallu pour le faire, autant que par l'industrie du copiste, de sorte que ces tableaux de l'Antiquité, dont le prix, selon Pline[2], égalait la valeur d'une ville entière, auraient pu se copier pour une somme très médiocre.

On voit donc que Quintilien a eu raison de faire aller de pair la peinture avec la rhétorique, pour montrer que l'une et l'autre sont également un art libéral, et que la subtilité de Vossius est très mal fondée pour éloigner la peinture de cet honneur. En effet, lui-même[3], dans la suite de son ouvrage, répondant à ceux qui ont voulu dire qu'elle était inutile parce qu'étant elle-même fausse, on n'en peut tirer aucune lumière en faveur de la vérité, il leur soutient qu'ils auraient la même raison de bannir honteusement la poésie du nombre des arts libéraux, à cause de la liaison et du rapport qu'elles ont ensemble ; car ce que l'une exprime avec la plume et la cadence des paroles, l'autre l'expose aux yeux avec le pinceau et les couleurs.

Il semble même que la peinture surpasse la poésie en plusieurs choses, particulièrement en ce qu'elle représente son sujet aux yeux du corps et à ceux de l'esprit tout à la fois. Il passe encore plus avant à la louange de cet art, quand il dit[4] que ce n'est pas la plus grande gloire de la peinture d'égaler la poésie en tout, mais d'aller de pair avec l'histoire ; car elle transmet la mémoire des grandes actions à la postérité. D'où vient que ceux qui ne savent pas lire les apprennent par la vue des tableaux où elles sont dépein-

1. Cette hiérarchie des genres vient de Félibien et de sa *Préface aux Conférences de l'année 1667* (éd. Mérot des *Conférences de l'Académie royale de peinture et de sculpture*, 1996, ENSB-A, p. 50-51). Elle se fonde moins sur la dignité d'état du représenté que sur la difficulté et la prouesse picturales à offrir la représentation de ce qui ne se peut voir en peinture, comme le mouvement des corps, la passion de l'âme, la divinité de la figure.

2. *HN*, XXX, § 32 : « ...peintres des plus illustres dont un seul tableau s'achetait au prix des trésors d'une ville » (*RM*, 5, p. 8-9).

3. Il s'agit de Vossius, *De quatuor artibus*..., chap. v, § 7-8, p. 22-23. De ce paragraphe, la dernière phrase de Dupuy reprend celle-ci de Vossius : « Ce que celle-là (*i.e.* la poésie) fait avec la plume, celle-ci (*i.e.* la peinture) l'exprime avec le pinceau ».

4. Vossius, *De quatuor artibus*, v, § 9 -10, p. 23. Le § 9 mentionne les yeux de l'esprit, et le § 10 la parité de la peinture et de l'histoire.

tes. L'histoire peinte, ajoute-t-il, enflamme au[1] désir de la gloire et à la vertu, de même que les histoires écrites ; et la plupart des ouvrages de la nature se représentent mieux par un savant pinceau que par la plume d'un excellent écrivain. Elle est encore si semblable à la poésie et à la rhétorique qu'il faut éviter dans la peinture les mêmes abus que dans les deux autres. Et si l'orateur doit être de bonnes mœurs, comme dit encore Quintilien[2], si le poète ne doit pas faire servir les Muses de ministres de la débauche, le peintre n'est pas moins obligé d'éviter de peindre des objets qui corrompent les mœurs, tels que sont les embrassements lascifs et les postures dissolues. C'était avec beaucoup de sagesse qu'on avait autrefois défendu à Thèbes, sous des peines fort sévères, de peindre ou de représenter en aucune manière des actions brutales, et qu'on avait banni de Marseille cette sorte de comédiens qu'on appelait mimes, parce qu'ils donnaient des leçons de débauche par leurs gestes et par leurs paroles.

Enfin, comme la rhétorique se divise[3] en invention, disposition, élocution et prononciation, parce que l'orateur doit inventer ses arguments, les placer dans des lieux convenables, les orner de figures et après donner l'âme à cette composition par la prononciation, ainsi le peintre cherche premièrement sa matière : c'est ce que l'on appelle l'invention ; il doit disposer cette matière par ses parties et par ses groupes : c'est la disposition et l'ordonnance ; il donne à tout la grâce et la couleur[4] : voilà justement l'élocution. Il ajoute l'expression à toutes ses figures et donne à tout un beau relief : voilà la prononciation. D'où vient que les peintres se servent

1. Usage vieilli d'« enflammer », au sens figuré et sur le modèle d'« exciter à ». Le *Furetière* ne donne aucune occurrence de cet usage, ni le *Littré*, mais on trouve dans le *Huguet* deux occurrences seiziémistes, de Rabelais (*Pantagruel*, chap. 8) : « … Pantagruel … fut enflambé (*sic*) à profiter plus que jamais ». Et chez Robert Garnier (*Porcie*, v. 734) : « La force d'enflamber les hommes aux combats ».

2. Quintilien, *IO*, par exemple : II 15, §33 : « un orateur parfait qui doit être avant tout, selon notre désir, un homme de bien » (éd. Cousin, II, p. 83)

3. La division de Cicéron, reprise chez Quintilien, comporte cinq parties : *inventio, dispositio, elocutio, actio et memoria*. Quintilien use plutôt de *pronuntiatio* que d'*actio* (*IO*, III, 3, 1 et XI, 3, 1) et, s'autorisant des *Partitiones oratoriae* de Cicéron, il divise la rhétorique en *inventio* et *elocutio*, la première déterminant *res ac dispositionem*, la seconde *verba et pronuntiationem* (III, 3, 7), la *memoria* devenant une cinquième partie commune à toutes les autres. Ce pourrait être la raison de la quadripartition de Dupuy, la mémoire étant diffuse ès quatre autres parties.

4. L'invention et la disposition, parties théoriques, sont donc communes à la rhétorique et à la peinture, tandis qu'élocution et prononciation, qui tiennent à l'application pratique de l'art, sont des métaphores pour le coloris, qui appelle la grâce, et pour l'expression liée au relief, qui semble relever du dessin.

d'un terme qui leur est commun avec les rhétoriciens, quand ils disent qu'un ouvrage est bien prononcé [1].

Si, lorsqu'on nous propose l'idée d'un parfait orateur, on nous dit qu'il doit avoir une connaissance universelle, on peut dire la même chose pour donner une idée d'un peintre accompli ; mais encore, la géométrie lui est plus nécessaire qu'à l'orateur, puisqu'elle lui sert de fondement en toutes ses compositions, et qu'il ne peut sans son secours comprendre la juste proportion de tous les objets visibles de la nature. On recueille de tout cela que l'art de peinture est du même ordre et de la même élévation que la rhétorique, qu'il n'est pas raisonnable de dire qu'elle n'est un art libéral que par comparaison avec les arts vulgaires, comme l'a prétendu Vossius. Que s'il y a de mauvais peintres, de méchants poètes et de misérables orateurs, leur art n'en est pas moins illustre et libéral par le défaut de ceux qui en font indignement profession. Du reste, si Pline [2] avoue que la peinture était connue depuis fort longtemps, lorsque les Sicyoniens défendirent d'y faire élever les esclaves, ordonnant que le dessin ne serait montré qu'à des personnes de condition libre et que cet art serait mis au rang des libéraux du premier ordre, ce n'est pas que ce décret des bourgeois de Sicyone fut nécessaire à la peinture pour trouver place parmi les arts libéraux, puisqu'elle tient ce rang par son propre mérite, comme la poésie et la rhétorique.

On peut encore dire [3] en faveur de la peinture que les Égyptiens ont eu la vanité de soutenir qu'elle avait été connue en Égypte six mille ans plus tôt que dans la Grèce ; mais ce que les Grecs en ont écrit, au rapport de ce même auteur, est plus probable. Les uns soutenaient qu'elle avait commencé à Sicyone, les autres à Corinthe ; quelques-uns en attribuaient l'invention à un Égyptien qui avait nom Philoclès ; et d'autres enfin soutenaient que c'était un bourgeois de Corinthe, appelé Cléanthe, qui en fit la première tentative par le moyen du contour de l'ombre d'un homme, qu'il traça sur une muraille. Nous avons pourtant reconnu depuis, par la découverte de l'Amérique, que cette invention n'a pas été particulière aux Égyptiens ou aux Grecs, puisque les Américains savaient faire des idoles et des figures de

1. « Prononcer, en termes de peinture, signifie bien marquer et distinguer quelque partie d'un tableau et la faire aussi bien connaître par le pinceau comme on le ferait en prononçant des paroles » (*Furetière*).

2. *HN*, livre XXXV, § 77.

3. Tout ce paragraphe reprend, sauf naturellement ce qui s'affecte terminalement à l'Amérique, *l'Histoire naturelle* de Pline – *HN*, XXXV, § 15 et 16 (éd. Croisille, Paris, Les Belles Lettres, 1985, p. 42). On retrouvera cette source dans le *Recueil Milliet*, (*cf.* ci-dessus, la première Dissertation, note 4, p. 62), que nous abrégerons désormais en *RM*.

toutes sortes d'animaux, lorsque Christophe Colomb y fit sa première navigation.

Mais pour revenir à ce que Pline en a écrit, il dit [1] qu'Aridicès de Corinthe et Telephanès de Sicyone furent les premiers qui exercèrent cet art. Il est vrai qu'on ne saurait déterminer en quel siècle ils ont vécu. On sait seulement qu'il y eut ensuite des peintres [2] de clair-obscur, dont le premier s'appelait Higiainon, un autre Dinias, et un autre se nommait Charmadas. C'est aussi une ancienne tradition qu'Eumarus parut après ceux-ci et qu'il savait bien représenter toutes sortes de figures. Il eut pour élèves Cimon et Cléonée [3], et on dit que ce dernier sut donner de différents regards à ses figures.

Enfin la peinture ayant acquis beaucoup de perfection dans la suite de plusieurs siècles, un peintre appelé Bularque [4] fit un tableau où il représenta le combat de Candaule, roi de Lydie contre les Magnésiens. Ce roi le trouva si beau qu'il l'acheta au poids de l'or. On peut du reste conjecturer que ce peinte florissait parmi les Grecs dans le temps que Romulus jetait les fondements de la ville de Rome. Après Bularque, on parle de deux peintres de Corinthe, savoir Cléanthe, différent de cet autre plus ancien, et de Cléophante. Les ouvrages du premier se voyaient encore du temps de Strabon ; et, pour ce qui est de Cléophante, on dit que Damaratus [5], père de Tarquin le vieux, l'emmena avec lui en Italie. Le siècle pourtant de ces peintres est incertain, quoiqu'il soit constant qu'ils ont vécu avant le règne du roi Xerxès et longtemps avant la guerre des Perses contre les Grecs.

Depuis cette guerre persique, à compter dix ans de Xerxès, quarante et un ans du règne d'Artaxerxès et dix-neuf ans de Darius Nothus [6], qui régna ensuite, jusqu'au temps que la ville d'Athènes tomba sous la puissance des Lacédémoniens, dont l'armée était commandée par Lysandre, on vit paraître plusieurs peintres dans cet intervalle. Premièrement Panaenus [7], frère de Phidias qui avait été lui-même peintre avant qu'il fût statuaire ; et au même

1. *HN*, XXXV, § 16, *op. cit.*, p. 42.

2. *HN*, XXXV, § 56, p. 61. Pline parle de *eosque qui monochromatis pinxerint*, ceux-là qui ont peint des monochromes. Le terme de clair-obscur, italianisme dont l'usage ne remonte pas plus haut que le début du XVIIe siècle, est donc quelque peu anachronique.

3. Erreur de Dupuy, semble-t-il. Pline (toujours au § 56 du livre XXXV) nomme *Cimonem Cleonaeum* Cimon *de* Cléones, qui sut en effet varier la disposition et le regard de ses visages peints.

4. Ou bien Bularchus ou encore Boularchos. *HN* XXXV, § 55.

5. Ou *Démarate*. Dupuy écrit en fait *Demaratus*. À noter que Pline parle d'*Ecphantus de Corinthe*, distinct de cet autre *Ecphantus* qui suivit *Damaratus*.

6. Nothus : autrement dit *le bâtard*. Il s'agit de Darius II, roi de Perse de 424 à 406 av. J.-C.

7. *HN* XXXV, § 57 et 58. *Panaenus* ou bien *Panaenos*.

temps, Timagoras, qui fut vaincu par Panaenus[1] aux jeux pythiques à Delphes ; on prétend que ce fut le premier combat sur la peinture dont on ait ouï parler. Au reste, les contemporains de Phidias étaient Alcamène et Polyclète, fameux statuaires. On parle ensuite de Polygnote de Thase qui donna plus d'expression à ses figures que tous les peintres qui l'avaient précédé ; et ses ouvrages se conservèrent longtemps, principalement à Delphes.

Pendant les règnes suivants des rois de Perse, savoir d'Artaxerxès Mnémon[2] qui avait succédé à Darius Nothus et d'un autre Artaxerxès appelé Ochus[3], qui durèrent aussi environ soixante-dix ans, les Athéniens qui s'étaient délivrés des trente tyrans que Lysandre[4] leur avait imposés, s'adonnèrent entièrement aux beaux-arts, de sorte qu'Apollodore[5], qui était d'Athènes, porta la peinture à une plus grande perfection que tous ceux qui avaient paru auparavant, tant par l'expression et le dessin que par l'entente des couleurs. Après lui on parle de Zeuxis[6] d'Héraclée qui se rendit admirable en toutes choses, mais particulièrement à donner la couleur naturelle à ses tableaux. Aristote dit pourtant de Zeuxis qu'il était inférieur à Polygnote[7] de Thasos dans les expressions. Du reste, un des plus beaux ouvrages de Zeuxis était sa Pénélope, car on y découvrait non seulement toutes les beautés de cette dame, mais encore les mœurs[8] et les qualités qu'Homère lui attribue.

1. Pline écrit plutôt de *Panaenus* qu'il fut *superatus ab eo Pythiis* (i.e. *a Timagora*), vaincu par Timagoras aux jeux pythiques.

2. Artaxerxès II, roi perse surnommé Mnémon à cause de sa mémoire prodigieuse, fils de Darius Nothus, règne de 405 à 361 av. J.-C..

3. Il s'agit d'Artaxerxès III, fils du précédent, et plutôt nommé par les Grecs *Ochus* ; il règne de 361 à 338 av. J.-C.

4. Général lacédémonien, qui assiégea et prit Athènes à la fin de la guerre du Péloponnèse. Il fit raser les murs de la ville et abolit le régime démocratique, en 404 av. J.-C., pour établir la tyrannie des trente.

5. *HN*, XXXV, § 60. On sait qu'il fut renommé comme Apollodore le skiagraphe. La skiagraphie vaut sans doute pour une science des ombres et des lumières. Voir l'appendice n° 1 à l'édition du livre XXXV de l'*HN* de Pline (*op. cit.*, p. 297-300) pour une esquisse de bibliographie sur la question.

6. *HN*, XXXV, § 61. Dupuy suit ici l'ordre linéaire du texte de Pline.

7. Il vient d'en être question chez Pline un peu plus haut : *HN* XXXV, § 58-59. Aristote évoque la supériorité de Polygnote sur Zeuxis, pour le rendu de l'*ethos*, dans la *Poétique*, chap. 6, 50 a 27-28.

8. Pline écrit plus sobrement de cette Pénélope : in *qua pinxisse mores videtur* (*HN*, XXXV, §63) « en laquelle il *(*Zeuxis*)* paraît avoir peint le caractère ». *Mores* équivaut au grec *ethos*, dont traitait Aristote en la note précédente.

Il y eut presque en même temps parmi les Grecs plusieurs peintres qui avaient de la vogue : le premier qu'on remarque s'appelle Timanthe[1], dont l'esprit était extraordinaire pour l'invention : ce peintre, ayant représenté le sacrifice d'Iphigénie, fille d'Agamemnon, on y voyait la tristesse peinte sur tous les visages, mais elle paraissait particulièrement sur celui de Ménélas, son oncle, de sorte que, ne pouvant rien faire au-delà pour exprimer la douleur du père, il s'avisa de lui cacher le visage[2] avec une draperie. C'est aussi ce qu'a fait le chevalier Bernin à Rome dans la statue du Nil ; dont il a caché la tête parce que la source de ce fleuve était autrefois inconnue. Voici un autre exemple[3] de l'esprit de Timanthe : il avait peint un cyclope qui dormait, dont il voulait faire comprendre la grandeur ; il s'imagina de faire des satyres qui mesuraient la longueur de ses doigts avec leur thyrse[4]. On place après Timanthe un fameux peintre appelé Androcydès[5], qui peignit à Thèbes la prise et la ruine de Platée par les Thébains. Et presque en même temps Eupompe qui fut le maître de Pamphile macédonien, comme celui-ci le fut de l'incomparable Apelle. Cet Eupompe[6] forma une nouvelle manière, qu'on appelait la sicyonienne, parce qu'il était de Sicyone ; car auparavant, on n'en connaissait que deux, dont l'une était l'asiatique ou ionique, et l'autre l'attique ou helladique. On nous apprend[7] que Lysippe, encore jeune, ayant demandé à Eupompe lequel des anciens il tâchait d'imiter, il lui répondit que c'était à la nature qu'il fallait se conformer, plutôt qu'à quelque autre ouvrier.

Le célèbre Parrhasius[8] florissait au même temps ; on assure qu'il trouva de plus belles proportions que tous les autres : il étudia si exactement cette importante partie de son art et en donna de si belles règles que ceux qui sont venus depuis l'ont appelé le législateur[9]. Timanthe pourtant l'emporta sur

1. *HN*, XXXV, § 73-74.

2. Exemple toujours tiré de Pline (*HN* XXXV, § 73-74) : « il voila le visage du père lui-même, qu'il ne pouvait montrer convenablement ».

3. Pline toujours, et à la suite, *HN* XXXV, § 74.

4. Le thyrse, attribut de Dionysos, est un bâton entouré de pampre et terminé par une pomme de pin.

5. Ou Androkydès. L'anecdote est tirée de Plutarque, *Vies parallèles*, éd. Flacelière-Chambry, Paris, Les Belles Lettres, 1966, t. IV, *Pélopidas* 25, 9-10, p. 163 (Le *Recueil Milliet* : 302, p. 242-244, donne la référence erronée 25, 5).

6. « la réputation de cet artiste fut si grande qu'il redivisa la peinture en genres » (Pline *HN*, XXXV, §75, trad. Croisille modifiée, Paris, Les Belles Lettres, p. 69).

7. Pline, *HN*, XXXIV, § 61. L'anecdote doit être située vers -375, selon *RM*, p. 252, n. 1.

8. Adversaire heureux de Zeuxis en un *certamen* célèbre, des raisins de Zeuxis et du rideau de Parrhasius (Pline *HN*, XXXV, § 65-66). Parrhasius est traité en propre au même livre, § 67-72.

9. La source est ici Quintilien, *IO*, XII, 10, 6.

lui dans l'histoire d'Ajax qu'ils peignirent l'un et l'autre, de sorte que Parrhasius avait accoutumé de dire galamment qu'il avait été vaincu par un moins digne que lui et que son aventure avait été semblable à celle de son héros[1], dans la prétention des armes d'Achille.

On rapporte à ce même siècle le fameux Euphranor[2], qui fut excellent peintre et encore un grand statuaire ; Aristide[3] qui perfectionna beaucoup la manière de peindre avec la cire. Après lui suit Pamphile, disciple d'Eupompe dont nous avons parlé. Pamphile était très savant dans les mathématiques et croyait qu'on ne pouvait être grand peintre sans la connaissance de la géométrie ; il eut pour ses élèves Pausias de Sicyone qui excellait à faire des raccourcis, et l'incomparable Apelle[4]. La plupart de ces peintres étaient en réputation, dans le temps que la puissance des Macédoniens se rendit redoutable à la Grèce et s'étendit tout d'un coup dans l'Asie sous Alexandre, leur jeune roi. Mais Apelle et Lysippe eurent toute la vogue, parce que ce roi[5] ne voulut être peint que par Apelle et représenté en relief que par Lysippe.

Apelle au reste surpassa tous les peintres de son temps[6] et tous ceux qui l'avaient précédé ; on parle sur toutes choses[7] de son tableau de la déesse Vénus : il l'avait représentée sortant de la mer, et il avait pris pour modèle une des maîtresses d'Alexandre, qui s'appelait Campaspe, comme l'a écrit Pline[8] ; d'autres[9] ont dit que cette déesse ressemblait à Phryné que ce

1. On sait que ce moins digne fut Ulysse : « de ce qu'il avait été derechef vaincu par un indigne » (Pline, *HN*, XXXV, § 72).

2. Euphranor de l'Isthme est surtout connu comme statuaire. Pline en traite au livre consacré à la sculpture, le XXXIV de l'*HN* (§ 50 et 77). Mention comme peintre cependant, en XXXV, § 128-129.

3. Pline mentionne cet Aristide au § 122 de *HN*, XXXV. Il s'agissait sans doute de cire teintée pour les peintures à l'encaustique comme Pline l'évoque cursivement au § 49 du même texte.

4. Apelle de Cos fut peintre à la cour de Philippe de Macédoine et de son fils Alexandre le Grand. Il est sollicité pour représenter le roi des peintres, traitant d'égal à égal avec le roi de guerre (Titien et Charles-Quint, Le Brun et Louis XIV, feront figures couplées de nouveaux Apelle et Alexandre).

5. Légende présente, outre chez Pline (*HN*, VII, § 125) chez Cicéron, Horace, Valère-Maxime, Himérios et Apulée. Cf. *RM*, 404-409, p. 316-317.

6. Pline lui consacre les § 79-97 du livre XXXV de l'*HN*.

7. Équivalent de « par-dessus tout ».

8. Ou plutôt Pancaspé. Dupuy concentre plusieurs anecdotes tirées de Pline, celle de la favorite dont Alexandre fit cadeau à Apelle, et celle de la Vénus anadyomène (§86 –87 puis 91-92). Pline rapporte sans certitude que Pancaspé aurait été le modèle de cette Vénus anyadiomène.

9. Athénée, XIII, p. 590 F, cité in *RM*, 425, p. 332-333. Phryné aurait subi un bain rituel à Eleusis, ressaisi par Apelle en Vénus anyadiomène ; elle fut par ailleurs la maîtresse de Praxitèle.

peintre avait vue toute nue aux assemblées d'Eleusis ou à la fête de Neptune.

Apelle seul contribue à la perfection de la peinture plus que tous les autres peintres ensemble; il excellait surtout par la bonne grâce. Et, quoiqu'il admirât les ouvrages de plusieurs de sa profession, il disait pourtant qu'il leur manquait ce je ne sais quoi, cette qualité que les Grecs appellent *charis*[1] ; qu'ils avaient toutes les autres parties, mais qu'en ce point il n'était égalé de personne. Il se piquait encore d'une autre qualité, lorsque, admirant un ouvrage de Protogène, fait avec beaucoup de travail et de jugement, il dit qu'il égalait ce peintre en toutes choses, mais qu'il le surpassait en ce qu'il savait retirer la main de dessus ses tableaux, pour faire souvenir de ce précepte[2] que la trop grande exactitude peut porter du préjudice aux ouvrages de peinture. On a écrit de lui qu'il ne laissait passer aucun jour[3] sans dessiner ou contourner quelque chose. Voici encore une marque de son grand génie : il voyageait sur mer, lorsque une tempête l'obligea d'entrer au port d'Alexandrie ; Ptolémée y régnait alors, et n'était pas de ses amis. Cependant un officier de la cour, qui savait la situation des choses, fut pratiqué par quelque ennemi d'Apelle et lui vint commander malicieusement, et comme de la part du roi, de venir prendre un couvert à sa table. Il fut donc saluer ce prince et le remercier d'une si grande faveur. Ptolémée parut un peu surpris et lui demanda qui l'avait invité de sa part ? Apelle fort étonné prit un charbon et fit en quatre coups le portrait de cet officier[4], que le roi reconnut d'abord et en fut très satisfait.

Protogène[5] était de Rhodes ou plutôt d'une ville de Carie qui était sous la dépendance des Rhodiens. Il florissait sous Philippe, sous Alexandre et ses premiers successeurs, c'est-à-dire environ trois cents ans avant que Jules César ne se fût rendu absolu dans la république romaine. On remarque

1. Dupuy a en fait écrit *Carite,* translation du grec *charita*, forme accusative de la grâce, présente au texte de Pline (*HN*, XXXV, § 79). Notons que les *Charites* sont les trois Nymphes attachées à la vêture de Vénus, Aglaé, Thalie et Euphrosyne. Le *Dictionnaire de la langue française du* XVI*e siècle* de Huguet mentionne que *charite*, au singulier, peut signifier grâce, charme.

2. Pline *HN* XXXV, § 80.

3. Pline *HN* XXXV, § 84. Pline précise que cette coutume est passée en proverbe : c'est le *nulla dies sine linea*.

4. Pline précise qu'il s'agissait du bouffon du roi (*voltum plani*, *HN* XXXV, § 89-90). Cette anecdote a du rapport avec celle que raconte Lucien (*Calumnia*, 2-5)et d'où s'est engendrée *la Calomnie* d'Apelle.

5. Il est célèbre du fait du *certamen linerarum* raconté par Pline (*HN* XXXV, § 81-83) et qui le fit rivaliser de finesse de trait avec Apelle finalement victorieux.

de Protogène qu'il étudiait extrêmement ses ouvrages et qu'il avait de la peine à les quitter.

Je ne sais pas si un autre fameux peintre appelé Aétion[1] parut longtemps après Apelle et Protogène ; mais Lucien nous apprend qu'il avait vu à Rome un tableau de la main de ce peintre, où était représenté le mariage d'Alexandre avec Roxane. Il ajoute qu'Aétion ayant autrefois exposé cet ouvrage aux jeux olympiques, tout le monde le trouva si beau et ce peintre était si accompli, que Proxénide, qui présidait à ces jeux, lui donna sa fille en mariage. Il y eut d'autres peintres très célèbres dans l'Antiquité, dont le nom nous est connu, sans qu'on sache précisément leur temps, et qui pourtant sont plus anciens qu'Apelle et Protogène : savoir Mycon, Antiphile, Théon de Samos et Mélanthius[2].

Il est certain que la peinture fut dans son plus grand éclat dans le siècle d'Alexandre et qu'il ne s'est trouvé personne qui ait enchéri sur Apelle et Protogène, quoiqu'il y ait eu depuis de très habiles peintres. Enfin cet art commença de déchoir parce que plusieurs s'attachèrent à représenter des choses basses et en petit, comme des boutiques de barbier et de savetier, des cuisines, des animaux et des fruits ; c'est à cause de ces bagatelles qu'on les appela rhyparographes[3] parmi les Grecs.

Au reste il y avait en Grèce quatre principales écoles de cet art, dont l'une était à Corinthe, l'autre à Sicyone, la troisième à Athènes et la dernière dans l'île de Rhodes. Elles n'étaient pas moins célèbres pour la sculpture que pour la peinture ; et celle de Rhodes a subsisté longtemps après la décadence des autres, parce que cette fameuse île conserva sa liberté et son état jusqu'à l'empire de Vespasien, qui commença de la faire gouverner par un préteur romain. C'était cette école sans doute qui fournissait les meilleurs ouvriers après la ruine de Corinthe et la réduction de toute la Grèce en faveur des Romains. Il y a même apparence que les plus belles statues de l'Antiquité qui ont été faites depuis le siècle d'Alexandre

1. Aétion est mentionné par Pline au § 78 de *HN*, XXXV. Lucien le met au rang d'Apelle et d'Euphranor (*RM*, 299, p. 242-3). Pour la description du mariage d'Alexandre et de Roxane, en – 327, voir derechef *RM* 507, p. 376-377 (Lucien, *Herodotus. sive Aetion*, 4-6).

2. Trois de ces peintres sont représentés chez Pline, en HN XXXV : Mycon aux § 42 et 59, Théon au § 144 et Mélanthius au § 50, 76 et 80. Quant à Antiphile (plutôt que Pamphile, dont il a été question, quoique Dupuy ait écrit littéralement *Anphile*) il est mentionné chez Quintilien (*IO*, XII, 10, 6) avec Théon, Mélanthius et Pamphile, comme étant du temps de Philippe de Macédoine et d'Alexandre.

3. Dupuy a écrit *riparographes*. Le terme est chez Pline *HN*, XXXV, § 112 ; il désigne des peintres de vils objets, qu'il faut distinguer des *rhopographes*, qui peignaient de menus objets, voire de petits paysages (*topiara opera*). Vitruve les évoque au *De Architectura*, VII, 5 pour y opposer la *megalographie*. Cf. *RM* 519, p. 390-393.

jusques aux derniers des Antonins, et dont on voit quelques-unes à Rome, sont venues de Rhodes ; je ne parle pas du Laocoon qui est au Vatican et du Taureau qui est au palais Farnèse, parce que Pline[1] l'a particulièrement remarqué. Il y a encore apparence que le grand nombre de peintres et sculpteurs qu'il y avait à Rome pendant qu'elle était la mieux peuplée et la plus riche de tout l'Empire, y formèrent une cinquième école de ces arts, qui fut la dernière de l'Antiquité.

Quelques-uns de ces anciens peintres avaient écrit de leur art : savoir Euphranor sur la symétrie et sur les couleurs[2] ; Pamphile sur la peinture et la vie des illustres peintres ; Apelle dédia un traité de sa profession à son élève Persée ; Protogène composa quelque volume sur l'attitude des figures, mais il y a longtemps que tous ces écrits ont péri .

Venons présentement aux Romains, qui ne firent pas tant d'honneur aux peintres que les Grecs, aussi leur nombre n'en fut pas si grand en Italie que dans la Grèce ; c'était d'ailleurs un peuple incessamment occupé à la guerre et qui ne connaissait presque d'autre exercice que les armes. Il se trouva pourtant un homme de qualité à Rome, appelé Caius Fabius, qui peignit le temple de la Santé et qui fit donner à sa famille le surnom de peintre[3] ; mais on ne lui rendit pas beaucoup d'honneur pour avoir fait cet ouvrage. Cicéron a dit sur ce sujet, en quelque endroit de ses questions[4], qu'il ne doutait pas qu'on eût vu à Rome des Parrhasius et des Zeuxis, si les Romains eussent fort loué Fabius de ce qu'il savait peindre, quoique d'ailleurs il fut un personnage d'un très grand mérite.

On vit à Rome depuis Fabius un autre grand peintre qui était encore un grand poète : ce fut Pacuvius[5] qui composa de belles pièces de théâtre et qui fit toutes les peintures du temple d'Hercule ; il était au reste neveu du célèbre poète Ennius. Pline parle aussi d'un chevalier romain appelé Turpilius[6], qui peignait de la main gauche et qui avait fait de beaux ouvrages à Vérone. Il assure[7] que Valerius Messala, un des plus puissants

1. Pline *HN*, XXXVI, § 37, pour le Laocoon ; et § 34 sur le Taureau Farnèse. Le Taureau découvert en 1546 aux thermes de Caracalla est une copie, du deuxième siècle, de l'œuvre d'Apollonius et de Tauriscus de Rhodes.

2. Pline le mentionne au § 129 de *HN*, XXXV. Notons que la *symmetria* consiste, non en notre moderne symétrie, mais dans la juste et universelle proportion des parties, entre elles et à l'égard du tout de l'œuvre.

3. Il s'agit donc de *Fabius Pictor*, qui peignit le temple de *Salus* vers l'an 450 de Rome (Pline, *HN*, XXXV, § 19).

4. Cicéron évoque Fabius Pictor dans les *Tusculanes* (I, 2, 4).

5. Il est mentionné par Pline, *HN* XXXV, § 19.

6. *HN*, XXXV, § 20 .

7. *HN* XXXV, § 22. L'exemple de Lucius Scipion est à la suite, au même § 22.

de la république romaine, avait peint de sa main la bataille où il défit Hiéron de Syracuse, avec les Carthaginois alliés de ce roi. Que Lucius Scipion l'Asiatique, frère de Scipion l'Africain, peignit de sa main les conquêtes qu'il avait faites en Asie, dont les tableaux furent exposés au Capitole.

Le même auteur remarque un fameux peintre qui s'appelait Arellius[1] ; il était célèbre par la représentation des déesses d'une beauté extraordinaire, mais qui avaient quelque rapport à des femmes dont il avait été amoureux. Il parle encore de deux autres ouvriers de même surnom dont l'un appelé Marcus Ludius[2] vivait un peu avant le siècle d'Auguste ; il avait peint le temple de Junon dans la ville d'Ardée, dont il fut déclaré bourgeois. L'autre Ludius florissait sous Auguste même et fit de fort beaux ouvrages. Pline dit encore qu'on donna la profession de peintre à un jeune seigneur proche parent de cet empereur. Il est vrai qu'Auguste y consentit parce que ce jeune homme était muet ; il s'appelait Pedius[3] et mourut fort jeune, après avoir fait un grand progrès dans cet art. Il y avait sous Vespasien deux habiles peintres, Cornelius Pinus et Actius Priscus[4], qui peignirent pour cet empereur le temple de l'honneur et de la vertu ; on tenait même que Priscus allait de pair avec ceux de l'Antiquité.

On ajoute au nombre des Romains qui aimèrent la peinture l'empereur Hadrien qui dessinait, peignait et modelait très bien, et l'empereur Marc-Aurèle appelé le philosophe, qui savait aussi manier le pinceau. Mais il y eut à Rome une infinité d'excellents peintres dont l'histoire s'est perdue ; et, quoique la plupart des Romains aient crû que c'était au-dessous de leur dignité de s'occuper à la peinture, ils ne laissaient pas d'estimer infiniment les ouvrages des excellents peintres. Ils firent en effet transporter à Rome tout ce qu'il y avait de mouvant dans la Grèce et ailleurs, persuadés que les nobles productions de cet art devaient combler leur gloire et servir à jamais à la magnificence de leur empire.

Nous trouvons encore qu'un grand nombre d'auteurs avaient écrit sur la peinture et sur la sculpture depuis le siècle d'Alexandre. En premier lieu on remarque Antigone et Xénocrate[5] : on dit qu'ils avaient l'un et l'autre travaillé heureusement à la gloire de ces deux arts. On parle ensuite

1. Anecdote toujours extraite du livre XXXV de l'*HN*, § 119.

2. Pline parle plus exactement d'un Marcus Plautius, peintre du temple d'Ardée dédié à Junon (*HN*, XXXV, § 115) dont le nom grec semble avoir été Lycon. Le second Ludius est aussi dénommé Studius (§ 116).

3. *HN*, XXXV, § 21. Tous les détails sont dans Pline.

4. Tous deux mentionnés par Pline, *HN* XXXV, § 120. Pline précise : *Priscus antiquis similior*, ce qui veut dire qu'il ressemblait, par ses œuvres, davantage au style antique que Pinus.

5. *HN* XXXV, § 68.

de Pasitélès[1] qui avait composé cinq volumes sur tous les ouvrages de peinture, de sculpture et d'architecture qui se voyaient de son temps. Il était lui-même sculpteur, c'est pourquoi quelques-uns[2] l'ont mal à propos confondu avec Praxitèle, ce fameux statuaire. Varron[3], ce savant romain, avait ramassé le nom et fait l'éloge de sept cents différents peintres et sculpteurs ; Pomponius Atticus[4] écrivit sur le même sujet ; il se connaissait aux choses de peinture et de sculpture. Et on voit par les lettres de Cicéron qu'on se rapportait à Rome au choix qu'il en faisait à Athènes pour orner les palais ou les bibliothèques de ses amis.

Juba[5], roi de Mauritanie, qui était autant recommandable par son savoir que par sa qualité de roi, avait laissé plusieurs volumes sur les peintres et sur la peinture. Enfin Aristodème de Carie, suivant ce que Philostrate nous apprend[6], avait composé l'histoire fort ample de tous les peintres jusqu'à l'empire de Trajan. Mais la barbarie des siècles suivants, envieux de la gloire des beaux-arts, n'a pas permis qu'aucun de ces ouvrages soit parvenu jusqu'à nous. On a seulement conservé ce que le même Philostrate[7] a écrit des images et ce que Callistrate[8] a dit des statues ; mais ces auteurs ne servent tout au plus que pour augmenter notre curiosité sans pouvoir la satisfaire. Philostrate, au reste, avait particulièrement connu Aristodème et cet auteur se trouve peut-être le dernier de ceux qui ont parlé

1. Pline en fait l'une de ses sources, in *HN* I, § 33. Il évoque ses cinq volumes traitant des *nobilium operum* in *toto orbe* au livre XXXVI, § 39-40.

2. Par exemple Blaise de Vigenère dans son commentaire à la préface des *Images* de Philostrate, en renvoyant au passage de Pline de la note précédente (XXXVI, § 39-40) mais avec attribution à Praxitèle (*Images*, éd. Graziani, I, p. 42). Ou encore, Jules-César Boulenger, au *De pictura*, livre II ; renseignement que Dupuy a repris de Vossius, *De quatuor artibus…*, chap. v, § 55, p. 30.

3. Il va s'agir des *Imagines* ou *Hebdomades* de Varron, qui comprenaient sur quinze livres, sept cents portraits rassemblés par sept. Pline mentionne l'auteur et l'ouvrage au livre XXXV, § 11.

4. C'est l'ami de Cicéron et le destinataire de nombre de ses lettres, évoquées par Dupuy quelques lignes plus loin. Pline vient de l'évoquer, avant Varron, au livre XXXV, § 11.

5. Juba fut roi de Mauritanie sous Auguste ; savant et écrivain prolixe, c'est une source constante de Pline, qui le cite par exemple en *HN*, XXXVI, § 163, et plus de soixante-dix fois dans l'*HN*.

6. Comme nous avons vu, aucune autre source que la préface des *Images* ne parle de cet Aristodème carien.

7. Cf. *supra*, *Première dissertation*, note 3, p. 52. La traduction des *Images ou tableaux de platte peinture*, par Blaise de Vigenère (1578, 2e éd. en 1597), augmentée d'une préface, de commentaires, puis de gravures à partir de l'édition de 1614, a connu une grande vogue jusqu'à la dernière édition de 1637. Dupuy témoigne, en cette fin de siècle que la question de l'*ecphrasis* et de la concurrence entre la description et le regard, n'est plus de grand intérêt.

8. B. de Vigenère a joint aux *Images* de Philostrate, dans son édition de 1597, le recueil des *Descriptions* de Callistrate : quatorze *ecphraseis* qui concernent des statues.

de la peinture dans l'Antiquité, car il vivait sous l'empereur Alexandre Sévère[1]. Il est bien vrai que Pline, qui s'est conservé, en avait dit beaucoup de choses, sans être entré fort avant dans les principes de cet art.

On vit à Rome de bons peintres et d'habiles statuaires jusqu'à l'empire de Gallien[2], c'est-à-dire jusques à la fin du troisième siècle à compter depuis le Sauveur. On remarque que les beaux-arts commencèrent alors à déchoir si fort que dans les suites, on fut obligé d'arracher les bas-reliefs des édifices d'un meilleur temps pour orner l'arc de Constantin. On aperçoit sensiblement, par la suite des médailles, que les ouvriers perdirent peu à peu le bon goût de l'Antiquité et donnèrent dans la manière gothique, au même temps que plusieurs provinces de l'empire tombèrent sous la main des peuples septentrionaux, dont les plus renommés étaient les Goths. Les ouvrages de mosaïque qui se firent à Ravenne après l'établissement de l'exarchat[3] et sous l'empire de Justinien, quoique fort estimés à cause de leur antiquité, ne sont pas d'un dessin extrêmement exquis, si nous les comparons aux plus anciens ; il est vrai que l'extrême ignorance et pour ainsi dire l'extinction des beaux-arts ne se remarque qu'après l'empire de Phocas[4] au commencement du septième siècle.

Il ne paraît pas aux curieux de l'Antiquité qu'il y ait eu à Constantinople de fort excellents hommes dans la peinture et dans la sculpture, depuis que le siège de l'empire y fut transféré. La piété trop sévère des premiers papes ou des évêques de ce temps-là ne pouvait rien souffrir que le paganisme eût approuvé, et les Goths ruinèrent les plus beaux édifices de Rome. Enfin on y devint si ignorant, on y prit un si mauvais goût après le renversement de cette ville, qu'on n'y faisait aucune distinction des belles choses que l'Antiquité avait laissées, d'avec ce que les ouvriers rudes et grossiers faisaient dans ces siècles misérables. Ajoutons à tout ceci la ridicule persécution des images par plusieurs empereurs de Constantinople et les ravages que les Sarrazins firent dans la meilleure partie de l'Italie et de la Grèce, de sorte que la connaissance de ces beaux-arts, qui consiste dans l'intelligence du dessin[5], fut ensevelie durant plus de sept siècles.

1. Le renseignement est tiré de Vossius, *De quatuor artibus...*, chap. v, § 55, p. 29.

2. Gallien (235-268) eut la réputation d'un empereur lettré et philosophe, tôt assassiné par ses généraux.

3. Il s'agit de l'exarchat de Ravenne, gouvernement militaire que l'empire byzantin constitua en Italie à la fin du VIe siècle.

4. Empereur byzantin de 602 à 610.

5. Ce n'est pas un parti pris dans la querelle du coloris. L'intelligence du dessin, qui semble la maîtrise normative et théorique de cette partie pratique de la peinture, forme plus

Il s'est néanmoins conservé quelque pratique de couleurs à détrempe et à fresque dans la meilleure partie de l'Europe : on y faisait encore des ouvrages de rapport[1] ou de mosaïque ; partout on tâchait de mêler l'or pour relever l'ouvrage qui était défectueux, et pour donner dans la vue du peuple, qui n'avait point de goût pour autre chose. On trouva pourtant le secret de l'outremer que les Anciens n'avaient pas su ; on inventa l'usage des vitres aux fenêtres et l'art de les peindre, mais sans aucune science du dessin et sans aucune connaissance des belles proportions.

Cette ignorance commença de se dissiper dans l'Italie, vers la fin du treizième siècle, lorsque la ville de Florence, étant devenue puissante et riche, au milieu de deux partis, Guelfes et Gibelins[2], de blancs et de noirs, il y vint des Grecs qui savaient peindre et mêler l'or aux couleurs plus proprement que les italiens, mais qui n'avaient point de dessin. Un jeune florentin de bonne maison, appelé Cimabue[3], les voyant souvent travailler, poussé d'ailleurs d'une inclination naturelle pour cet art, se mit à dessiner puis à peindre ; il se rendit plus habile qu'eux et surpassa tout ce qu'on avait vu jusques alors des ouvriers modernes. Il fit divers ouvrages à détrempe et à fresque ; il est vrai qu'il mettait des inscriptions à ses figures suivant l'usage de ce temps-là. Il eut un élève appelé Giotto, qui était du voisinage de Florence ; celui-ci surpassa encore son maître et entreprit de grandes ordonnances ; il travailla de mosaïque, à fresque et à détrempe. Il se voit plusieurs ouvrages de sa main à Florence et à Saint-Pierre de Rome, une mosaïque qu'on appelle *La nave del Giotto*, que Vasari[4] loue beaucoup.

exactement le savoir-faire qui est susceptible d'être enseigné d'un bel art. Le dessin est ainsi au centre de tout dispositif académique dont la constitution vise à un tel enseignement. Cependant l'enseignement d'un art se résorbe en cet art même, et consiste seulement dans l'exercice et dans l'application, comme il sera dit au début de la *Dissertation seconde*.

1. « Rapport, se dit aussi des ouvrages faits par la convenance de plusieurs petites pièces assemblées qui font ensemble quelque représentation agréable ». *Dictionnaire* de Furetière, à l'entrée *« Rapport »*.

2. On sait que ces termes désignent, en Italie, les deux partis du pape et de l'empereur, deux horribles factions selon Félibien (*Entretiens* II, éd. de Trévoux, 1725, p. 153-155) ; les Guelfes secouraient le pape, l'empereur s'appuyait sur les Gibelins.

3. Giovanni Cimabue, le premier des peintres traités dans les *Vies des meilleurs peintres, sculpteurs et architectes,* de Vasari. Dupuy concentre l'entame de la vie du précurseur de Giotto (livre II, p. 17).

4. *Vies...*, livre II, p. 111. Vasari écrit exactement : « la mosaïque de la Navicella ». Elle fut commandée en 1300 à Giotto par le cardinal Stefaneschi, et n'est connue désormais que par des copies.

Il faut remarquer que les Grecs, qui travaillèrent à Florence, n'attirèrent pas le seul Cimabue[1] à la peinture ; car André Taffi et Gaddo Gaddi apprirent aussi à peindre ; Taffi même travailla fort bien de mosaïque[2]. Le fils de Gaddi[3] fut élève de Giotto et s'appela Taddée, dont le fils Agnole fut aussi peintre ; ils florissaient au reste en Italie pendant que les papes tenaient leur siège en Avignon, où il avait été transporté au commencement du quatorzième siècle. Les Gaddi furent assez bons peintres pour ce temps-là et Vasari, de qui j'ai emprunté cet endroit, remarque[4] qu'ils sont la tige d'une famille noble de ce nom, qui est à Florence. Pétrarque, fameux auteur de ce même siècle, parle[5] avantageusement d'un Simon Memmi siennois, qui fut appelé à la cour du pape, où il fit divers portraits avec celui de la Madonna Laura, que ce poète a rendu si célèbre.

Mais après que les papes furent rétablis à Rome, on favorisa de plus en plus les belles-lettres et les beaux-arts en Italie, particulièrement à Florence, si bien qu'au commencement du quinzième siècle, c'est-à-dire depuis l'an mille quatre cents de la naissance du Sauveur, un peintre appelé Masaccio, qui mourut pourtant assez jeune, fut le premier qui fit ouverture à la belle manière[6] ; et presque au même temps un statuaire, qui s'appelait Donat ou Donatello, ramena son art à la manière des Anciens, en le dégageant entièrement du gothique. Comme les Italiens rétablissaient la peinture par la science du dessin, les Flamands travaillaient à la rendre plus éclatante par un nouvel art d'employer les couleurs à huile, qu'inventa Jean Van Eyck, peintre de Bruges ; manière que l'Antiquité avait ignorée et qui surpasse le secret qu'elle avait de peindre avec de la cire, lequel s'est entièrement perdu.

1. Les dates de Cimabue (1251 ?- 1302 ?) sont incertaines, comme celles de Giotto (1266 ou 76 – 1337 ?).

2. « ...la grande renommée qu'il acquit avec la mosaïque ». Vasari, *Vies*, livre II, p. 74. Vasari écrit : « Andrea Tafi »(1213-1294). C'est un peintre florentin.

3. Les vies de Gaddo, Taddeo et Agnolo Gaddi sont au livre II des *Vies* de Vasari, respectivement aux pages 77-85, 223-235, et 269-280. On ne sait quand est né Gaddo (? - 1333 ?) ; Taddeo (né *c.* 1300) est mort en 1366 ; Agnolo (1350-1396).

4. « ...la maison Gaddi qui jouit aujourd'hui à Florence et dans la chrétienté entière d'une haute réputation ». « Vie d'Agnolo Gaddi », *Vies...*, livre II, p. 273.

5. Il s'agit des sonnets LVII et LVIII (*Quando giunse a Simon l'alto concetto/ ch'a moi nome gli pose in man le stile*) de Pétrarque. Dupuy reprend un passage de Vasari en commettant une confusion : avec le *Simon* de Pétrarque, il s'agit de Simone Martini, dont Lippo Memmi était le beau-frère (*cf.* Vasari, « Vie de S. Martini et L. Memmi », *Vies ...*, livre II, p. 215-216).

6. « C'est à Masaccio surtout que nous devons la bonne manière dans la peinture »(Vasari, *Vies...*, livre III, p. 175).

Mais comme l'intelligence du dessin est ce qu'il y a de plus important dans la peinture, la gloire du parfait rétablissement de cet art se peut attribuer à la ville de Florence et principalement à la maison de Médicis. Laurent qui était le chef de cette république vers la fin du quinzième siècle, favorisa toutes sortes de belles connaissances, mais particulièrement la peinture, sculpture et architecture. Il fut libéral à de jeunes dessinateurs, leur aidant[1] à subsister dans leurs études. Il faisait tenir une manière d'académie pour ces beaux-arts dans ses galeries, où il avait ramassé de toutes parts plusieurs belles statues antiques. Ce fut dans cette école que se formèrent Léonard de Vinci et Michel-Ange Bonarote ; ce fut la première pour le dessin et il est sorti une infinité de grands hommes pour la sculpture et pour la peinture. Michel-Ange fut comme le législateur de cette école, quoiqu'il se conformât particulièrement aux ouvrages de Donatello, ce qui faisait dire aux Florentins que Donat était un autre Bonarote[2], et que Bonarote était un autre Donat. Ce fut aussi de cette école qu'était sorti notre Nicolas Bachelier dont j'ai tant parlé dans ma dissertation : peut-être était-il florentin ? Quoiqu'on m'ait assuré qu'on tenait par tradition, parmi ses descendants, qu'il était originaire de Lucques ; à quoi il faut ajouter qu'il y avait dans ce temps-là un grand commerce du Languedoc en Italie et que le roi François I avait pris l'état de Florence sous sa protection, lorsque Bachelier se vint établir à Toulouse. C'est pourtant une créance assez commune parmi nous qu'il était toulousain et il y a de la probabilité dans l'une et dans l'autre opinion ; d'ailleurs c'est une marque de sa vertu dont chacun se veut faire honneur. Quoi qu'il en soit, il a vécu à Toulouse et nous a porté d'Italie le goût de l'école de Florence : il était parmi nous avant l'an mille cinq cent trente trois, puisque nous voyons dans les mémoires de ce temps-là que ce fut cette année que l'autel de la paroisse Saint Étienne, qui est de sa main, fut achevé le vingt-cinquième du mois de mars. Il travailla depuis assez longtemps, car il fit l'autel de la paroisse Saint Nicolas, les années[3] mille cinq cent cinquante deux et cinquante trois.

Comme il est certain que Michel-Ange rendit fameuse l'école de Florence, on dit[4] aussi que Léonard de Vinci, ayant été invité à Milan,

1. Emploi intransitif qui subsiste au XVIIe siècle. « Dieu aide au pécheur à se convertir », exemplifie le *Furetière*.

2. Dupuy francise les noms de Donatello et de Buonarotti. Le second patronyme ne fait pas reconnaître Michel-Ange invinciblement.

3. Dupuy a écrit par erreur « mille six (*sic*) cent cinquante deux ». Bachelier est mort en 1556, en Espagne.

4. Par exemple Félibien, *Entretien II*, éd. de Trévoux, t. I, p. 265.

apprit aux Lombards le bon goût pour le dessin. Voilà si je ne me trompe l'origine de l'école lombarde[1], qui a été depuis célèbre à Parme, à Plaisance, à Gênes, à Bologne et à Venise, par l'art de manier les couleurs qu'Antoine de Corrège et le Georgion[2] perfectionnèrent beaucoup, et qu'enfin le Titien et Paul Cagliari ou Véronèse firent monter à la dernière excellence.

Jacques Robusti surnommé Tintoret, élève du Titien, a ajouté une grande réputation à l'école de Lombardie. Ses ouvrages sont admirables à Venise et à Gênes, où il a travaillé longtemps. On remarque encore à Gênes de beaux ouvrages de Lucas Cangiasi, qui avait été élève de Paul Lomasse Ceux qui les ont vus en racontent des merveilles. Mais parmi tant de belles choses dont l'Italie depuis les monts jusqu'à Venise se trouve enrichie, on distingue principalement ceux de Mazzuoli, qu'on appelait aussi le Parmesan, tant pour le coloris que pour le dessin et la grâce. Cette école a cet avantage que, parmi les curieux, on estime plus un original du Titien que plusieurs de Michel-Ange et même de Raphaël, et que parmi plusieurs tableaux de ces deux grands hommes et des autres plus célèbres peintres, à peine rencontre-t-on quelque original du Titien : ce qui les rend plus précieux, c'est l'intelligence qu'il avait à manier les couleurs[3].

Léonard de Vinci, étant enfin venu en France où il mourut, après y avoir été invité par les libéralités du roi François I, apprit le bon goût de dessiner aux peintres d'au-delà de la Loire. Mais comme Paris est une des plus puissantes villes du monde et le siège d'un grand roi, on y a vu après Vinci de très savants peintres de toutes les écoles d'Italie, qui sont venus y cultiver les semences de cet art, qu'il y avait comme transporté. Enfin l'honneur que Louis le Grand a fait dans notre siècle à la peinture et à tous les arts qui dépendent du dessin, a produit en France des ouvrages admirables qui seront à jamais des marques éternelles de la magnificence de ce glorieux monarque.

1. D'où se remarque que le bon goût diffuse et s'étend par le dessin, tandis que le maniement des couleurs apparaît comme *ex nihilo*. Le *on dit* peut renvoyer à C.-A. Dufresnoy et à Roger de Piles, enfin de *l'Art de peinture*, où de Piles a rassemblé des *Sentiments* de Dufresnoy sur certains peintres, ainsi sur Léonard : « quoiqu'il ait réveillé les arts à Milan et y ait fait plusieurs disciples » (éd. 1668, p. 165).

2. Il s'agit évidemment de *Giorgione* (1477-1510), « qui dépassa de loin les Bellini et les autres peintres qui avaient jusqu'alors travaillé dans cette ville » (Vasari, *Vies...*, livre V, p. 60).

3. Les couleurs reçoivent donc aussi une *intelligence* à leur principe. Pointons que la rareté des coloristes s'explique notamment de ce que les reproductions qui diffusent les œuvres, sont au XVIIe siècle des gravures qui peuvent sauver et enseigner le dessin mais non la singularité du coloris.

Après que Michel-Ange eut établi à Florence la réputation de son école, qui a été la première qu'on ait vu en Italie depuis le rétablissement des beaux-arts, tous les curieux accouraient en cette ville pour y voir ses merveilleux cartons ou grands dessins. Un peintre de ce temps-là appelé Pierre de Pérouse[1], excellent génie, avait pris un jeune élève, fils d'un autre peintre d'Urbino; ce jeune garçon qui s'appelait Raphaël Sanzio[2] eut naturellement le génie si beau pour la peinture qu'il égala bientôt son maître qui travaillait alors à Sienne. Pierre ayant achevé ses ouvrages dans cette ville, s'en retourna à Pérouse et Sanzio, qui avait déjà beaucoup de réputation, se trouvant libre, voulut voir si toutes les merveilles qu'on disait des cartons de Léonard de Vinci et de Michel-Ange étaient fondées sur la vérité plutôt que sur le bruit commun. Il se transporta donc à Florence et connut bientôt l'excellence du dessin, des cartons de Vinci et de Bonarote, et en même temps le défaut de la manière de Pierre Pérugin qu'il imitait. Il la quitta donc avec précipitation, lui paraissant un peu sèche, et trouva ce charmant tempérament qui lui attira bientôt l'admiration de tout le monde. Peu de temps après, Sanzio s'en retourna à Urbino où il fit une infinité de dessins et d'autres ouvrages; puis encore il revint à Florence, d'où étant appelé à Rome pour y travailler au palais du pape, ses ouvrages surpassèrent tout ce que les Modernes avaient vu auparavant. Il en fit une infinité tant de sa main que par ses élèves sur ses dessins; il est vrai qu'il en retouchait ensuite les tableaux.

La grâce de ses figures et la disposition de ses histoires effacèrent bientôt la science[3] de Michel-Ange, qui, étant lui-même à Rome, admirait dans Raphaël ce je ne sais quoi qui ne se peut exprimer, soit dans l'élection des attitudes, l'air des têtes, les ornements et les accommodements des draperies, soit dans ses variétés et sa manière noble de dessiner. Mais cet homme merveilleux mourut à la fleur de son âge et au milieu de ses plus belles espérances, ayant pourtant établi la réputation de son école à Rome, où elle a toujours conservé le premier rang, quoique Michel-Ange ait

1. Le Pérugin ou Perugino.

2. Dupuy a écrit *Santio*. Remarquons que le progrès de la peinture demande une filiation pour une émergence, celle d'un génie que la nature produit et que l'art d'un maître instruit et oriente.

3. Dupuy confronte «science», «d'une part», et «grâce» ou «je ne sais quoi», de l'autre, qui ne sont pas des objets, des connaissables ni des enseignables. Le je ne sais quoi s'éprouve et se sent mais ne s'exprime pas : il relève d'une sensibilité que l'entendement ni la discursivité n'appréhendent.

survécu à Raphaël plus de quarante années. Vasari[1], parlant du mérite de Raphaël, nous dit que le pape l'aurait honoré de la pourpre sacrée, si ce peintre eût vécu davantage, ce qui est très glorieux à la peinture, le cardinalat étant la plus haute dignité où la seule vertu puisse élever un particulier.

La réputation de Raphaël s'étendit encore bien loin, par l'intervention de la gravure sur le cuivre, car il fit graver une partie de ses dessins dont les estampes se distribuèrent par toute l'Europe. Il laissa encore d'excellents élèves, et parmi eux on regarde Jules Romain comme un autre Raphaël. Celui-ci acheva ce que son maître avait laissé imparfait ; il fit cette fameuse Bataille de Constantin, le plus beau tableau qui ait paru encore, pour une bataille. Quelques-uns[2] disent qu'il est du dessin de Raphaël, d'autres en donnent toute la gloire à Jules Romain. Enfin les ouvrages que celui-ci fit à Mantoue firent voir qu'il n'y avait que lui qui pût dignement succéder à son maître.

Quoique tous les peintres aient tâché d'imiter Raphaël depuis l'établissement de son école, quelques-uns sont devenus très habiles, mais il n'y en a point eu qui ait pu égaler sa manière et encore moins imiter la grâce qu'il savait donner à toutes ses compositions.

François Primatice bolognais, qui avait été élève de Jules Romain, avait apporté en France une excellente manière de dessiner qu'on a longtemps imitée. Il est vrai que les Carraches ayant paru au commencement de ce siècle – car Hannibal, le plus illustre de tous mourut en mille six cent neuf – la plupart des peintres ont tâché de suivre leurs traces. On remarque que le Carrache fut l'auteur d'un école toute nouvelle, sans pourtant s'être départi de celle de Rome, où il avait été formé sur Raphaël, Jules Romain, Michel-Ange et les plus belles antiques, faisant un assemblage de ce qu'il y a de charmant dans ces quatre manières, à quoi il ajouta encore le coloris des Lombards. Au reste les Carraches avaient laissé d'excellents élèves qui ont vécu bien avant dans notre siècle : savoir le Dominiquin, le Guide, le Lanfranc avec quelques autres. Et quoique Berrettin[3] ou Pierre de Cortone n'eût pas été leur élève, il a pourtant entièrement imité leur manière et par là il s'est fort distingué parmi les plus excellents peintres de son siècle.

1. Vie de Raphaël, *Vies*..., livre V, p. 222. Le pape est Léon X, qui promet le chapeau rouge à Raphaël en 1520.

2. Vasari affirme que Raphaël commença l'œuvre (*Vies*..., livre V, p. 218). Voir aussi le livre VI, p. 46 et note 11 (Vie du *Fattore*) ; le livre VII, p. 173-174 et notes 18-22 (Vie de Jules Romain). Les questions d'attribution entre Raphaël et ses élèves sont encore ouvertes.

3. *Pietro Berrettini da Cortona*. Dupuy écrit « Beretin ».

Le fameux Poussin, peintre français, s'étant transporté à Rome, y passa le reste de ses jours et acquit tant de réputation par ses ouvrages que les Italiens mêmes ont été obligés de lui donner un des premiers rangs dans l'école de Rome. Jamais peintre n'a travaillé avec plus d'intelligence que lui, ni mieux réglé que lui son imagination par le raisonnement, et il peut être comparé au Protogène des Anciens. Je ne sais comment j'avais oublié deux illustres peintres du siècle précédent, Mucien et Frédéric Zuchero[1], recommandables pour avoir établi un fonds pour l'Académie de Saint Luc et obtenu des brefs du pape pour affermir cet établissement. Cette académie a le soin de distribuer tous les ans divers prix pour exciter l'émulation des jeunes étudiants.

Revenons aux peintres célèbres qui ont paru avec éclat en France, principalement à Paris au service de plusieurs de nos rois. Nous avons déjà remarqué Léonard de Vinci et le Primatice. Ce dernier fut même abbé de Saint Martin de Troyes. Jean Cousin est un des plus célèbres, il était français de nation, il fit quantité d'ouvrages sur le verre et ne laissa pas d'exercer son art parmi les brouilleries de ce royaume, qui l'avaient mis dans l'oubli sous les règnes de François II, Charles IX et Henri III. Mais Henri IV favorisa Fréminet, peintre français. Louis XIII honora Simon Vouet de ses libéralités et fit passer Poussin en France avec de bons appointements. La peinture au reste a de fortes obligations à Vouet en ce royaume, car, outre qu'il a laissé en France un grand nombre d'illustres élèves, il y a fait graver une prodigieuse quantité de dessins qui ont fort contribué à faire cultiver cet art dans toutes les provinces de ce royaume, où il était inconnu et négligé. Il faut avouer que, depuis Vouet, les arts qui dépendent du dessin comme la sculpture, l'orfèvrerie, l'architecture, la broderie et plusieurs autres, commencèrent à se faire mieux remarquer. Eustache Le Sueur a été un de ses meilleurs élèves; il avait acquis un merveilleux goût pour la peinture sans avoir été en Italie. Il mourut pourtant fort jeune. Après lui la grande réputation se déclara pour Charles Le Brun qui, ayant heureusement vécu sous le règne du plus magnifique monarque que la France ait eu, il en a été favorisé de riches emplois et d'autres marques d'honneur, qui lui ont fourni tous les avantages nécessaires pour étaler son savoir. Le dôme du Val de Grâce ne me permet pas de taire le

1. Girolamo Muziano (1528-1592) et Federico Zuccaro ou Zuccari – mais Zuchero est une graphie usuelle en France (c.1540-1609), lequel devint, en 1593, le premier prince de l'Académie de saint Luc, académie romaine du dessin fondée à partir d'un bref de Grégoire XIII.

mérite de Mignard qui l'a peint ; il est un de nos célèbres peintres, quoiqu'il n'ait pas été disciple de Vouet.

Je ne parlerai point de plusieurs illustres qui ont succédé aux premiers : leurs ouvrages nous persuadent assez de leur grand mérite et ils soutiennent aujourd'hui très dignement la réputation de l'Académie Royale de Peinture et de Sculpture à Paris.

Il nous reste à parler de l'école d'Allemagne, de Flandres et d'Angleterre, que je comprendrai sous la même classe. Il est pourtant nécessaire que je m'explique sur le mot d'école [1], qui ne signifie pas un lieu où l'on enseigne l'art, mais le goût qu'on a dans un certain pays ou climat, une certaine manière qui se distingue d'abord qu'on voit un ouvrage. On a donc remarqué dans cette école Albert Dürer, peintre de Nüremberg ; il surpassa tout ce que l'Allemagne avait vu auparavant de cet art. Après lui Holbein qui était de Bâle mais qui s'alla établir en Angleterre. Otto Venius a été aussi un des célèbres peintres de la nation flamande ; il fut le maître de Rubens, dont les ouvrages sont d'une grande beauté et sont fort estimés principalement pour le coloris. Le meilleur élève de Rubens fut Van Dick, qui passa en Angleterre où il se fixa. On parle en dernier lieu de Rembrandt [2], remarquable par sa manière de peindre toute différente des autres Flamands, qui semblent avoir tous appris d'un même maître. Au reste, on convient que les Flamands n'estiment pas tant le dessin de l'école de Rome que le coloris de la lombarde. La peinture s'exerce parmi les Flamands avec beaucoup d'honneur, principalement dans la florissante ville d'Anvers, parce que tout le monde y apprend quelque profession, autant pour n'être pas sans une occupation honnête que pour le gain qu'on y peut faire, à cause du grand commerce des tableaux de Flandre ; mais les personnes de qualité n'y recherchent que leur divertissement.

Comme l'invention de la peinture à l'huile avait commencé à Bruges, ce fut à Mayence et à Strasbourg que se firent les premiers essais de l'imprimerie, dont la gravure en bois donna la première idée. La Flandre a produit ces fameux graveurs en taille de bois [3], le petit Albert et ses frères, dont le plus habile se vint établir à Lyon, en France, et que nous connaissons

1. Ceci vaut rétrospectivement pour les écoles florentine, lombarde, romaine. L'école picturale est géographique par le climat, elle relève pour la *poiésis* du goût, et pour l'*aisthèsis* de la manière.

2. Dupuy écrit « Rimbrans ».

3. Ou bien gravure en taille d'épargne, puisque se trouve dégrossi, sculpté et épargné le relief de bois qui sera en contact avec l'encre et, sous la presse, avec le papier. *A contrario* la gravure sur cuivre incise, au burin, la plaque de métal qui recueillera l'encre et sur laquelle les feuilles seront pressées.

à Toulouse sous le nom du petit Bernard. La gravure en cuivre se pratiqua premièrement en Flandre et en Allemagne ; il est vrai qu'elle passa d'abord en Italie où l'on ajouta la beauté du dessin à la nouveauté de cette invention. Enfin cet art s'est venu fixer en France, où il est présentement dans la plus haute perfection qu'il puisse avoir, mais c'est principalement dans la ville de Paris.

Si je m'étais proposé de parler des plus habiles statuaires de cette école, je pourrais dire que la Flandre en a produit d'excellents et je n'aurais pas oublié ce fameux François du Quesnoy que les peintres et les sculpteurs célèbrent continuellement par l'estime qu'ils font de ses ouvrages ; mais ils remarquent qu'il avait entièrement quitté un certain caractère qui est particulier à ceux de cette nation.

Comme je retouchais cet ouvrage pour le faire voir à mes amis, j'ai appris par les gazettes avec beaucoup de joie que son Altesse Monsieur le Marquis de Brandebourg vient d'établir cette année mille six cent nonante-six [1] une Académie de peinture et de sculpture dans sa ville de Berlin, ce qui me fait espérer que ces nobles arts auront bientôt, dans toutes les cours d'Europe, la réputation et la gloire qu'ils avaient dans les meilleurs temps de l'Antiquité parmi les Grecs et les Romains.

Finirons-nous ce supplément sans avoir fait remarquer plusieurs écrivains qui ont traité de la peinture et de la sculpture parmi les Modernes, après avoir tant parlé des Anciens ? Il ne serait pas juste de les supprimer. Le premier qui est venu à ma connaissance, c'est Léon Baptiste Albert gentilhomme florentin, qui vivait sous Eugène IV et Nicolas V, papes, environ l'an mille quatre cents quarante et cinquante ; il était savant dans les lettres, grand architecte et mathématicien, et comme il prenait aussi plaisir à la peinture, il écrivit [2] en latin trois discours ou petits livres sur cet art. Le premier en contient les principes par l'optique. Le second parle de l'art même, qu'il divise au contour, à la composition et aux couleurs. Et le troisième traite du devoir du peintre. Le même auteur a composé un excellent volume sur l'architecture, où la théorie et la pratique de cet art sont très bien expliquées. Je crois que nous devons placer Albert Dürer de Nüremberg après Léon Baptiste. Il écrivit [3], je ne sais si ce fut en latin, sur

1. Le texte de Dupuy a donc été écrit entre 1696 et 1699.

2. Il s'agit du *De pictura* (1435 ; on peut consulter les éditions et traductions J.-L. Schefer, Macula, 1992 et Golsenne-Prévost, Paris, Seuil, 2004) ; et plus loin, du *De re aedificatoria* (*L'art d'édifier*, éd. et trad. F. Choay et P. Caye, Paris, Seuil, 2004).

3. Il s'agit des *Quatre livres de la proportion des parties et pourtraicts du corps humain* (nous citons la traduction L. Meygret, 1557, reprint 1974 de l'édition de 1613, Arnehm). L'original était en allemand : *Hierin sind begriffen vier Bücher von menschlicher Proportion*

les diverses proportions du corps humain, et donna plusieurs méthodes pour en trouver les dimensions avec une exactitude inconcevable, qui pourtant le rend obscur par la prodigieuse quantité de lignes dont il se sert. Peut-être avait-il écrit en allemand, et qu'un autre tourna en latin son ouvrage ; mais son siècle et la nouveauté de sa matière ne lui permettaient pas d'être tout à fait intelligible.

Après Albert Dürer, Léonard de Vinci écrivit un petit traité italien de la peinture, contenant trois cent soixante-cinq propositions, préceptes ou réflexions sur toutes les parties de cet art, toutefois sans beaucoup de méthode ; il n'y parle point des proportions, mais d'un autre traité qu'il avait écrit sur la perspective. Léonard semble pourtant avoir emprunté la plupart de ses principes des livres de peinture faits par Léon Baptiste Albert dont nous avons parlé. Après ceux-ci nous placerons Pomponius Gauricus[1], napolitain, qui mourut sous le pontificat de Paul troisième. On n'a qu'à lire ce qu'il a écrit sur la sculpture pour comprendre combien il était savant et poli ; il parle de cet art avec la dernière exactitude, tant pour ce qui regarde les proportions que les autres matières qu'il renferme. Il traite même de la matière dont le sculpteur se peut servir, particulièrement pour la fonte des grandes pièces de sculpture : il en décrit toutes les opérations, qu'il appelle *chemice*[2], ou la partie chimique. Guillaume Philander[3] ayant parlé de la belle proportion dans ses notes sur Vitruve, avait au même temps fait espérer un traité accompli de peinture, où il prétendait faire voir que tous les traits et toutes les lignes qui sont nécessaires à cet art, se peuvent faire par les principes de la géométrie : proposition qui serait utile pour la théorie, qui pourtant ne saurait dispenser d'un long exercice pour réussir dans la pratique[4]. Il avait encore promis un traité de couleurs et la manière de teindre ; mais ses manuscrits se sont perdus ou

(Nüremberg, 1528) ; mais Dupuy hésite car la traduction de Meigret, comme il est précisé dans son titre, s'est faite sur une première traduction latine, en 1532, par Joachim Camerarius (Nüremberg).

1. Pomponius Gauricus est né à Gauro en 1481 ou 1482, et mort assez mystérieusement en 1530. Dupuy fait référence au dialogue, publié en 1504, le *De sculptura*.

2. C'est-à-dire« chimiche », autrement dit : « (des opérations) chimiques ».

3. Guillaume Philandrier, latinisé en Philander (1505-1565) fut un ami de Rabelais. Il est connu principalement par un commentaire de Vitruve, publié à Rome en 1544 : *In decem libros Vitruvii Pollionis de architectura annotationes* (seconde édition, Lyon, 1552). Il est en effet mort à Toulouse et enterré en l'église Saint Étienne.

4. On aperçoit ici que la position de Dupuy sur le dessin et la délinéation n'est pas celle d'un Abraham Bosse, mais plutôt celle d'un Félibien. La perspective peut certes y jouer un rôle directeur, mais la pratique, où la science du dessin trouve son essence, ne saurait en être la pure et simple application. L'exercice doit collaborer avec la théorie.

n'ont point paru à Toulouse que je sache, quoique cet excellent homme y ait fini ses jours.

Georges Vasari[1] parut ensuite; il était peintre et écrivit en italien. Il s'attacha à faire l'histoire des peintres d'Italie, des sculpteurs et architectes, particulièrement des Florentins et de la plupart de leurs ouvrages; négligeant un peu trop plusieurs habiles peintres lombards, comme Lomasse lui a reproché. Il a regardé Michel-Ange comme son principal héros. Je crois qu'on doit placer ensuite Louis des Monts[2] ou *Demontiosus*, qui dédia un petit discours de peinture à l'amiral Anne de Joyeuse. Il y a déchiffré fort nettement la suite des peintres de l'Antiquité après Pline; très bien expliqué ce que c'est que la lumière, le ton de la couleur et l'ombre dans la peinture. Il prétend avoir deviné le secret de peindre à la cire, et qui consistait, dit-il, dans l'application de cires de diverses teintes, que le peintre unissait au fer chaud; Vossius[3] a pris de cet auteur la plupart de ce qu'il a écrit de la peinture dans son ouvrage des quatre arts populaires.

Après ceux-là je puis parler de Jean-Paul Lomasse[4], milanais. Ce peintre, ayant perdu la vue à l'âge de trente ans, passa le reste de sa vie à méditer sur sa profession et dicta ce que nous voyons de lui. On peut dire que la théorie et la pratique de la peinture y sont expliquées avec beaucoup de savoir, son ouvrage, au reste, est en italien. François Junius, hollandais, a écrit en latin pour les savants et il a dédié son traité *De la peinture des anciens*[5] *à* Charles premier, roi d'Angleterre.

1. 1511-1574. Auteur de : *Le vite de più eccellenti archtettori, pittori et scultori italiani da Cimabue a'tempi nostri ; descritte in lingua toscana da Giorgio Vasari*, Florence, 1550. Seconde édition en 1568 *con l'aggiunta delle vite de'vivi et de'morti dall'anno 1550 infino al 1567* (Florence).

2. Il s'agit de Louis Montjosieu (XVIe siècle, dates incertaines) qui a publié un *De Veterum sculptura, caelatura, gemmarum scalptura et pictura libri duo* (Anvers, 1609). L'ouvrage est publié avec le *De sculptura* de Pomponius Gauricus. À noter un *Commentarius de sculptura* du même, à la suite d'une édition de Vitruve : *M. Vitruvii Pollionis de architectura libri decem*, 1649, accompagnée des commentaires de Philander et de Daniele Barbaro, de diverses autres pièces, dont ce commentaire au *De sculptura* de P. Gauricus (p. 47-55), auquel s'ajoute un *De pictura* du même, p. 55-66.

3. Vossius, *De quatuor artibus popularibus*, chap. V, intitulé *De graphice sive arte pingendi*, p. 21-31.

4. Giovanni Paolo Lomazzo (1538-1600), auteur du *Trattato dell'arte della pittura, sculture ed archtettura*, Milan, 1584. L'un des principaux auteurs maniéristes et adepte de la figure serpentine, que Dupuy évoque au début de la *Quatrième Dissertation*.

5. *De pictura veterum*, 1637.

Les Italiens ont surpassé le nombre des autres écrivains sur cette matière : car Baillon [1], puis Bellori [2] ont suivi les traces de Vasari, si ce n'est qu'ils sont plus précis que lui. Ridolfi [3] a travaillé sur les peintres de Venise ; Raphaël Soprani [4] a parlé de ceux de Gênes, et le comte de Malvasia est l'auteur de la *Felsina pittrice* [5], où il parle des peintres de Bologne.

Quelque érudition que Vossius ait eue, il semble qu'il n'a pas bien jugé du mérite de nos excellents peintres modernes, lorsqu'il dit [6] que Michel-Ange est parmi eux ce qu'Apelle a été parmi ceux de l'Antiquité ; car Apelle avait deux qualités, dont il se louait lui-même : savoir la bonne grâce et la prompte exécution dans ses ouvrages, ce qu'on a particulièrement remarqué dans Raphaël qui a excellé sur tous les autres par ces deux avantages. Le même auteur [7] avoue lui-même qu'il s'est trompé, croyant que Michel-Ange avait égalé les plus excellents statuaires de l'Antiquité, et, qu'ayant consulté sur cette question un habile peintre de Liège, qu'il connaissait familièrement – il s'appelait Lambert Lombard –, ce judicieux peintre lui répondit qu'il ne pouvait être de ce sentiment, soit qu'il eût quelque vénération pour l'Antiquité, soit qu'il crût que les anciens maîtres avaient des règles ou proportions qui se sont perdues, sans lesquelles il est impossible de les égaler.

Après avoir remarqué les écrivains étrangers, voici nos Français, qui n'ont pas cru digne de leur réputation de souffrir que les Italiens, les Allemands et Hollandais se partageassent entre eux l'honneur d'avoir célébré les merveilles de la peinture, à leur exclusion. Charles Alphonse Dufresnoy, peintre parisien, nous a donné une excellente idée de son art par

1. Giovanni Baglione (1571 ?-1644) : *Le Vite de'pittori, scultori et architetti. Dal pontificato di Gregorio XIII del 1572. In fino a'tempi di papa Urbano Ottavo nel 1642*. Rome, 1642.

2. Dupuy a écrit « Ballori » pour Giovanni Pietro Bellori (1613 ? – 1696), l'auteur des *Vite de' pittori, scultori et architetti moderni*, Roma 1672.

3. Carlo Ridolfi (1594-1658) : *Le Maraviglie dell'arte overo le Vite degl'illustri pittori Veneti e delo stato descitte dal cavalier C. Ridolfi*, Venezia, 1648.

4. Raffaele Soprani (1612-1670) : *Le Vite de' pittori, scoltori* (*sic*) *et architetti Genovesi e de'forastieri che in Genova operarono, Opera postuma dell'illustrissimo R. Soprani*, Genova, 1674.

5. *La Bologne peintre*. « Felsina » est le nom étrusque de Bologne, passé en latin. Et « pittrice » est le féminin, possible en italien, de peintre. Il s'agit de Carlo Cesare Malvasia (1616-1693) : *Felsina pittrice, vite de' pittori bolognesi*, Bologne, 1678.

6. Vossius, *De quatuor artibus*..., chap. v, § 60, p. 31.

7. *Ibid.*

un poème latin de cinq à six cents vers, qu'il a intitulé *l'Art de peinture*[1], à l'imitation de *l'Art poétique* d'Horace. Mais comme le grand nombre de préceptes qu'il enseigne semble être rétréci par la contrainte des vers, le sieur de Piles, qui avait connu familièrement ce peintre, fit une traduction de ce petit ouvrage, à laquelle il ajouta de très belles remarques. Il est encore l'auteur de diverses conversations sur la peinture, où il s'attache particulièrement aux ouvrages de Rubens, duquel il écrivit ensuite la vie. C'est le premier de notre nation qui a fait voir que la peinture est parfaitement connue en France.

Félibien a écrit presque au même temps et ramassé les vies des plus excellents peintres anciens et modernes, suivant Vasari. Il y a pourtant mêlé beaucoup de principes et maximes de cet art ; et comme Vasari a choisi Michel-Ange pour son héros, qu'il s'est fait honneur de son amitié, Félibien a pris Poussin pour le sien, et déclare qu'étant à Rome, il avait vécu familièrement avec ce grand peintre.

On pourrait enfin ajouter à nos auteurs français sur la peinture celui qui a publié le *Traité de miniature*, sous le nom de Mademoiselle Fouquet, à qui il est dédiée ; car, quoiqu'il soit en très petit volume, il n'en est pas moins considérable à cause de sa netteté, de sa méthode et de la sincérité de ses préceptes, où l'on découvre tout le secret du coloris, non seulement pour la miniature mais pour toutes les manières de peindre.

Et certainement la peinture serait montée en France au plus haut point de gloire qu'elle ait jamais atteint partout ailleurs, après la complaisance que notre grand monarque a témoignée pour les beaux-arts, si la guerre[2] n'en avait suspendu le merveilleux progrès ; mais non pas arraché du cœur des honnêtes gens le penchant qu'ils se sentent avoir pour toutes les belles connaissances.

1. Exactement 549 vers du *De arte graphica*, auquel Dupuy se réfère sous la forme *L'art de peinture de C. A. Du Fresnoy, traduit en français, enrichi de Remarques et augmenté d'un Dialogue sur le Coloris*, Paris, chez Nicolas Langlois, 1673 (seconde édition, après celle de 1668).

2. La guerre de la Ligue d'Augsbourg s'achève par la paix de Ryswick en 1697, peu de temps après que Dupuy écrit ces lignes. Avant celle dite de Succession d'Espagne, qui menace, elle a été particulièrement ruineuse pour la France : le progrès des arts ne marche plus derrière un roi de guerre.

DISSERTATION SECONDE

Qu'est-ce que le dessin, et des moyens de s'y avancer

On ne peut apprendre le dessin ou, pour mieux dire, la science du dessin, que par l'exercice et par l'application. Et s'il y a plusieurs peintres qui manquent de cette importante partie, c'est qu'ils n'ont pas du temps ou du penchant pour l'apprendre et que la plupart ont choisi leur profession plutôt par la nécessité de leur fortune que par un effet de leur propre génie. Quelques-uns ont rencontré des maîtres envieux ou avares, qui ne les ont pas secondés dans leur étude ; et eux-mêmes n'en connaissant pas l'importance ont cru que tout l'art du peintre consiste à s'instruire de quelque bel usage des couleurs, pour ensuite composer des ouvrages sur les dessins d'autrui ou sur des estampes, qui se peuvent aisément copier en réticulant [1], de sorte que leur peinture n'a le plus souvent qu'une méchante idée de ce qui leur a servi d'original. Cet abus est insupportable aux personnes qui ont du discernement dans le dessin, quoiqu'il ne soit pas connu de la plupart de ceux qui font travailler des peintres. Combien y en a-t-il qui ne savent juger

1. Réticuler consiste à mettre au carreau, autrement dit subdiviser l'espace du tableau en carrés qui délimitent *partes extra partes* autant de lieux de détail facilitant la reproduction d'un dessin original. Dans son *Traité de miniature*, Claude Boutet, au chapitre IV décrit ainsi le procédé (3e édition, Paris, 1678, p. 4-5) : « ...on divise sa pièce en plusieurs parties égales, par petits carreaux que l'on marque avec du fusain, si elle est claire et que le noir y puisse paraître, ou avec de la craie blanche si elle est trop brune ; après quoi l'on en fait autant et de pareille grandeur sur du papier blanc, où il faut le dessiner (...). Quand l'original et le papier sont ainsi réglés, on regarde ce qui est dans chaque carreau de la pièce que l'on veut dessiner, comme une tête, un bras, une main, et où cela est placé, et on le met sur le papier de même : de cette sorte on trouve où mettre toutes ses parties et il ne reste plus qu'à les bien former et les joindre ensemble ».

du mérite des ouvrages que par le rapport des autres ? Par des notions grossières, telles que sont la grandeur de la toile, la valeur des couleurs, le prix des denrées, ou le temps que peintre a employé à son travail ?

Il en est de même de la gravure et des estampes : c'est ainsi que les peintres et les curieux appellent les tailles-douces et les tailles de bois, du terme italien *stampare* [1], qui signifie imprimer. Il y en a de très belles, mais peu en comparaison du nombre prodigieux qu'on en voit partout ; parce que la plupart étant gravées par des ouvriers peu savants au dessin, elles n'ont qu'une partie des beautés de leurs originaux. Et quoi qu'on puisse répliquer qu'un graveur n'a qu'à se servir d'un excellent crayon [2], qu'il n'a qu'à le transférer si bien sur le cuivre que les contours et tous les petits traits passent à la planche, on répond à cela que, s'il n'a pas lui-même assez d'intelligence et un grand fonds de dessin, il est impossible que l'estampe ne dégénère beaucoup de la pièce qu'il a voulu imiter. S'il y a au reste fort peu de graveurs qui sachent bien cette partie de l'art, c'est aussi qu'embrassant cette profession, ils ne pensent qu'à la gravure, où la seule espérance du gain les attire. Car c'est le peuple qui court après les tailles-douces sans aucun discernement, la plupart ne considérant que la délicatesse du burin ou la netteté des hachures. Il n'y a que les bons connaisseurs qui s'aperçoivent de l'excellence du dessin pour lequel ils les recherchent curieusement [3].

On peut dire que le dessin est dans les beaux-arts ce que la grammaire est dans la rhétorique et dans toute sorte de littérature. Je parle, après Quintilien [4], de cette grammaire qui consiste dans la parfaite intelligence d'une langue, dans l'entière connaissance des règles du discours, et qui, en un mot, est le fondement de l'éloquence. Or s'il est nécessaire, même à toute sorte de personnes d'en avoir appris les règles pour n'être pas barbare dans le discours, il faut convenir que la connaissance du dessin n'est pas moins avantageuse aux honnêtes gens pour juger de tous les ouvrages où il faut de la symétrie et de la proportion.

1. Dupuy écrit « stampar ».

2. Crayon *signifie aussi les portraits et dessins qu'on fait avec le crayon,* selon le *Furetière*, qui précise un peu plus loin : « Ce curieux a dans son cabinet plusieurs beaux dessins en crayon ».

3. Furetière donne l'exemple suivant, de cette volonté de tout savoir et de tout apprendre qu'est la volonté du « curieux », à l'entrée « Curieusement » : « Il a lu ce livre fort curieusement, pour en observer tous les défauts, tous les beaux endroits ».

4. *IO*, livre I, 4, § 5-6 (la grammaire est qualifiée d'*oratoris futuri fundamenta*, éd. Cousin, Paris, Les Belles Lettres, § 5, p. 79 ; et elle rend possible de *exercere altissimam quoque eruditionem ac scientiam*, § 6, p. 79).

Nous voyons pourtant que, d'un si grand nombre de jeunes gens qu'on destine aux lettres et à l'éloquence, il y en a très peu qui réussissent parfaitement dans la grammaire, dont ils ne prennent qu'une légère teinture. Il en est de même de ceux qu'on élève au dessin : il s'en trouve très peu qui l'étudient avec assez de diligence. Les personnes de qualité l'apprennent quelquefois comme une connaissance avantageuse à leur éducation et aux emplois que la fortune leur présente, mais ils ne s'y avancent pas beaucoup. Ce qui est surprenant, c'est que les jeunes peintres l'étudient sans application et sans génie, de sorte que nous pouvons dire des fameux peintres aussi bien que des grands hommes dans les lettres : que le ciel leur a distribué des moyens et des grâces qu'il s'est contenté d'accorder à dix ou douze personnes, tout au plus, dans chaque siècle.

Je dois premièrement expliquer ce que les peintres entendent par le dessin ; ensuite je dirai les moyens qu'il y a de s'y avancer ; et enfin je parlerai de ceux qui ont acquis la plus haute réputation dans cette partie de la peinture, pour être regardés comme les maîtres qu'on doit imiter et suivre.

Le dessin dont je parle ne se doit pas entendre d'une feuille de papier où il y ait quelque figure, ni de la pensée de peintre, ou de la fin qu'il se propose, bien que tout cela se puisse appeler dessin. Ce n'est pas non plus ce qu'un auteur français[1] a voulu dire quand il appelle dessin ce qui consiste dans les traits avec lesquels le peintre représente les choses qu'il doit imiter indépendamment des jours et des ombres, et cet assemblage de lignes diversement contournées par le moyen desquelles on forme les figures ; car, outre que c'est prendre le dessin trop matériellement, cette longue suite de paroles ne dit rien moins que cela, puisque ce qu'il y a de plus essentiel dans le dessin ne s'y trouve pas, savoir la proportion qui est l'unique étude du peintre dans cette partie de son art. En effet, que peut-on comprendre par des lignes indépendantes des jours et des ombres, que le seul contour des figures ? Or il est évident que la science du dessin comprend quelque chose de plus accompli.

1. Il s'agit de Félibien, *Entretiens IV*, éd. Trévoux, 1725, p. 280. À noter toutefois qu'il s'agit d'une acception parmi trois du dessin, après le dessein et l'esquisse, selon un Félibien qui aura par ailleurs précisé (*Entretien I*, *op. cit.*, p. 96) : « Le dessin ayant pour partage la proportion… ».

L'auteur[1] des *Remarques* sur *l'Art de peinture* de Charles Alphonse Dufresnoy, a dit[2] avec plus de certitude que le premier, que le dessin parmi les peintres, se prend pour les justes mesures, les proportions et les formes extérieures que doivent avoir les objets qui sont imités d'après la nature. Et alors, ajoute-t-il, le terme de dessin est pris pour une partie de la peinture.

Il faut donc convenir que ce que les peintres entendent par le dessin, c'est la proportion des traits et la convenance entre eux, pour représenter les choses visibles comme elles sont ou comme elles peuvent être, dans leur plus grande perfection, de sorte que le dessin est une faculté de l'entendement qui consiste dans l'intelligence de la belle proportion, ou, si vous voulez, une science pratique, qui dirige les opérations de la main, lorsqu'elle veut imiter les corps visibles dans leur proportion. Et c'est ce qu'on veut faire comprendre lorsqu'on dit qu'il y a beaucoup de dessin dans quelque ouvrage.

Cette description du dessin semble convenir également bien à la peinture et à la sculpture, au modèle et au crayon. En effet, en quoi consiste le dessin dans l'un et l'autre de ces arts, que dans la science de placer chaque membre et chaque partie dans son lieu naturel, suivant l'idée de la plus belle proportion ; si bien que le peintre se forme au dessin par le crayon, le sculpteur par le modèle, et l'un et l'autre dessine à sa manière.

Quand je dis que le dessin est une proportion, je prétends qu'elle tient ici le lieu d'une idée générale, qu'on appelle le genre, parce qu'il y a plusieurs espèces de proportion, savoir celle des nombres, celle des tons et plusieurs autres ; et enfin celle que les peintres appellent dessin. C'est ce que les Grecs entendent par *eurythmie* et *symétrie*, termes que les architectes ont retenus à la place du mot de proportion et de dessin. Et s'ils se servent du terme de proportion dans les colonnes et dans les ornements, ils imitent dans ce point le langage des sculpteurs. En un mot la proportion est ce qui flatte et qui touche les yeux et la raison, comme dans la musique, les accords ou les tons proportionnés les uns aux autres flattent et touchent l'oreille par je ne sais quoi de juste et de piquant.

1. Il s'agit de Roger de Piles, qui édite et traduit le *De arte graphica* de Dufresnoy en 1668 ; c'est *L'art de peinture de C. A. Dufresnoy, traduit en français, enrichi de Remarques*, lesquelles infléchissent cet ensemble versifié vers un point de vue coloriste. L'ouvrage est anonyme, ce qui explique la périphrase de l'*auteur*..., utilisée par Dupuy. Nous citons la seconde édition de 1673 qui est augmentée du *Dialogue sur le coloris* (Minkoff reprint, Genève, 1973) également anonyme ; Dupuy devait posséder cette édition, *cf.* note suivante.

2. Dupuy cite un extrait du *Dialogue du coloris* (*op. cit.*, p. 16) et non l'une des *Remarques*.

Enfin il y a dans toutes choses un certain assaisonnement qui en fait la juste proportion. C'est aussi ce qui flatte et touche le goût dans les mets ; et c'est pour cela que les peintres se servent encore du mot de goût pour signifier l'effet que les ouvrages font dans leur esprit. Ainsi ils disent souvent qu'un tableau est du bon ou du mauvais goût : dessiner de bon goût, c'est-à-dire, parmi eux, donner dans les belles proportions.

Mais quoique nous puissions dire, il serait impossible de donner la véritable raison de la proportion : on remarque qu'elle plait par la convenance des parties avec le tout qu'elles composent, et que les yeux et la raison la sentent et l'approuvent ; mais cela ne suffit pas pour contenter ceux qui voudront connaître la cause qui produit cette convenance, qu'on ne saurait exprimer quoiqu'on en soit charmé. Il en est de même si nous demandons à un philosophe : qu'est-ce que la raison ? À un jurisconsulte, qu'est-ce que l'équité ? Ils nous diront sans doute que la raison et l'équité sont des facultés de l'âme, dont la première sépare le vrai du faux, que l'autre est donnée à l'homme pour connaître ce qui choque l'honneur, l'intérêt et la volonté de quelqu'un. Mais la véritable cause, d'où l'une et l'autre dérivent, ne se peut expliquer qu'en disant qu'elles sont en nous une petite étincelle[1] de la divinité. Pour moi je ne saurais douter que la proportion[2] que nous cherchons dans le dessin ne tire aussi son origine du ciel. En effet, de toutes les parties de la peinture, c'est celle qui n'a point de bornes et dans laquelle les plus grands peintres trouvent qu'il y a toujours du progrès à faire.

Il est impossible qu'un peintre apprenne par le détail les proportions de tous les corps visibles, puisqu'ils sont infinis. Il suffit qu'il s'étudie sur les plus accomplis, parce que, connaissant parfaitement la beauté de ceux-ci, il comprend facilement tous les autres. Or le corps humain est le plus parfait ouvrage de la nature, où le Créateur a assemblé toutes les beautés et les grâces qui peuvent flatter les sens, mais particulièrement les yeux. À quoi l'on peut ajouter que l'amour et la complaisance que les hommes ont naturellement pour tout ce qui leur ressemble, ne leur permettent pas de trouver rien de plus accompli sous les cieux que le corps humain de l'un et de l'autre

1. L'expression est présente chez Federico Zuccaro, l'*Idea della pittura, scultura e architettura* (Torino, 1607 ; livre I, chap. VII, p. 14).

2. D'où la recherche, au *Supplément* de cette *Dissertation*, du canon des proportions, perdu depuis l'Antiquité, et qui fonderait la supériorité de la sculpture antique. L'origine divine du *disegno* et la ressemblance du *disegno* humain et du *disegno* divin sont abondamment développées au texte de Federico Zuccaro *L'Idea de'pittori, scultori et architetti* de 1607, notamment au livre I, chap. V et VII, *sub fine*. L'étymologie de *disegno* comme signe de Dieu est proposée au chap. XVI du livre II.

sexe. En effet, après que le peintre en a parfaitement connu les proportions, tous les autres corps naturels lui sont faciles à imiter. Ainsi ceux qui veulent apprendre le dessin, doivent faire toute leur étude sur celui-ci, et tâcher d'y découvrir ce qu'il y a de plus régulier et de plus agréable par sa proportion.

Plusieurs excellents hommes, s'étant avancés dans cette science avec beaucoup de peine et de longues réflexions, ont généreusement communiqué au public les règles de la belle proportion du corps humain et toutes les découvertes qu'ils y ont faites. Ils ont voulu épargner par ce moyen aux jeunes peintres toutes les fatigues qu'on est obligé d'essuyer quand on les observe soi-même ; ils ont cru que la jeunesse pourrait marcher plus commodément dans un chemin dont les routes lui seraient marquées.

J'avoue qu'il est très utile et même nécessaire de s'instruire à fond de leurs observations et de leurs mesures, mais je n'ai pu encore me persuader que ce soit le seul moyen dont on se doive servir pour se perfectionner dans le dessin. Cette seule théorie ne suffit pas. Il faut ajouter avec assiduité l'exercice et la pratique, afin que les mesures et les proportions se puissent peu à peu imbiber dans l'esprit du peintre, en sorte qu'elles soient incessamment dans ses yeux et dans ses mains comme dans son imagination, de manière que tous les traits qu'il tirera fassent d'abord l'effet qu'il s'est proposé. Je demeure d'accord pourtant qu'il est bon quelquefois de vérifier par le moyen du compas si nos yeux se sont trompés ; je dis quelquefois car ces mesures sont particulièrement inventées pour des figures plantées et étendues de leur long et sans mouvement, ou pour des statues de ronde bosse. Mais quant aux figures dont les attitudes ont quelque action et celles dont quelques membres sont raccourcis, la mesure et les véritables proportions ne peuvent être uniquement que dans la vue du peintre.

Il n'y a point d'auteur qui ait plus amplement traité des diverses proportions du corps humain qu'Albert Dürer[1], ni de peintre qui en ait recherché les mesures avec plus de soin que lui ; car il a donné quatre différentes échelles de la proportion de l'homme et de la femme, tant pour les hauteurs que pour les largeurs, de sorte que la plupart de ceux qui en ont écrit, comme Jean-Paul Lomasse[2], milanais, et Pader, peintre toulousain,

1. Il s'agit des *Vier Bücher von menschlicher Proportion* (Nüremberg, 1528). Nous nous référons à l'édition d'Arnhem, 1613 des *Quatre livres d'Albert Dürer, peinctre et géomètre très excellent, de la proportion des parties et pourtraicts des corps humains*, trad. par L. Meigret, Lyon, 1557.

2. Lomazzo (1538-1600) a publié en 1584, à Milan, le *Trattato dell'arte della pittura, scultura ed architettura*. Hilaire Pader en a traduit le premier livre sous le titre de *Traité de la proportion naturelle et artificielle des choses* (Toulouse, 1649). C'est encore aujourd'hui la seule traduction de l'ouvrage principal de Lomazzo dans notre langue.

qui a traduit le premier livre de cet auteur, semblent avoir puisé toutes leurs règles d'Albert Dürer. Mais quoi qu'il soit très important de les savoir, il ne faut pas qu'on s'imagine, après avoir lu attentivement et bien compris ce qu'ils en ont écrit, d'être savant dans le dessin, si d'ailleurs on n'en a pas fait une longue étude en dessinant d'après le naturel, et si l'on n'a pas fortement imprimé dans son esprit, ses yeux et ses mains, ce je ne sais quoi qui charme et les yeux et la raison par la convenance d'une partie avec une autre et de chacune avec le tout qu'elles composent, comme j'ai dit une autre fois.

Nous avons fait voir assez sensiblement que le dessin et la proportion ont un tel rapport que l'un n'est guère différent de l'autre. Passons maintenant à quelques remarques qui pourront servir de préceptes pour se rendre savant dans cette partie de la peinture; il faut pourtant avouer qu'il se rencontre quelquefois des esprits extraordinaires qui apprennent les choses les plus difficiles sans aucun secours, au lieu que le commun des hommes ne s'avance dans les arts qu'à pas de tortue et avec beaucoup de peine, à mesure qu'on leur fait faire des réflexions. Ceux-là comprennent aisément et de la première vue les plus grandes difficultés, ils exécutent avec autant de bonheur que de diligence tout ce qu'ils s'imaginent de beau. Exceptons donc des règles ordinaires ces grands et surprenants génies [1], et parlons ici pour ceux qui, à la vérité, peuvent espérer d'atteindre à la perfection de l'art mais qui ont besoin pour cela de prendre certaines précautions et de s'aider des préceptes que l'expérience a établis.

On connaît si un jeune garçon a quelque pente naturelle au dessin lorsqu'il se plaît à tracer diverses figures avec la plume ou le crayon, tantôt d'un homme ou de quelque autre animal, tantôt de quelque corps inanimé, ce qui arrive par l'inclination qui est naturelle à l'homme d'imiter et par le plaisir qu'il a de voir l'image ou la ressemblance des choses naturelles [2]. Quelquefois ce désir naît dans les jeunes gens pour avoir vu travailler des peintres, mais on remarque plus particulièrement ce penchant en quelques-uns qui en font leur principale occupation et leur unique divertissement. Ces sortes d'esprits sont ordinairement rêveurs et laborieux [3], ils ont la main

1. Le génie est d'une nature plus prompte, plus efficace et plus vive d'imagination, il s'affranchit des règles, du moins des ordinaires. Ces déterminations qu'on va retrouver chez Du Bos, Batteux et Diderot et qui feront des beaux-arts les arts du génie, ne sont pas inconnues avant Dupuy et se rencontrent chez un Félibien (par exemple à propos de Michel-Ange, au livre IV des *Entretiens*). L'intérêt du passage vient de ce que le génie n'y est pas conçu comme un certain talent de faire – ni même une réunion de tels talents – mais comme leur suppôt humain.

2. Double réminiscence d'Aristote, *Poétique*, 4.

3. Au sens « d'appliqué au travail », mais non pas avec lenteur ni difficulté.

propre à faire de petites machines pour leur récréation et celle de leurs amis de même âge. On remarque aussi qu'ils comprennent facilement les figures de géométrie et toutes les choses qui s'expliquent par des lignes ; ils parlent peu et s'énoncent plutôt par des figures que par des paroles. Ils ont avec cela l'humeur commode, docile et paisible ; et, quoiqu'ils penchent à la mélancolie, ils sont pourtant bien opposés aux mélancoliques tristes, et conservent toujours quelque gaieté.

On demande encore deux choses aux jeunes enfants que l'on destine pour être un jour de grands peintres : qu'ils aient l'imagination vive, la mémoire heureuse et une grande disposition à la santé, car l'étude du dessin et de toute la peinture est des plus fortes, et qui mérite le plus d'application. Il faut les prendre à l'âge de douze à quatorze ans afin qu'ils soient capables de raisonnement. On commence par leur faire imiter de petites parties du corps humain, qu'on dessine d'invention en leur présence, ou en imitant quelque autre dessin, ce qui est absolument nécessaire dans les premières leçons ; et il y a des exemples pour cela gravés et mis en estampe.

Il faut prendre garde à deux choses, qui sont de ne pas les tenir trop longtemps par des répétitions ennuyeuses sur la même pièce, et de relever leur étude par quelque autre occupation, comme de la grammaire latine, des principes de géométrie, de l'arithmétique et d'autres exercices nobles ; car, suivant le sentiment de Quintilien[1], les jeunes gens sont capables de plusieurs disciplines tout à la fois, mais à diverses heures, parce que les unes servent de relâche aux autres.

Après qu'ils auront copiés quelque temps des yeux, des nez, des bouches et des oreilles, vous leur ferez copier des têtes entières. Après cela, faites-leur faire des mains, des pieds, des bras, des jambes et ensuite des figures entières, de la meilleure main que vous pourrez avoir. Les figures de Raphaël Sanzio, prise séparément une à une, et les antiques de François Perrier[2] sont d'un très bon usage pour cela, ce qu'il faut faire par intervalles, sans les accabler, leur faisant bien remarquer la proportion et la beauté de ce qu'ils imitent. Il leur faut aider au commencement à esquisser la figure, à la bien asseoir et planter, et ensuite leur donner quelque coup au contour, ce que pourtant il ne faut pas trop affecter, pour ne pas les rebuter.

1. *IO*, livre I, 12, § 1-5 (éd. Cousin, p. 147-148).

2. François Perrier (1590-1650) est un peintre qui a travaillé sous Vouet et qui eut Le Brun pour élève. Il participa à l'institution de l'Académie royale, dont il fut professeur jusqu'à sa mort. Il est surtout célèbre pour ses gravures des plus beaux bas-reliefs de Rome ainsi que pour un recueil des plus belles statues antiques (*Statuae antiquae centum*, Rome 1645).

Mais comme votre fin n'est pas seulement de faire de bons copistes, vous devez observer que vos élèves doivent par intervalles s'exercer à faire d'eux-mêmes, premièrement des yeux et d'autres parties de la face, puis des têtes et ensuite des figures entières ; car quand ils copient, c'est pour apprendre à connaître les proportions, et quand ils font d'eux-mêmes, c'est pour apprendre à les mettre en pratique sur leur propre idée. J'ai remarqué qu'un maître donne du cœur à ses élèves pour entreprendre de faire d'invention, lorsqu'il fait quelque chose de lui-même en leur présence, leur faisant observe de quelle manière il faut s'y prendre. Et c'est ainsi que Lafage [1] montrait à dessiner. Il faut encourager les jeunes gens en les louant et ne leur faire pas remarquer d'abord tous leurs défauts, mais une fois l'un, et puis l'autre. On doit encore prendre garde qu'en blâmant quelque partie, il ne faut pas manquer d'en louer une autre. C'est ainsi qu'ils se doivent conduire dans les commencements, dans les suites et dans l'accomplissement de leurs études, de sorte qu'ils marchent et s'avancent toujours sur ces deux colonnes, tantôt en copiant, tantôt en suivant leur propre imagination.

Après que vos élèves ont fait quelque progrès et qu'ils commencent de bien assembler une figure, tâchez d'avoir de belles têtes que vous leur ferez copier et finir avec tous les soins et la propreté qu'ils pourront. Vous ferez ensuite la même chose des mains et des pieds, que vous leur ferez comprendre exactement, parce que le soin de finir et de bien faire les extrémités leur reste toute leur vie.

Quand vos disciples sont parvenus à ce point, ils peuvent être comparés aux écoliers qui sont montés à la troisième classe de grammaire, où ils se doivent rendre parfaitement congrus [2]. Il faut donc pour lors leur faire reprendre des plus beaux dessins, premièrement d'une seule figure, et de ceux mêmes qu'ils avaient copiés auparavant, car ils les feront beaucoup mieux et sans tant de peine que la première fois. Après cela vous leur fournirez des dessins ou estampes de deux ou plusieurs figures, afin qu'ils apprennent à les mettre ensemble, sans oublier pourtant de petites tentatives de leur invention, à quoi vous ne devez pas manquer de les encourager.

1. Raymond de Lafage (1656-1690) était un peintre médiocre mais un grand dessinateur. Il a fait le voyage de Rome et travaillé à Toulouse, ce que Dupuy détaille plus loin.

2. « Congru (...) se dit d'un discours ou d'un thème où il n'y a point de faute contre la grammaire ni contre la syntaxe ; et on appelle un écolier *congru*, quand il compose son thème sans faute » (*Furetière*).

Remarquez encore que toute cette première étude se doit faire d'après des nudités et rarement d'après des draperies. C'est pourquoi je vous ai proposé les figures de Michel-Ange, de Raphaël et les antiques du Perier. On peut encore se servir des estampes d'Hannibal Carrache, dont le dessin a quelque chose de surprenant : ses galeries sont très utiles surtout pour l'étude dont je parle, de même que les loges de Raphaël dessinées et gravées par Chaperon. Au reste bannissez de votre école la méthode[1] de copier en réticulant ou en calquant les estampes : méprisez toutes ces inventions mécaniques qui sont des empêchements au progrès de la jeunesse.

La méthode pourtant que je viens de proposer demande du temps et ne se peut mettre en pratique que dans une ou deux années, il en faut quelquefois plusieurs au-delà. C'est ainsi que vous mettrez votre élève en état de dessiner d'après la bosse[2], qui lui apprendra l'effet des ombres et des jours pour donner du relief aux parties et pour se perfectionner dans le contour des figures. Il est donc nécessaire de commencer par de belles têtes et ensuite par des figures entières. Vous devez faire en sorte que le jour tombe doucement sur les modèles et les plâtres, et qu'il ne tranche[3] pas d'abord les ombres, ce qui se peut éviter par le moyen de quelque châssis ou de quelque canevas. Peut-être il serait utile de dessiner d'après la bosse dans un miroir, où les jours et les ombres s'adoucissent beaucoup.

L'auteur des *Remarques* sur Du Fresnoy conseille[4] une méthode que j'estime des meilleures qu'on puisse tenir : c'est qu'après avoir dessiné quelque belle tête d'après la bosse, on doit tâcher de la refaire ensuite de mémoire et de plusieurs vues, sans voir le modèle, et après, comparer l'un avec l'autre pour connaître si l'on s'est fort éloigné de la beauté de l'original. Cela se peut aussi entendre des autres parties et des figures entières, et c'est à mon avis un excellent moyen pour se faciliter la voie à la belle composition. J'ai vu des têtes de Bachelier dans les cabinets de nos sculpteurs qui seraient dignes de servir de modèle, quoique j'avoue que celles de Michel-Ange les surpassent en beauté et que les plus belles antiques grecques, telles que sont la tête du Laocoon, de l'Hercule Farnèse,

1. C'est la méthode enseignée par Claude Boutet, et pour se libérer du dessin, au *Traité de la miniature*.

2. « Bosse, en termes de sculpture, signifie bas-relief ou plein-relief (...). On dit aussi en peinture, travailler d'après la bosse, pour dire copier ou dessiner une figure de relief » (*Furetière*).

3. « Trancher, en termes de peinture, signifie passer d'une couleur vive à une autre couleur vive sans aucune nuance ni adoucissement » (*Furetière*).

4. *Art de peinture, Remarque* au v. 510, *op. cit.*, p. 252.

de l'Apollon du Vatican, de la Vénus de Médicis, et des Niobides[1], sont préférables à tout ce qu'on voit de moderne.

Après s'être accoutumé suffisamment sur la bosse, il est absolument nécessaire de dessiner d'après un modèle vivant ; et c'est ici que se doit consommer l'étude du jeune peintre pour la partie du dessin. C'est par là qu'il doit corriger ce qu'il y a de dur ou de sec après le marbre, le bronze ou le plâtre, en sorte néanmoins qu'il suive la manière d'imiter le naturel que les auteurs des belles antiques ont pratiquée, qu'il en prenne le goût, qu'il ramasse ce qu'il y a de plus beau dans la nature et dans l'art, comme ont fait nos excellents peintres modernes, et en fin qu'il fasse une composition de figures aussi parfaite et charmante que sa main et son génie lui pourront fournir. Cette composition de figures est différente de la composition d'une histoire, en ce qu'elle appartient proprement à la proportion d'une figure, à qui elle donne un certain caractère élégant ; et l'autre, dont nous parlerons dans la suite de ce traité, comprend non seulement celle-ci mais toutes les autres parties d'un ouvrage.

Ce n'est pas sans raison que plusieurs conseillent aux jeunes peintres de faire quelque dessin de relief ou des modèles avec de la cire, de la terre ou quelque autre matière, car il n'y a rien qui aide tant l'imagination que cette étude, qui semble être commune aux peintres et aux sculpteurs. C'est une manière de dessiner avec un ébauchoir[2], les Grecs appellent cet ouvrage *plastique*, comme ils appellent *graphique* ce qui se fait avec le style ou le crayon. On a même remarqué que la plupart des peintres ont également bien dessiné de l'une et de l'autre manière dans leur jeunesse ; que quelques autres ont été grands peintres et sculpteurs tout ensemble.

Je ne veux pas omettre un moyen très facile, mais excellent, pour s'exercer à faire de soi-même. Il faut avoir une grande feuille d'ardoise bien unie et du plâtre figé blanc et sec, en forme de crayon. On fait les figures qu'on veut sur cette ardoise, on les efface facilement avec un linge et ainsi on accoutume peu à peu la main à représenter tout ce qu'on conçoit dans l'imagination. Il ne se faut pas rebuter si ce qu'on fait dans les commencements est monstrueux, estropié ou mesquin ; on n'a qu'à l'effacer aussitôt ou le corriger ; puis, quand on le refait à n'y savoir plus rien ajouter, on le

1. Dupuy a écrit « des Niobes », autrement dit Niobé et quelque de ses enfants.

2. « Ébauchoir : outil de bois ou d'ivoire dont les sculpteurs se servent pour travailler soit de terre, soit de cire » Félibien, *Dictionnaire des termes propres à l'architecture, à la sculpture, à la peinture et aux autres arts qui en dépendent*. Notons en ce point que le caractère technique du lexique de Dupuy s'est effacé du fait même de l'entrée en usage des termes, qui sont souvent des italianismes, pour écrire des beaux-arts : ainsi d'« élève », de « figure », de « modèle », d'« attitude ».

laisse jusqu'au lendemain. Cependant on continue son étude d'après des estampes, des plâtres, ou d'après le modèle vivant ; et le jour suivant, ou quelques jours après, on revoit l'ardoise. Alors on y découvre ce qu'on n'avait pas connu le premier jour, et, l'ayant effacé, on forme quelque autre chose dans l'imagination et on le trace sur la même feuille, comme la première fois. C'est ainsi qu'on s'habitue peu à peu à faire de soi-même, si bien que, dans les suites, on fait par ce moyen des compositions dont on peut garder des copies ou des esquisses sur du papier. L'ardoise enfin nous fournit un moyen aisé de mettre en pratique plusieurs sortes de proportions, qui ont été observées par divers auteurs. Nous marquons au commencement les principales divisions sur lesquelles nous bâtissons notre figure ; mais, lorsque nous avons imprimé ces règles dans l'esprit, par plusieurs réitérations, nous faisons facilement des figures de toute sorte de proportions. Je ne vois pas qu'on puisse inventer rien de plus commode pour exprimer sa pensée et pour accoutumer la main à tracer fidèlement toutes les idées de l'esprit.

Il faut ajouter à l'étude du nu celle des draperies, qui n'est pas si longue ni si difficile, parce qu'il ne faut que couvrir de diverses étoffes les figures dont on fait déjà les parties ; mais ces étoffes ont les plis les plus gros ou plus menus, suivant qu'elles sont légères ; et l'on doit exactement apprendre les unes et les autres pour s'en servir à propos. Le moyen donc d'apprendre les draperies, c'est de les étudier d'après des étoffes naturelles, mais particulièrement de trois sortes, qui sont les étoffes de lin, les serges et les draps de laine bien fins, ou de serge de couleur blanche, ou d'une autre couleur voyante : Lomasse[1] l'appelle *rascia* et nous l'appelons *raze*[2] à Toulouse ; il ajoute que Raphaël avait étudié ses draperies sur la serge, qui, n'étant pas si légère que les toiles ou les étoffes fines de lin, ni si grossière que le drap, rend un agréable effet. On la dispose de diverses manières sur un modèle, sur un mannequin, ou sur quelque autre sujet, et on remarque les accommodements, les plis et les bords de l'étoffe ; on en fait diverses esquisses et dessins, jusqu'à ce qu'on ait mis assez dans sa mémoire l'économie

1. *Trattato dell'arte della pittura*, livre II, chap. XXII, nous citons l'édition de la *Biblioteca artistica*, Roma, 1844, p. 311. Le chapitre concerne le *panneggiare* ou l'art de draper auquel conviennent les tissus *di panni come di rascia e di altri panni di lana fini*, « les draps de ras et d'autres draps fins de laine ». Ils doivent n'être ni trop pesants, ni trop légers.

2. Il s'agit du *ras* ou de la *rase*, dont voici le sens : « Ras, se dit aussi des étoffes qui sont unies, dont le poil ne paraît point. Du ras de Chypre » (*Furetière*). Quant à la *rascia*, c'est actuellement une étoffe de grosse laine, ou bien la draperie mortuaire, tendue aux portes d'église au temps de l'enterrement, noire et argentée.

naturelle, l'ordre et la suite des draperies, pour en faire de mémoire ou d'invention.

Mais il faut observer, pour bien réussir, que le modèle soit vivant ou naturel, ou du moins grand comme le naturel, car c'est alors que les plis sont proportionnés ou véritables ; au lieu que si le modèle est petit et la pièce d'étoffe à proportion, vous ne ferez jamais rien de conforme à la nature, étant impossible que les plis tombent à propos et soient jetés naturellement dans un modèle qui n'est pas comme nature. Car quelque fine et maniable que soit l'étoffe, elle se soutient d'elle-même entre les parties d'un petit modèle, et, lorsqu'il est grand, elle tomber de sa propre pesanteur, et c'est par ce moyen que les plis en sont bien jetés. En un mot, vous ne tirerez jamais si bien le grand du petit que du grand même, et après avoir fait votre dessin en papier, d'après un modèle grand comme nature, vous pourrez l'exécuter en grand sur une toile sans crainte de vous être trompé, ou sur un carton, si vous voulez faire des tapisseries ou peindre à fresque.

Il faut encore observer que le linge que vous voudrez imiter ne soit pas tout à fait neuf, parce qu'il fait alors des plis aigres et coupés[1] ou des enflures désagréables, et ne s'attache pas aussi bien au nu ; on dit même que les statuaires de l'Antiquité le mouillaient sur leurs modèles, comme il paraît dans les ouvrages que nous en voyons dans notre siècle. Au reste ce que nous avons dit ici des draperies ne regarde que le dessin, qui consiste dans la suite des plis et des bords de l'étoffe ; car il sera discouru plus au long de leur élégance, lorsque nous traiterons de la composition.

Voilà l'ordre que doivent tenir les jeunes peintres dans l'étude du dessin ; voilà le cours des exercices qui rempliront leurs premières occupations pour réussir même avec un génie médiocre. En effet, il n'est pas possible qu'après avoir suivi cette méthode pendant plusieurs années, ils ne soient en état d'imiter la nature, de composer des figures et des groupes de leur invention. Mais encore il leur faut donner cet avis qui est que, pendant qu'ils étudient d'après le modèle vivant, ils doivent par intervalles faire des compositions de plusieurs histoires et tenter peu à peu leurs forces. Ils tâcheront, à mesure qu'ils liront quelque livre, d'exposer aux yeux, par des esquisses, ce qu'ils auront appris par la lecture. Toutefois comme ceci regarde particulièrement la composition, il en sera plus amplement traité

1. « On dit encore en matière d'étoffes, qu'elles se coupent, quand elles se fendent ou se cassent dans les plis, pour n'être pas assez moelleuses » (*Furetière*). Quand à *aigres*, l'emploi semble dériver de l'appellation des métaux : « Aigre, se dit aussi d'un métal qui est cassant quand il vient de la mine » (*Furetière*). Le Huguet donne le sens fondamental de « sec et cassant ». C'est la même idée d'une absence de souplesse et de moelleux des étoffes neuves.

dans un autre endroit de ces dissertations. Cette voie de s'avancer au dessin paraît si naturelle que je ne vois pas qu'on puisse observer ces préceptes sans réussir parfaitement. Je l'ai vu même pratiquer à peu près de cette sorte et avec succès par un habile peintre [1] à l'égard de son fils, de sorte que ceux qui suivent ces instructions se trouveront en peu d'années en état de dessiner correctement de leur propre génie, et se délivreront de cette misérable servitude de copier toute leur vie et de composer des rhapsodies [2] sur des estampes ou sur des dessins d'autrui.

On dit pourtant que Lafage, dont nous avons admiré le talent pour le dessin, n'avait jamais dessiné ni d'après la bosse, ni d'après le modèle vivant [3] : il avait imité dans ses commencements, quelques endroits des travaux d'Ulysse de l'abbé de Saint Martin, sans en copier exactement les figures ; il en avait si bien compris la manière qu'il en faisait de mémoire, ou d'invention de tout à fait semblables. Lorsqu'en mille six cent soixante-six ou soixante-sept, Lafage [4] vint à Toulouse de Lisle d'Albigeois [5], où il était né, on ne croyait pas qu'il fut capable de faire les dessins qu'il montrait, car il n'avait pas alors plus de seize à dix-sept ans ; mais les ouvrages de Bachelier, les plus belles peintures qu'on voit à Toulouse et quelques estampes qu'il considéra, le firent bientôt dessiner encore d'un meilleur goût. Il imprimait fortement dans son imagination tout ce qu'il avait le temps d'observer, et travaillait d'après cette idée ; et quand il avait

1. On doit supposer qu'il s'agit de Jean-Pierre Rivalz et de son fils Antoine, que Dupuy du Grez a fréquentés à Toulouse.

2. « Rhapsodie : recueil de plusieurs passages, pensées et autorités qu'on rassemble pour en composer quelque ouvrage (...). Quand on veut mépriser l'ouvrage d'un auteur, on dit que ce n'est qu'une rhapsodie, qu'il n'y a rien de son invention » (*Furetière*).

3. Lafage fait objection aux projets académiques de Dupuy, et qui sont d'un enseignement réglé du dessin, parce qu'il semblait posséder un talent ou un génie sans origine, sans acquisition réglée d'un savoir-faire, et, en outre, imparfait de ce qu'il pouvait seulement dessiner et non pas peindre. Dupuy insiste cependant sur la nécessité qu'un tel talent soit éduqué et régularisé par la mimèsis des œuvres de bon goût.

4. Raymond Lafage (1656-1684), dessinateur autodidacte, est mieux connu grâce à l'ouvrage de Jeanne Arvengas *R. Lafage dessinateur* (chez l'auteur, Paris, 1965) : il fut élève à l'Académie royale de peinture en 1678, où il remporta le prix de dessin. À la suite de la jonction de l'Académie royale avec l'Académie de saint Luc à Rome, il fit le voyage pour la Ville en 1680, où il remporta aussi en effet le prix de dessin. Dans les deux cas, son succès a pour limite et revers sa faible capacité à peindre, aux yeux d'institutions pour lesquelles le dessin est avant tout l'instrumental fondement de l'art de peindre. Il est de retour à Toulouse en 1682, où il reçoit la commande d'un programme de dessins pour l'Hôtel de Ville. Les raisons de son voyage vers Lyon ne sont pas clairement établies, non plus que la circonstance de sa mort.

5. Aujourd'hui Lisle-sur-Tarn.

vu attentivement une estampe, un tableau ou une figure de relief, il s'en souvenait toute sa vie.

J'ai ouï dire qu'ayant quitté Toulouse, il s'en alla à Paris où il ne fit pas un grand séjour, car il entreprit le voyage de Rome ; et c'est là qu'il se perfectionna entièrement dans le dessin. De Rome il alla voir tout ce qu'il y a de beau dans toute l'Italie ; et enfin, étant revenu en France, il remporta à Paris le prix du dessin à l'Académie du roi. Je ne sais pas le motif qui l'obligea de s'en retourner à Rome, où encore le premier prix lui fut adjugé par l'Académie de saint Luc. Il vint une troisième fois à Paris, où ses dessins furent estimés et recherchés. Enfin, étant revenu à Toulouse l'année mille six cent quatre-vingt-deux, il alla mourir à Lyon à l'âge d'environ trente deux ans[1].

Lafage était un génie extraordinaire pour le dessin : les ouvrages de clair-obscur qu'il a faits en divers endroits, avec de la pierre noire, sur des murailles, et de grand ordonnance, surpassent ce qu'il faisait sur le papier et sur le vélin. Il était très abondant : son imagination et sa mémoire lui fournissaient toujours de belles choses. Il se souvenait également de toutes les histoires qu'il avait vues en peinture, et de celles qu'il avait lues dans les livres ; il n'avait point d'autres estampes que quelques académies qu'on croyait d'après Michel-Ange, et quelques esquisses qu'il avait faites de plusieurs belles choses.

Si Lafage n'était pas de riche taille ni de fort bonne mine, il était très modeste et ne faisait pas mystère de son savoir, car il montrait généreusement à ses amis ; il eût même souhaité que la ville de Toulouse lui eût donné une pension pour pouvoir enseigner publiquement. Il est vrai qu'avec cette modestie, il avait l'esprit malin contre ceux dont il avait reçu quelque injure ; ce qu'on trouvait de plus incommode dans ses mœurs, c'étaient plusieurs manières qui l'éloignaient du commerce des honnêtes gens, car il ne travaillait qu'étant pressé par la nécessité, et ne faisait jamais bonne chère que lorsqu'il avait des sardines, de la morue et du vin.

Mais pour ne rien omettre de ce qui appartient à nos préceptes, venons maintenant à l'anatomie, que plusieurs ont considérée comme le fondement du dessin, appuyés sur l'exemple de Michel-Ange, qui, au rapport de Vasari[2], n'avait acquis son profond savoir dans le dessin qu'à la faveur de l'anatomie, ayant souvent disséqué des cadavres. Pour moi, suivant le

1. Sans doute plutôt trente-huit. Il aurait chuté d'un âne, en route pour Lyon, selon un de ses biographes (*una caduta fatta da un asinello*, selon Nicola Pio, dans *Nouvelles archives de l'art français*, 1874-1875, p. 197-203, cité par J. Arvengas, note 73, p. 22).

2. Vasari, *Vies..*, livre IX, p. 192.

sentiment du plus grand nombre des peintres, je crois qu'il suffit d'en avoir une teinture médiocre, et je ne pense pas qu'on soit obligé de faire des dissections pour cela ; je suis d'avis de les laisser, ces dissections, aux chirurgiens et aux médecins. L'anatomie a diverses parties dont la connaissance est absolument inutile aux peintres ; c'est assez qu'ils aient celle des os et celle des muscles. La connaissance des os est très facile, se pouvant même apprendre par la seule lecture et par la vue d'un squelette dans une estampe.

Pour ce qui est de l'autre, qu'on appelle myologie, elle est plus étendue, mais peu utile à un peintre par la dissection, parce que ce n'est pas seulement le nom et la place des principaux muscles qu'il faut savoir ; c'est la connaissance parfaite de leurs mouvements extérieurs, qui lui est nécessaire, puisqu'ils produisent des formes différentes dans les mêmes parties du corps humain, pour peu que l'attitude[1] en soit changée, ce qui se peut mieux apprendre sur un modèle vivant, où l'on voit tous ces différents effets, que sur un cadavre, où toute l'action naturelle a cessé. Je ne rejette pas néanmoins le conseil[2] de Léonard de Vinci, qui veut que le jeune peintre mette par écrit le nom des principaux muscles du corps humain, et qu'il fasse des observations sur leurs effets dans les divers mouvements des membres ; mais je dis que cela se peut faire plus sûrement en présence d'un corps animé que sur un cadavre, outre qu'il est aisé d'apprendre le nom et la place des os et des muscles sur de simples estampes avant que d'étudier d'après nature.

Les restaurateurs de la peinture, ces héros des derniers siècles, je veux dire ceux qui ont rétabli la connaissance du dessin dans la perfection où elle est maintenant, n'avaient pas les avantages que nous avons aujourd'hui, puisque nous profitons de leurs études et que leurs ouvrages nous servent incessamment d'exemples. Ce sont tout autant de maîtres qui nous parlent et qui nous instruisent à leur manière. Ils nous viennent donner des leçons jusques dans nos cabinets, car ils se sont rendus portatifs par l'invention de la gravure et des estampes, d'où nous pouvons tirer de nobles idées pour les égaler et même pour les surpasser. Ces grands hommes, il est vrai, avaient toujours devant les yeux les beaux restes de l'Antiquité grecque et romaine

1. « Attitude » est ici le terme technique, issue de l'italien *attitudine* : l'attitude est la « disposition de la figure à agir ». Félibien, dans son *Dictionnaire*, la définit ainsi : « Attitude. Ce mot est italien et veut dire la posture et l'action des figures qu'on représente ».

2. Ce conseil est au *Traité de la peinture*, chap. 57 : « Mettez en écrit quels sont les muscles et les tendons (...) ; et vous souvenez que cette étude est très importante aux peintres et aux sculpteurs, dont la profession oblige à savoir les muscles » (*Traité de la peinture de Léonard de Vinci, donné au public et traduit d'italien en français par R. F. S. D.C. – i.e.* Roland Fréart Sieur De Chambray – Paris, 1651).

et le naturel ou le modèle vivant ; mais ils étaient eux-mêmes leur guide, et nous profitons de leurs pénibles découvertes. Nous pouvons encore nous transporter à Rome et dans le reste de l'Italie, pour y considérer les originaux ; car, quoique la plupart aient perdu quelque chose de leur coloris, on y remarque pourtant toute la force du dessin, la bonne grâce et l'expression, qui sont des beautés qui ne s'effacent que par l'entière ruine de l'ouvrage.

Le premier maître qu'on consulte, étant à Rome, c'est Raphaël Sanzio, qui est en possession de la première place, parce que, comme il avait effacé tous ceux qui avaient paru avant lui, personne ne l'a pu surpasser depuis : en un mot, les grâces, la délicatesse du contour sont le partage de Raphaël. Quelques-uns ont préféré Michel-Ange Bonarote à tous les peintres modernes pour la science du dessin, et l'ont regardé comme l'oracle que tous les étudiants devaient incessamment consulter. En effet, Michel-Ange est un oracle, mais un oracle que peu de peintres ont su développer, qui pourtant est très favorable à ceux qui le peuvent comprendre. La fierté, la grandeur font son caractère ; les attachements des os, la fonction et la situation des muscles, sa science. Ce n'est pas sans raison que quelques autres admirent Jules Romain : ils suivent en cela le sentiment de son maître, qui le regarda comme un autre lui-même qui devait achever ses ouvrages, et le préféra à tous ses autres disciples. Jules Romain au reste a des conceptions surprenantes et est grand imitateur de l'Antiquité.

Plusieurs enfin sont persuadés qu'Hannibal Carrache a formé une excellente composition de Michel-Ange et de Raphaël, dont il a su mêler les talents ; et le nombre de ces peintres n'est pas petit, car, la plupart jugeant que les perfections de Raphaël sont inimitables, ils ont cru qu'il n'est pas si malaisé de donner dans le goût du Carrache, qui est aujourd'hui fort suivi. On y trouve de la force, de la grâce et tout ce qu'on remarque dans les plus belles antiquités, dont il a donné le caractère à ses ouvrages.

Un grand nombre d'amateurs de cet art, particulièrement en France, regarde notre célèbre Poussin comme l'auteur d'une nouvelle école, parce qu'on remarque dans ses ouvrages une belle variété de proportions, suivant le divers caractère des personnages, depuis l'enfance jusqu'à la vieillesse. On a cru qu'il avait acquis, par son étude et par ses longues réflexions, tous les avantages que le ciel avait libéralement accordé à Raphaël ; mais si l'on écoute les Italiens sur cette question, ils nous paraîtront d'une opinion contraire, car, quoique les plus équitables d'entre eux estiment infiniment les ouvrages de Poussin, ils ont de la peine de le voir en parallèle avec leur Raphaël. C'est donc une question qu'on ne saurait décider au gré des deux nations, et il vaut mieux admirer ces deux divins peintres que de penser à se déclarer leur juge.

Voilà bien d'illustres auteurs dans la science du dessin, qu'un jeune dessinateur peut suivre avec confiance ; voilà des oracles qu'il peut consulter sans crainte de réponses ambiguës, s'il les considère avec jugement et sans préoccupation. Je prévois que ceux qui voudront apprendre le dessin dans Toulouse ne manqueront point de me répliquer que je leur donne des avis comme si nous étions à Rome ; que c'est là qu'on voit les ouvrages de ces grands hommes que je viens de proposer ; c'est à Rome qu'on voit quantité de statues antiques, qu'il y a de fréquentes académies du modèle vivant, et où tous les exercices de cet art sont familiers, de sorte que la plus grande partie de tout ce que je viens d'avancer se trouve inutile parmi nous et partout ailleurs que dans cette fameuse ville.

Je m'étais déjà préparé pour répondre à ces objections ; car, quoique j'avoue que la ville de Rome est depuis deux siècles la plus fameuse école de la peinture, je puis assurer pourtant qu'il y a eu plusieurs excellents peintres qui n'y ont jamais été pour étudier, puisque la plupart de ceux qui ont si bien réussi dans l'école lombarde, n'ont appris qu'à Milan, à Venise, à Bologne ou à Parme. Mais nous voyons aujourd'hui que Rome se trouve ailleurs qu'en elle-même par un bon nombre d'estampes qui font voir tout ce qu'il y a de remarquable dans ses palais et dans ses églises. Et si nous ne pouvons voir le coloris par leur moyen, on y reconnaît néanmoins le dessin et l'ordonnance, qui sont des choses qui se peuvent transmettre par une savante main et qui ne changent point dans les ouvrages comme le coloris.

A l'égard des statues antiques sur lesquelles les étudiants se doivent former les idées de la beauté et de la proportion, nos sculpteurs et nos curieux en ont les têtes ou les bustes de la plupart, exactement moulées en plâtre ; peut-être que dans les suites, il se trouvera des personnes généreuses qui procureront cet avantage à notre ville de Toulouse, et qui en feront venir quelques-unes des plus belles de Rome, comme le Laocoon, l'Hercule Farnèse, l'Apollon, le Gladiateur, l'Antinoüs, la Vénus de Médicis et quelques autres de la main des anciens Grecs, qui seraient d'un grand ornement à cette ville pour élever la jeunesse au dessin. On m'a même assuré que messieurs de l'Académie royale de peinture et sculpture à Paris, qui ont les moules de tout ce qu'il y a de beau à Rome, ne refuseraient pas quelques jets [1] de plâtre à la ville de Toulouse si elle leur en faisait instance.

1. « Jet, chez les fondeurs, se dit des tuyaux qu'ils font pour faire couler le métal dans leurs moules. Il y avait tant de jets pour fondre cette figure » (*Furetière*). Cette définition est reprise de Félibien, (*Dictionnaire*). Une explication complète de cette technique est proposée dans les *Principes*, du même auteur, au livre II, chap. v, intitulé « De la manière de jeter les figures en bronze » (seconde édition, 1690, p. 320-337).

Pour ce qui est du modèle vivant, ce n'est pas une entreprise qui soit même au-dessus des forces d'un particulier, puisque nous avons vu des peintres qui l'ont donné à Toulouse. Il est vrai que plusieurs [1] le faisant tenir au même temps, les étudiants étaient partagés, et la jalousie ou la trop grande émulation s'étant mêlée parmi eux, ils cessèrent cet exercice pour ne vouloir pas se céder cet honneur les uns aux autres. Cela se pourrait facilement rétablir, et il se trouverait de jeunes étudiants qui seraient assidus et qui contribueraient même de quelque petite libéralité aux frais du modèle. Il suffirait aussi de le tenir pendant les grandes chaleurs de l'été. Mais pour ériger une école publique, il serait digne de cette grande ville, qui est comme la mère de deux grandes provinces, qu'elle en fît les frais, qui seraient pourtant si petits qu'en quelque point que fussent les affaires, elle serait toujours en état d'en faire facilement la dépense et de s'en attribuer tout l'honneur.

Il y a néanmoins de riches particuliers qui, pouvant librement disposer de leurs biens en faveur d'un étranger, seraient en état de faire cette libéralité, s'ils avaient le goût de la peinture et s'ils prévoyaient l'utilité que la connaissance du dessin apporterait dans nos provinces. Je ne parle pas de ces gens qui ont l'esprit chimérique, qui font de plus grands desseins [2] qu'ils ne sauraient exécuter ou qui n'ont d'autre vue que leur intérêt particulier. J'ai connu un homme de ce caractère, qui me témoignait avoir une forte inclination pour la peinture ; il me disait qu'il avait dessein de louer une maison pour y faire venir des peintres qui auraient de différents talents. Il s'imaginait d'introduire par ce moyen-là une parfaite connaissance de cet art dans notre ville, et d'attirer les curieux qui viendraient en foule chez lui pour acheter de ses ouvrages. Il ne fit pas cela, mais, étant venu à mourir, il laissa de grands laïs [3] et ordonna bien des choses qui étaient au-delà de ses biens et qui tenaient beaucoup du ridicule.

Mais parce qu'il pourrait arriver dans les suites que des gens plus solides auraient quelque dessein de favoriser cet art, je pense être obligé de m'étendre sur cette matière. On ne doute pas que la perfection du dessin ne dépende d'une bonne école du modèle vivant ; c'est donc cette école qu'il faudrait établir. Or il n'est pas nécessaire qu'elle se tienne pendant toute

1. Rappel de la (relativement brève) concurrence entre Hilaire Pader et Antoine de Troy, afin de tenir école de dessin dans la rue Peyrolières, durant les années 1670. Ces peintres sont mentionnés par Dupuy un peu plus loin.

2. Le sens sera sans doute plus net avec cette graphie, dont l'alternative avec « dessin » n'existe pas pour Dupuy.

3. *Sic* pour « legs ». Vieille forme, attestée au XIIIe siècle (*Littré*, à l'entrée « legs »).

l'année comme j'ai fait pressentir. Il suffirait à mon avis de faire tenir le modèle tous les ans et chaque jour quelques mois seulement, à commencer du mois de mai ou de juin. J'ai connu par expérience que l'heure de quatre heures jusques à six et demi de l'après-dînée est la plus commode, parce que les peintres, les sculpteurs et autres ouvriers à qui le dessin est nécessaire, ne se détournent pas tant de leur travail ordinaire que lorsque l'école se tient le matin. J'ai encore remarqué qu'il est bon de continuer la même attitude pendant trois séances consécutives, et que c'est le moyen de s'accommoder à toute sorte de génies : ceux qui dessinent plus vite que les autres font leur académie dans chaque séance – c'est ainsi qu'on appelle le dessin qu'on fait d'après le modèle vivant ; les plus tardifs ont assez de temps pour faire leur pièce en deux ou trois après-dînées, et de modeler avec de la terre ou de la cire, dont l'ouvrage est plus long qu'à la plume ou au crayon. On pourrait travailler pour le prix pendant les trois dernières séances : on en donnerait un pour une académie au crayon ou à la plume, et un autre pour une académie en cire, terre ou plâtre ; mais, quoique ces prix ne seraient que de simples marques de distinction, il faudrait sur toutes choses que personne n'y puisse prétendre qu'après avoir étudié pendant tout le temps des séances avec assiduité, de peur qu'un nouveau venu, qui aurait appris ailleurs, ne vînt troubler l'espérance d'une honnête émulation, qui ferait tout le progrès de notre école.

C'est précisément le nécessaire et dont la dépense serait très petite ; mais si vous voulez y ajouter l'éclat et la magnificence, donnez un honnête prix tous les trois ans alternativement, tantôt pour un dessin d'histoire, tantôt pour un bas-relief : vous verrez dans peu d'années de belles choses de cet art. On donne tous les ans des prix à Paris, et l'Académie de saint Luc à Rome en donne aussi deux, afin que celui qui n'a pu parvenir au premier se console par le second et tâche de se rendre plus habile pour mériter le plus honorable dans les suites. Mais ceux qui ont remporté le premier prix ne sont pas reçus à y prétendre une seconde fois. Cependant l'Académie de saint Luc, dans son origine, est une libéralité d'un particulier[1] ; il est vrai

1. L'Académie de saint Luc à Rome puise ses origines dans *l'Université des arts*, formée au XVe siècle et elle-même dérivée d'une Compagnie de saint Luc médiévale. C'est le peintre Jérôme Muziano qui obtint du pape Grégoire XIII une bulle, du 15 octobre 1577, créant une Académie romaine des beaux-arts. Cette académie conservait la dénomination de saint Luc. Muziano meurt en 1592. L'académie se rénove en *Academia del disegno de'pittori, scultori e architetti di Roma*, avec le soutien du cardinal Borromée, sous le pontificat de Clément VIII ; son premier Prince sera en 1593 Federico Zuccaro, qui fait adopter le 26 février 1594 des statuts transformant l'institution en véritable université d'études artistiques. Ce zèle pour l'enseignement, exprimé en cours pour l'étude des arts du dessin et en remises de prix, sera un

qu'elle fut autorisée par un bref du pape. Mais l'autorité et l'approbation ne manqueraient pas à Toulouse ni ailleurs, puisque le roi s'en est expliqué par ses lettres patentes de l'an mille six cent soixante-seize, où Sa Majesté agrée cette sorte d'établissement, où elle juge que des écoles de peinture seraient très avantageuses à toutes les principales villes de son royaume. Or on ne saurait en excepter Toulouse, il semble même que le roi parle en sa faveur et qu'il y a de l'insensibilité ou de l'ingratitude à ne pas se conformer au sentiment de Sa Majesté.

On ne manquera pas de me faire une autre objection prise de ce que je viens d'avouer moi-même, qui est que cette sorte d'école, ayant commencé dans Toulouse, on la vit bientôt finir par des motifs de jalousie, parce que tous les peintres, qui ont de la réputation, ont aussi des sectateurs parmi ceux de leur profession, parmi les sculpteurs, les curieux et certains artisans mêmes dont l'art demande quelque culture de dessin.

Il est vrai que ce fut par le défaut d'unité de lieu que cette interruption arriva et parce que les deux peintres opposés, Pader et Troy, faisaient tenir le modèle au même temps ; mais rien n'aurait troublé cet exercice s'il y avait eu à Toulouse un endroit destiné pour le continuer, et si on eut donné la direction du modèle à l'un et à l'autre, en la partageant par le temps. On ferait encore mieux s'il y avait un sculpteur avec le peintre, pour diriger la séance et pour travailler avec les étudiants.

On pourrait encore leur nommer des substituts qui feraient leur fonction en cas d'absence, et ceux-ci seraient choisis parmi les meilleurs de l'école. Ces directeurs et substituts prendraient le soin de poser le modèle et l'attitude, d'avertir quand il se relâcherait, et de lui donner du repos par intervalles ; de dessiner et de modeler eux-mêmes pour instruire les autres par leur exemple ; de corriger les étudiants qui voudraient leur présenter leurs esquisses et les contours de leurs pièces, ce qui se pourrait faire pendant les pauses du modèle, sans pour autant y obliger personne. Il serait encore très raisonnable que les directeurs fussent les seuls dispensateurs des prix, à la fin des séances ; et qu'un magistrat, si la libéralité venait du public, ou le bienfaiteur, si elle était particulière, ou si vous voulez quelque personne intelligente, y présidât de leur part et vidât même le partage, en cas que les directeurs ne fussent pas d'accord. Je suis persuadé que les plus habiles peintres et sculpteurs se croiraient fort honorés d'être invités à cet emploi, puisque ce serait une marque publique de leur mérite et qui serait préférable à toute sorte d'intérêt.

exemple sur lequel tentera de se régler Dupuy du Grez. On consultera sur cette académie l'ouvrage de Jean Arnaud *L'Académie de saint Luc à Rome*, Rome, 1886, chap. 1, p. 3-18.

Il est certain que tout ce qu'on pourrait proposer de plus, comme recteurs, professeurs de peinture, de perspective et géométrie, ne sont que des suites d'une magnificence royale, et qui ne sont pas absolument nécessaires à l'étude du dessin d'après le modèle. C'est encore une erreur de soutenir que cette étude se doit faire à la lampe, la nuit, durant l'hiver, dans une chambre bien échauffée par des brasiers ; car, outre les frais de l'huile et du charbon et la nécessité de passer par les mains de l'officier qui les fournirait, le modèle ne rend pas si bien le naturel étant tout engourdi et ne pouvant tenir, durant l'hiver, sans un danger évident. Les mains des étudiants ne le sont pas moins dans cette rude saison, si bien qu'il arriverait dans les suites qu'on ne ferait rien d'utile pour apprendre et que l'huile et le charbon seraient inutilement consumés. Les soirées d'hiver sont favorables pour dessiner d'après la bosse ou d'invention, et pour d'autres occupations utiles à cette étude. C'est un temps commode pour s'instruire des principes de géométrie et de perspective, ou de la connaissance de l'histoire et de la fable ; et ceux qui sont déjà savants au dessin peuvent faire alors des réflexions sur l'architecture. Les peintres au reste qui voudront apprendre de la géométrie et de la perspective dans Toulouse, y trouveront toujours de célèbres professeurs de mathématique, qui les éclairciront agréablement de tout. Ce n'est pas pourtant que je désapprouve l'étude du modèle à la lampe, pourvu qu'elle se fasse de temps en temps, en particulier, et toujours dans le semestre d'été ; mais je préférerais l'étude du jour à cause de sa simplicité. Je regarde celle de la nuit comme une étude extraordinaire, d'un seul ou de peu de personnes, et qui ne devrait jamais être publique, pour éviter plusieurs inconvénients.

J'en ai peut-être dit un peu trop à l'égard de quelques personnes, qui n'ont pas de goût pour ce bel art ; il y en aura même à qui cette école paraîtra ridicule. Eh bien, que puis-je leur dire, après l'exemple de la capitale de l'Etat, après les lettres patentes du roi, et que puis-je faire pour eux ? Dois-je tâcher de les détromper ? Non, je n'entreprendrai point de leur ôter ce dégoût qui leur est peut-être naturel, puisque je perdrai inutilement le temps. Je m'adresse aux personnes qui ont l'esprit mieux tourné, qui connaissent la beauté et le mérite de la peinture et de la sculpture. Ceux-là avoueront avec moi que cette école est le seul moyen d'avoir d'excellents hommes dans toutes les professions qui dépendent du dessin. Les bons ouvriers au reste ne dépenseraient pas plus que les mauvais dans cette ville et ne se feraient pas mieux payer. Cependant ces derniers, je veux dire les méchants ouvriers, sont les plus avares et les plus intéressés ; l'honneur de leur profession ne les touchant guère, ils contentent ceux qui les font travailler dans Toulouse et aux environs, dans la province, avec de très méchants ouvrages, et sont fort adroits à les faire tomber en leurs mains. Mais si nous avions une école publique où les meilleurs ouvriers se pussent faire connaître, qui serait assez hardi d'entreprendre des ouvrages de peinture, sculpture ou architecture, d'orfèvrerie ou de broderie, s'il n'avait acquis de la réputation dans le dessin ou par le choix qu'on ferait de lui pour la direction, ou par l'honneur d'avoir remporté le prix ? C'est par ce seul moyen que les ignorants seraient reconnus et les habiles ouvriers distingués. Ce serait à la faveur de cette école qu'on ne verrait plus tant de méchants ouvriers dans les plus célèbres lieux de notre ville, où pourtant tout le monde est naturellement judicieux et assez délicat pour toutes les belles choses.

SUPPLÉMENT À LA SECONDE DISSERTATION

De la structure et des proportions du corps humain

Lorsqu'on admire la belle proportion des anciennes statues, il est difficile de n'être pas du sentiment de ceux qui ont cru que les Grecs avaient trouvé certaines règles ou mesures[1] qui se sont perdues dans la suite des temps, et que c'est pour cela que les Modernes ne les ont pu égaler ; on a tâché par tous les moyens, dans ces derniers siècles de parvenir au point de la perfection de ces statues ; on établit des mesures sur les plus belles qu'on voit à Rome ; la plupart des meilleurs peintres et tous les habiles sculpteurs ont fait une étude particulière sur cela, mais on n'a pu trouver, au vrai, celles de cette Antiquité grecque qu'on admire tant.

C'est de la science des proportions du corps humain que dépend toute la perfection du dessin ; et, quoique l'objet soit incessamment sous nos yeux,

1. Dupuy pense sans doute au *Canon* de Polyclète, cette statue qui a réalisé l'art lui-même dans une œuvre (Pline, *HN*, livre XXXIV, § 55) et qui incarnait parfaitement les proportions idéales qu'aurait prescrites l'œuvre éponyme du même statuaire. La question des proportions du corps humain n'est pas animée chez Dupuy de préoccupations cosmiques ou bien néo-platoniciennes : il ne recherchera point *la* vraie proportion du corps humain, comme Vitruve chez les Anciens ou Michel Anguier (*cf.* ses *Conférences académiques*, *infra*, note 3, p. 133) chez les Modernes, ni par conséquent la formule idéale rapportant des nombres nombrants et déterminant la beauté sensible des œuvres. Ses sources seront multiples, entre lesquelles il ne marquera que de la préférence, et ses prescriptions estimatives demeureront des à-peu-près altérables en raison de ce que l'œil voit ou de ce que l'esprit juge et qui plaît mieux. Les proportions formeront faiblement système, car elles ne seront point le *logos* de l'œuvre ; ce seront des nombres nombrés approximativement égaux ou proportionnés, explicatifs d'une beauté où le plaisir ne s'épuise pas. Car il faut encore de l'assaisonnement et de la grâce, qui dépendent d'un je ne sais quoi.

il y a tant de difficulté à trouver le secret de la nature qu'après y avoir étudié longtemps, on n'en a pu apprendre qu'une partie.

Ce qu'il y a d'admirable dans la construction de l'homme, c'est qu'il est toujours dans une juste proportion, soit qu'il ait la taille grande ou petite, soit qu'il soit de complexion maigre ou qu'il soit gras et charnu. Les ressorts de cette machine animée d'une âme raisonnable agissent toujours et sont de si bonne intelligence qu'il n'arrive jamais de défaut dans ses actions par celui de la proportion.

De la structure des os

Si nous considérons la structure des os, nous les verrons disposés d'une manière à se soutenir les uns les autres, et à s'aider dans les divers mouvements que cette machine se donne ; elle semble avoir été formée pour être l'appui de la tête qui est posée à l'endroit le plus éminent, et cette tête ne paraît y avoir été placée que pour en régler la conduite et les actions ; ce qu'elle fait par le moyen des nerfs qui prennent tous leur naissance dans le cerveau, et qui portent les esprits animaux dans tous les endroits qui servent au mouvement. C'est par le moyen de ces esprits animaux que les muscles s'enflent et se raccourcissent au même temps, pour attirer la partie où ils sont insérés. La tête est donc assise sur une colonne[1] de plusieurs os, qui s'appellent vertèbres ; ces os entassés les uns sur les autres sont aplatis du côté de leurs jointures, et liés par des cartilages qui en rendent le mouvement un peu souple. Cette colonne descend du long de l'échine depuis la tête sur un joug qui est fait de plusieurs os bien liés ensemble, auxquels sont emboîtés les os des cuisses ; et à chacun de ceux-ci sont attachés deux os dont la jambe est composée : l'un s'appelle principalement l'os de la jambe et l'autre le péroné ; ils se vont appuyer et joindre aux pieds qui soutiennent toute la machine, quand l'homme est debout. Mais ce joug descend un peu plus bas que l'emboîture des cuisses et s'avance un peu pour soutenir le ventre et les intestins, de même qu'il s'élève de chaque côté pour former les hanches.

La partie de cette colonne qui est immédiatement sous la tête s'appelle le cou, au bas duquel il y a des os aplatis et courbés comme de petits arcs, qui prennent naissance aux premières vertèbres de l'échine et se vont joindre

1. Cette image de la colonne achevée par la tête fournit la raison mythique suffisante de l'invention, chez Vitruve, des divers ordres architecturaux, pour ce qui concerne la proportion et le décor des divers chapiteaux et fûts, lesquels se dérivent de la considération d'une tête d'homme, ou de femme ou encore de jeune fille (*De architectura*, livre IV, chap. 1, éd. Perrault p. 105-108).

sur le devant à un os appelé sternum ou bréchet[1]. Ces os pliés en arc, naissant aussi des vertèbres suivantes et revenant s'attacher au bréchet comme les précédents, se trouvent avoir plus de circonférence : ce sont ceux qu'on appelle les grandes côtes ; au-dessous de ces côtes, il y en a encore d'autres qui sortent de chaque côté des vertèbres mais qui ne vont pas s'attacher au bréchet : on les appelle les fausses côtes. Il y a au reste douze côtes de chaque côté, savoir sept de vraies et cinq de fausses, faisant le nombre de vingt-quatre.

Au même endroit qui sert de base au cou, il y a sur le devant deux os qui sont aussi un peu pliés de chaque bout et qui ressemblent à des ébauchoirs, on les appelle les os traversiers ou clavicules ; ils sont attachés par un bout au bréchet et de l'autre ils vont se joindre, chacun de son côté, aux omoplates qui, étant des os plats et fort larges, couvrent les premières côtes du derrière. C'est à ces os traversiers et aux omoplates joints ensemble que sont les emboîtures des deux épaules, où les os des bras sont insérés. À ces os des bras sont attachés ceux du coude qui sont doubles : l'un s'appelle le rayon[2], qui est du côté du pouce, l'autre s'appelle l'os du coude, qui est du côté du petit doigt ; et à ces deux sont attachées les deux mains.

Des muscles

Toute cette machine[3] se remue par le moyen des muscles qui font avancer ou retirer les os où ils sont attachés. Ces muscles sont des chairs tissues de fibres et de membranes ; ils sont de forme différente mais ils grossissent du milieu, et leur extrémité ou queue aboutit aux tendons, avec lesquels se fait le mouvement volontaire. Ces muscles, étant placés les uns auprès des autres sur les os, reçoivent leur subsistance par les artères, et les esprits animaux[4] leur sont envoyés par les nerfs, de sorte que, venant à

1. Dupuy a écrit « brichet ». Le *Furetière* confirme : « Bréchet. Quelques-uns disent brichet. Le devant de la poitrine où aboutissent les sept vraies côtes ».

2. Autrement dit le *radius* ; l'os du coude sera ensuite le *cubitus*.

3. Cette section sur les muscles développe le précepte de Léonard de Vinci, présente au chapitre LVII de son *Traité de la peinture*, et à l'usage des jeunes peintres, de mettre en écrit le nom des muscles et des tendons, dont la contraction et l'usage commandent les mouvements et les attitudes des corps (Voir note 2, p. 122 de la *Dissertation* précédente). On pourra comparer avec les deux conférences données par Michel Anguier, celle de « L'Hercule Farnèse », du 9 novembre 1669, et celle intitulée : « Sur l'anatomie, pour bien connaître les mouvements et repos des muscle », du 6 août 1672 (*Conférences de l'Académie royale de peinture et de sculpture*, » éd. critique intégrale par Lichtenstein et Michel, ENS B-A, 2006, respectivement t. I, vol. 1, p. 323-339 ; et t. I, vol. 2, p. 474-487).

4. Personnages bien connus de la physiologie cartésienne et qui forment « un vent très subtil ou plutôt une flamme très vive et très pure » (*Traité de l'Homme*, éd. Adam-Tannery,

s'enfler, ils s'accourcissent et font mouvoir les membres diversement, leur faisant prendre des formes différentes, où il paraît des bosses et des enfoncements suivant la diversité de leur action. Ces enfoncements et ces bosses, appelés quelquefois études [1] par les peintres, sont fort adoucis par une peau épaisse mais unie, qui couvre tout le corps, s'élevant pourtant en de certains endroits plus qu'en d'autres où à peine les peut-on reconnaître.

Les principaux muscles qui font mouvoir les os et les membres et qui leur donnent ces différentes formes qu'on y reconnaît sont les suivants : lorsque le cou et le coffre sont vus par devant, on remarque les deux mastoïdes, qui, venant du derrière des oreilles, vont finir par leurs tendons à la jonction des clavicules ; ils paraissent plus ou moins suivant le mouvement du cou, l'âge et le sexe des personnes.

Les deltoïdes, un de chaque côté, couvrent les emboîtures des os des bras et des omoplates ; ces muscles naissent des clavicules par devant et des omoplates par derrière, et se vont attacher à l'os du bras pour l'élever au besoin. Les deux pectoraux naissent du sternum et de quelques-unes des côtes jusqu'à la huitième, et vont s'attacher aux os du bras qu'ils amènent vers l'estomac.

Le muscle droit ferme tout le devant du coffre ; il est divisé en deux par la ligne blanche qui est une bande nerveuse qui règne depuis le sternum jusques au bas du ventre, où elle se va attacher, passant par le nombril. Ce muscle est encore traversé par six autres bandes, savoir trois au-dessus du nombril et trois au-dessous, de sorte qu'il paraît comme un châssis à divers panneaux. Ce muscle au reste paraît diversement dans le naturel et les auteurs des antiques l'ont traité différemment.

De chaque côté du droit, il y a un muscle appelé l'oblique externe, qui naît de la sixième et septième côte, et va s'attacher aux os du joug [2] qui font les hanches. Il s'attache aussi d'un côté par un tendon à la ligne blanche, et

1996, t. XI, p. 129, l. 4-5). Dupuy a pu se référer au passage suivant du *Traité* : « Or, à mesure que ces esprits entrent ainsi dans les concavités du cerveau, ils passent de là dans les pores de sa substance et de ces pores dans les nerfs où, selon qu'ils entrent ou même seulement qu'ils tendent à entrer plus ou moins dans les uns que dans les autres, ils ont la force de changer la figure des muscles en qui ces nerfs sont insérés et par ce moyen de faire mouvoir tous les membres » (AT XI, 130, 15-22).

1. « Étude. Un dessin ou un morceau de peinture, de sculpture, exécuté pour l'étude particulière d'un objet » (*Littré*) La représentation de ces bosses et de ces creux musculaires participe exactement de la définition de l'« attitude » de la figure.

2. Au sens de la jointure. Le *Dictionnaire de l'ancien français*, de A. J. Greimas (rééd. Paris, Larousse, 1994) donne pour exemple « le joug de l'épaule ». *Le Lexique de l'ancien français*, de F. Godefroy (rééd. Paris, H. Champion, 2000) mentionne de même ce sens de jointure. Le contexte indique qu'il s'agit ici des os du bassin.

de l'autre avec un autre muscle appelé le grand dentelé, avec lequel il se joint par manière de tenailles, l'un entrant dans l'autre. Remarquez que le droit et l'oblique sont serrés d'une manière de ceinture un peu au-dessus du nombril, par un muscle appelé le transversal. Le grand dentelé naît au-dessous de l'omoplate et se va insérer en biaisant aux huit premières côtes avec l'oblique externe comme nous avons dit.

Tous ces muscles paraissent au coffre de la figure vue par devant. On voit par le derrière les suivants : le trapèze, qui naît au derrière de la tête, des vertèbres du col et des premières vertèbres de l'échine ; il s'étend de chaque côté jusqu'à l'épine des omoplates où il fait ses insertions et dont il couvre une partie, et va même s'attacher au bout des clavicules qui s'emboîtent à chaque épaule avec les omoplates. Il couvre encore les deux muscles qui naissent du haut du col et l'élargissent, s'allant insérer aux omoplates : ils s'appellent releveurs propres. Du reste il paraît diverses éminences et cavités au trapèze, suivant les différents mouvements des muscles et des parties qu'il couvre.

Il y a encore deux muscles à chaque omoplate qui font le même effet que les deltoïdes, car ils élèvent aussi les bras ; l'un s'appelle le surépineux parce qu'il naît au-dessus de l'épine de l'omoplate et se va insérer à la partie antérieure du bras ; le sous-épineux naît au-dessous de l'épine de la même omoplate et se va insérer à la partie extérieure du bras. Ces deux muscles au reste passent sous le deltoïde pour s'aller attacher à l'os du bras.

Il y a un autre muscle appelé abaisseur propre, qui naît du côté inférieur de l'omoplate et, se joignant avec un angle du très-large, dont nous allons bientôt parler, se va insérer à l'os du bras pour l'abaisser.

Cet autre muscle qui, à cause de son étendue, s'appelle le très-large, prend sa naissance des vertèbres inférieures de l'échine sous le trapèze, et encore des vertèbres, des lombes et du croupion. Il couvre tout le derrière du coffre d'un et d'autre côté, comme le muscle droit couvre le devant ; et par le haut, il s'attache aux omoplates et aux sous-épineux, avec lesquels, formant un tendon de chaque côté, il se va attacher au bras, comme nous avons déjà remarqué ; il s'insère encore depuis les aisselles jusques aux hanches d'une manière fort apparente, rencontrant le grand dentelé et l'oblique externe. Voilà les principaux muscles de la superficie du coffre, devant et derrière.

Venons présentement aux muscles des bras qui, outre le deltoïde dont nous avons parlé, ont chacun le muscle à deux têtes qui naît de l'omoplate et, descendant le long de l'os du bras, va s'insérer au rayon de l'avant-bras qu'il fait fléchir.

Le brachial est un muscle qui naît à l'os du bras et, passant sous le muscle à deux têtes, se va attacher à l'os du coude pour servir au mouvement de l'avant-bras. Ce muscle est large et paraît de chaque côté du muscle à deux têtes.

Au derrière du bras, il y a un muscle fort large, appelé l'extenseur du coude ; il semble être composé de deux muscles qui se joignent avant qu'ils n'arrivent au coude ; l'un s'appelle le long et interne, qui est du côté de l'aisselle ; l'autre le court et externe, qui naît de l'os du bras. Ils se joignent un peu au-dessus du coude et se vont ensemble insérer à l'os du coude ; leur jonction paraît même lorsque le bras fait le moindre mouvement.

L'avant-bras se doit considérer du côté de la paume de la main, c'est son dessus, et du côté du coude, c'est son dessous. La partie qui est vers le petit doigt doit s'appeler le côté intérieur, celle qui est vers le pouce, le côté extérieur. L'avant-bras donc est composé de deux masses qui sont séparées au-dessus du bras par le muscle à deux têtes, qui se va insérer au rayon, et par-dessous, ces masses sont séparées par le coude.

La masse qui est du côté extérieur ou du pouce, contient le long supinateur du rayon, c'est-à-dire qui l'élève[1] ; il prend naissance à l'os du bras à côté du muscle à deux têtes, assez près de la rasette où se fait la jointure du bras et de la main.

A côté de celui-ci se voit l'extenseur supérieur du carpe, qui sert à faire dilater cette partie de la main. À côté du long supinateur, approchant de la rasette[2], on voit paraître un muscle qui naît du rayon et passant obliquement sur le supinateur, se va insérer au pouce ; il s'appelle aussi l'extenseur du pouce.

A côté de ceux-ci, tournant vers le dessous du bras, il y a deux muscles l'un après l'autre, dont l'un s'appelle l'extenseur des doigts, l'autre l'extenseur du petit doigt. Et finalement, après ceux-ci, près du coude, il y a un autre muscle qui s'appelle l'extenseur inférieur du carpe. Cette masse est donc composée de tous les extenseurs.

La masse qui est du côté intérieur, de l'autre côté du muscle à deux têtes, contient le rond pronateur du rayon ; c'est un muscle assez court qui naît aussi de l'os du bras et s'insère obliquement au rayon, qu'il abaisse, comme

1. *Sic*. Comprenons : « supinateur », c'est-à-dire « apte à élever le *radius* » (au contraire d'un muscle « pronateur »).

2. Dupuy écrit « razette ». La forme « rassette » est aussi attestée. « Partie de la main, nom de certains petits os de la main et du pied. "La première partie de la paume de la main est appelée selon Galien le carpe, des Latins le brasselet (que nous retenons encore), en vulgaire le poignet, et des chirurgiens modernes la rassette" » (Huguet, *Dictionnaire de la langue française du* XVIe *siècle*, H. Champion, 1925, à l'entrée « rasette »).

le long supinateur qui est à l'autre masse, l'élève. Le muscle qui suit s'appelle le fléchisseur supérieur du carpe : il donne le mouvement à la partie de la main qui est attachée à la rasette.

Auprès de celui-ci est le fléchisseur des doigts et de la paume de la main, il s'appelle palmaire à cause de cela. Et enfin, après le palmaire, en tournant dessous le bras vers le coude, est situé le fléchisseur inférieur du carpe. Tous ces muscles naissent à la partie intérieure de l'os du bras et se vont insérer à la main. Ils sont gros près du coude, de même que ceux de l'autre masse et finissent par des tendons lorsqu'ils sont arrivés à la rasette.

Il nous reste à dire un mot des muscles des hanches, des fesses, des cuisses et des jambes. Depuis le haut de la hanche jusques à ce pli de l'os de la cuisse, que les anatomistes appellent le grand trochanter, il y a un amas de muscles couverts d'une forte membrane, qui descend même plus bas que ce pli et tout cela s'appelle le muscle membraneux.

Les muscles appelés fessiers prennent leur naissance des os du croupion, et, faisant plusieurs lobes, qui couvrent les os des hanches par le derrière, ils se vont insérer aux os des cuisses à l'endroit du grand trochanter, à côté du membraneux où l'on remarque toujours un creux.

Quant aux muscles de la cuisse, premièrement on en remarque trois sur le devant : celui du milieu s'appelle le droit, celui qui est du côté intérieur s'appelle vaste interne, et celui qui est du côté extérieur est le vaste externe. Et les deux vastes naissent de l'os de la cuisse mais le droit naît des os du joug. Ils finissent tous trois au-dessous du genou et de la rotule, qu'ils embrassent par leurs tendons, faisant divers plis, principalement lorsque la jambe est tendue.

On remarque ensuite le couturier, qui naît des hanches et, passant obliquement sur la cuisse et par le côté intérieur du genou, il se va insérer à l'os de la jambe et sert à la faire plier en dedans.

Le côté intérieur de la cuisse qu'on appelle l'entre-cuisse, est occupé par le muscle à trois têtes, qui prend naissance au joug et se va insérer à l'os de la cuisse pour la tourner en dedans.

Les muscles du derrière de la cuisse, du côté intérieur, à la suite du muscle à trois têtes, sont le grêle, après le grêle suit le demi-membraneux et ensuite le demi-nerveux, lesquels naissent tous de l'os du joug, et se vont insérer à l'os de la jambe, du côté interne du jarret.

Du côté externe et aussi derrière la cuisse, à la suite du vaste externe, on voit le muscle à deux têtes, qui vient de l'os du joug et se va insérer au derrière de la jambe, du côté extérieur du jarret, de sorte qu'on remarque, à cet endroit du jarret, une division qui semble partager le derrière de la cuisse.

La jambe a ses principaux muscles aux deux côtés et sur le derrière. On voit du côté externe de l'os un muscle appelé le jambier, qui naît du côté extérieur du genou et qui va finir au tarse par un tendon, pour l'attirer en haut. À côté de celui-ci est l'éperonnier, qui naît aussi du côté externe du genou, au haut de l'os péroné, et descend par derrière la cheville externe jusques au pied. Entre le jambier et l'éperonnier, il paraît un autre muscle de même principe, qui s'appelle l'extenseur des orteils.

Après ceux-là suit le gémeau externe qui embrasse la jambe et va joindre par derrière le gémeau interne ; ces deux muscles grossissent agréablement la jambe un peu au-dessous du genou, par le derrière et par les côtés.

Au côté interne de la jambe, il y a deux muscles, l'un s'appelle solaire, parce qu'il est seul dans sa fonction, et l'autre s'appelle fléchisseur des orteils, ensuite duquel est le gémeau interne dont nous avons parlé. Les deux gémeaux naissent de l'os de la cuisse et vont finir au talon par un tendon qu'ils forment ensemble. Au reste les deux chevilles du pied qui paraissent toujours, sont une partie de l'os de la jambe.

Principales divisions et mouvements du corps

Il y a quatre principales divisions dans la hauteur du corps humain ; elles se prennent : savoir du sommet de la tête aux clavicules, de là aux hanches, des hanches aux genoux, et de là aux chevilles des pieds. Dans la largeur il y en a trois à chaque bras : savoir à l'épaule, au coude et au poignet. Il y a aussi tout autant de principales jointures ou attachements des membres : la plus basse de ces jointures est celle de la cheville, où la jambe est attachée avec le pied, qui est une base composée de certains os, dont les uns forment le talon, les autres, se divisant en cinq parties égales, forment premièrement le tarse ou l'avant-pied, et après les cinq orteils. À la faveur de cette jointure et des deux os de la jambe, le pied peut faire divers mouvements de chaque côté, mais fort réglés, et des contorsions fort modérées. De sorte que tout ce qui est au-delà est violent et contre nature.

La jambe s'ajuste à l'os de la cuisse à l'endroit du genou, où est la seconde jointure, qui lui permet de se doubler sur le derrière de la cuisse et de faire un coude sur le devant, à l'endroit où la rotule forme le genou ; il faut remarquer qu'il ne se fait aucune contorsion à cette jointure.

La troisième jointure est à l'emboîture de l'os de la cuisse, dont le mouvement est opposé à celui de la jointure du genou ; celui-ci ne se peut faire qu'en avant et ne souffrira qu'un petit mouvement de côté et d'autre, avec contorsion qui pourtant, jointe à celle que le pied peut faire, est assez considérable. Les pieds, les jambes et les cuisses sont doubles pour transporter alternativement les parties supérieures où la tête trouve à propos.

De l'emboîture des cuisses jusques aux os traversiers ou clavicules, il y a un grand coffre[1], qui se courbe en arc de tous côtés; et outre cela il a des mouvements de contorsions, ce qui se fait par le moyen des cartilages des vertèbres. Le cou se courbe aussi de tous les côtés avec la tête; et la jointure qui en sépare les vertèbres de celles de l'échine souffre aussi des mouvements de contorsion qui sont pourtant fort réglés. Il est vrai encore que la tête, le cou, l'échine et les lombes concourent tous à la fois à des contorsions extraordinaires.

Il en est de même des bras, à la jointure des épaules, où le mouvement et les contorsions se peuvent faire de tous côtés, mais beaucoup plus vers le devant que vers le derrière, où il se fait toujours fort médiocre et avec une contorsion de tout le coffre. Quant à la jointure du coude, le mouvement ne se peut faire qu'au-dedans du bras, le coude étant inflexible comme le genou.

Pour ce qui est de la main, elle est capable de toute sorte de mouvements au poignet, qui sont pourtant fort modérés; néanmoins quand on lui fait faire un mouvement de contorsion, c'est par le moyen des deux os de l'avant-bras qui lui prêtent ce secours. Remarquez aussi que le mouvement des doigts n'est jamais naturel qu'au-dedans de la main. En un mot tout ce qui ne paraît pas naturel est contre le dessin, et c'est ce que les dessinateurs appellent *estropié*[2].

La proportion que nous cherchons consiste dans la juste longueur et grosseur des membres et dans le degré naturel de leur mouvement. Pour apprendre le premier, nous nous servons des observations de plusieurs auteurs qui en ont écrit, ou de notre étude particulière, en mesurant les figures antiques qui sont estimées les plus belles, savoir le Laocoon, l'Hercule de Farnèse, l'Apollon, le Gladiateur, l'Antinoüs, les Enfants de Niobé, la Vénus des Médicis, et quelques autres qui sont de la main des plus habiles Grecs. Ceux qui vont étudier à Rome les voient en marbre; mais on en peut tirer le même avantage à Paris où elles sont jetées en plâtre, et partout ailleurs où il serait aisé de les faire porter.

Pour ce qui est des règles du mouvement et des attitudes naturelles, il y a plusieurs observations qui ont été faites par des peintres, mais qui

1. « Coffre, en termes de médecine, est le creux qui est dans le corps humain sous le sternon et au-dessus du diaphragme, où est contenu le cœur, le poumon, etc. » (*Furetière*).

2. « On dit aussi en peinture qu'une figure est *estropiée*, lorsqu'elle n'est pas bien distinguée, qu'elle n'est pas dans une belle attitude » (*Furetière*).

dépendent du jugement et de l'œil, de sorte que le plus sûr moyen, c'est de les étudier d'après le modèle vivant. Ce n'est pas que les longueurs et largeurs ne dépendent aussi du jugement et de l'œil de celui qui dessine ou qui peint ; mais il est bon d'en avoir quelques règles qu'on peut avoir appris des autres ou par ses propres lumières.

De la proportion de l'homme

Le plus ancien auteur que nous connaissions, qui a parlé de la proportion, c'est Vitruve : il enseigne en quoi elle consiste[1], après avoir dit que l'architecture prend toutes ses règles du corps humain. Peut-être que cet auteur se doit entendre mystérieusement et qu'il veut dire qu'il est impossible de savoir aucune proportion ou symétrie dans l'architecture, qu'on ne sache celle du corps humain. On le pourrait encore expliquer des mesures[2] des colonnes dans les trois ordres anciens, dont le premier qui est le dorique, est pris de la figure de sept têtes, le ionique de celle de huit, et le corinthien de celle de neuf. On peut aussi dire suivant cet auteur que, comme les membres du corps de l'homme ont une mesure proportionnée au tout qu'ils composent, de même les parties d'un édifice doivent être proportionnées à tout l'ouvrage[3].

Si l'homme étend ses bras et ses mains, on trouvera qu'il y a autant du bout d'une main à l'extrémité de l'autre comme du sommet de la tête à la plante des pieds ; et si l'on met la pointe immobile du compas sur le nombril, on verra que c'est le milieu d'un cercle dont la circonférence passe par le bout des doigts de la main et par la plante des pieds. Mais quelques-uns ont pris garde que les cuisses et les bras, étant pliés, sont tant soit peu plus longs à cause qu'ils n'entrent pas tant dans leurs emboîtures.

Vitruve[4], parlant de la proportion de l'homme, remarque que le visage ou la face a de hauteur une dixième partie de sa taille à compter depuis le

1. *De architectura*, livre III, chap. 1 : « Car jamais un bâtiment ne pourra être bien ordonné s'il n'a cette proportion (*symmetria*) et ce rapport, et si toutes les parties ne sont à l'égard les unes des autres ce que celles du corps d'un homme bien formé sont, étant comparées ensemble » (éd. Perrault, p. 56-57).

2. Vitruve compare les proportions des trois ordres grecs à celles de l'homme, de la femme et de la jeune fille, au livre IV, chap. 1 (éd. Perrault, p. 105-106).

3. *De architectura*, livre I, chap. 2 (éd. Perrault, p. 11) : « Car de même que dans le corps humain, il y a un rapport entre le coude, le pied, la paume de la main, le doigt et les autres parties ; ainsi dans les ouvrages qui ont atteint leur perfection, un membre en particulier fait juger de la grandeur de toute l'œuvre ».

4. *De architectura*, livre III, chap. 1 (éd. Perrault, p. 57).

menton jusques à la racine des cheveux, et que les mains depuis le bout du doigt du milieu jusques à la jointure avec le bras ont aussi une dixième, mais il ajoute que la tête entière doit avoir une huitième partie. Il compte que depuis la racine des cheveux jusques au plus haut de la poitrine, il y a une sixième du total ; et du sommet de la tête au même endroit une quatrième partie. Du coude au bout des doigts de la main, il y a aussi une quatrième, et la poitrine a un autre quatrième de largeur. La longueur du pied est encore d'une sixième partie ; et pour revenir au visage, qui est une dixième partie comme nous avons dit, il se doit diviser en trois, l'une est depuis le menton aux narines, l'autre des narines au milieu des sourcils, et la troisième est des sourcils à la racine des cheveux.

Philander[1] qui a fait des notes sur Vitruve, remarque fort à propos que la quatrième partie que cet auteur donne du sommet de la tête jusques à la naissance de la poitrine, ferait un monstre, et que la poitrine serait aussi trop large d'une quatrième, à moins que Vitruve n'entende parler de la largeur, y compris les épaules ; et à moins que la quatrième qu'il compte du sommet au haut de la poitrine ne se doive entendre jusques à cet endroit avancé qui est au niveau des deux aisselles et qu'on pourrait appeler en quelque manière *summum pectus*[2] ; ce qui est bien éloigné du texte, où apparemment il s'est glissé quelque corruption. Mais avant que je ne rapporte ce que Philander et plusieurs autres ont dit des proportions, voyons ce qu'Albert Dürer[3] nous en enseigne, sans pourtant le parcourir par le détail dans ses quatre proportions. Nous nous contenterons de marquer ce qu'il y a de plus important.

Observations d'Albert Dürer

Albert Dürer enseigne les proportions des figures[4] qu'on appelle de sept têtes, de huit, de neuf et de dix têtes, mais il convient que le

1. Dupuy semble suivre dans son détail la traduction de Vitruve par Claude Perrault (Paris, 1684 ; rééd. Mardaga, 1979), lequel évoque tous ces points : de proportion, Philander, la corruption du texte de Vitruve, puis Albert Dürer, à la note 2 de la page 57.

Sur Guillaume Philandrier, latinisé en Philander, voir note 116 de la *Dissertation* précédente.

2. Le haut ou le plus haut de la poitrine. Claude Perrault précise (*op. cit.*, note 1, p. 57) : « Le haut de la poitrine. Je pense qu'il entend les clavicules par le haut de la poitrine ».

3. *Cf.* note 3, p. 101 du *Supplément à la Première Dissertation* et la note 1, p. 112 de la *Dissertation seconde*.

4. Dans son *Traité des proportions*, (trad. L. Meigret, Arnhem, 1613, p. 1) Dürer se donne tout d'abord une règle qui court verticalement de la cime à la plante et dont l'unité sera subdivisée pour exprimer toutes les proportions du corps humain. Cette unité sera

visage[1] est toujours d'une dixième partie. Ce n'est qu'en grossissant tous les membres à propos ou en donnant une peu de hauteur et de grosseur à la tête que la figure se trouve de sept têtes. De même, en diminuant la même tête et en déchargeant les autres parties, on forme une figure de neuf ou de dix têtes ; car les quatre diverses proportions d'Albert Dürer sont établies sur une ligne ou règle de même longueur ou hauteur.

Il a observé[2] fort judicieusement qu'il y a trois parties principales qui ont entre elles une juste proportion : le tronc est la première, qu'il faut compter ici depuis les os traversiers ou clavicules jusques à l'emboîture des cuisses. La seconde comprend l'os de la cuisse jusques à la jointure du genou ; et la troisième l'os de la jambe jusques à la jointure avec le pied. La longueur de ces parties se trouve, comme il prétend, par des lignes proportionnelles et par le moyen d'un triangle que l'auteur appelle le *compasseur*[3] ; mais parce que c'est une figure ou proposition de géométrie sans aucune preuve, il déclare qu'il ne s'en est point servi comme il paraît assez dans la suite de son livre.

J'ai remarqué, suivant Albert Dürer, que la longueur de l'os de la jambe est la moindre des trois, qui s'augmentent par une proportion d'une quarantième partie : ainsi l'os de la cuisse est plus long que celui de la jambe de la moitié d'une quarantième partie, qui revient à une quatre-vingtième de la hauteur de toute la figure. Le coffre, depuis l'emboîture des cuisses jusques aux os traversiers, est plus long que l'os de la cuisse de la moitié d'une quarantième, et par ce moyen, il surpasse la longueur de l'os de la jambe d'une quarantième entière. Car la nature a voulu que les parties basses fussent les plus courtes pour soutenir les supérieures ; ainsi le coffre se trouve plus long et plus haut d'une huitantième[4] partie que la cuisse ; et l'os de la cuisse d'une autre huitantième plus long que l'os de la jambe jusque sous la cheville, de sorte que l'os de la cuisse se trouvera toujours de

successivement divisée en sept parties ou têtes, autrement dit divisée en une unité de tête et six unités égales de corps, puis en huit têtes, puis neuf et puis dix, de sorte que l'ensemble, absolument toujours égal, soit, par le rapport de ses parties, de plus en plus gracile.

1. Le visage n'est pas toute la tête, mais la portion qui descend du sommet où les cheveux s'enracinent jusqu'à la pointe du menton, tandis que la tête court du haut des cheveux jusqu'au haut de la poitrine.

2. *Traité*, *op. cit.*, p. 2a . Nous notons 2a, sinon 2b, car l'éd. Meigret, sauf à la première, pagine par double page.

3. « Compasser : prendre ses mesures avec un compas, une règle, un cordeau ou autres choses équivalentes » (*Furetière*). Le *compasseur* se trouve, dans l'éd. Meigret du *Traité*, p. 3a.

4. « Huitante » est la forme vieillie de « quatre-vingt » (voir le *Littré* à cette entrée); un huitantième est donc un quatre-vingtième.

la longueur d'une quatrième partie[1] de l'entière figure et l'os de la jambe plus haut. Il est vrai que de la jointure du genou jusques à la plante du pied, il y aura la même hauteur que celle du coffre et même un peu davantage.

Cela observé, si vous voulez faire une figure de huit têtes, prenez un huitième de la hauteur que vous voulez donner à vos figures ; si de neuf têtes, prenez un neuvième ; si de dix, un dixième. Si au contraire, vous la voulez faire de sept têtes, prenez une septième de votre hauteur, et, dans cette septième partie, prenez encore un dixième pour la face, ce qui vous reste de ce dixième[2] sera pour les cheveux.

Vous faites la même chose pour une figure de huit, de neuf ou de dix têtes, c'est-à-dire vous prendrez une dixième dans la huitième, et le surplus sera pour les cheveux. Vous prendrez pareillement une dixième dans la neuvième, et ce qui restera sera aussi pour les cheveux.

Quand à celle de dix têtes, comme il ne reste rien pour les cheveux, parce que la face et la tête sont d'une dixième partie, Albert Dürer nous apprend de quelle manière on les peut réduire à neuf têtes, et celles de neuf à huit, ce qui se doit faire de la sorte : après avoir fait votre figure de dix têtes, qui n'aura point de sommet par la raison que nous venons d'observer, vous prendrez une neuvième de la hauteur de la figure et, commençant par le menton, vous trouverez que la tête sera augmentée de ce qu'il y a de plus à une neuvième qu'à une dixième et cette augmentation sera pour le sommet de la tête et les cheveux. Vous augmenterez pareillement celle de neuf têtes en agrandissant la neuvième, où est la face, par le moyen d'une huitième, comme nous venons de dire à l'égard de la figure de dix têtes. Vous ferez par ce moyen des figures qui seront de même hauteur et d'une différente proportion.

1. De la sorte, la partie supérieure, dite du coffre, fera une quart *plus* un huitantième, tandis que la partie de la jambe fera un quart *moins* un huitantième ; les trois parties formant donc les trois quarts requis au-dessous de la tête.

2. Ce calcul demande le rappel suivant : une figure de sept têtes a une hauteur d'une tête plus six autres unités équivalentes (la hauteur de la tête est alors le module). Retranchons de ce septième un dixième imputable à la face : il restera $1/7 - 1/10 = 3/70$ du tout qui pourront être alloués au sommet de la tête et aux cheveux, soit un petit tiers du septième initial. Même calcul en cas que la figure soit de huit têtes (il restera alors 2/80e pour les cheveux, soit le quarantième de la hauteur totale) ; il y aura, par les mêmes raisons 1/90e de demeurant si la figure fait neuf têtes et qu'on suppose toujours un dixième de hauteur pour la face. Si la figure fait dix têtes de hauteur, tête et face ont même valeur de un dixième. En ce cas, Dürer propose de rajouter la différence de 1/9e à 1/10e, soit 1/90e de hauteur, en sus du tout de la hauteur, pour le sommet de la tête et les cheveux. Pareillement, il pose qu'on peut modifier les proportions d'une figure de neuf têtes en ajoutant la différence de 1/8e à 1/9e, soit 1/72e, au tout de la figure. On peut aussi retrancher des différences similaires, de sorte que les proportions soient équitablement variées.

Vous pouvez au contraire diminuer la tête d'une figure de sept têtes, en prenant une huitième, à laquelle vous réduirez la septième et ôterez le surplus[1]. Nous en dirons encore quelque chose plus bas.

Mesures de sommet de la tête jusques aux os traversiers

Pour revenir à la mesure qui doit être depuis le sommet de la tête jusques aux os traversiers ou clavicules, il faut prendre dans les figures de sept têtes, une dixième et onzième partie de toute la figure, c'est un peu moins qu'une cinquième[2]. Si les figures sont de huit têtes, on leur donne deux onzièmes qui sont un peu moins ; si elles sont de neuf têtes, on leur donne encore moins, c'est-à-dire deux douzièmes, qui font une sixième ; et aux figures de dix têtes, on prend seulement deux treizièmes, qui font encore moins qu'une sixième. Ce qui se fait parce que les figures de huit têtes sont plus grêles que celles de sept, celles de neuf le sont plus que celles de huit et celles de dix encore plus.

Comme les os traversiers aboutissent aux deux épaules où sont attachés les bras, et qu'ils font la largeur de la poitrine, il faut parler de leur longueur qui est tantôt plus grande et tantôt moindre ; mais, comme je l'ai dit, il y a toujours autant du bout d'une main à l'autre, les bras étant étendus, comme il y a du sommet de la tête jusques à la plante des pieds, c'est-à-dire qu'il y a dix faces à l'un et à l'autre. Car si les os traversiers sont plus longs, la poitrine et les épaules en sont par conséquent d'autant plus larges, mais les bras en sont plus courts comme à la figure de sept têtes ; et moins la poitrine est large, et plus les bras en sont longs, comme il arrive aux figures de huit, de neuf et de dix têtes, ce que nous devons remarquer exactement.

Dans la figure de sept têtes, les os traversiers ont chacun un dixième de longueur, faisant tous les deux un cinquième de l'entière figure, qui est la largeur de la poitrine entre les deux épaules, de sorte que chaque bras dans cette figure, y compris la main, a quatre dixièmes ; et la main, à prendre du bout des doigts jusques à la jointure avec le poignet, en a une : le reste du bras jusqu'à l'emboîture de l'épaule en a donc trois. Mais pour trouver le coude, il faut prendre une quatrième de toute la figure ou deux dixièmes et demi, depuis le bout des doigts, de sorte qu'il reste une dixième et demi pour l'avant-bras et le coude, et pour l'os du bras une dixième et demi ou deux onzièmes, qui font la même quantité. Notez aussi comme je l'ai dit

1. Ce qui revient donc à ôter 1/56e de la hauteur du tout de la figure.

2. Dupuy additionne donc 1/10 et 1/11, ce qui fait 21/110, soit un peu moins de 1/5e (qui fait 21/105). À la suite 2/11e font 20/110, soit un peu moins que 21/110.

que, lorsque les bras sont étendus, il se perd quelque chose de leur longueur par l'emboîture de l'os du bras avec l'épaule, mais si peu que cela n'est pas fort considérable.

La figure de huit têtes n'a pas la poitrine si large ni les os traversiers si longs ; Albert Dürer leur donne[1] à tous deux ensemble une onzième et douzième, c'est-à-dire un peu moins d'une sixième ; et ainsi l'os du bras sera ici plus long, car il aura environ deux dixièmes, savoir une dixième et une onzième qui font un peu moins qu'une cinquième. Pour ce qui est de l'avant-bras et de la main ensemble, ils doivent avoir, à toute sorte de figure, une quatrième partie de la taille.

Quant aux figures de neuf têtes, la largeur que forment les os traversiers ou clavicules, jusques à l'emboîture des deux épaules, est de deux troisièmes, faisant plus d'une sixième et par conséquent elle est encore moindre qu'aux précédentes figures de sept et de huit, et ainsi les os du bras auront un peu plus de longueur.

Pour ce qui regarde les figures de dix têtes, c'est à peu près la même chose : on observe pourtant de donner un peu plus de longueur à la main qu'une dixième partie, principalement à celles de neuf et de dix têtes, parce que cela les rend plus gracieuses ; mais ce peu ne doit pas rendre l'avant-bras court, parce qu'il se doit prendre par addition ou sur toute la longueur du bras.

Mesures depuis les os traversiers jusques à l'emboîture des cuisses

Cette mesure se doit prendre en deux fois, savoir des clavicules à la ceinture, et de la ceinture aux emboîtures des cuisses. À l'égard des figures de sept têtes, Albert Dürer dit[2] qu'il y a depuis les clavicules à la ceinture deux onzièmes, et de la ceinture aux emboîtures une dixième : tout cela fait environ deux dixièmes, ce qui ne va pas à une quatrième et demi, mais à un peu plus d'une quatrième.

Cette mesure peut être la même dans les figures de huit têtes, elle peut y être aussi différente, en donnant une sixième partie de la figure jusques à la ceinture et le surplus jusques aux boîtes[3] des cuisses, faisant environ une vingtième et une dix-huitième, qui font un peu moins d'une dixième partie. Mais ces deux mesures ensemble reviennent toujours à deux onzièmes et

1. *Traité*, *op. cit.*, livre I, p. 7a-8b.

2. *Traité*, *op. cit.*, livre I, p. 4b.

3. « Boîte en termes d'anatomie est le lieu où les os sont enclavés et emboîtés l'un dans l'autre » (*Furetière*).

une dixième, qui font un peu plus que la quatrième partie de la figure, comme j'ai dit.

Il y a donc cette différence entre les figures de sept et de huit têtes qu'on peut tenir la ceinture un peu plus haute à celles de huit. À l'égard pourtant des femmes de sept têtes, il faut tenir la ceinture un peu plus basse qu'aux hommes, c'est-à-dire que depuis les os traversiers à la ceinture, il y aura deux dixièmes ou une cinquième qui est la même chose, et par conséquent le nombril se trouvera plus près de la ceinture.

Pour ce qui est des figures de neuf et de dix têtes, on tient toujours la ceinture plus haute, car des os traversiers ou clavicules jusques à la ceinture, on ne compte que deux treizièmes, qui font moins qu'une sixième. Il est vrai qu'alors on compte une neuvième de la ceinture aux boîtes des cuisses et que le nombril se trouve plus éloigné de la ceinture, de sorte que ce qui se retranche de l'un se donne à l'autre. Tout cela n'étant que parce que la figure de neuf et de dix têtes est plus grêle et qu'elle n'aurait pas tant de grâce, si l'on plaçait la ceinture plus bas.

Mais il est toujours certain qu'il y a un peu plus du quart de la figure depuis les clavicules jusques aux boîtes des cuisses, comme j'ai dit, ce qui revient à une quatrième et une sixième de dixième, plus ou moins. Car ces mesures ne se prennent pas tant à la rigueur qu'elles ne reçoivent quelque altération dans la pratique[1]. Il est vrai que c'est en quelques parties, mais rarement, et cette altération est très petite.

Le nombril au reste se place au-dessous de la ceinture, d'environ une quarantième partie ; et de là à la ceinture jusques au bas-ventre, où est toujours le milieu de la figure, il y a une huitième partie aux figures de sept têtes, mais aux figures grêles, il y a deux treizièmes ou deux quatorzièmes, suivant que la ceinture est plus haute ou plus basse. En un mot cette mesure tombe toujours au milieu de la figure.

Néanmoins à l'égard des femmes de neuf et de dix têtes, il faut observer que la ceinture soit plus basse qu'aux hommes, comme nous avons dit déjà des femmes de sept et de huit têtes. Il y doit donc avoir deux onzièmes des clavicules à la ceinture. C'est aussi une maxime reçue que les femmes n'aient pas tant de taille que les hommes, c'est-à-dire que la ligne ou la règle de leur hauteur soit plus courte que celle des hommes d'une vingt-quatrième partie, afin que les hommes paraissent plus grands, comme on voit d'ordinaire dans la nature.

1. On remarque que le secret des proportions exactes et d'un canon véritable, dont l'idéalité détermine la beauté sensible, le cède chez Dupuy à l'impératif de la grâce, qui demande des corrections et de l'approximation en raison des effets esthétiques.

Au reste, il faut partager cette ligne en ses propres parties, comme celle des hommes, ce qui est facile en la divisant premièrement en deux, puis la moitié de deux sera la quatrième, la moitié de celle-ci sera la huitième, et ainsi consécutivement, tant que vous voudrez. Pour ce qui est des nombres impairs, il y a un peu plus de soin à prendre et ils se peuvent marquer sur un autre côté de votre règle, après que vous les aurez trouvés avec le compas.

Mesures depuis les boîtes des cuisses jusques à l'emboîture du genou, et jusques à la plante des pieds

Albert Dürer change d'ordre et de suite pour enseigner ses mesures dans cet endroit, car il va commencer par la plante du pied, ce qui étant un peu embarrassant, on les peut prendre d'une autre manière, tirée du même auteur, ce qui revient à la même chose.

Nous parlerons plutôt de la largeur de cet os, où sont les emboîtures des cuisses, lequel j'ai appelé le joug [1] à cause de sa fonction qui est de soutenir l'échine et les lombes et de tenir jointes les deux cuisses. Cette espèce de joug, à l'endroit où sont les emboîtures, a une sixième partie de la figure en sa largeur, c'est-à-dire d'une boîte à l'autre, et cela pour les figures de sept têtes. À celles de huit têtes, il y a un peu moins, c'est-à-dire une septième ; et à celles de neuf et de dix têtes, la largeur de ce joug est seulement d'une huitième, parce qu'elles sont plus grêles.

Venons maintenant à l'os de la cuisse ; j'ai fait comprendre ci-dessus que depuis les boîtes jusques à la jointure du genou, il y a une quatrième partie de la figure, ou peut-être un peu plus, sans compter que, lorsqu'on plie la cuisse, il y a quelque augmentation tant à cause de la rotule qui est au genou, qu'à cause que l'os sort un peu de sa boîte du côté de la hanche. À compter de la jointure du genou jusques à celle des os de la jambe avec le pied, où se forment les deux chevilles, il y a une quatrième partie, moins une quatre-vingtième, ou sixième de dixième, qui est encore un peu moins. Et à tout compter depuis le genou jusques à la plante du pied, il y a une quatrième partie de la figure et environ un vingt-huitième de plus. Ce qui fait à peu près la même hauteur que celle du coffre, qui est comprise entre les clavicules et les boîtes des cuisses, de sorte que l'os de la cuisse est d'une longueur proportionnée à celle du coffre et à celle des os de la jambe.

La longueur du pied n'est pas toujours la même, car aux figures de sept têtes, elle est d'une sixième partie ; aux figures de huit, elle doit être d'une

1. L'application du terme au bassin, de par sa fonction de jointure, n'est en effet pas courante.

sixième et demi ; à celles de neuf et de dix têtes, il suffit que la longueur des pieds soit d'une septième de la figure, mais encore, il faut toujours tenir les pieds plus courts dans les femmes. Suivant ce que je viens d'observer, les différentes proportions ne consistent pas dans la différente longueur des figures, comme plusieurs l'ont entendu, qui croient varier la proportion lorsqu'il donnent à une tête de même grosseur, sept, huit, neuf ou dix fois autant pour la hauteur de leurs figures ; le mystère de la nature, c'est de varier la proportion dans une même taille, comme l'a très bien entendu Albert Dürer, ce qui se fait en grossissant les parties. Ainsi l'on peut tenir la face un peu plus large, quoiqu'elle soit toujours de même hauteur, qui est la dixième partie de la figure dans toutes les proportions. On peut aussi grossir les muscles et les chairs, et tenir de cette manière les épaules plus larges, de même que la ceinture, les hanches, les bras, les cuisses, les jambes et tout le reste, dont le même auteur a donné diverses mesures que je n'ai pas cru absolument nécessaire de rapporter ici.

Je dirai seulement que les figures de sept têtes doivent avoir de largeur à l'endroit des épaules plus d'une quatrième partie de leur hauteur ; car on leur donne trois dixièmes, qui sont un tiers du total moins un tiers de dixième[1]. La figure de huit têtes au même endroit des épaules a le quart de sa taille ; celles de neuf et de dix têtes ont encore moins, ce qui les rend extrêmement grêles et sveltes[2], les autres parties étant diminuées à proportion.

J'ajouterai encore que la largeur des hanches à l'emboîture des cuisses est d'une quatrième partie, à la figure de sept têtes ; aux figures de huit têtes, cette largeur est d'un peu moins qu'une cinquième de la hauteur totale de la taille. Et enfin aux figures de neuf et de dix têtes, elle est encore moindre. Au reste cette largeur d'épaules et de hanches comprend aussi la chair et les muscles qui sont sur les os.

Mesures de la tête

Lorsqu'on fait une figure de sept têtes, on prend comme j'ai dit, une dixième pour la hauteur de la face qui se compte depuis le menton jusques à la racine des cheveux, comme nous avons déjà dit plusieurs fois ; mais alors le sommet de la tête, où sont les cheveux, est un peu trop haut et n'a point de grâce. Voilà pourquoi il faut suivre l'exemple de Lysippe qui, après avoir réglé la proportion de ses figures sur une septième pour la tête, la réduisait

1. On vérifie aisément que $3/10 = 1/3 - 1/30 = 9/30$.
2. En italiques chez Dupuy. Le terme est un italianisme de récente introduction.

à la huitième, en la diminuant à proportion de toutes parts, de sorte que sa figure de sept têtes se réduisait à sept et demi ou environ cela. Tout au contraire dans la figure de neuf et de dix têtes, où la tête n'a point assez de sommet, parce que la face emporte le tout, il faut prendre une huitième partie et augmenter par ce moyen la tête de tout l'excédent : par cette méthode, les figures de sept têtes se réduisent à sept et demi, celles de neuf à huit et celles de dix se réduisent aussi à neuf, et l'on fait des figures de même hauteur qui ont la taille différente.

Pour ce qui est de la largeur de la tête, particulièrement dans les figures de sept têtes, elle doit avoir à l'endroit des sourcils, une neuvième ; au-dessus et au-dessous des mêmes sourcils, une dixième, ce qui rend la face presque carrée. Mais lorsque vous rapetisserez la tête, il faut prendre garde de donner quelque diminution à ses largeurs, et vous observerez la même chose lorsque vous agrandirez, dans les figures de neuf et de dix têtes.

La hauteur de la face se doit partager en trois parties : la première à commencer par la racine des cheveux, comprendra le front jusques au milieu des sourcils, en sorte que cette ligne les coupe au travers de leur petite courbure ; la seconde comprendra le nez et les yeux ; et la troisième depuis le nez jusques au bas du menton. Pour bien placer la bouche, vous diviserez cette troisième en deux parties, la plus basse sera pour le menton, la supérieure se doit aussi diviser en deux, et au milieu se placera l'ouverture de la bouche. Remarquez qu'une des beautés d'une tête, c'est que l'espace qui est entre le nez et la lèvre supérieure ne soit pas trop grand.

La largeur de la face se divise en cinq parties : celle du milieu est pour le nez, les deux de chaque côté sont pour les yeux, et les deux autres sont pour l'espace raccourci des tempes[1] et des joues jusques aux oreilles.

Quant au profil, ou tête vue de côté avec l'oreille, Albert Dürer lui donne de largeur, une neuvième partie[2], qui peut être aussi réduite avec la hauteur du sommet, comme j'ai remarqué. Mais pour placer l'oreille, il prend des précautions extraordinaires[3], car, ayant divisé la largeur du profil en quatre-vingts parties, il la place entre la quatorzième et l'onzième, et lui donne de hauteur un peu moins qu'une troisième de la face, à commencer de la ligne des sourcils jusques à la ligne qui passe sur le repli extérieur des narines. Quant au derrière de la tête que nous appelons la calotte, elle ne descend pas plus bas que la ligne du nez.

1. Dupuy écrit *temple*, conformément à l'usage du temps. Dans le *Furetière*, « tempe » n'existe pas ; le *Dictionnaire de Trévoux* (1754) donne « temple » ou « tempe ».

2. *Traité*, *op. cit.*, livre I, p. 22b-24b

3. *Cf.* les mesures de la p. 24b.

Pour ne se donner pas tant de peine à chercher la place de l'oreille, il faut observer que les oreilles sont quelquefois plus éloignées de l'angle des yeux et quelquefois elles le sont un peu moins. Elles seront bien placées quand vous prendrez l'espace qui est du menton jusques à la ligne de la prunelle des yeux et que vous rapporterez cette mesure, à commencer à l'angle de l'œil du côté du nez jusques à l'endroit où doit être le trou de l'oreille. Ce qui se peut faire particulièrement à une tête de ronde bosse.

Quant à la plate peinture, prenez aussi du menton aux yeux et mesurez à commencer entre la prunelle de l'œil de profil et le nez jusques au trou de l'oreille. Néanmoins ces trois points pris au menton, à l'angle de l'œil et au trou de l'oreille ne font pas un angle équilatéral, parce que la ligne qui va du menton au trou de l'oreille est beaucoup plus longue que les deux autres qui sont égales. Mais la hauteur de l'oreille est très bien observée par Albert Dürer ; il la faut pourtant coucher un peu suivant la situation de la mâchoire. C'est au reste la plus importante partie d'une tête, après les yeux, le nez et la bouche.

Mesures des petits enfants

Puisque je parle des proportions suivant Albert Dürer, je ne veux pas taire quelques observations du même auteur sur la proportions des petits enfants [1]. Il faut, dit-il, prendre la troisième partie de la taille de leur mère ou d'une autre figure de femme, et diviser cette hauteur en quatre parties : dans la première, nous comprenons la tête et le cou ; on la partage par le milieu, et là se placent les sourcils. Ce qui est au-dessus est pour le front et le sommet ; ce qui est au-dessous se divise en huit parties [2], dont on laisse les deux pour le sous-menton et le cou ; puis, partageant les six autres en deux, l'une comprend la longueur du nez, l'autre se doit encore diviser par le milieu, et sur la ligne de division commence la lèvre inférieure, sur laquelle est l'ouverture de la bouche. La partie du dessous est tout entière pour le menton.

La seconde mesure contenant un autre quatrième du total se compte depuis le bas du cou jusques à la hauteur des hanches ; et du haut des hanches jusques au-dessus du genou, on compte la troisième, et de là jusques à la plante des pieds, se trouve la quatrième partie du total.

1. *Traité*, *op. cit.*, p. 28b-31a.
2. Chaque de ces parties représente donc 1/64 ᵉ de la hauteur totale.

Quant au bras, l'os de l'épaule a deux onzièmes, et l'os du coude avec la main une quatrième du tout, comme dans les grandes figures, mais la main est ici une neuvième partie.

Comme la largeur des clavicules est bien remarquable, elle se doit ici observer de deux neuvièmes entre les deux emboîtures des os des bras avec l'épaule, comme elle est de deux onzièmes entre les deux emboîtures des os des cuisses avec les hanches.

Observations de Philander et de Pomponius Gauricus sur les proportions du corps humain

Guillaume Philander, qui est un des plus savants interprètes[1] de Vitruve, expliquant le texte de cet auteur, sur ce qu'il donne à la face humaine une dixième de toute la taille, remarque sans pourtant désapprouver Vitruve, qu'un auteur appelé Pomponius Gauricus, dans un traité qu'il a fait de sculpture[2], enseigne que la juste proportion de l'homme est de neuf faces, c'est-à-dire de ce qu'il y a depuis le menton jusqu'à la racine des cheveux ; et par conséquent que la face est une neuvième partie du total de la figure. Ce qui pourtant se doit entendre des hommes faits ou adultes, car, pour les petits enfants, il remarque qu'ils ne doivent avoir que quatre faces, mais encore il entend parler des plus tendres, qu'il appelle *putos infantes*[3].

Il ajoute que d'autres ont mesuré le corps de l'homme par le moyen d'une neuvième de sa hauteur ou de sa taille, et d'une troisième partie de cette neuvième, et que c'est Varron[4] qui est l'auteur de cette méthode. Ils donnent, dit-il, une neuvième depuis le menton à la racine des cheveux, ils ajoutent une troisième de cette neuvième pour le sommet de la tête : et ainsi la tête doit avoir une neuvième et un tiers de neuvième. Ils comptent du menton en bas, jusques au haut de la poitrine un autre tiers de neuvième, ce qui fait, dit-il, une septième en tout, à compter de la cime à la gorge.

Du haut de la poitrine en descendant au nombril, ils comptent deux neuvièmes ; du nombril à la partie naturelle, un autre neuvième ; de cette

1. Philander publie en 1544 une édition commentée du *De architectura* de Vitruve. Nous citons la seconde édition, Lyon, 1552.

2. Pomponio Gaurico (1480-1530), dont le nom latinisé est plus usuel, est un poète italien qui publie un *De sculptura* à Florence, en 1504. Nous citerons l'édition Gorlaeus, Anvers 1609. La proportion de neuf faces est prônée au chapitre 2 (*De symmetria*) p. 29 et p. 30. Philander rapporte la proportion de P. Gauricus au *De architectura*, 1552, dans ses *Annotationes* au livre III, chap. I, *op. cit.*, p. 81.

3. *De sculptura*, *op. cit.*, p. 31 (*Ac de adulto loquimur viro, non de putis infantibus*). Philander reprend l'expression, *op. cit.*, p. 81.

4. Philander, *op. cit.*, p. 81.

partie au dessus de la rotule, deux neuvièmes. Le genou avec sa rotule, un tiers de neuvième ; du dessous du genou jusques aux chevilles du pied, deux neuvièmes, et des chevilles à la plante, un autre tiers de neuvième. Ce qui fait neuf parties ou les neuf faces, et un tiers de neuvième qui est pour les cheveux.

Mais il semble, s'il m'est permis de dire mon sentiment, que le cou soit court et les cuisses et les jambes longues dans cette proportion ; d'ailleurs le tiers qu'il donne à compter de la cheville à la plante du pied est extraordinaire et je ne crois pas que Varron l'ait entendu de cette sorte.

Pour ce qui est des largeurs de la figure et de la longueur des bras, il dit que la poitrine, à l'endroit sans doute des clavicules, et entre les deux emboîtures des os des épaules, est d'une sixième ; et que, de là au coude, il y a une sixième à chaque bras, et du coude au poignet une septième partie et un peu davantage ; et enfin du poignet au bout du doigt de la main, une dixième partie, de sorte que les deux bas étant étendus, sont avec la poitrine de même longueur que la taille.

On pourrait mesurer les bras de plusieurs manières, suivant les maximes d'Albert Dürer ; par exemple, si vous donnez à la poitrine ou à cet espace, qui est entre les emboîtures des épaules, une sixième, cela revient à une neuvième et demi [1], de sorte qu'il vous restera pour chaque bras trois neuvièmes trois quarts [2] ; et si vous donnez à l'avant-bras et main la quatrième partie de la figure, cela reviendra à deux neuvièmes un quart de neuvième, et il restera pour l'os du bras une neuvième et demi [3].

Philander dit encore qu'il a remarqué dans les fameuses statues du Laocoon, de l'Apollon, de la Vénus et de Cléopâtre, que les mains sont tant soit peu plus longues que la face, les ouvriers ayant reconnu que cette petite extravagance les rendait plus gracieuses [4].

Mais puisque cet auteur a parlé de la proportion de Pomponius Gauricus, qui la fait de neuf faces un tiers, et qu'ensuite il s'est jeté sur une autre proportion, laquelle il attribue à Varron, pour se distinguer de Gauricus, voici ce qu'en dit cet auteur, que je préfère à Philander en cet

1. Puisque 1/6 = 1/9 + 1/18 = 3/18.

2. Ce dont le doublement fait sept neuvièmes et demi qui s'ajoute au neuvième et demi de la poitrine pour faire l'unité entière de la toute hauteur (il y a égalité de la hauteur et de la distance d'une extrémité d'un bras à l'autre).

3. En effet 1/4= 1.9/4.9= 2/9 + 1/4.9. En outre d'un bras de longueur de trois neuvièmes trois quarts, retranchés deux neuvièmes et un quart de neuvième, reste une neuvième partie et demi, pour l'humérus.

4. Philander, *De architectura*, *Annotationes* au livre III, chap. I, p. 81.

endroit ; je trouve même que sa proportion est digne d'une particulière réflexion.

Pomponius Gauricus

Il y a, dit Gauricus[1], plusieurs opinions sur la proportion du corps de l'homme ; les uns disent qu'elle est de huit, d'autres de dix faces dans sa hauteur, mais elle est beaucoup mieux reçue à neuf faces, et plusieurs excellents peintres ont été de cet avis. La division s'en fait de la manière suivante.

De la cime à la tête jusques à la racine des cheveux, on compte un tiers de neuvième, ou un tiers de la hauteur de la face ; mais parce que c'est une partie couverte de cheveux, qui sont des excréments, comme les ongles, elle n'est pas comprise dans les neuf faces.

De la racine des cheveux jusques au menton, on compte la première face ; du menton à la gorge, où est le commencement de la poitrine, que Gauricus appelle *jugulum gulae*, on compte, pour le cou, une demi face. De la gorge aux mamelles, ou plutôt au dessous des mamelles, on compte une face ; de là au nombril, une face ; du nombril à la partie naturelle, une autre face, et c'est là le milieu de la personne étant debout.

De cette partie jusques à demi cuisse, il y a une autre face ; de la demi cuisse au genou, encore une face. De la jointure du genou à demi jambe, il y a aussi une face. Et de demi jambe au coup de pied, une autre face.

Du coup de pied à la plante, on compte la demi face qui reste des neuf, de manière que la figure aura neuf faces, et un tiers de face si vous comptez les cheveux.

La largeur se mesure ainsi : depuis la gorge à l'emboîture des épaules, il y a une face de chaque côté ; de la jointure de l'épaule jusques au coude, il y a une face un quart ; du coude au poignet, une autre face un quart ; du poignet au bout du doigt du milieu une face, et tout autant à chaque bras, ce qui fait les neuf faces .

Je conjecture même que Pomponius avait appris cette proportion des disciples de Donatello[2]. Ce célèbre statuaire avait accoutumé de leur dire qu'il croyait leur montrer le secret de son art par une seule parole, lorsqu'il

1. *De sculptura*, *op. cit.*, p. 30. Le texte de P. Gauricus est plus proche de celui de Dupuy dans l'édition du *De architectura* de Vitruve (Anvers, 1649) qui comprend aussi le *De sculptura*, en pagination continue avec le *De pictura* d'Alberti . Le *Et licet satis diversae sint opiniones de proportione*, avec mention des plus excellents peintres, est alors p. 35.

2. Donatello est mentionné au début du *De sculptura*, comme un artiste libéral (*op. cit.*, p. 13).

leur disait de dessiner; et qui prendra la peine d'examiner la plupart des figures de notre Bachelier, il avouera qu'il ne s'est guère éloigné de cette proportion.

Mesures de Mr. Barbaro patriarche d'Aquilée

Comme Philander a donné des mesures du corps humain pour expliquer celles que Vitruve enseigne, ainsi Mr. Barbaro en a voulu donner à sa manière, dans son commentaire sur le même auteur. Il dit donc après Cardan, dans l'onzième livre de la subtilité[1], que la parfaite proportion de l'homme est de dix faces, à compter de la naissance des cheveux jusques à la plante des pieds, et outre cela le sommet et les cheveux. Cette face qui est la dixième partie se prend du menton à la naissance des cheveux et se divise en dix-huit parties[2], desquelles on prend six du menton jusques aux narines, six autres des narines à la ligne qui passe par les sourcils, et six autres des sourcils à la racine des cheveux ; car, comme j'ai déjà dit, le tiers de face qui est au-dessus est ajouté à la figure, outre les dix faces.

Il y a du nez à la bouche deux parties, et de la bouche au menton quatre parties ; d'un angle extérieur des yeux à l'autre, il y a douze parties, savoir quatre pour chaque œil et quatre pour l'espace qui est entre les deux yeux. Il donne à la largeur de la bouche seulement quatre de ses parties ; et il dit que sa bordure en doit avoir douze. Le circuit du bas du nez, où sont les narines, est de six parties.

Le circuit du front, près des cheveux, doit avoir dix-huit parties; et depuis le sommet ou cime de la tête, par derrière, jusques au commencement du cou, vingt quatre parties. La longueur de l'oreille aura six parties ou environ, et son circuit en aura douze.

Du menton à la fossette, où est le commencement de la poitrine, on compte douze parties, ou, ce qui est la même chose, de la fossette aux cheveux, trente parties[3] ; et jusques à la cime trente-six parties, y compris le tiers de face, dont est composé le sommet.

1. Jérôme Cardan (1501-1576), *De subtilitate*, 1550; nous citons l'édition de Lyon, 1580, livre XI, *De hominis necessitate et forma*, p. 461-462 : « La forme du corps humain parfait est celle-ci : de toute la longueur depuis la racine des cheveux jusqu'à l'extrémité du gros orteil, la face est la dixième partie ».

2. De l'unité générale qu'est la hauteur de la figure, divisée en dix segments, on obtient donc une unité minimale de mesure (dite *une partie* dans la suite du texte) qui en est la cent quatre-vingtième partie. Ainsi pour une figure d'homme, une partie tourne à peu près autour d'un centimètre.

3. En effet 12 parties, jointes aux 18 de la face font trente, autrement dit trente cent quatre-vingtièmes ou un sixième.

Pour ce qui est des largeurs de la poitrine et longueur des bras, la poitrine doit avoir trente parties, l'os du bras vingt-sept parties, les os de l'avant-bras trente parties et la main dix-huit parties ; ajoutez vingt-sept parties pour l'os de l'autre bras, et trente pour l'avant-bras, avec dix-huit pour l'autre main, vous y trouverez cent quatre-vingts parties[1].

Au reste Mr Barbaro donne à la main et avant-bras pris ensemble quarante-huit parties, qui excèdent le quart de la figure, si bien qu'il s'éloigne du sentiment de tous les autres auteurs.

Cette largeur de bras étendus est égale à la hauteur : savoir du sommet à la fossette, trente-six parties, comme nous avons remarqué ; de la fossette au nombril, trente-six parties ; du nombril au bas-ventre, dix-huit ; de là au genou, trente-six ; et du genou à la plante des pieds, cinquante-quatre parties[2]. Tout cela fait juste les cent quatre-vingts parties proposées.

Il faut encore observer que le genou a neuf de ces parties, et qu'il y a encore neuf de la cheville jusques sous la plante du pied, mais tout cela est contenu dans cent quatre-vingts. Pour ce qui est de la longueur du pied, elle doit avoir vingt de ces parties, suivant les règles de Cardan et de notre patriarche d'Aquilée.

Comme il n'y a rien de si difficile que la belle proportion et que les plus fameux statuaires de l'Antiquité ont eu le bonheur de la trouver les premiers, en sorte qu'elle plaît infiniment dans leurs ouvrages, il y a plusieurs opinions ou règles proposées pour cela, mais qui peut-être ne sont pas celles des Anciens, s'il est vrai qu'ils en eussent d'autres que celles qu'ils avaient dans leurs yeux et dans leurs mains[3] ; si bien que leur secret s'est perdu, et l'on n'est pas encore venu assez avant dans le rétablissement des beaux-arts pour égaler les plus fameux Anciens. C'est pour cela que j'ai ramassé ici plusieurs sortes de règles et plusieurs manières de mesurer, afin qu'on en fasse une de toutes ou qu'on suive celle qui approche davantage des belles antiques, étant assuré que par le rapport des unes aux autres, il sera aisé de s'en former une excellente idée. Mais j'avertis les jeunes dessinateurs qu'ils doivent les mettre en pratique de leur invention, et tâcher par plusieurs réitérations de les bien exprimer.

1. Autrement dit l'unité totale de hauteur de la figure. La largeur de la figure, bras étendus, doit égaler sa hauteur.

2. Trente six plus dix-huit.

3. Ce point emporte la question du goût : est-ce l'œil ou la main, qui juge de ce qui se doit, ou bien l'entendement ou la raison ?

Proportion de la figure de dix faces, suivant Jean Paul Lomasse

Voici les principales règles[1] de Jean-Paul Lomasse, qui a fort imité Albert Dürer, et celles de l'auteur des *Remarques* sur le poème de Dufresnoy, qui a aussi suivi Lomasse.

Du sommet de la tête au bout du nez, Lomasse compte la première dixième ; la seconde est du bout du nez jusqu'à la fossette qui est au haut de la poitrine, où les clavicules se vont attacher au bréchet ; la troisième du haut de la poitrine au bas du bréchet, qui est ce cartilage où se forme le petit creux au bas de la poitrine. La quatrième se comprend de là au nombril ; la cinquième jusques au pénil, qui est l'endroit velu, immédiatement au-dessus des parties génitales, où il faut compter le milieu de la taille d'une figure.

Du pénil au mi-genou, on compte deux faces ou deux dixièmes, ce qui pourtant fait la cuisse courte et ôte beaucoup de sa grâce à la figure, comme il se voit dans le dessin[2] que Pader en a fait dans sa traduction de Lomasse. Du mi-genou à la plante des pieds, il y a trois faces, ce qui fait paraître la jambe un peu trop longue, mais on pourrait prendre les deux faces de la cuisse du pénil au sur-genou, et les trois autres du sur-genou à la plante des pieds.

Quand cette figure a les bras étendus, on y comprend aussi dix faces. La première est du bout du doigt du milieu à la rasette, faisant une dixième partie ; de la rasette à la jointure de la main, jusques au coude, une dixième et demie ; du coude à l'emboîture de l'os du bras avec la clavicule, une autre dixième et demie. Et de là à la fossette où se joignent les clavicules, une dixième, faisant cinq dixièmes ou cinq faces : et de l'autre côté tout autant.

De la fossette à chaque mamelon, il y a une dixième ; et d'un mamelon à l'autre, il y a pareillement une dixième, de sorte qu'il se forme un triangle équilatéral des deux mamelons et de la fossette.

1. Elles sont au livre I du *Trattato dell'arte,* chap. VI (éd. 1844, t. I, p. 63-67) et au chap. VII (p. 68-71) pour la *proporzione svelta del corpo virile di dieci faccie*. Lomazzo répète en de multiples lieux que la proportion de dix faces est la plus belle, par exemple au livre VI, t. II, p. 77.

2. Hilaire Pader a ajouté des figures à sa traduction de Lomazzo. Il y en a trois pour illustrer la proportion de dix faces, non paginées, entre les p. 22 et 23 (*Traité de la proportion naturelle et artificielle des choses par Jean Pol Lomasse peintre milanais, traduit d'italien en français par Hilaire Pader*, Toulouse, 1649). La première de ces figures comporte les mesures rapportées par Dupuy.

L'auteur des Remarques[1] *sur Dufresnoy*

Les Anciens ont pour l'ordinaire donné huit têtes à leurs figures, quoique quelques-unes n'en aient que sept. On divise ordinairement la figure en dix faces; cela dépend de l'âge et de la qualité des personnes qu'on veut représenter. L'Apollon et la Vénus ont plus de dix faces et ces dix faces se prennent du sommet de la tête jusques à la plante des pieds, en la manière suivante ;

Du sommet de la tête jusques au front, il y a une troisième partie de la face ; la face commence à la naissance des plus bas cheveux, qui sont sur le front, et finit au bas du menton. Elle se divise en trois parties égales. La première contient le front, la seconde comprend la longueur du nez et la troisième la bouche et le menton.

Du menton à la fossette, il y a deux longueurs de nez[2] ; de la fossette au bas des mamelles, il y a une face ; du bas des mamelles au nombril, une face. L'Apollon a un nez de plus ; du nombril aux génitoires, une face. Et le milieu du corps de la Vénus est au petignon[3] ou pénil, non pas aux génitoires ; Albert Dürer l'enseigne de la sorte.

Des génitoires au dessus du genou, il y a deux faces, le genou contient une demi-face ; du bas du genou au cou de pied, deux faces ; du coup de pied au dessous de la plante : demi-face.

L'homme étendant les bras, à compter du plus long doigt de la main droite à celui de la gauche, est aussi large qu'il est long ; car d'un côté des mamelles à l'autre, il y a deux faces. L'os du bras, dit *humerus*, c'est l'os de l'épaule, contient deux faces depuis l'épaule jusques au bout du coude. De l'extrémité du coude à la première naissance du petit doigt, l'os appelé *cubitus*, c'est l'os ou les os de l'avant-bras, avec partie de la main, contient deux faces. De l'emboîture de l'omoplate à la fossette, on compte une face.

Si vous voulez trouver votre compte aux mesures de la largeur, depuis l'extrémité d'un doigt à l'autre, en sorte que cette largeur soit égale à la longueur du corps, il faut remarquer que les emboîtures du coude avec l'os du bras et de l'os du bras avec l'omoplate emportent une demi-face, lorsque les bras sont étendus ; de sorte que, n'étant pas étendus, ils sont un peu plus

1. Roger de Piles a établi ou plutôt rappelé cette justesse des proportions à la *Remarque* au v. 114 (*Art de peinture*, 1668, p. 145-148) ; rappelé puisque selon lui, ces proportions sont celles de Lomasse et de Vitruve (p. 145 puis p.148).

2. Nouvelle unité : la longueur de nez fait un tiers d'une face, qui est un dixième du tout, donc fait un trentième de la hauteur de la figure, soit environ six centimètres.

3. Il s'agit du pubis, comme le pénil l'indique également. *Petignon* doit venir de *pecten, inis*, qui désigne en latin, outre un peigne, les poils du pubis.

longs, suivant l'observation de cet auteur, qui compte les dix faces du bout du petit doigt de la main à l'autre, sans y comprendre les bout des doigts du milieu de la main.

Le dessous du pied est la sixième partie de la figure, et la main est de la longueur d'une face ; le pouce contient la longueur du nez.

Le dedans du bras, depuis l'endroit où se perd le muscle qui fait la mamelle, appelé pectoral, jusques au milieu du bras, a quatre longueurs de nez ; depuis le milieu du bras jusqu'à la naissance de la main, il y a cinq longueurs de nez, et le plus long doigt du pied a un nez de long. Au reste les deux bouts des tétins et la fossette d'entre les clavicules de la femme font un triangle parfait.

Pour ce qui est des largeurs des membres, on n'en peut pas donner des mesures bien précises, parce qu'on les change, suivant la qualité des personnes et selon le mouvement des muscles. Il ajoute[1] que si nous voulons savoir mieux et par le détail les proportions, nous les voyions dans Lomasse. Observez pourtant que cet auteur a remarqué que la longueur de la cuisse n'est pas tout à fait juste dans Lomasse, puisqu'il marque les deux faces au-dessus du genou, au lieu que Lomasse les marque au mi-genou.

Proportions rapportées par Félibien

Voici encore ce que Félibien rapporte des proportions, dans les *Entretiens sur les vies des peintres*[2] : il croit que la plus belle proportion du corps humain est de dix faces. La première comprend l'espace qui est depuis le haut de la tête jusques au bout du nez. La deuxième du nez jusques au haut de l'épaule. La troisième du haut de l'estomac au creux de la poitrine (il entend que le haut de l'épaule et de l'estomac, c'est la même chose). La quatrième se prend du creux de la poitrine jusques au nombril ; la cinquième du nombril jusques au bas ventre, où se trouve le milieu du corps.

Du milieu du corps jusques aux genoux, il y a deux hauteurs de visage, et des genoux à la plante des pieds, il y en a trois ou trois faces.

1. *Remarque* au v. 114, *op. cit.*, p. 148. Roger de Piles a tout d'abord jugé Lomasse rebutant par l'abondance de ses subdivisions (*ibid.*, p. 145) pour s'autoriser principalement de Vitruve (*De architectura*, III, 1 et VII, Préface).

2. C'est à l'*Entretien IV*, et durant l'examen de la vie d'Albert Dürer, que Félibien mentionne ces principes de la proportion du corps humain (éd. de Trévoux, 1725, t. II, p. 306-315). Félibien tempère fortement le souci de systématicité dans la proportion du corps humain, en insistant sur les variations (de temps, de tempérament, de condition, ou de lieu) qui altèrent la fixité des tables de proportion.

La main est de la longueur d'une face ; et depuis la jointure de la main jusques à celle de l'épaule, il y a trois faces, et d'une épaule à l'autre, il y en a deux. De sorte que l'homme ayant les bras étendus, a la même largeur du bout d'une main à l'autre qu'il y a de longueur du sommet de la tête à la plante des pieds[1].

Cette mesure n'est guère différente de celle de Lomasse ; et tous, excepté Gauricus, conviennent de ce principe de Vitruve qui est que l'homme touche les quatre côtés d'un carré parfait lorsqu'il est debout et qu'il tient les bras étendus ; il est vrai que Pomponius Gauricus ne compte pour rien les cheveux.

On fait encore quelques observations que les jeunes dessinateurs doivent savoir : que la forme du front soit un peu arrondie, non pas plate ni creuse ni trop relevée ; que les yeux soient grands et bien fendus, ce que Raphaël, le Carrache, le Dominiquin et les plus excellents dessinateurs ont bien observé. Les nez carrés sont les plus beaux dans la composition ; ce n'est pas qu'un nez aquilin ne puisse être approuvé dans les règles de la beauté.

Pour ce qui est de la bouche, elle doit être médiocre aux hommes et plus petite aux femmes. Une bouche fort fendue est toujours laide ; pour être belle, il faut que sa grandeur se forme d'un petit avancement des lèvres, par lequel sa largeur est rétrécie, et par ce moyen, elle est d'un œil et demi aux hommes, et d'un œil un quart aux femmes.

La poitrine sera toujours élevée et s'avancera un peu plus que le ventre, particulièrement aux hommes parfaits ; car cela ne s'observe pas tant aux jeunes garçons ni aux femmes, et encore moins aux petits enfants, auxquels le ventre peut être plus enflé et avancé que la poitrine. Du reste elle se tient par ce moyen un peu large, ce qui donne beaucoup de grâce aux hommes et une belle gorge aux femmes.

Les bras près de l'épaule se doivent tenir un peu gros ; cela donne de la force aux hommes et de la beauté aux femmes. Mais à l'égard des mains et des pieds, ceux des hommes seront plus marqués sans pourtant être secs, et ceux des femmes aussi bien que les mains, seront toujours plus potelés, sans marquer ni les veines ni les tendons.

A l'égard des cuisses, elles seront plus grosses à leur partie supérieure et diminueront peu à peu jusques au genou. Celles des hommes seront musclées mais sans sécheresse ; la beauté de la cuisse des femmes consiste en ce qu'elles sont unies et presque rondes.

1. Cet exposé suit fidèlement le propos de Félibien à la page 309 (*op. cit.*).

Il en est de même des jambes, où pourtant il faut observer une certaine grâce, un certain tour qui en font la beauté. Il y a, en un mot, des élégances à rechercher, qu'on ne saurait bien exprimer par le discours ; mais pour les découvrir, on considère souvent les ouvrages de Michel-Ange pour les attachements des membres ; de Raphaël pour la noblesse du contour et pour la grâce ; du Carrache pour l'excellence de son dessin. S'il n'est pas possible de voir leurs ouvrages originaux, on considère les meilleurs dessins, faits d'après ces grands hommes ; ces dessins se voient commodément en estampe, et on tâche avec cela de se former une idée avantageuse de la belle proportion. On considère aussi les plus belles antiques, d'où ces grands maîtres ont tiré leur savoir ; et, faute des originaux, nous avons recours aux plâtres.

On doit pourtant remarquer que ce n'est pas le seul moyen de se rendre très habile, que de considérer incessamment les ouvrages des plus grands hommes ou leurs estampes ; on doit avec cela dessiner et venir à la pratique. Ce n'est pas encore assez de les copier incessamment ; il suffit de l'avoir fait dans le commencement, on doit tâcher de les approcher, ou de les égaler en les imitant, sans pourtant les copier toujours.

Enfin pour bien réussir, il est absolument nécessaire d'étudier le naturel, d'apprendre d'après la nature même tous les différents mouvements qu'elle peut faire dans le corps d'un homme vivant et les différents effets des muscles. Il ne s'agit pas pourtant de copier la nature, tantôt sèche, tantôt petite ou grande, mesquine ou extravagante. Il faut composer une belle figure sur un corps qui ne sera pas également beau ; et s'il y a quelque chose de beau, il le faut savoir choisir en suppléant au reste, s'il y manque.

Tous les corps en effet ont du beau dans quelques parties et du mesquin en quelques autres, la nature ne formant que rarement des ouvrages accomplis. On voit souvent qu'elle ôte à l'un ce qu'elle donne à l'autre, de sorte qu'il faudrait plusieurs modèles pour en faire un qui fût parfait[1] ; mais, comme j'ai dit, la science consiste à suppléer où la nature s'est négligée.

Quand je dis que la nature manque ou qu'elle se néglige, je ne prétends pas dire qu'elle ne fasse tous ses ouvrages parfaits dans leurs proportions, pour toutes les fonctions naturelles, mais je veux dire que toutes les parties ne sont pas également bien formées pour plaire aux yeux.

1. Le propos renvoie implicitement à l'anecdote de Zeuxis et des vierges de Crotone, narrée par Cicéron, au *De inventione*, 2, § 1-3. Désespérant de trouver une beauté accomplie pour former le modèle de son Hélène, Zeuxis avait demandé qu'on fît venir les plus belles jeunes filles de la ville pour retenir en son tableau de chacune ce qu'elle avait de plus beau.

Il était plus facile aux Anciens d'étudier le nu qu'à nous, non pas par le moyen des esclaves, comme l'a écrit Félibien [1], qui a cru qu'ils allaient tout nus en public, à la manière des forçats dans nos galères; ce qui est non seulement contre la foi des auteurs, mais contre la vraisemblance, puisque les esclaves étaient la plupart fort aimés de leurs patrons, et encore parce que toutes les affaires de leurs maîtres étaient dans leurs mains. Ainsi ils étaient proprement vêtus, hormis qu'ils ne portaient pas la toge ni des anneaux d'or ou d'argent, qui étaient des marques de liberté.

Les Anciens donc pouvaient facilement étudier le nu, mais c'était dans les bains publics, où il y avait incessamment des hommes nus, et où par conséquent, ils découvraient au même temps et en plusieurs différents modèles, tout ce qui pouvait former une belle idée dans leur esprit [2]. Il est vrai encore que les Anciens, particulièrement les Grecs, avaient parmi eux plusieurs exercices où les hommes paraissaient presque tout nus.

Au défaut de tout cela, nous avons introduit des académies du modèle vivant, qui se tiennent en particulier et en présence des étudiants. Ce qui ne choque aucune bienséance dans les mœurs chrétiennes, non plus que les anatomies qui se font parmi les chirurgiens et les médecins, où l'honnêteté n'est point intéressée. Tous ceux qui vont à ces académies n'ont d'autre pensée que d'apprendre et de se perfectionner ; les uns au dessin, qu'on peut appeler le fondement de tous les beaux-arts et la règle du bon goût, pour toutes les choses qui plaisent aux yeux et à l'esprit ; les autres y recherchent la connaissance des parties du corps humain, pour les guérir de mille sortes de maladies, à quoi ils ne sauraient parvenir, sans y faire une étude particulière par les dissections anatomiques. Les peintres, à mon avis, ne sont pas obligés d'apprendre les os et les muscles, par la dissection, mais il serait nécessaire qu'il y eût dans toutes les salles du modèle, des squelettes et des écorchés dessinés de plusieurs côtés, d'une grandeur raisonnable, avec le nom de tous les muscles écrit à côté, parce qu'en dessinant, on pourrait voir au même temps les causes des différents contours, élévations et enfoncements qui changent à chaque attitude [3].

1. *Entretien II*, éd. de Trévoux, 1725, t. I, p. 149.

2. Si selon Dupuy, la cause diffère, l'effet est sensiblement le même que chez Félibien : ce dernier note (*Entretien II*, *op. cit.*, t. I, p. 149) que d'avoir des esclaves nus continuellement devant les yeux permettaient aux sculpteurs « qu'ils s'en forment de fortes idées ». C'est la coutume qui fait entendre cette morphopoïèse, qui est au principe de la production artistique, et que désigne le vocable d'« idée ».

3. L'anatomie des muscles permet une sorte de compréhension génétique des attitudes et une connaissance par la cause, qui, dans son apprentissage, identifie le dessin à une science.

Avis à ceux qui commencent à dessiner

Ceux qui commencent à dessiner se servent d'une pierre rouge qui vient d'Allemagne, si je ne me trompe ; on l'appelle sanguine[1], et se vend chez les épiciers. Il faut choisir la plus rouge et qui soit plutôt molle que dure. On la coupe avec une lime plate à refendre, ou avec une lame de fer blanc dentelée, dont on renouvelle les dents de temps en temps avec de petites forces[2], en les détournant un peu de côté et d'autre. On coupe premièrement les morceaux par de petites tables qu'on recoupe encore, les réduisant en petits carrés ; enfin on les arrondit avec un couteau ou une lime et on les appointe[3] pour s'en servir.

Ceux qui sont un peu avancés, estompent leurs dessins en faisant perdre les clairs et les ombres par le moyen d'un papier roulé[4], dont ils frottent le dessin légèrement touché avec le crayon ; ce papier ainsi roulé s'appelle par conséquent un estompoir. On peut même prendre de la poudre de sanguine avec le bout de cet estompoir et faire des teintes pour ombrer, comme si c'était un pinceau, puis on peut retoucher avec le crayon en quelques endroits.

D'autres aiment de faire leurs dessins grainés[5], ce qui se fait par le moyen d'un papier bien grainé, sur lequel ils dessinent et où le crayon ne s'attache qu'au grain du papier.

On peut encore se servir de pierre noire[6] de l'une et de l'autre manière, et même d'un papier terni, dont on relève les clairs avec du blanc de céruse

1. Félibien, dans son *Dictionnaire*, fait le rapprochement avec la pierre hématite, évoquée par Pline au livre XXXVI de son *HN* (§144-148). Vasari lui assigne l'Allemagne pour origine (*Vite*..., p. 156).

2. « Forces, sont aussi des espèces de ciseaux composés de deux fers tranchants qui n'ont point de clou au milieu, mais qui sont joints par un demi-cercle qui fait ressort (...). Il y au aussi de petites forces qu'on met dans les étuis de poche » (*Furetière*).

3. Le sens ici supposé de « rendre pointu » n'est pas au *Furetière*. On le trouve toutefois dans le *Huguet*, et attesté chez Montaigne, mais avec référence erronée au chap. 30 plutôt que le 31, *Des cannibales* (*Essais*, livre I, chap. 31, éd. Villey-Saulnier, « Quadrige », Paris, P.U.F., 2004, p. 208) ou Oliver de Serres (*Théâtre d'agriculture*, III, 4).

4. « Estomper, c'est dessiner avec des couleurs en poudre qu'on applique avec de petits rouleaux de papier dont le bout sert comme de pinceau » (Félibien, *Dictionnaire*, à l'entrée « estomper »). Plutôt qu'« estompoir », Littré donne « estompe » pour désigner le papier roulé.

5. « On appelle...*dessin grené* (sic *pour grainé*) celui où les grains du crayon paraissent, lequel n'est pas frotté » (*Furetière*). Il s'oppose au « dessin estampé », qui se fait avec le crayon frotté, en sorte qu'il ne paraisse aucune ligne ; et au « dessin haché », dont les ombres sont exprimées par des lignes sensibles.

6. La « pierre noire » est un schiste chargé de carbone, dénommé ampélite en minéralogie, et dont la teinte va du gris au noir ; il se taille aisément en crayon. L'une et l'autre manière nous renvoient à un dessin estompé ou grené.

ou du plâtre figé en forme de crayon ou de pastel. Néanmoins le blanc épargné est la meilleure et la plus savante manière à laquelle il faut accoutumer les jeunes commençants. La pierre noire au reste se coupe comme la sanguine.

Ceux qu'on destine à la gravure font tous leurs dessins en hachant ou avec la plume et l'encre, ou avec la sanguine et la pierre noire.

Mais ceux qui veulent faire des dessins lavés [1], se servent de l'encre de la Chine, dont ils font des lavis de deux ou trois teintes, ajoutant même de l'encre à écrire à la plus forte. Premièrement ils esquissent avec un petit charbon pour placer leurs figures et leurs groupes ; ils contournent après avec la plume, mais fort légèrement et d'un trait fort délié ; ils appliquent ensuite et quand le contour est bien sec une légère teinte d'encre de la Chine, avec un petit pinceau, et, quand elle est bien sèche, ce qui arrive bientôt, on en met une plus forte, et ensuite la plus noire, y mêlant même de l'encre à écrire. Remarquez que pour toute sorte de lavis, on se sert de papier fort épais.

D'autres contournent avec la plume et hachent un peu les ombres, puis ils adoucissent cela avec une ou plusieurs teintes d'encre de la Chine. Au lieu de l'encre de la Chine, on se peut servir d'un lavis de bistre, qui est de la suie, ou broyée, ou bouillie avec de l'eau, dont on fait plusieurs teintes. D'autres encore contournent avec de la sanguine, puis ils ombrent avec du bistre ou avec un lavis de la même sanguine.

Pour faire le charbon, dont on se sert pour les esquisses, on prend de petites branches d'un arbrisseau sauvage qui porte du fruit noir à petits bouquets, on le coupe tout vert par petits bâtons de la longueur de trois pouces, et s'ils sont trop gros, on les refend en deux ou en quatre ; puis on les met dans un bout de canon de fer, bien serrés, et l'on bouche les deux bouts avec de la terre rousse détrempée ; il faut le mettre au feu ou sous de bonnes braises, jusques à ce que le charbon soit fait, ce qu'on connaît lorsque toute l'humidité du bois s'est évaporée ou consumée, et qu'on juge qu'il est assez cuit. Après l'avoir laissé refroidir quelque temps, on débouche le fer et l'on en tire le charbon. Voilà pour ceux qui dessinent sur du papier.

Ceux qui modèlent, se servent de terre de potier, qui est bien apprêtée et pétrie ; d'autres font une composition d'une livre de cire jaune, demi livre de colophone [2], et tant soit peu de térébenthine : ils font fondre tout cela

1. « ...*dessin lavé*, celui dont les ombres sont faîtes au pinceau avec de l'encre de la Chine ou quelque autre liqueur » (*Furetière*).

2. « Colophone. C'est le marc de la térébenthine distillée. On en fait aussi avec de la poix résine plusieurs fois fondue et autant de fois jetée dans l'urine » (*Furetière*).

dans l'huile d'olive, et y mettent à proportion qu'ils veulent que leur composition soit molle ou dure. Quelques-uns y mettent du suif à la place de l'huile ou de l'un et de l'autre ; et pour lui donner une autre couleur, ils y ajoutent du rouge-brun avec du cinabre bien broyé ou de l'ocre.

On manie la cire et la terre avec les mains ; on en forme le gros de la figure, et s'il est besoin, on se sert de gros fil d'Archal pour en soutenir les petites parties. Car quand on met du bois au-dedans des modèles, cela les fait souvent crever. Lorsque la figure est formée avec les mains, on travaille ensuite à l'ébaucher, puis à la finir de toutes parts, avec des ébauchoirs, qui sont de petits instruments de buis, d'os ou d'ivoire. Cela se fait sur une espèce d'escabeau qu'on appelle la selle ; et si c'est un bas-relief, on se sert d'un petit chevalet qui soutient la planche où l'on bâtit l'ouvrage. La cire pourtant et la terre se doivent manier différemment : et la terre est plus aisée que la cire pour ce travail, pourvu qu'on l'empêche de sécher promptement, ce qu'on fait par le moyen de linges trempés dans de l'eau fraîche, lesquels on mouille de temps en temps, et dont on couvre l'ouvrage quand on ne travaille pas.

L'imitation des choses visibles

TROISIÈME DISSERTATION

Du coloris, en quoi il consiste, et du choix qu'on en peut faire

Le coloris dans la peinture n'est pas ce que plusieurs imaginent, lorsqu'ils prennent l'éclat et la richesse des couleurs pour le beau coloris[1]. Les peintres entendent par ce terme l'effet que les couleurs font ensemble dans un tableau pour représenter des corps éclairés par le soleil ou par quelque autre lumière. Mais comme le jour et la lumière reçoivent de l'altération à mesure qu'il y a quelque changement dans l'air, au travers duquel la vision se fait, les peintres, voulant imiter la nature, ont pris des routes diverses pour y parvenir, d'où se sont formées les différentes manières de coloris que nous remarquons, dont l'une tire sur le jaune, l'autre sur le vert, et celle-là sur le bleu ou sur le rouge.

Il y a apparence que la plus excellente est celle qui a le plus de rapport à la nature, lorsque les objets peints ont la même couleur et les mêmes teintes que les naturels, lorsque les carnations – c'est ainsi que les peintres appellent le nu des figures – nous paraissent de véritable chair, soit dans les jours, soit dans les ombres ; que les draperies ressemblent parfaitement aux étoffes de soie, de laine ou de quelque autre matière ; que les cheveux, dans les personnes représentées, le poil, la plume ou la robe, dans les animaux, ont la même couleur, le même lustre et la même tendresse que le naturel. Enfin le coloris doit produire dans nos yeux l'effet de la lumière, lorsqu'elle agit sur les plus beaux corps visibles qui sont dans la nature. Et c'est la fin

1. D'emblée Dupuy distingue couleurs et coloris. Celui-ci est un effet d'ensemble et non une valeur qualitative de détail.

que tous les peintres ont en vue, depuis qu'on a trouvé l'usage de plusieurs couleurs dans la peinture.

On nous raconte qu'il y avait des ouvriers dans l'Antiquité, qui savaient si bien imiter la nature qu'ils trompaient agréablement les yeux des hommes et des animaux. Mais quelque exacte description que Pausanias [1] nous ait laissée des peintures de Polygnote, qui étaient à Delphes ; et quelque idée que Pline nous ait donnée des ouvrages de Zeuxis et de plusieurs autres peintres dont il a parlé avantageusement, je ne puis me persuader que leur coloris ait été si surprenant que celui de plusieurs peintres modernes [2], dont nous admirons les tableaux depuis deux siècles.

On est convaincu par la beauté des statues antiques que les anciens ouvriers savaient parfaitement le dessin qui est, comme nous avons dit plusieurs fois, le fondement de tous les beaux-arts ; mais on peut être d'un autre sentiment pour ce qui est du coloris. Que sait-on s'il y a de l'exagération dans ce que Pline en a écrit ? Et si ce n'est pas sur le rapport de quelque auteur plus ancien, qu'il a dit toutes ces merveilles du combat [3] de Zeuxis et de Parrhasius, dont le premier sut tromper les oiseaux par ses raisins, et fut trompé lui-même par le rideau de son rival ; en tout cas nous pourrions dire quelque chose de plus surprenant de nos grands peintres sans leur donner des éloges au-delà de leur mérite et sans altérer la vérité. Le relief en est si apparent aux yeux qu'on ne peut se détromper que par les mains, et la couleur, l'ombre et la lumière y tiennent plus de la nature que de l'art. Il est vrai que nous avons l'usage de plusieurs couleurs que les Anciens ne connaissaient pas ; et nos peintres en savent si bien le mélange que Lomasse [4] écrivait sur la fin du dernier siècle qu'il s'en pouvait faire de son temps jusqu'à trois mille cinq cent quatre-vingts teintes. Mais encore nous avons surpassé l'Antiquité par le secret d'employer les couleurs à huile que nos Modernes ont heureusement inventé.

1. *Description de la Grèce*, livre X, La Phocide, 25,1–31-12. Les peintures de Polygnote représentaient, l'une, la prise de Troie et le rembarquement des Grecs (chap. 25-27), l'autre la descente d'Ulysse aux enfers (chap. 28-31). Polygnote passe pour avoir dépassé le monochromatisme et introduit une palette fondée sur quatre couleurs.

2. Le dessin donne semble-t-il raison aux Anciens et le coloris aux Modernes.

3. Le *certamen* de Zeuxis et de Parrhasius est rapporté par Pline en *HN* XXXV, § 65.

4. Lomazzo écrit, au *Trattato della pittura*, dans un passage approchant cette citation qui n'est, semble-t-il, ni au *Trattato*, ni à l'*Idea del tempio della pittura* : « on ne peut concevoir en quantité les mélanges (et l'on n'en trouverait pas même le terme numérique) » (*op. cit.*, 1844, t. 1, p. 323).

Les Anciens, me dira-t-on, peignaient à fresque[1], et nous voyons qu'une fresque, bien conduite et bien entendue peut faire tous ces effets surprenants. Nous en sommes même convaincus par les ouvrages de Raphaël Sanzio, du Corrège, du Titien, d'Hannibal Carrache et de Pierre Beretin. Sur quoi donc prétendons-nous enlever la gloire du coloris à l'Antiquité, qui fut l'inventrice de cette sorte de peinture ? Puisqu'il est impossible de décider contre les Anciens, dont tous les beaux ouvrages de peinture se sont perdus.

Mais supposé que les plus habiles Modernes ne soient pas allés plus loin qu'eux dans la fresque et dans la détrempe, ils les ont du moins surpassés par le coloris à huile, autant que la peinture à huile surpasse toutes les autres manières de peindre. Car, de l'aveu de tous les peintres, l'union des couleurs y est la plus belle et le coloris a plus de force ; et comme il n'appartient qu'aux plus accomplis de bien peindre à fresque, lorsque ces mêmes travaillent à huile, leur ouvrage est incomparablement plus achevé et plus parfait.

Ce qu'il y a de plus avantageux dans la fresque, c'est la vitesse avec laquelle les grands ouvrages se peuvent exécuter, car le peintre ne retouche point à son travail, qu'il est obligé d'achever du premier coup et pendant que l'humidité de l'enduit se peut mêler à celle des couleurs. Il a besoin pour cela d'une prompte exécution, de beaucoup de pratique et d'une grande intelligence du dessin. Aussi doit-il dessiner premièrement tout l'ouvrage sur des cartons qui soient de la grandeur du lieu où il veut peindre. Jugez donc par là qu'il est très difficile que les couleurs à fresque soient si bien entendues du premier coup qu'à huile, où l'on retouche plusieurs fois.

Les Modernes ont encore inventé une nouvelle manière de peindre sans huile, et qui surpasse la fresque en ce qu'on y peut toucher et retoucher plusieurs fois ; mais elle se doit considérer de fort près et ne se pratique que pour de petits ouvrages, particulièrement pour des portraits : c'est la miniature, qui est une espèce de détrempe qui se travaille sur du vélin avec des couleurs très fines, un peu gommées, laquelle on finit en pointillant ou en hachant. Et je n'ai pas ouï dire ni lu en aucun auteur que les peintres de l'Antiquité aient connu cette sorte de peinture. Ils peignaient d'ordinaire à fresque sur les murailles fraîchement enduites ; et cet enduit bien battu et

1. Dupuy écrit « un fraisque ». Le terme vient de l'italien *fresco*, comme en *dipingere a fresco*, lequel est masculin. Le *Furetière* donne « fraisque » comme graphie normale, mais au féminin.

poli est appelé par Vitruve *tectorium opus*[1], où les couleurs s'imbibaient et prenaient même le lustre de l'enduit, qui était blanc et transparent. Cette sorte de peinture durait longtemps ; il serait même à souhaiter qu'on en renouvelât l'usage pour l'ornement de nos églises et de nos palais.

L'Antiquité savait de plus peindre avec des cires de plusieurs teintes, qui s'employaient et s'unissaient en se parfondant par le moyen du feu, dont le secret et l'usage se sont entièrement perdus.

Les Anciens peignaient encore à la détrempe sur des toiles ou sur des tables ; manière qui peut avoir de grandes beautés comme la fresque, mais qui demande aussi beaucoup de dessin et de pratique. Ils savaient de même la mosaïque et la marqueterie que Philander appelle *opus amusseatum*[2], d'où est venu le mot de mosaïque. C'est un ouvrage qui se fait avec de petites pièces rapportées. On s'en servait autrefois pour carreler les temples, les appartements des palais et des plus magnifiques maisons, où on formait diverses figures qui ne s'effaçaient point en marchant par-dessus.

Mais comme l'Antiquité n'a pas connu l'art d'employer le verre aux fenêtres que les Modernes ont mis en usage pour garantir les appartements des accidents de l'air, au même temps qu'ils sont parfaitement éclairés, elle a pareillement ignoré le secret de peindre les vitres de plusieurs couleurs qui s'imbibent si bien dans le verre qu'elles sont ineffaçables et n'empêchent pas qu'il ne soit transparent, comme nous voyons en quelques églises de nos provinces où les ouvriers ont ajouté la régularité du dessin à la vivacité des couleurs.

Il n'est pas moins difficile de se former à un excellent coloris par l'habitude de la main que d'en bien juger et d'en faire le choix qu'il faut, par les yeux. Et l'un et l'autre sont absolument nécessaires aux peintres dans l'application de leurs teintes et dans l'emploi des couleurs. Mais quoique cette partie dépende plus de la pratique que de la théorie, il y a pourtant des observations et des règles dont on peut traiter avec quelque ordre. Un de nos auteurs français[3], après avoir consulté divers peintres, nous a dit que le

1. *Tectorium opus*, c'est chez Vitruve en général l'enduit, dont *albarium opus* sera l'une des espèces, le stuc. Il est apposé par les *tectores*, qui les peignent aussi bien *udo tectorio* c'est-à-dire à fresque. Voir le *De architectura*, livre VII, chapitres 2-4, et les notes de Claude Perrault (*op. cit.*, chap. 2, note 1, p. 236 et chap. 3, note 10, p. 238).

2. Philander, *M. Vitruvii Pollionnis de Architectura libri decem*, Lyon, 1552 (2ᵉ éd.) ; commentaire au livre VII, chap. I, p. 261. Philander renvoie notamment à saint Augustin, *Cité de Dieu*, livre XVI, chap. VIII pour l'appellation plus commune de ce que *vulgo musaicum vocamus*, la mosaïque.

3. Félibien, au livre I des *Entretiens* : « Quant à la troisième partie, qui serait du coloris, après avoir parlé de la nature des couleurs, de l'union et de l'amitié qu'elles ont entre elles, il faudrait montrer de quelle sorte elles doivent être employées pour produire ces beaux effets de

coloris consiste dans l'union et dans l'amitié des couleurs entre elles, lorsqu'elles sont employées pour produire ces beaux effets de clair et d'obscur, qui aident à faire paraître le relief. Cette description n'a pourtant pas contenté tous les peintres, parce qu'il semble qu'elle ne dit pas assez pour le coloris et qu'elle regarde trop le dessin ; car elle prétend faire servir uniquement l'emploi, l'union et l'amitié des couleurs pour le relief des figures, lequel appartient plutôt au dessin qu'à la couleur. Je suivrai donc le sentiment de ceux qui soutiennent que le coloris, comme j'ai déjà avancé, n'est que l'effet de plusieurs couleurs unies et noyées ensemble pour représenter sur une superficie la couleur naturelle de toutes les choses visibles, suivant leur situation et leur distance, dans le plus charmant éclat qu'elles peuvent avoir. De sorte que cette définition ou description paraît mieux expliquer la propriété essentielle du coloris, que celle de cet auteur, et comprend aussi les figures de clair-obscur, dont le coloris représente la pierre, le marbre ou le bronze.

Quelques-uns[1] s'imaginent que le clair-obscur appartient précisément à la partie du coloris, mais ils se trompent visiblement, parce que la situation des parties et leur grandeur ne se peuvent marquer que par le moyen du clair et de l'obscur, ce qui est essentiel au dessin. Il en est de même du relief de ces mêmes parties, qui se fait par les ombres, qui sont l'obscur et par les jours qui sont le clair : ainsi quand les jours et les ombres sont distribués en sorte que le jour touche toutes les parties qu'il doit toucher, étant porté au travers des groupes et sur les objets représentés, et que les ombres couvrent tout ce que le jour ne peut éclairer, on ne dit pas que le coloris est bon, mais on dit plus à propos que le clair-obscur y est bien observé et bien entendu, ce qui se rapporte au dessin.

Il est vrai que, dans les compositions de peinture, le coloris peut ajouter des effets que le blanc et le noir ne peuvent pas faire, quand ces effets dépendent absolument de la couleur, ce qui arrive principalement dans les carnations et dans plusieurs draperies vagues[2], où les ombres sont de la nature des clairs à cause du vif et de la lumière qui se trouve en elles, de sorte qu'elles paraissent tendres et transparentes, sans que le noir y ait aucune part. Ce n'est pas que les ombres ne puissent tenir du noir dans les chairs mortes, dans les corps sans vie, pesants, terrestres, et qui n'ont pas de réflexion d'eux-mêmes, ce qui est aisé à remarquer dans la nature.

clair et d'obscur, qui aident à faire paraître le relief des figures et les enfoncements dans les tableaux » (éd. Trévoux, 1725, t. I, p. 96).

1. Voir note précédente.

2. Au sens d'une étendue indistincte, comme dans « terrain vague ».

Le peintre donc doit imiter la lumière et l'ombre par l'emploi de certaines couleurs, dont il se forme un effet merveilleux, qui rapporte aux yeux la couleur de la chair et de l'étoffe, avec les réflexions de l'une et de l'autre, qu'on ne doit pas considérer comme un simple mélange de blanc et de noir, de clair et d'obscur, mais comme un résultat de la lumière et de la couleur, qui s'appelle coloris dans la peinture. Néanmoins il faut toujours tenir pour principe que la place des jours et des ombres, de quelque teinte qu'elles soient, pour faire le relief des parties, dépend toujours de la science du dessin ; de sorte que pour rendre un ouvrage accompli, il est nécessaire que le dessin, le coloris et la composition se prêtent l'un à l'autre un mutuel secours. C'est par cette considération qu'en parlant du coloris, on traite particulièrement des lumières et des ombres, du relief et du clair-obscur, sans perdre l'idée de ce qui est essentiel à l'un et à l'autre.

Je suppose avant toutes choses que le peintre est profond dans le dessin, sans quoi il ne fera jamais rien d'exquis ; mais, supposé qu'il y soit savant, voici le conseil de Paul Lomasse dans son *Traité de peinture*[1]. Pour donner, dit-il, force et relief à toutes les figures d'un tableau par le moyen du coloris, il est nécessaire de se conduire avec ordre, sous un jour principal et plus fort que tous les autres, lesquels vont après se perdre suivant leur éloignement et leur distance. C'est par cette conduite, ajoute-t-il, que les plus habiles peintres ont acquis de la réputation, et par le ménagement dont ils se sont servis pour donner le brillant à leurs tableaux, car ils l'ont distribué dans leurs figures comme des pierres précieuses, d'où vient que tout y est plein de douceur et de relief.

Mais pour bien comprendre ce que c'est que ce jour principal, à la faveur duquel le peintre se doit conduire, comme le pilote règle sa navigation par l'aiguille aimantée, Lomasse suppose[2] qu'il y a quatre lignes dans le champ du tableau que nous voulons colorier, et que c'est sur ces lignes ou espaces que sont placées les figures et les groupes qui représentent une histoire. Ces espaces au reste sont circulaires, parce que la vision ou pour mieux dire la circonférence de la vision, dont l'œil est comme le centre, se fait toujours circulairement.

Le premier espace comprend la première ligne, qui est au bas du tableau ; la seconde est celle qui vient ensuite et se trouve au milieu du champ où sont plantées les figures ; la troisième suit après, et la quatrième est la dernière, qui, s'approchant du cercle de l'horizon, est aussi la plus

1. *Trattato della pittura*, livre I, chap. 1, Roma 1844, p. 38 et p. 41-42, sous la leçon du Titien.

2. *Trattato*, livre IV, chap. 21, 1844, p. 407-413.

éloignée des yeux et se doit entièrement confondre avec le ciel ou avec le fond du tableau.

A l'égard des trois autres espaces ou lignes, celle du milieu, qui est la seconde, doit recevoir le plus grand jour, c'est-à-dire que la principale lumière doit frapper directement les objets qui sont représentés dans cet espace ; et Lomasse appelle cette lumière *Lume più acuto*[1]. Le troisième espace ou troisième ligne, qui se trouve par-delà celle du milieu, doit avoir par conséquent un peu moins de jour, tant à cause que les objets n'y sont pas vus si distinctement et que leur contour ne peut agir fortement sur nos yeux, que parce qu'ils sont éloignés du jour principal. C'est pour cette raison qu'ils paraissent comme à demi enveloppés parmi les brouillards. Il faut par conséquent que la quatrième ligne, comme nous avons dit, soit entièrement confondue avec la couleur du fond et que les objets y soient seulement distingués par ce qu'ils ont de plus sensible.

Pour ce qui est de la première ligne, qui est la plus proche de nos yeux, les objets qui s'y trouvent placés se doivent présenter seulement éclairés d'un jour de réflexion, parce que le grand jour, ou jour principal, qui agit vivement et directement dans la ligne du milieu, ne peut éclairer les figures du devant du tableau que du côté que nous ne voyons pas ; et par conséquent le côté que nous voyons doit être ou dans l'ombre ou dans une légère teinte, ou dans un jour moins fort. Mais ce jour de moindre force, cette légère teinte, ne se peuvent appeler ombre que par comparaison avec le grand jour de la ligne du milieu, puisqu'ils font l'effet du jour de réflexion, qui vient de la plage du ciel ou de l'air, qui les éclaire du côté que nous les regardons dans le tableau ; car cet endroit du ciel ou de l'air, étant éclairé par le jour principal, réfléchit sa lumière sur les objets de première ligne et nous les fait voir distinctement, et c'est pour cela qu'ils doivent être parfaitement bien finis. On les touche néanmoins de quelque coup brillant sur les extrémités, que la lumière principale peut effleurer de ses rayons, afin d'approcher certaines parties et leur donner du relief.

Pour mieux comprendre ce jour de réflexion, observons que, dans la nature, le soleil est la source de toutes sortes de lumières ; que même lorsqu'il est voilé d'un air épais, il jette une lueur qui se distingue à l'endroit du ciel où il fait sa course, et remplit encore de clarté toute la vaste étendue de l'hémisphère. La lumière donc qui part du soleil, ou de cet endroit où est le soleil et qui frappe directement sur tous les objets, est le jour principal ; et la lumière qui part des autres parties du ciel éclairées, qui réfléchissent sur les objets du côté opposé au jour principal, est la lumière de réflexion, que

1. « La clarté plus vive ». L'italien distingue *luce* et *lume* (*lux* et *lumen*).

nous pouvons appeler aussi principale de réflexion. Car il y a une infinité d'autres réflexions moins considérables qui partent de plusieurs corps, à mesure qu'ils sont transparents ou moins opaques, et qu'ils sont touchés d'une forte ou moins forte lumière ; réflexions qu'il est nécessaire d'observer pour bien colorier, puisqu'elles tiennent toujours de la teinte des corps réfléchissants, et qui, à dire vrai, sont une des plus grandes finesses du coloris.

Il est encore important de remarquer comment le jour principal se doit pratiquer, parce que, si vous le faites venir directement, par le derrière de vos figures, elles seront toutes dans l'ombre ou dans la demi-teinte. Et si vous le donnez par devant, elles seront toutes dans le jour ; et l'un et l'autre peut avoir ses raisons et ses inconvénients. Il vaut mieux prendre votre principale lumière d'un des côtés du ciel, en sorte que le jour tombe de biais et de haut en bas sur le milieu de votre champ ; et après vous pourrez distribuer vos jours et vos ombres à la faveur de cette lumière, de la manière que nous avons dit, suivant le conseil de Lomasse. C'est-à-dire que le jour principal, qui agit fortement sur la ligne du milieu, soit toujours plus vif que tous les autres, et qu'ils s'affaiblissent tous à mesure que les objets en sont éloignés ou qu'ils peuvent agir sur nos yeux plus faiblement.

Cette maxime que le jour principal doit tomber sur la ligne du milieu, lorsqu'il y a plusieurs lignes, n'est pas opposée à ce que les plus grand coloristes observent dans les histoires de deux ou trois figures, quand il n'y a qu'un groupe, qu'une ligne dans le tableau, et lorsque le plus grand jour vient fondre au milieu du groupe et sur la principale figure ; car alors cette figure, cet endroit fortement touché du jour tient lieu de seconde ligne, et les autres figures sont moins éclairées à proportion, parce que la lumière s'affaiblit insensiblement jusques aux extrêmités du tableau. Le Corrège, à ce qu'on dit, a peint ses tableaux avec cette économie, et on m'a fait remarquer qu'une bougie qui éclaire un tableau d'assez près, produit le même effet. Car il y a un endroit qui est le plus proche où la lumière est vive, puis elle se diminue insensiblement d'un côté et de l'autre, plus elle s'éloigne de l'endroit fortement touché.

Voyons maintenant si tout ce que nous venons de proposer se peut mettre en usage, lorsqu'on représente une histoire dans quelque lieu à couvert, comme sont les temples ou les palais ; car alors on est obligé de distribuer les jours et les ombres, par la lumière qui éclaire l'intérieur des bâtiments, qui est la principale. Néanmoins il est important de suivre la même règle, lorsqu'il y a plusieurs groupes et plusieurs lignes, c'est-à-dire de faire tomber le jour principal sur celle du milieu et sur les autres à proportion. Mais pour ce qui est du jour de réflexion, il est évident qu'il ne peut pas être si fort dans un lieu clos que sous le ciel à découvert, dont la réflexion est toujours plus vive.

Il n'y a que les plus grands peintres qui sont entrés dans ces considérations. Les autres se sont arrêtés à faire leurs histoires sur une même ligne et sous un même jour, ou tout au plus sur deux lignes, disposant quelques figures derrière les premières, avec un fond uni et le plus souvent fort obscur. On peut remarquer qu'alors l'histoire étant représentée comme dans une niche, où elle ne peut être éclairée que par son ouverture, le jour ne peut venir que par devant ou de front ou de biais. C'est de cette manière qu'on fait tomber le jour principal sur les portraits, dont la plupart ont le fond d'une seule couleur. La raison qui a obligé quelques-uns de faire les fonds fort bruns, c'est que les ombres de leurs carnations et de toutes leurs figures sont extrêmement fortes et qu'ils prétendent, par ce moyen, leur donner du relief et de l'union.

Les meilleurs coloristes ont observé non seulement ce jour principal et ces jours de réflexion, mais ils ont toujours pratiqué des lumières larges et de larges ombres ; je ne dis pas de fortes ombres, mais larges, pour servir de repos aux yeux, par intervalles, et les faire jouir de la vue des objets sans confusion et sans se lasser. Quelques-uns même ont heureusement placé des figures et souvent des groupes entiers sous l'ombre d'un édifice, d'un arbre ou de quelque nuée épaisse, pendant que le reste de l'histoire est dans le jour, faisant par ce charmant artifice fuir certaines parties et en avancer d'autres.

Il est aisé de comprendre que ces teintes d'ombre ne doivent pas être de grandes places de noir qui cachent une partie du tableau et qui, loin de soulager les yeux, leur font de la peine. On doit donc tout voir dans ces teintes comme dans la nature, qui conserve toujours sa couleur sous la teinte des ombres, chose bien difficile à imiter parfaitement. Et quoiqu'il arrive très souvent, particulièrement la nuit à la chandelle, qu'on ne peut rien distinguer du côté de l'ombre, et par conséquent qu'on ne saurait imiter que par le noir, il se faut souvenir pourtant que la peinture n'est que pour représenter les objets visibles ; or les ténèbres ne le peuvent être, parce qu'elles sont opposées à toute sorte de lumière : donc un habile peintre[1]

1. Tout ce passage est nettement dirigé contre les peintres de la manière obscure et forte, comme Dupuy appellera les Caravagesques un peu plus loin. Le ténébrisme du Caravage est repoussé pour la profonde raison que les ténèbres ne sont rien, comme l'indique en une brève comparaison la troisième des *Méditations métaphysiques* : « je comprends le repos et les ténèbres par la négation du mouvement et de la lumière » (AT IX, 36). Mais la manière du Caravage, qui donne du relief au clair par l'obscur, ne se peut aisément ignorer, quoiqu'elle revienne à rendre visible à partir du néant.

évitera avec soin cette obscurité. Cependant quoiqu'il semble que rien ne donne mieux du relief au clair que l'obscur, on ne doit jamais l'employer à cette fin qu'autant qu'il n'empêche pas de voir les parties qu'il couvre, et n'est même alors supportable que dans les lieux bien éclairés, où le grand jour fait distinguer les choses les plus brunes.

La raison au reste, qui appuie les larges jours et les larges ombres, est toute visible : c'est que les jours étroits et les petites ombres, se trouvant fort proches les unes des autres par leur peu d'étendue, font un assemblage confus [1], qui choque les yeux et qu'on doit éviter sur toute chose.

Ce n'est pas assez de pratiquer des lumières larges, il faut encore les faire perdre insensiblement dans les ombres qui les suivent ou qui les entourent: ainsi le passage des unes aux autres sera imperceptible, et encore ces ombres participeront des couleurs qui sont dans le jour, de l'un et de l'autre côté. Ajoutez à cela qu'il faut que toutes les lumières n'en fassent qu'une seule, les ombres une seule ombre ; et les unes et les autres doivent paraître dérivées d'un même principe.

Nous pouvons enfin ajouter à ce que nous avons remarqué du jour principal et du jour de réflexion sur les objets, que leurs ombres ne doivent pas être de même force dans toutes les lignes du tableau. Les plus fortes régneront toujours sur le devant et s'affaibliront peu à peu dans les autres lignes ; car les ombres fortes feraient un très mauvais effet dans la ligne du milieu, où nous avons donné le plus grand clair : elles y seront donc beaucoup plus douces et feront fuir les objets par le degré de la couleur autant que par leur situation. Pour ce qui est de la troisième ligne, il y faut voir les objets moins finis et un peu confondus parmi le clair et l'ombre, comme si c'étaient des masses tantôt de clair, tantôt de brun. Et plus ils sont éloignés, plus ils se doivent perdre dans le fond ou avec le ciel, qui doit être toujours léger et vague, et participer autant qu'il est possible de toutes les couleurs du tableau. Et c'est de cet artifice, suivant ce que de très habiles peintres m'ont avoué, que naît toute l'harmonie du coloris.

Expliquons maintenant ce que nous avons dit de Lomasse, savoir [2] que le peintre doit être ménager du plus clair de ses couleurs et donner le brillant à propos : ce qui est si important dans le coloris que Léon Baptiste Albert

1. On pourrait enregistrer, sous la condamnation relative de l'obscur et du confus, une manière de culture cartésienne de la représentation claire et distincte. On sait cependant que celle-ci n'est pas une valeur esthétique chez Descartes, pour lequel le sensible peut fort bien plaire en sa confusion.

2. Voir *supra* note 1, p. 172.

souhaitait que le blanc fût d'un prix extraordinaire, comme les perles [1], afin que les peintres fussent obligés de le bien ménager. Il faut remarquer pour comprendre ce mystère, que le plus clair d'un tableau ne doit pas être le blanc pur mais le blanc rompu par quelque autre couleur, que nous pouvons alors considérer comme le superlatif dans le coloris de notre ouvrage. C'est ce brillant par lequel on relève certains endroits, qui sont frappés de la plus vive lumière : par exemple, le blanc rompu avec la couleur jaune est le superlatif dans la draperie jaune ou dans les objets jaunes ; quand il est rompu avec tant soit peu de bleu, c'est le superlatif dans tous les objets bleus. On doit observer qu'à mesure que le blanc est rompu par quelque autre couleur, ce qui se peut faire par divers degrés, il la rend au même temps plus légère ; par exemple, lorsque le blanc tient tant soit peu du rouge, il est rompu par le rouge et lorsque le rouge tient tant soit peu du blanc, on peut dire que le rouge prend la qualité du blanc à proportion et qu'il est rendu plus léger par cet alliage. Après cela, il serait inutile de dire que les couleurs pesantes mêlées avec les plus vives ou avec les plus légères, en font la rupture.

Cela bien considéré, on doit ménager les couleurs de sorte que le plus clair de la couleur, éclaircie par le blanc, soit employé dans la ligne du milieu, que les teintes et les ombres y soient douces à proportion, et néanmoins que les objets y soient parfaitement bien distingués jusques à leurs moindres parties. Je dis parfaitement et non pas fortement ; elle sera donc sous le plus grand jour ou sous la lumière principale, où il n'y aura point de brillant appliqué comme des perles, mais un jour uni éclatant et composé du plus clair de la couleur.

La troisième ligne aura par conséquent les teintes moins vives et plus faibles que la seconde, et les objets y seront un peu confondus avec le fond, comme nous avons déjà remarqué. On n'y donne point de brillant aux objets comme sur le devant du tableau, excepté lorsqu'il faut exprimer quelque éclat de lumière, lorsque le soleil touche les montagnes, ou à son lever ou à son coucher, comme il arrive souvent à nos Pyrénées.

Pour ce qui est de la ligne du devant ou première ligne, il y faut employer les couleurs moins légères et plus fortes ; ainsi les ombres doivent être fort brunes et la couleur qui fait le clair assez rompue ; mais on la relèvera par le superlatif de la couleur en quelques endroits qui peuvent être touchés de la lumière principale, comme si on y appliquait des pierreries.

1. Alberti, *De pictura*, livre II, § 47 : « Comme j'aimerais que l'on vende aux peintres la couleur blanche beaucoup plus cher que les pierres les plus précieuses » (trad. J.-L. Schefer, Macula, 1992, p. 196-199).

La raison au reste pour laquelle ces brillants se doivent employer sur la première ligne, c'est que le soleil qui frappe les objets que nous voyons de près dans la nature, agit puissamment sur nos yeux et brille beaucoup par la réflexion des corps éclairés, au lieu que le grand jour paraît uni dans les choses que nous voyons d'un peu loin. C'est par cette raison que la seconde ligne qu'on suppose un peu éloignée, ne veut point de brillants comme la première.

Les peintres sont forcés à ce ménagement de couleurs à cause qu'ils n'en ont point qui puisse représenter efficacement la lumière qui les produit ou du moins qui les anime. Ils ont vu que cette imitation ne se pouvait faire que par comparaison, de sorte que tenant leurs teintes sur un ton assez bas dans toutes les parties de l'ouvrage, il les peuvent après relever lorsqu'il est nécessaire par le brillant dont nous avons parlé ou même par le blanc pur, pour imiter avec surprise la lumière, par l'opposition de couleurs beaucoup moins brillantes.

Il en est du coloris comme de la musique, car si on prend dans celle-ci le ton de la voix un peu trop élevé, il est impossible naturellement d'arriver à l'octave. On appelle aussi le ton dans les couleurs, le tempérament qu'on leur donne, pour descendre du côté des ombres et pour monter de l'autre au plus clair de la couleur ; mais tout cela se faisant par le moyen du blanc, qui peut être rompu par toutes les autres couleurs, comme il peut rendre légères toutes les autres. Le peintre doit considérer le blanc et le noir comme deux extrémités qui renferment toutes les couleurs, sans être couleurs eux-mêmes, car c'est un axiome de la peinture que le blanc pur est la lumière comme le noir est une privation de lumière ; et les autres couleurs ne sont que des modifications de cette lumière sur les corps naturels qu'on imite par le coloris. Quand je dis que le ton des couleurs se trouve par le moyen du blanc, je ne prétends pas exclure les autres couleurs légères, qui se peuvent aussi rompre d'une infinité de façons et produire divers tempéraments par leur mélange ; j'entends que c'est la seule qui peut exprimer le brillant et la lumière.

L'auteur des *Remarques* sur le poème de Dufresnoy en a fait une [1] qui est bien considérable : c'est que les ouvrages exposés dans de petits lieux, par exemple les tableaux destinés pour des cabinets, doivent être fort tendres et fort unis de tons et de couleurs, mais ces tons et ces couleurs doivent être plus différents, plus inégaux et plus fiers dans les grandes ordonnances, parce que l'ouvrage étant alors éloigné de nos yeux, tous ces

1. Ce n'est pas une *Remarque* de Roger de Piles mais un précepte de Dufresnoy, traduit par de Piles, le précepte LII, aux vers 398-401 (*Art de peinture*, *op. cit.*, p. 64-65).

différents degrés de couleurs sont adoucis et unis par l'interposition de l'air et font l'effet qu'on se propose. Tout au contraire les petits tableaux étant vus de loin perdent toute la beauté de leur union, qui est inutile dans l'éloignement qui leur ôte toute force. Mais qu'est-ce qu'on appelle être uni de tons et de couleurs ? C'est lorsqu'elles sont rompues au même degré, ou rendues légères par la même proportion; ce qui s'appelle union de ton, union de couleur, est lorsque les couleurs s'accordent par leur qualité de couleur. Mais comme dans les grands ouvrages les tons et les couleurs s'adoucissent beaucoup par l'éloignement, c'est pour cela qu'on fait cette différence entre les grands et les petits ouvrages.

Si parmi tant de choses que je viens de remarquer sur le sujet de la lumière et des ombres, il semble qu'il y en a qui appartiennent à la composition, autant qu'au coloris et au dessin, j'ai cru que l'art de les représenter sous les différentes teintes et couleurs qu'elles prennent dans le naturel, regarde uniquement la partie du coloris et que c'était ici le lieu d'en discourir, car les couleurs ne sont, suivant le sentiment de nos nouveaux philosophes [1], que des effets de la lumière sur des superficies, composées de particules de différentes figures, qui, causant une infinité de réflexions ou de réfractions, font la diversité des couleurs, quoique l'art de placer les jours et les ombres, principalement dans les figures, pour servir à leur proportion, dépende absolument de la science du dessin, comme j'ai fait voir ailleurs.

Le coloris, pour être accompli, demande non seulement l'union et l'entente des couleurs mais encore la fraîcheur et la *vaguesse* [2]. L'union s'y trouve lorsque les teintes se succèdent graduellement et qu'elles sont imperceptiblement noyées ensemble, de sorte qu'il n'y paraisse rien de tranché, rien de coupé ; ce qu'on évite par l'adresse et le soin de bien attendrir les petits ouvrages, et par l'intelligence du peintre dans les grandes ordonnances. L'entente des couleurs s'y trouve aussi lorsqu'elles sont placées sans se choquer, c'est-à-dire que rien n'y paraît aigre ou discordant, qu'il y a de l'harmonie, de la rupture [3], comme disent les Italiens, pour tempérer les couleurs trop vives. Et voilà ce qu'on appelle bien peindre et savoir l'entente des couleurs.

1. Ce sont les cartésiens. Les particules de matière subtile composant la lumière, avec leurs réfractions et réflexions multiples, sont détaillées au discours VIII des *Météores* (AT VI, particulièrement en 333, 23-334, 29).

2. Italianisme, venu de *vaghezza*, au sens de la beauté gracieuse. La vaguesse s'oppose à la sécheresse.

3. Au sens des couleurs rompues, autrement dit atténuées dans leur vivacité par des couleurs plus pesantes.

La fraîcheur d'un ouvrage paraît lorsque les couleurs sont employées de manière qu'elles conservent tout leur éclat naturel sans aide de luisant ou de vernis. Et lorsqu'elles n'ont rien de trop fort pour fixer la vue et l'arrêter en certains endroits plutôt qu'en d'autres, ou que l'ouvrage n'a point de couleur trop universellement répandue partout mais une variété agréable de plusieurs teintes, qui s'accordent ensemble tant dans les jours que dans les ombres, cela s'appelle vague et vaguesse des couleurs, d'après les Italiens.

Comme l'union des teintes est une des plus nécessaires conditions d'un excellent coloris, plusieurs peintres ont tâché d'y parvenir à force de chercher avec le pinceau plutôt que par leur intelligence ou par quelque règle assurée de pratique. Alors on ne dit pas seulement que leur ouvrage a de l'union mais on ajoute qu'il est stenté[1], c'est-à-dire peiné, d'après les mêmes Italiens qui l'appellent *stentato*. Au contraire la qualité qui lui est opposée s'appelle liberté de pinceau.

Pour ce qui est de la fraîcheur, elle est aussi une des principales qualités du bon coloris ; néanmoins la plupart, ne prenant pas garde que les couleurs pour être fraîches, n'ont besoin que de leur vivacité naturelle et que l'huile ne sert qu'à les allier, que même c'est souvent l'huile qui leur ôte de la force quoiqu'elle leur donne du luisant, la plupart, dis-je, se servent de certains secrets pour relever l'éclat de leurs couleurs. Tantôt ils les purifient par des lessives, tantôt par la calcination[2] et par d'autres manières chimiques, avant de les employer ; et enfin ils les couchent sur des fonds ou des ébauches qui les relèvent, ce qu'ils appellent glacer les couleurs.

Lomasse accuse plusieurs peintres vénitiens[3] d'avoir quelquefois choqué la convenance lorsque, pour faire paraître leur secret, ils ont habillé des personnes de bas lieu d'étoffes de brocard qui seraient plus convenables à de grands princes. Vasari rapporte sur ce sujet[4] une histoire de Léonard de Vinci qui, ayant entrepris un grand ouvrage à Rome, se mit d'abord à distiller des huiles pour faire des vernis, sur quoi le pape Léon X

1. Nouvel italianisme. *Stentato* signifie « pénible », et dans notre contexte, « forcé ». Félibien le reprend dans son *Dictionnaire* : « Stenté. Les peintres disent un tableau stenté, qui est fait avec peine et difficulté, du mot italien *stentato* ».

2. « Calciner, c'est réduire des pierres ou autre chose en chaux, par le feu » (Félibien, *Dictionnaire*).

3. *Trattato*, livre VI, chap. 57, Roma, 1844, p. 412. Lomazzo mentionne notamment le Corrège et Andrea del Sarto.

4. « Vie de Léonard de Vinci », livre V, p. 46. Le pape est plus dur encore selon Vasari : « En voilà un qui n'aboutira à rien ; il pense au terme de l'ouvrage avant de l'avoir commencé ».

dit agréablement que ce peintre n'était pas pour exécuter de grandes choses, puisqu'il commençait son ouvrage par où il le devait finir.

Je me suis entretenu plusieurs fois avec des peintres habiles sur le choix qu'on peut faire des couleurs et sur leur préparation pour les rendre éclatantes, mais j'ai reconnu qu'ils méprisaient tous ces secrets dont on prétend se servir pour relever leur vivacité naturelle, et qu'ils n'employaient que des couleurs simples mais propres. En effet le blanc employé à propos et, après le blanc, les couleurs les plus légères, donnent toute la beauté au coloris, parce qu'elles se font remarquer aux yeux par leur rapport à la lumière. C'est par les couleurs légères que les ouvrages subsistent longtemps et jusqu'à ce qu'elles se salissent, en succombant à leur ennemi qui est l'obscur et le noir, qu'elles contractent dans les suites par la poussière, par la fumée et par les fréquentes altérations de l'air. Ainsi quand on fait un ouvrage dans quelque lieu public, on doit sur toutes choses donner beaucoup de fraîcheur au coloris et n'employer pas certaines couleurs, ou qui changent ou qui font changer les autres, ce qui peut aussi arriver à force d'être tourmentées avec le pinceau ; de sorte qu'une peinture qui est d'une excellente main doit être conservée avec une grande précaution. Les Anciens, au rapport de Vitruve[1], n'avaient pas accoutumé de faire peindre les appartements où la fumée pouvait gâter les peintures.

J'ai distingué l'union de l'entente des couleurs, et encore de la fraîcheur et de la *vaguesse* parce que, comme elles se peuvent trouver toutes ensemble dans un ouvrage parfait, on voit très souvent qu'elles n'y sont pas toutes à la fois. Nous voyons en effet des choses très bien peintes qui ne sont point fraîches ni vagues, et au contraire il s'en voit de vagues et même de fraîches qui ne sont pas tout à fait bien peintes.

Il y a eu de fameux peintres qui ont négligé tout ce qui pouvait rendre leurs ouvrages riants et qui ont mis toute leur industrie à leur donner de la fierté et de la force. Par exemple, personne ne dira qu'Amerigi de Caravage[2] n'ait excellemment peint et avec plus de fierté qu'aucun autre peintre ; il eut même des élèves et des imitateurs très habiles qui ont fait du bruit dans le monde. Mais la manière de peindre des Carraches, qui a de la fierté et avec cela plus de vaguesse et d'agrément, a reçu l'approbation uni-

1. Voici le passage du livre VII, chap. 3 du *De Architectura*, qui se rapproche le plus de la référence de Dupuy : « Car c'est une maxime que la blancheur de ces sortes d'ouvrages est une chose si délicate que la moindre fumée, même des lieux d'alentour, qui s'y attache, les gâte aisément » (trad. C. Perrault, p. 237). Il s'agit de corniches sculptées qu'on peut « tailler dans les appartements d'été, où l'on s'assemble sans y rien faire qui produise de la fumée ou de la suie » (*ibid.*, p. 237).

2. *Sic* pour Michelangelo *Merisi* ou *Amerighi* da Caravaggio, dit le Caravage.

verselle des peintres, lorsque la manière du Caravage n'a paru supportable que dans les portraits ou dans certains tableaux dont le fond est uni.

Les sectateurs du Caravage disputèrent quelque temps l'honneur du coloris contre les élèves des Carraches, mais enfin les meilleurs peintres préférèrent le goût du fameux Hannibal et tous les connaisseurs prirent le parti du Guide et du Dominiquin ; on peut dire même que le pinceau du Guide était les délices de son temps ; ses ouvrages ont quelque chose de riant qui charme et qui attire les yeux, au lieu que tout est basané et triste dans le Caravage.

On est persuadé que l'école de Lombardie a produit les plus grands coloristes ; et si celle de Rome n'était beaucoup supérieure pour le dessin, il n'y a point de doute que la lombarde ne fût plus estimée en toutes choses. Cette école, suivant la commune opinion des peintres, comprend non seulement Milan et les villes voisines, mais Parme, Plaisance, Gênes, Venise et Bologne d'où étaient sortis les Carraches.

L'histoire des peintres nous apprend qu'il y avait au même temps deux peintres qui se distinguèrent de tous ceux qui les avaient précédés pour ce qui regarde le beau coloris, sans pourtant se connaître. L'un était à Parme et s'appelait Antoine de Corrège, l'autre était à Venise et son nom était Georgion, ou Georges de Castelfranc. La manière du Corrège était riante, agréable et vive, celle du Georgion était fière et forte, mais le premier a été toujours le plus suivi et le plus estimé ; et les peintres l'ont appelé le divin Corrège. Georgion, il est vrai, fut le maître du fameux Titien Vercelli de Cadore[1], mais qui prit des routes différentes et le surpasse infiniment ; et à dire vrai, le coloris du Titien n'est pas tant une manière qu'une couleur naturelle et véritable : enfin sa peinture est au même temps fière et suave, et pour ainsi dire précieuse. Les plus grands princes de son siècle le caressèrent, le firent travailler, l'enrichirent de bienfaits, et ses tableaux sont aujourd'hui d'un grand prix dans toute l'Europe.

Tous les peintres qui sont capables de bien juger de leur art et tous ceux qui ont écrit sur la peinture, regardent Titien comme le plus excellent pinceau qui ait encore paru. Il fait paraître ses figures vivantes, disent les peintres, ses carnations ressemblent si bien à de la chair qu'on y voit du sang et du lait mêlés ensemble à la place de la couleur ; ou plutôt c'est de la chair qu'il a pétrie avec le pinceau. Ses draperies sont moelleuses, comme si elles étaient de véritable étoffe ; et enfin ses ouvrages enchantent les yeux de tous ceux qui les considèrent. Tant il est vrai qu'il a su donner à toutes choses les touches qui leur étaient convenables pour les distinguer les unes

1. Cadore est le village natal du Titien, dans les Dolomites.

des autres, et leur a su communiquer plus d'esprit et de vérité que tous ceux qui ont jamais peint.

S'il se pouvait faire un assemblage des grâces et du dessin de Raphaël avec le coloris du Titien, on verrait sans doute le comble de la perfection de cet art. Néanmoins il semble qu'il ne manquait rien à Raphaël et que le principal point de la peinture n'est pas le coloris.

Félibien, ayant proposé Nicolas Poussin pour le premier héros de la peinture de notre nation, lorsqu'il fait son éloge[1], remarque que ce peintre dans sa jeunesse avait suivi la manière du Titien, mais que plus il s'avança dans la connaissance de cet art et plus il négligea le coloris ; d'où nous pourrions peut-être inférer deux choses : l'une est que les grands hommes voient quelque chose au-delà de l'usage des couleurs dans la peinture, qui ne peut être que la perfection du dessin, l'autre est que la suprême excellence du coloris est un pur don que le ciel avait fait à Titien.

On parle toutefois d'un autre peintre de l'école lombarde, appelé Paul Cagliari ou Paul Véronèse, comme d'un grand prodige tant par le dessin que pour l'emploi des couleurs ; car s'il est vrai ce que l'on dit, il a égalé lui seul dans quelques-uns de ses tableaux tout ce qui s'est encore vu dans plusieurs des autres peintres. Un curieux et fort intelligent dans la peinture a écrit qu'étant à Venise, on lui fit voir les ouvrages de ce peintre qu'il trouva les plus beaux qu'il eût vu partout ailleurs. *Je fus voir,* dit-il, *plusieurs tableaux de Paul Véronèse chez Joseph Cagliari, qui est petit fils ou neveu de ce peintre, et entre autres une Vénus nue qu'un satyre veut forcer, et un petit amour qui dort couché à terre tout nu, ce qui est non seulement la plus belle chose qu'ait jamais faite Paul, mais la plus belle à mon gré qui soit au monde. Car tout ce que Raphaël, Carrache et Titien ont fait de plus beau pour le dessin, pour l'agrément et pour le coloris se trouve dans ce tableau, dont je ne me pouvais rassasier. Il l'estimait quinze mille écus et je crois que rien ne le peut payer*[2].

1. *Entretien VIII*, éd. Trévoux, t. IV, p. 13. Félibien ne dit pas exactement ce que Dupuy lui prête, mais, et de façon dispersée au fil de l'*Entretien*, que Poussin a estimé le coloris du Titien (*Entretien VIII*, p. 13), mais que les grands peintres préfèrent la correction du dessin (p. 97), que certains préfèrent satisfaire les yeux que la raison (p. 112) et que Poussin n'a pas ici suivi les peintres vénitiens (p. 114). Rien dans l'éloge final de l'*Entretien VIII* (p. 152-162) ne ressemble à ce que rapporte Dupuy. En revanche, la substance de ce propos se trouve à la conférence de Philippe de Champaigne du 12 juin 1671, qui déclenche la Querelle du Coloris (*Conférences de l'Académie*, éd. Lichtenstein/Michel, t. I, vol. I, p. 409).

2. Ce tableau, décrit par Carlo Ridolfi, dans sa *Vita di Paolo Caliari*, lorsqu'il énumère les tableaux encore présents dans la maison du peintre, au temps de son occupation par Giuseppe Caliari, neveu et unique héritier de la famille (*Le meraviglie dell'arte ovvero le Vite degli illustri pittori veneti e dello stato*, Venezia, 1648, t. I, p. 330) est estimé quinze mille écus

Les Carraches ayant paru depuis le Corrège, depuis le Titien et Paul Véronèse, formèrent un excellent coloris, de sorte que la manière que le Caravage avait introduite ne se put longtemps soutenir dans le premier rang en Italie contre les imitateurs et les élèves des Carraches. Elle s'était pourtant établie en France par le moyen d'un peintre appelé Valentin et de quelque autre imitateur du Caravage, mais elle y eut bientôt le dessous, lorsqu'on eut vu quelques tableaux de Rubens et de Van Dyck, qui avaient étudié le coloris à Venise, d'après le Titien et Paul Véronèse. Elle fut entièrement décréditée par Simon Vouet, quoiqu'il fut né à Paris et qu'il y eut appris à peindre de la manière du Caravage ; car l'ayant heureusement quitté à Venise, où il avait étudié celle de Paul Véronèse, qu'il tâcha d'imiter depuis de toute son industrie, il en apporta si bien le goût en France que les manières fraîches et vagues ont toujours été les plus approuvées de ceux qui connaissent la peinture, deçà les monts.

Comme il y a d'agréables variétés dans la nature, l'art entreprend aussi d'en avoir, et souvent une petite licence que le peintre s'est donnée, en représentant des carnations extrêmement rouges, un peu jaunes ou vertes, ou enfin tirant sur quelque autre couleur, ne laisse pas d'être très agréable à nos yeux ; et nous ne sommes pas moins charmés lorsque le peintre représente des étoffes d'une couleur qui n'est pas ordinairement connue dans l'usage.

On peut dire la même chose du coloris que du dessin : il y faut mêler l'art à la nature, il y faut quelque chose de doux qui est la couleur purement naturelle du sujet, et quelque chose de piquant qui fait la beauté de l'art. C'est un assaisonnement que le peintre tâche de donner à son ouvrage, par le concours de plusieurs couleurs artificielles, qui représentent les plus agréables effets de la lumière dans les choses naturelles. Comme dans le dessin il fait choix de ce qu'il y a de plus beau dans tous les objets pour la forme et pour la proportion, de sorte que le dessin frappe la raison et les yeux comme le coloris touche les yeux et l'imagination.

Il ne nous reste maintenant qu'à faire l'application de toute cette théorie sur quelques ouvrages de peinture que nous voyons exposés en public dans notre ville, toutefois d'une manière qu'on pourra faire la même application partout ailleurs, principalement dans les climats heureux où cet art a fait voir ces plus nobles productions.

Je commencerai par nos tableaux qui sont d'une manière obscure et forte : le premier sera cette excellente copie, faite à Malte d'après le

par le curieux qu'est Balthasar de Monconys (1601-1665) dans son *Journal de voyage de Monsieur de Monconys*, Lyon, 1666, t. II, p. 425 (*Troisième voyage d'Italie*, mai 1664).

Caravage. C'est une grande ordonnance qui est à l'autel du chœur des Pères augustins et qui représente l'histoire de la décollation de saint Jean dans sa prison. Ce lieu paraît sombre et affreux, on y remarque à l'aile gauche et sur la troisième ligne du tableau une fenêtre à hauteur d'appui, barrée de fer et qui répond à un autre appartement d'où il vient très peu de jour et d'où un soldat regarde ce qui se passe dans la prison. On voit sur la première ligne et presque au milieu du tableau le corps de saint Jean Baptiste, renversé sur son estomac, les bras attachés sur le dos et la tête séparée du tronc ; il montre les épaules, le bras gauche et une jambe, le reste du corps étant couvert d'une draperie rouge, mais tous ses membres sont fort confondus du côté des ombres avec le fond qui est fort noir. Le bourreau est une belle figure qui se baisse pour lever la tête du saint avec la main gauche pendant qu'il a le bras droit replié sur son dos, où il tient son coutelas à la main. On lui voit la tête, les bras, l'épaule et le flanc gauche, les deux cuisses, les jambes et un pied. Cette figure est ceinte par le milieu du corps d'une draperie blanche et est confondue en beaucoup d'endroits dans l'obscurité. À la droite et sur la même ligne, il y a une jeune fille qui se présente de profil et s'abaisse pour recevoir dans un bassin qu'elle porte dans ses mains, à la manière d'une cribleuse, la précieuse tête qui vient d'être coupée. Cette figure au reste paraît d'une excellente proportion, mais elle est aussi confondue que tout le reste, de telle manière qu'il y a de la peine à discerner que sa draperie est d'un vert brun.

On voit là-derrière comme dans la seconde ligne mais plus près du bourreau, le geôlier qui tient une chaîne dans ses mains et, un peu plus loin, une vieille femme qui porte sa main auprès de sa joue comme si elle était appuyée sur son coude, et assise près d'une table ; mais tout cela si peu distingué qu'il n'est pas possible d'en découvrir davantage. Le fond de ces figures est d'une grande noirceur qui est à une aile du tableau comme d'une profonde allée qui conduit en ce lieu. Les figures du devant paraissent un peu plus grandes que le naturel, quoiqu'on les regarde d'assez loin. Le jour tombe plutôt de haut en bas que du côté, avec fort peu de réflexion, ce qui est cause que les objets sont dans l'obscurité. Au reste le plus clair du jour paraît à peine sur la figure du geôlier qui est dans la seconde ligne.

Si le Caravage n'eût pas affecté naturellement ces teintes noires, il aurait pu pratiquer un peu plus de jour et de plus grandes réflexions à la faveur desquelles toutes ces figures se seraient mieux distinguées. Ajoutez à tout cela que l'endroit qui est un peu sombre, n'est pas avantageux à ce tableau, qui ne manque pas pourtant d'union, d'entente et de force ; mais il n'est ni vague ni frais, et ce grand noir chagrine furieusement les yeux.

On voit encore un autre excellent tableau de la manière du Caravage, à l'autel des Dames maltaises ; il est d'un de ses meilleurs disciples et a été fait à Malte, comme le précédent. C'est l'histoire de saint Jean Baptiste qui prêche aux Juifs. Il est debout sous les arbres au milieu d'une troupe de personnes de l'un et de l'autre sexe, et de différents âges, qui semblent l'écouter avec attention. Il paraît pour le moins comme nature, sa tête se voit de profil, mais le reste du corps se montre un peu plus ; il lève la main droite par manière de correction et il tient de l'autre une longue baguette au bout de laquelle il y a une petite croix. Il a l'estomac et le devant du corps couverts jusques aux genoux d'une peau brune et roussâtre, et sur l'épaule gauche une draperie rouge qui lui tombe sur le dos. Tout son bras droit, l'épaule, le flanc, la cuisse et la jambe avec le pied, sont découverts et d'une carnation fort basanée, où l'on ne distingue rien du côté des ombres, non pas même au visage. On voit derrière lui une jeune paysanne assise sur ses talons qui montre l'épaule et le dos, et qui est habillée d'un corset bleu tout à fait naturel. Il y a encore une autre figure à terre, du côté gauche du saint ; et tout cela compose un groupe à l'aile qui est du côté de l'Evangile. À l'autre aile, il y a six personnes assises en couronne ; la plus avancée est un homme pour le moins grand comme nature, il a un bonnet rouge à la tête avec un linge blanc en forme de turban, et son épée au côté sur laquelle il porte sa main gauche, tenant son bras droit sur l'épaule d'un jeune garçon qu'il a entre ses genoux. On dit même que c'est le portrait du peintre qui a fait cet ouvrage. Après suivent une jeune femme et trois hommes diversement assis ; derrière ceux-ci il y a quatre personnes qui sont debout, une jeune femme, deux hommes d'un âge mûr et un jeune homme qui porte l'épée et qui a un plumet blanc à son bonnet. À la réserve de celui qui tient le jeune enfant dans ses genoux et des deux figures qui sont auprès de lui, toutes celles de ce grand groupe sont dans une teinte où les jours sont extrêmement faibles et les ombres à proportion, parce qu'elles sont sous des arbres et dans la ligne du milieu. Pour ce qui est des figures qui sont sur le devant, elles ont des ombres et des jours plus forts, mais toutes les carnations y sont brunes ou basanées à la manière du Caravage. Le fond du tableau est la vue d'une rivière entre des montagnes et des masses, et un ciel fort chargé de nuages et assez mélancolique, mais qui fuit très bien. Le peintre n'a employé aucune draperie verte dans cet ouvrage, mais des rouges en cinq ou six endroits, toutes rompues et adoucies par des ombres fortes à sa manière. Toute cette histoire se passe sous quelques arbres et il n'y a que les figures du devant qui soient éclairées du jour principal, qui pourtant n'est pas fort vif. Cet ouvrage au reste a beaucoup d'union, de force et d'entente de couleurs, et de fraîcheur mais il n'est pas riant et vague.

Les tableaux de Tournier[1] sont de la manière du Valentin sous lequel il avait appris, et le Valentin était un imitateur ou élève du Caravage. Les plus considérables sont dans la chapelle des Pénitents noirs ; il y en a trois à l'autel, l'un représente le crucifix, les autres le portement de croix et la sépulture du Sauveur ; le quatrième est à un côté de la nef et il représente la bataille de l'empereur Constantin contre Maxence. Les figures, principalement de ceux de l'autel, y sont comme dans des niches obscures, et sa bataille a pour fond quelque bois ou noire terrasse, car on ne saurait distinguer ce que c'est ; et puis un ciel bleuâtre tout uni. Les figures de cette bataille ne paraissent pas assez grandes pour ce lieu et, à la réserve de la figure de Constantin qui pétille par sa draperie rouge et son cheval blanc, ce tableau est trop uni de tons et de couleurs et n'a pas d'assez grandes masses de jour et d'ombre, de sorte qu'étant considéré d'un peu loin, il ressemble à quelque espèce de cirage, à quoi les carnations qui sont fort basanées contribuent beaucoup.

Au reste les trois tableaux de l'autel sont les meilleurs dans la manière de Tournier. La descente de la croix qui se voit à côté du chœur de saint Étienne, est de même représentée dans une niche très obscure ; elle est fort estimée, principalement pour le dessin du Christ. Ce peintre aurait peint plus agréablement s'il eût voulu, car on voit à deux ovales de l'autel des mêmes Pénitents, du taffetas changeant tirant sur la couleur isabelle, qu'il a peint fort naturel et vague, et avec tant de relief qu'il y a peu de personnes qui n'y soient trompées. Il y a encore un tableau de lui au mausolée de saint Thomas, aux pères Dominicains, où ce saint est lié d'un cordon par deux anges ; il est bien peint et le fond n'en est pas noir comme celui des autres tableaux ; on compte aussi le crucifix du maître-autel des pères Minimes pour un des meilleurs tableaux de ce peintre. Tournier du reste copiait bien la couleur naturelle lorsqu'il faisait des portraits ; il réussissait principalement à des personnes de basse condition.

Après Tournier le peintre qui a donné le plus dans le noir, c'est Chalette[2]. Il y a même de ses ouvrages, qui sont de la manière du Caravage comme cette image de Notre Dame qui est à l'Hôtel de ville, sur la porte du grand consistoire, et le tableau du crucifix de la chapelle, qui sont très bien

1. Nicolas Tournier (1597-1657) fait partie des introducteurs du caravagisme à Toulouse sous Louis XIII. Il fut redécouvert lors de l'exposition mémorable de 1934 au Grand Palais : *Les peintres de la réalité*. On consultera l'article de Robert Mesuret : « L'œuvre peint de Nicolas Tournier, essai de catalogue » dans *Gazette des beaux-arts*, 1957.

2. Jean Chalette (1581-1644), sans doute formé par Pourbus, fut le peintre de l'Hôtel de ville sous Louis XIII. Voir, pour ses œuvres, le catalogue de l'exposition *Les Miniaturistes du Capitole de 1610 à 1789*, Toulouse, Musée Paul Dupuy, 1956, p. 17-37.

peints. Les deux grands tableaux de ce peintre qu'on voit sous les basses galeries et qui représentent les deux entrées que fit le roi Louis XIII dans Toulouse, sont aussi d'un coloris assez obscur et le noir y règne beaucoup dans les ombres. Il y a quelques belles têtes qui se sont conservées dans leur couleur, mais on peut remarquer que celles qui ont de plus grands noirs n'ont plus la couleur de la chair que le noir a infectée. Le fond des tableaux de Chalette est travaillé, il est plus clair qu'aux ouvrages de Tournier et la noirceur des ombres n'empêche pas qu'on y distingue très bien toutes choses. Ils n'ont pourtant aucune fraîcheur, et comme il a été forcé d'habiller quelques-unes de ses principales figures d'un rouge vif et d'un noir très pur, il lui a été impossible d'unir ces couleurs entre elles et avec les autres.

Le même inconvénient se trouve dans le tableau qui est dans la grande salle où est représentée l'entrée du roi aujourd'hui régnant, et où le rouge, le noir et le blanc sont appliqués à plages et causent beaucoup d'aigreur à la vue. C'est un ouvrage de Durand[1].

Pader[2] avait appris sous Chalette ; son coloris pourtant est différent. Il ne peignait pas ordinairement avec tant d'union et d'entente, mais son coloris était plus frais et plus riant, principalement au plafond de la chapelle du milieu du cloître saint Sernin, où l'on voit sept à huit tableaux de sa main qui semblent avoir été faits depuis deux jours. On doit pourtant juger de son savoir sur les deux grands tableaux qu'il a faits pour la chapelle des Pénitents noirs, dont l'un représente l'histoire du Déluge universel, et l'autre le triomphe de Joseph dans la capitale d'Egypte.

Le déluge est d'un coloris fort obscur ; il y a au bas du tableau deux figures qui embrassent un gros tronc d'arbre, mais qui ne semblent pas sortir assez pour n'avoir pas les ombres plus fortes que les autres, qui sont plus éloignées et n'ont pas du brillant où il serait nécessaire pour faire avancer. On voit plus avant et presque sur la même ligne, à une aile du tableau, un groupe de figures sur lesquelles tombe le jour principal, qui ont pourtant les ombres très fortes. Il y a entre autres figures trois femmes

1. Antoine Durand (1611-1680) succéda à Jean Chalette en 1645 comme peintre juré de la ville. Ce fut ainsi principalement le portraitiste des Capitouls de 1644 à 1670. Notice et œuvres dans *Les miniaturistes du Capitole de 1610 à 1790*, Toulouse, Musée Paul Dupuy, 1956, p. 38-52.

2. Hilaire Pader (1606-1677) fut élève de Jean Chalette. On le sait traducteur du premier livre du *Trattato* de Lomazzo (Toulouse, 1649) et d'un poème *La peinture parlante* (1654). On peut encore consulter à son sujet l'étude que Philippe Chennevières-Pointel lui consacre en ses *Recherches sur la vie et les ouvrages de quelques peintres provinciaux*, t. IV, 1862. Voir aussi le catalogue de l'exposition : *Le dessin toulousain de 1610 à 1730*, (Toulouse, 1953), avec l'étude que lui consacre Robert Mesuret.

accompagnées de draperies fort légères sur un fond obscur, ce qui fait un assez mauvais effet. On remarque à l'autre aile du tableau et sur la seconde ligne, un groupe de figures qui grimpent sur une terrasse où les jours sont faibles et les ombres fortes, comme si elles étaient sur la première ligne. On aperçoit après cela la face des eaux et l'Arche de Noé à la faveur d'un éclair ; tout le reste ne sont que des ténèbres, comme s'il avait été nécessaire de représenter le Déluge dans la nuit, pour n'être pas vu.

Le triomphe de Joseph a un groupe de femmes à chaque aile du tableau sur la première ligne, dont le coloris est bien entendu, frais et vague, ce qui ferait un très bel effet si le reste suivait ce ton ; mais on voit dans la seconde ligne Joseph sur son char et des officiers à cheval qui le suivent, dont les couleurs sont plus pesantes et les ombres plus fortes que celles de la première ligne, de sorte que cela ne fuit pas assez. Le coloris de ces tableaux pris à pièces et groupe après groupe, est très bien entendu, mais on ne peut pas dire que toute l'histoire ensemble soit harmonieuse. Au reste je me réserve de dire ailleurs ce qu'il y a d'excellent dans ces deux ouvrages.

S'il fallait indiquer un ouvrage extrêmement frais à Toulouse, quoique d'un coloris obscur, ce serait la sainte Catherine de Sienne qui est à l'autel de sa chapelle, aux pères Dominicains. On y voit cette sainte à qui Jésus-Christ arrache le cœur pendant que deux anges la soutiennent. Les figures y sont comme le naturel et le fond est d'une gloire qui remplit le haut du tableau. Cet ouvrage est bien peint, bien entendu et sur toutes choses, il a une grande fraîcheur. Toutes les figures y sont sur une même ligne et le jour principal agit sur le milieu du groupe puis il se diminue insensiblement jusques aux extrémités du tableau.

Il est temps que nous considérions des peintures moins fortes pour arriver peu à peu aux plus vagues. Parmi le grand nombre des tableaux du cloître des pères Cordeliers, j'ai ouï exalter uniquement celui qui représente les disciples de saint François à genoux, surpris de voir leur patriarche enlevé au ciel sur un char lumineux ; ils sont au nombre de sept à huit, tout différents de carnations et de teintes ; les habits de quelques-uns paraissent tous neufs, d'autres semblent être à demi usés. Tout y est fort naturel et varié et, quoique la couleur de gris tanné soit triste d'elle-même, cette peinture a de la fraîcheur, beaucoup d'entente, d'union et de liberté de pinceau.

Le tableau du maître-autel des pères Jésuites de la maison professe mérite d'être observé par les jeunes peintres : c'est une copie faite dit-on à Rome d'après Pierre de Cortone, par Carlo Marati, très habile peintre. Le coloris en est d'un excellent goût et très beau pour l'union, pour l'entente et la fraîcheur ; et quoique cette manière ait beaucoup de force, les ombres n'empêchent pas qu'on ne discerne bien toutes choses. Outre que c'est une histoire qui s'est passée pendant la nuit, car c'est la naissance du Sauveur, de sorte que les fortes ombres n'étaient pas ordinaires à Pierre de Cortone, comme il est évident.

Je passe présentement au tableau de la Circoncision qui est à l'avant chœur des pères Chartreux de la main d'un peintre qui s'appelait Guide François[1]. C'est un des meilleurs ouvrages qu'il ait fait à Toulouse. On y voit la sainte Vierge tenant son enfant entre ses mains dans un linge, et un vieillard qui tend les bras pour le recevoir ; une vieille est à côté à genoux, ayant les mains jointes. On voit de l'autre côté de la Vierge une jeune femme qui porte deux colombes dans un panier ; saint Joseph est auprès de cette femme et il y a deux acolytes tenant des cierges, l'un à la droite du vieillard, et l'autre un peu derrière lui.

Les carnations de ces figures sont naturelles et bien variées, le coloris en est plutôt vague que fort, les draperies sont de couleurs douces, à la réserve de celles de la Vierge, où elles sont rouge et bleue, ce qui la fait particulièrement distinguer dans ce tableau, sans causer aucune aigreur. La perspective aérienne, ou la diminution des teintes, y est merveilleusement observée ; les figures qui sont derrière les premières sont affaiblies doucement et cela mérite beaucoup d'attention de la part des jeunes peintres. Cette histoire a pour fond les murailles d'un temple, d'une couleur grisâtre, mais qui sert admirablement à l'union des couleurs, car les figures reculées ont quelque chose de cette teinte. Cela s'appelle donc bien peint, bien entendu, assez frais et assez vague.

Je viens au tableau du maître autel des pères Carmes déchaussés, où est peinte l'histoire des épousailles de la Vierge. Ce coloris à mon gré est d'un excellent tempérament ; il y a beaucoup d'intelligence et une merveilleuse liberté de pinceau. On n'y remarque rien de peiné et tout y est fait d'un même esprit. Il y a seulement quelques draperies qui sont un peu négligées mais qui font un effet merveilleux lorsqu'on n'est pas trop près du tableau. Les deux époux se donnent la main devant le grand prêtre et cette cérémonie se fait dans un endroit du temple où il y a deux marches pour y monter. Sur la première on voit une femme assise tenant son enfant, et sur la seconde, il y a une autre femme à genoux qui montre ses épaules. Aux deux

1. *Sic* pour Guy François (c. 1578-1650), peintre originaire du Puy en Velay, connu en Italie sous le nom de Guido Francesco, d'où la dénomination de Dupuy du Grez. Après ce séjour d'Italie, Guy François revient vers 1613 en France et se fixe à Toulouse entre 1623 et 1626. On consultera le catalogue de l'exposition des Musées *Crozatier* du Puy et *d'Art et d'Industrie* de Saint-Etienne, 1974 : *Guy François (Le Puy 1578-1650)*.

côtés, on voit des hommes qui accompagnent l'époux et des femmes qui accompagnent l'épouse, d'autres qui regardent la cérémonie, et toutes les figures principales y font comme le plus beau naturel. Le fond du tableau est composé de la voûte du temple et des colonnes qui soutiennent cet édifice ; mais il y a un grand rideau rouge retroussé sur le haut du tableau qui, étant d'une couleur pesante, sert à faire fuir bien loin les ogives de la voûte qui est de couleur de pierre blanchâtre. Le nom du peintre paraît gravé sur une des marches où l'on voit en gros caractère, *Antonius Verrius*[1] *fecit*.

Voici un autre tableau qui mérite d'être considéré pour la bonté de son coloris : cet ouvrage est dans la chapelle du Carmel aux grands Carmes, il représente le prophète Élie qui est dans l'admiration de la vision d'une jeune fille qui se lève de la mer dans une vapeur ; son disciple Élisée vient à grand pas[2] pour lui en faire prendre garde. Ce prophète est à genoux au pied d'un rocher, qui est couvert de quelques arbres ; il regarde vers la mer qui paraît à une aile du tableau ; de l'autre on voit un morceau de paysage qui s'éloigne beaucoup. Il est peint à grandes masses qui se vont perdre sous une ciel riant et vague, mais avec une si belle gradation de teintes que c'est un enchantement de l'art : l'union, l'entente, la fraîcheur et la vaguesse s'y rencontrent également. Les figures d'Elie et d'Elisée y sont pour le moins comme le grand naturel. On y lit au bas du tableau *Andreas Lebre*[3], *Tolosas pinxit*.

Je parlerai maintenant de ce grand ouvrage de peinture qui est à une des salles de l'Hôtel de ville, où l'on voit l'histoire de la fondation d'Ancyre[4]

1. Antonio Verrio (Lecce *c.* 1639 – London 1707) est un peintre italien, qui, avant de s'installer en Angleterre, où il travaillera pour la Couronne, est passé, avant 1671, où il est à Paris, par Toulouse.

2. « Aller bon pas, doubler le pas, c'est aller à grand pas et vite » (*Furetière*, à l'entrée « pas »). Le pluriel « à grands pas » existe aussi.

3. André Lébré (1629-1700) fut l'élève d'Antoine Durand. Il fit carrière dans le talent de la peinture d'histoire et fut engagé comme peintre de la ville en 1691. On trouve quelques éléments sur sa vie chez Chennevières-Pointel (*Recherches*..., t. IV, p. 227) ainsi qu'au catalogue des *Miniaturistes du Capitole de 1610 à 1790* (p. 53-60).

4. Il s'agit d'une peinture à l'huile sur la muraille, de Jean-Pierre Rivalz *La fondation d'Ancyre*, commandée en 1682 et reçue en 1694 (*cf.* pièce n° 636 du catalogue *Les miniaturistes du Capitole de 1610 à 1790)*. Attaquée par le salpêtre, l'œuvre fut remplacée par un tableau d'Antoine Rivalz : *La construction de la ville d'Ancyre*, en 1723. Les Tectosages sont d'anciens peuples (les *Tolosates* et les *Atacini*) de la Gaule Narbonnaise, qui avaient Toulouse pour capitale (*Moreri*) ; une tribu partit en Asie Mineure, avant l'occupation romaine, et fonda la ville d'Ancyre, légendairement instituée par le roi Midas et aujourd'hui Angora. Pessinonte, aussi en Asie Mineure, est notoire pour son temple de Cybèle dont la statue éponyme serait tombée du ciel.

par les Tectosages qui étaient les anciens Toulousains. Quelques auteurs ont pourtant écrit que ce fut la ville de Pessinonte dont ils furent les fondateurs ; Pessinonte fut au reste une ville fameuse par le culte de la déesse Cybèle que les Romains transférèrent à Rome. On y voit sur la ligne du devant de grands quartiers de pierre qui sont préparés pour être mis en œuvre et qui trompent merveilleusement la vue. Il y a encore deux sculpteurs qui font la statue de Minerve et qui travaillent sur de grands tréteaux où l'on a rangé des ais. Cet atelier est tout couvert de petits éclats du marbre, dont la poudre semble effectivement répandue sur les planches ; c'est ce qui se voit à une aile du tableau. De l'autre, on voit une échelle à main appuyée contre une muraille, un baquet à mortier et d'autres outils servant à la maçonnerie. Il y a, si je ne me trompe, par là quelque aide à maçon qui rabote du mortier ; tout cela est d'un grand relief et a les ombres un peu fortes. Vers le milieu du tableau, sur la seconde ligne, on voit un des chefs des Gaulois avec quelques-uns des principaux de la nation, qui considèrent le plan d'un édifice. Pour le fond, il y a un magnifique temple orné d'une riche architecture et, plus loin, d'autres édifices commencés. On remarque en divers endroits des ouvriers qui travaillent à ces bâtiments ; et tout cela donne une grande idée de cette entreprise. Ce tableau remplit la largeur d'une salle, et, aux deux retours, on a encore pratiqué deux portes avec leurs ornements ; celle du côté droit est fermée et paraît très véritable ; on voit à l'autre un serrurier qui fait effort de poser une porte dans ses gonds avec une expression très naturelle et très sensible. Cet ouvrage est remarquable pour l'architecture de pierre, très bien imitée, pour la perspective et la science du clair-obscur. On lit à une des pierres *Joannes Petrus Rivals*[1] *Tolosas, pingebat.*

Rentrons encore pour un moment dans la chapelle des Pénitents noirs pour y considérer deux tableaux de Simon Vouet dans lesquels nous trouveront de beaux exemples du coloris frais, riant et vague. Le premier est l'invention de la croix du Sauveur, où l'on voit sur la seconde ligne et vers le milieu du tableau une femme qui a repris la vie sur la croix et qui est à demi enveloppée dans son suaire. Une autre femme qui est à genoux auprès d'elle, lève les yeux et la main vers le ciel. Non loin de là est la reine Hélène qui accourt avec sa suite pour voir ce miracle. Il y a un évêque en rochet et camail qui donne la bénédiction à cette femme ressuscitée ; et tout cela est dans un grand jour. À une des ailes du tableau et sur la première ligne, il y a

1. Jean-Pierre Rivalz (1625-1706) fut peintre de l'Hôtel de ville mais aussi architecte, et le père d'Antoine Rivalz (1667-1735) qui régna sur la peinture toulousaine au début du XVIIIe siècle. Dupuy du Grez leur était lié.

un soldat qui se voit de côté, il tend la main en signe d'admiration, en tournant la tête pour parler à une figure qui est à ses pieds. Ce soldat est habillé d'un justaucorps à l'antique et d'une draperie de rouge brun. Un peu plus avant entre la première et la seconde ligne, il y a un pionnier qui tient un pic à la main et qui a un genou à terre. Les carnations du soldat sont rougeâtres dans la demi-teinte, ou éclairées d'un jour de réflexion et touchées du brillant en quelques endroits ; et les ombres y sont fortes à proportion. Comme ces carnations et les autres couleurs de la première ligne sont pesantes, cela fait avancer merveilleusement le groupe où est ce soldat et fuir la seconde ligne. À l'autre aile du tableau, il y a une femme avec son enfant, elle est assise sur le lit qui a servi à porter cette autre femme ressuscitée. On y voit aussi quelque figure qui a les carnations un peu rouges comme le petit enfant, mais celles de la femme sont fort belles et fort naturelles ; ce groupe est colorié d'un ton moyen entre la première et la seconde ligne.

L'autre représente l'histoire du serpent d'airain : on y voit sur le devant, à une aile du tableau, un grand groupe de gens attaqués par des serpents auprès d'une tente, et une femme qui leur fait signe de tourner les yeux vers le serpent d'airain pour être délivrés. Remarquez que toutes ces figures de la première ligne sont de couleurs pesantes, rompues dans la demi-teinte et éclairées du jour de réflexion ; les carnations en sont assez variées mais la plupart sont rougeâtres ou de chairs mortes, dont les ombres sont brunes et pesantes. La seconde ligne est à l'autre aile du tableau, où il y a huit ou dix figures qui regardent le serpent d'airain et Moïse au milieu du groupe qui le leur fait remarquer avec sa baguette. Ce groupe où est Moïse est dans le plus grand jour principal et a ses ombres douces à proportion.

Le fond de l'un et de l'autre de ces tableaux est un ciel fort vague, et les figures de la première ligne y sont plus grandes que le naturel. Jamais tableaux n'ont été plus riants, plus vagues et plus frais que ceux-ci. Dès que vous entrez dans cette chapelle, ils attirent vos yeux et ne vous lassent point.

Pour moi, si j'avais à faire choix d'un coloris, je tâcherais de me conformer à cette manière, principalement pour les grandes ordonnances.

Je sais pourtant que quelques-uns y souhaiteraient les carnations plus naturelles en quelques figures, mais je ne sais si la cadence des teintes et cette variété qui attire les yeux s'y pourraient au même temps conserver. Ces tableaux au reste attirent merveilleusement les yeux qui n'y trouvent rien de peiné ; tout y est agréable et partout on sent une grande liberté de pinceau. Quelques-uns même jugent que le serpent d'airain est plus parfait que l'invention de la croix. Je ne crois pas en un mot qu'on puisse trouver à redire au coloris de Vouet qu'après l'avoir surpassé par une meilleure manière, chose à mon avis très difficile.

Il semble que les deux tableaux du frère Fredeau[1] qui sont à la sacristie des grands Augustins ont quelque rapport à la manière de Vouet, mais ils n'ont ni cette liberté, ni cette fraîcheur, ni cette entente, ni enfin cette vaguesse qu'on remarque à ceux de Vouet. Toutefois il y a beaucoup de dessin et de composition, le clair-obscur y est savamment observé et l'ordonnance des lumières imite la manière de Vouet.

Ce grand nombre d'exemples, quoique inférieurs à ceux qu'on pourrait trouver dans l'Italie et dans d'autres endroits de l'Europe, ne laisse pas de fournir parmi nous aux jeunes peintres de quoi faire choix d'un excellent coloris. Néanmoins il est très difficile d'apprendre à bien peindre, qu'après[2] avoir copié deux ou trois beaux tableaux en présence et sous la direction de quelque habile peintre, pour s'instruire de l'effet des couleurs et de quelle manière elles se traitent. Mais lorsqu'un jeune homme en saurait un peu la pratique, je lui conseillerais de peindre de lui-même et de considérer souvent les tableaux des meilleurs maîtres pour tâcher d'en tirer une bonne et belle manière. Je serais d'avis de bannir toujours de mes tableaux le blanc et le noir purs, et n'emploierais que ce qui serait absolument nécessaire ; mon inclination serait plutôt pour le coloris riant et vague que pour les manières obscures du Caravage. Au reste ce coloris vague et riant que je préfère à tous les autres, est éloigné de la manière blanchâtre, fade, farineuse et sans couleur qu'on doit beaucoup plus éviter que la manière trop obscure, parce que celle-ci a été suivie par de très grands peintres et cette farineuse d'aucun habile homme.

Quoique cette partie de la peinture dépende autant de la naissance heureuse du peintre que d'une longue pratique, on a pourtant colligé quelques maximes parmi les intelligents, sans l'observation desquelles il est impossible de bien réussir dans le coloris.

La première est que les couleurs doivent avoir quelque correspondance entre elles, une perpétuelle union les unes avec les autres, ce qu'on appelle aussi l'entente des couleurs ; c'est pourquoi l'on dit qu'il faudrait qu'un tableau fût peint d'une seule palette. Cette entente et cette union se forment par l'imitation de la couleur des objets de la nature, car ils participent tous

1. Le frère augustin Ambroise Fredeau (1589 ?-1673), était aussi sculpteur sur lequel on consultera l'article de R. Mesuret : « La légende du frère Ambroise Fredau », dans *Bulletin du XVIIe siècle*, n° 32, 1956. Voir aussi le catalogue de l'exposition du Musée des Augustins : « Jean Chalette, Ambroise Fredeau, peintres à Toulouse », 1974, p. 13-57.

2. *Sic*. Syntaxe un peu rude ; il faut sous-entendre : « (et ce n'est possible) qu'après *etc.* ».

d'une certaine teinte presque imperceptible qui vient de l'air qui les environne, de la lumière qui les éclaire et de la réflexion des uns sur les autres, qui est plus faible ou plus forte à mesure que les couleurs le sont ou que la lumière les frappe ; de sorte que les couleurs différentes de plusieurs objets font une harmonie qui ne choque point les yeux dans un tableau non plus que dans la nature.

La seconde maxime est que les teintes se doivent perdre, se noyer insensiblement les unes dans les autres et arrondir la partie afin qu'elle trompe la vue et lui fasse même comprendre quelque chose qui ne se voit pas dans le contour. C'est pour cela qu'on charge de couleurs certains endroits qui en sont relevés comme si c'était des bastilles ; tout au contraire on charge peu les contours afin qu'ils se confondent plus facilement avec le fond ou ce qui leur sert de fond. Les Italiens appellent cela *sfumato*[1], ce qu'il faut particulièrement observer dans les carnations.

Enfin il y a une troisième maxime qui est que les objets les plus éloignés se doivent confondre dans la teinte du fond du tableau, que les couleurs les plus pesantes se doivent présenter les premières, et que c'est ce qui s'appelle la perspective aérienne, lorsque la couleur des objets vient insensiblement à se confondre avec l'air et la couleur du fond.

Il est certain que faisant toutes ces observations dans un tableau, le jeune peintre en peut imiter les beautés et se rendre très habile dans cette partie de la peinture que nous appelons le coloris.

1. « Et surtout ayez soin que vos ombres et vos lumières ne soient point tranchées, mais qu'elles se noient ensemble et se perdent insensiblement comme la fumée » (Léonard de Vinci, *Traité de la peinture*, chap. XVIII, éd. Gault de Saint-Germain, Paris, 1803, p. 26).

SUPPLÉMENT À LA TROISIÈME DISSERTATION

Sur le coloris

L'Antiquité peignait à fresque et à détrempe et encore avec de la cire. Cette dernière manière s'appelait *encaustice*[1] ou peinture au feu, dont le secret et l'usage se sont perdus. Les Anciens disaient *cera inurere*[2] *ou cera pingere*, ce qui se faisait apparemment en appliquant des cires de différentes couleurs sur le sujet qui devait être peint ; puis on y approchait quelque manière de rechaut[3] qui les faisait fondre et les unissait ensemble.

On peut appeler peinture au feu l'ouvrage en émail, l'art de vernisser les vases de terre et de donner toutes sortes de couleurs au verre, mais quoique tout cela ne fût pas inconnu de l'Antiquité, il est certain que les siècles suivants y ont ajouté beaucoup de perfection et qu'ils ont inventé le secret de peindre sur le verre blanc, pour les vitres, que les Anciens avaient ignoré. Les émailleurs détrempent avec de l'eau pure leurs émaux, qui ne sont que certaines compositions de verre bien fin, ils les appliquent sur de l'or ou sur du cuivre ; puis l'ouvrage étant mis dans un fourneau, le feu cuit et fait parfondre[4] ces émaux, dont il survient une peinture unie et lustrée qui résiste beaucoup et dure plusieurs siècles.

1. L'*encaustica* est art de peindre à l'encaustique (*cf.* Pline *HN*, XXXV, § 122).

2. On trouve l'expression *picturas inurere* dans Pline *HN* XXXV, § 49, pour dire littéralement « brûler (*à la cire*) des peintures », c'est-à-dire peindre à l'encaustique. S'y adjoint *ceris pingere*, « peindre à la cire » au § 39. Le § 149 détaille brièvement trois procédés de peinture à l'encaustique, *cf.* les notes 1-3 à ce paragraphe, éd. Croisille, Paris, Les Belles Lettres, p. 258-260. On consultera aussi le *Recueil Milliet*, *RM*, p. 16-21.

3. « Rechauld » dans le *Huguet*.

4. « Parfondre : mettre de la besogne d'émail au fourneau pour s'attacher et se prendre sur l'or » (*Furetière*).

Les potiers de terre broient du caillou bien blanc avec du plomb ; ils en blanchissent leur vase sans pinceau en le tournant jusques à ce que l'endroit qu'ils veulent vernir en soit tout couvert, et quand le vernis est blanc et sec, ils en appliquent d'autres de diverses couleurs sur le premier qui leur sert de fond, où ils font les ornements des paysages ou des figures, suivant qu'ils savent dessiner. Quand tout est bien sec, ils mettent le vase au four où il se cuit et le plomb se parfondant avec la couleur lui donne de la dureté et du lustre, et c'est le vernis.

On donne aussi au verre la couleur qu'on veut par le moyen du feu : les vitriers font premièrement du jaune, du bleu, du rouge et du noir avec certains minéraux qu'il faut broyer sur une planche de cuivre, ce qui est essentiel à cet ouvrage, et avec ces couleurs qu'ils mêlent, ils font ensuite toutes les autres. Il y a un auteur qui s'appelle Antonius Neri[1], *De arte vitraria*, qui enseigne cette facture. Si c'est pour colorier le verre à faire de mosaïque, ils mêlent ces couleurs dans divers grands creusets où l'on fait fondre le verre ; et c'est là qu'il prend les diverses teintes qu'on veut. Puis on étend cette matière dans des formes pour en faire des tablettes de l'épaisseur de deux lignes ; on les coupe à petits morceaux par le moyen d'un fer rougi au feu qu'on passe sur le verre aux endroits où l'on veut faire des divisions ; et c'est de ces morceaux qu'on travaille la mosaïque sur le stuc, où ces petites pièces s'attachent facilement.

Mais si c'est pour peindre des vitres, on prend du verre blanc où l'on applique ces mêmes couleurs mêlées avec un peu de gomme, puis on met des pièces à cuire dans un fourneau où le feu les fait pénétrer dans la superficie du verre, qui reste transparent et donne un bel éclat à la couleur. Il faut remarquer que les pièces de verre sont auparavant taillées de diverses formes et grandeurs sur un carton ou grand dessin, qui est de la grandeur des vitres, et on les rassemble avec du plomb, lorsqu'elles ont pris couleur.

On pourrait encore mettre au rang des peintures au feu la dorure du même verre et des métaux. Pour dorer le verre, on passe de l'eau gommée par-dessus et l'on y applique ensuite l'or ; puis mettant la pièce au four, le feu y attache intimement la feuille d'or. Les orfèvres dorent aussi au feu les pièces de fonte, ils les font bien chauffer, puis ils les couvrent d'un mélange

1. Il s'agit du père Antonio Neri (1576-1614) qui publie en 1612 *L'arte vetraria in libri sette* (Firenze). Dupuy cite l'édition latine (*De arte vitraria libri septem*, C. Merret, Amsterdam, 1668). L'ouvrage du père Neri a connu, au XVIIe siècle, une édition anglaise (*The Art of Glass*, Robert Moray, 1662) et une allemande, par Hans Kunckel, en 1679. Il sera ultérieurement traduit en français par Le baron d'Holbach en 1752.

d'or moulu et d'argent vif, et ensuite ils remettent la pièce au feu, où le mercure se vapore et la pièce reste dorée.

On dore pareillement les pièces de fonte ou de fer, bien ratissées et limées, en les faisant bien chauffer et en y appliquant des feuilles d'or, mais il faut réitérer ceci plusieurs fois et en appliquer de nouvelles.

Les Anciens avaient tous ces secrets pour dorer au feu, comme il paraît par de petits ouvrages qui ont conservé leur dorure, et par la statue équestre de l'empereur Marc-Aurèle qui est au Capitole, où il reste encore quelque marque qu'elle a été dorée. Philander s'était proposé de composer un traité *de hialurgia*, qui est la verrerie, *de plastice*, c'est-à-dire de la poterie au vernis, *de baphio*, qui est la teinture des étoffes. Nous aurions appris dans cet ouvrage des choses bien curieuses, mais il ne le fit pas ou ses manuscrits se sont perdus.

Pour ce qui est des couleurs à peindre à fresque ou à détrempe, les Anciens en avaient que nous n'avons point : comme la chrysocolle[1], dont on ne sait point la véritable couleur ; Philander[2] croit, après Pline[3], qu'elle était d'un beau vert d'herbe ; le sil attique, qui était une espèce d'ocre très fine ; la couleur de pourpre, que Pline appelle *purpurissum*[4]. Mais nous les avons surpassés tant par le nombre des couleurs que par leur beauté : nous avons l'outremer, les laques, les émaux, et par-dessus tout cela, l'usage de les employer à huile.

De la fresque ou peinture à fresque ; ou du fresque, c'est-à-dire ouvrage à fresque

Je fais dans ce supplément un ramas de tout ce que j'ai ouï dire de mieux ou que j'ai vu pratiquer à des peintres, de plusieurs choses que j'ai lues dans Vasari, dans Lomasse et dans ce que nos auteurs français ont remarqué de l'usage des couleurs ; c'est pourquoi je me servirai de leurs lumières. Et pour commencer par la peinture à fresque, ce travail se doit faire sur les murailles et sous les voûtes bâties de brique et de chaux, fraîchement enduites de bon mortier de chaux et de sable, fait avec beaucoup de soin. Mais il

1. Dupuy écrit crisocole.

2. Philander *M. Vitruvii Pollionis de Architectura libri decem*, Lyon, 1552 ; livre VII, chap. v, commentaire p. 282. Philander envoie vers Pline XXXIII, § 5.

3. La chrysocolle est mentionnée aussi en *HN*, XXXV, § 30 ; comparée au § 48 au vert *appianum* ou terre de Vérone. C'est la malachite, de teinte verte (*cf.* éd. Croisille, note 1 au §47 et notes 1-2 au § 48, p. 164-165).

4. Pline mentionne le *purpurissum* en *HN* XXXV, § 30 ; il détaille sa fabrication aux § 44-45, qui résulte de la fixation de la substance colorante du murex sur la *creta argentaria*, ou craie siliceuse. On consultera l'ouvrage de S. Augusti, *I colori pompeiani*, Roma, 1967.

ne faut pas appliquer cet enduit qu'à mesure qu'on peint et de jour en jour, afin qu'il soit frais et humide pendant qu'on applique les couleurs. Le sable doit être bien passé par la claie[1] et la chaux doit être éteinte depuis assez longtemps.

Les plus exacts passent aussi la chaux pour en ôter les durillons qui peuvent rester. Et quoique les Anciens, comme Vitruve[2] nous apprend, peignissent à fresque sur le stuc, qui est un enduit de chaux et de poudre de marbre, manière qu'il exalte beaucoup, néanmoins les Modernes trouvent que cette sorte de travail se fait mieux sur du mortier ordinaire, pourvu qu'il se prépare avec le soin que nous venons de dire, parce qu'il ne sèche pas si tôt que le stuc. Peut-être que Vitruve parle si avantageusement du stuc[3] à cause qu'il peut donner plus de force à certaines couleurs unies, qui semblent y être glacées ; nos peintres aiment mieux peindre sur un fond grisâtre tel qu'est celui du mortier frais, qui n'offense pas la vue, que sur le stuc qui est toujours très blanc.

On fait premièrement les dessins ou grands cartons de la grandeur du lieu qui se doit peindre ; on les prend partie par partie, on les dessine sur l'enduit de la manière suivante : après avoir noirci le derrière du dessin avec du charbon ou de la poudre de sanguine, on calque le contour et les autres endroits qu'on veut marquer, on suit tous les traits avec la hampe du pinceau ou avec quelque autre outil préparé pour cela ; et le charbon et la sanguine s'attachent à l'enduit aux endroits où l'on touche assez ferme. Après cela on applique les couleurs de la droite à la gauche, en descendant.

Les couleurs qu'on emploie à fresque sont des terres ou couleurs naturelles ; on rejette toutes les artificielles et la plupart des minéraux, parce que ce sont les terres qui peuvent conserver la couleur et résister longtemps à la chaux. Mais il faut les employer avec promptitude et ne retoucher point l'ouvrage quand il est sec pour le rehausser avec des couleurs à colle, à gomme, ou avec des jaunes d'œufs.

Les couleurs propres à ce travail sont : le blanc fait de chaux bien blanche et éteinte depuis longtemps, mêlée avec de la poudre de marbre blanc, savoir un tiers de cette poudre et deux de chaux, plus ou moins suivant que la chaux peut la porter ; car s'il y a trop de poudre de marbre

1. Les claies d'atelier « servent à passer le sable pour en séparer les cailloux » (*Furetière*).

2. *De architectura*, *op. cit.*, livre VII, chap. III et VI (éd. Perrault, p.238 et 244).

3. *De architectura*, *op. cit.*, livre VII, III : « Or les couleurs appliquées sur le stuc avant qu'il soit sec, se conservent toujours (...) le mortier est revêtu de la forme que la peinture lui donne, et la peinture reçoit la solidité, s'il faut ainsi dire, qui est propre au mortier » (éd. Perrault, p. 238).

blanc, le blanc noircit plus tôt. On fait à Rome ce blanc de Tevertin[1] bien cuit au feu, suivant que l'enseigne Vasari. Et j'ai ouï dire à un peintre qui travaillait à fresque, qu'il faisait son blanc de chaux sans poudre de marbre et que cela dépendait de la préparation.

L'ocre rouge ou brun rouge et l'ocre jaune sont aussi des couleurs à fresque : l'ocre rouge, mise au feu dans une boîte de fer, devient jaune et la jaune devient rouge. Il y a encore l'ocre de rue, qui est une terre d'un jaune obscur. On se peut aussi servir du jaune de Naples qui est une espèce de crasse qui se forme et qui s'amasse auprès des mines de soufre, mais qui n'est jamais si bon que l'ocre jaune avec du blanc, dont le mélange fait la même couleur.

Le rouge violet est une couleur de terre qui vient d'Angleterre et qui s'emploie au lieu de la laque. Les Anciens avaient une couleur tirant sur la laque, qui était très belle pour la fresque et que nous n'avons plus ; Philander a cru[2] que c'était une espèce de *minium*.

Le vert de Vérone qu'on appelle aussi vert de montagne est une terre dure et qui fait un vert obscur ; il y a outre celle-là, une autre terre verte qui est plus claire que le vert de montagne.

On emploie encore l'outremer dans la fresque, c'est une couleur bleue fort précieuse, mais qui dure longtemps ; nous dirons ailleurs comme elle se peut faire. On se sert aussi de l'émail qui est de même une couleur bleue, qui véritablement a peu de corps mais qui subsiste bien à l'air : elle sert principalement aux grands ouvrages.

La terre d'ombre est une terre de couleur minime[3] obscur, qui devient plus belle lorsqu'on la calcine dans une boîte de fer ; mais la terre de Cologne est d'un noir roussâtre qui est sujet à rougir en se déchargeant.

Il y a du noir de terre qui vient d'Allemagne et un autre noir d'Allemagne qui est une terre naturelle, qui fait un noir bleuâtre. C'est le même dont les imprimeurs font leur noir. Les Italiens se servent encore d'un autre noir fait de lie de vin brûlée.

Il faut bien broyer toutes ces couleurs avec de l'eau commune et, avant que de travailler, on fait les principales teintes que l'on met séparément

1. *Sic* pour le blanc de travertin (*bianco di travertino*), qui est un carbonate de calcium résulté de la chaux éteinte et séchée au soleil. Vasari l'évoque dans l'*Introduction aux trois arts du dessin. La peinture,* chap. V, p. 172. Il parle de « blanc de travertin calciné ».

2. Philander, *De Architectura*, *op. cit.*, commentaire au livre VII, chap. IX, éd. de Lyon, p. 291.

3. Minime est ici un substantif, affecté à l'ordre religieux bien connu, mais : « Minime est aussi le nom d'une couleur très sombre, telle que celle que portent ces religieux. C'est un gris fort obscur en tirant sur le noir, ou tanné » (*Furetière*).

dans des godets de terre. On doit savoir qu'à mesure que la fresque se sèche, les couleurs s'éclaircissent, à la réserve du rouge violet, de l'ocre de rue et des noirs ; mais pour ne s'y tromper point, il faut faire l'épreuve de toutes les teintes et couleurs par le moyen d'une ou plusieurs tuiles neuves bien sèches sur lesquelles on applique les couleurs avec le pinceau. Car la brique qui est bien sèche boit incontinent l'eau de la couleur, qui ensuite paraît de la teinte qu'elle doit avoir. On prépare aussi des teintes participantes pour unir les couleurs dans le fresque, ce qui se peut faire en hachant[1], dans les grands ouvrages, et en noyant délicatement les couleurs dans ceux qui sont vus d'assez près.

Pour ce qui est des ouvrages de clair-obscur de couleur de marbre ou de bronze, voici ce que Vasari enseigne : pour le marbre blanc, il faut prendre de la terre blanche de potier, la broyer, en faire des teintes avec du charbon, et relever l'ouvrage avec du blanc à fresque pur ou approchant du pur[2]. Pour les fortes teintes, on mêle de cette même terre avec du noir de charbon ou quelque autre noir à fresque. Au reste, la terre de potier, c'est ce que nous appelons terre du foulon à Toulouse.

Pour la couleur de bronze, il faut se servir d'ocre, de rouge brun et de noir de charbon : on ébauche d'ocre et de rouge, ou ombre d'ocre, de rouge et de noir. La demi teinte se fait d'ocre et le jour d'ocre et de blanc à fresque, le tout sur un fond d'ocre pure. Cette manière de colorier est très belle pour peindre les façades des maisons comme on fait en Italie.

Il y a une autre espèce de fresque dont parle Vasari, il l'appelle *sgrafito* ou le gratigné[3] ; pour le faire, on prend du mortier propre à la fresque auquel on mêle du noir de paille brûlée ; on en fait l'enduit qu'on couvre ensuite du blanc à fresque. On applique après les cartons là-dessus, on les calque sur ce blanc puis, avec une brochette de fer, on égratigne jusques au mortier en recherchant le contour et en hachant tout l'ouvrage, de manière que la muraille semble un dessin haché sur du papier ; et encore pour donner plus de relief aux figures, on passe sur le fond une légère teinte d'eau avec un peu de noir. Que si l'on représente des grotesques, des rinceaux et fleurons, des festons, feuilles de chêne, feuilles d'eau ou d'écaille, on se contente d'ombrer seulement le fond auprès des contours.

1. « Hacher, en termes de gravure, se dit de plusieurs traits qu'on fait croiser l'un sur l'autre pour faire les ombres d'un dessin, d'une estampe » *(Furetière)*. À la fresque, on égratigne avec une brochette de fer, d'où la dénomination de *sgrafito*, cf. *infra* la note 3.

2. *Vite…, Introduction aux trois arts du dessin. La peinture*, chap. XI, t. I, p. 179. La terre blanche de potier est la *terretta* de Vasari, ou argile détrempée à la colle.

3. *Vite…, Introduction aux trois arts du dessin. La peinture*, chap. XII, p. 180-182. Il s'agit des *graffiti*, ainsi nommés à cause de la griffure du fer sur l'enduit blanchi à la chaux.

Voilà ce qu'il y a à observer dans l'ouvrage à fresque, qui se pratiquerait plus fréquemment dans ces provinces, si nos peintres étaient savants dans le dessin et s'ils avaient l'intelligence des couleurs, sans toucher et retoucher à leur ouvrage.

De la détrempe

On peint à détrempe sur toutes sortes de sujets : sur des murailles bien sèches, sur des planches de bois et sur la toile. On se conduit à peu près comme à la fresque, à la réserve des cartons dont on se peut passer. Il faut pour cette sorte de travail de la colle blanche, qui se fait avec des retailles[1] de peaux blanches et bien nettes, ou des rognures de parchemin qu'on fait bouillir avec de l'eau jusques à ce que le tout soit fondu ; on met peu de retailles et beaucoup d'eau afin que la colle ne soit pas forte ; et on met de temps en temps les godets[2] sur un petit feu ou sur de la cendre bien chaude pour entretenir les couleurs liquides, et même l'on y ajoute un peu d'eau pure si la colle est trop prise.

Si vous voulez peindre à détrempe sur des murailles, vous leur donnerez deux couches de colle toute chaude ; il faut faire de même sur le bois, mais si la planche est composée de plusieurs pièces, on peut y coller une toile fine qui la couvre tout entière ou du moins qui en couvre les joints. Que si on veut peindre sur la toile, on la choisit à demi usée ; on la colle premièrement, et pour faire l'imprimeure[3] à détrempe sur toutes sortes de sujets, on se sert du blanc de craie ou de plâtre, qui a été fusé[4], qu'on broie et qu'on mêle ensuite avec de la colle. Lorsque la première couche est sèche, on en met une seconde, puis on passe encore une couche de colle par-dessus, et après on forme l'ouvrage.

Toutes les couleurs sont propres à la détrempe, à la réserve du blanc à fresque, parce qu'il est trop fort, mais on se sert du blanc de craie ou du blanc de céruse. On broie toutes les couleurs avec de l'eau, chacune à part, et, à mesure qu'on en a besoin, on les détrempe avec de la colle. Si on veut se servir de jaunes d'œuf, on prend un œuf tout entier, un verre d'eau et autant de vinaigre : tout cela se met dans un pot de terre avec quelques bouts

1. Des retailles sont des rognures de tissu ou d'autres matières.

2. « Godet : se dit aussi des petits vaisseaux où les peintres et les enlumineurs mettent de l'huile, de la gomme, etc. … » (*Furetière*).

3. « Imprimeure : enduit d'une toile pour servir aux peintres. Une bonne imprimeure doit être de deux ou trois couches. On appelle aussi imprimeure les figures qui sont sur les toiles peintes » (*Furetière*).

4. Fuser a deux sens, celui de fondre et faire fondre, et celui de réduire en poudre.

de branches de figuier. On casse l'œuf et l'on bat tout cela ensemble, puis l'on s'en sert. Cette méthode est très propre à retoucher un ouvrage à détrempe, parce que cela se fait sans feu. Pour ce qui est du corps de l'ouvrage, il est mieux de se servir de colle. Au reste, gardez-vous d'employer l'azur, l'émail ou l'outre-mer avec les jaunes d'œuf, parce que cette composition les fait jaunir.

Il faut observer qu'après avoir appliqué les diverses teintes à chaque partie de l'ouvrage, on les unit proprement avec une brosse qu'on trempe dans de l'eau pure, et quelquefois, comme dans les ouvrages à fresque, on unit les teintes en hachant avec une couleur participante ou tantôt d'une teinte, tantôt de l'autre. Vous pourrez au reste essayer vos teintes pour la détrempe comme pour la fresque sur un tuile [1] bien sec.

Lorsqu'un ouvrage à détrempe est fini, on y peut passer par-dessus un blanc d'œuf bien battu, et ensuite une couche de vernis, si c'est pour le garantir de l'eau ; néanmoins, hors de cette nécessité, il est mieux de laisser toutes les couleurs mates, parce que la détrempe ne veut point de luisant ; c'est aussi à détrempe qu'on fait les cartons qui servent de patron pour faire des tapisseries, mais l'usage de la colle est meilleur en ceci que celui des jaunes d'œufs. Nous parlerons du vernis ailleurs.

De la peinture à huile

Quoique pour peindre à huile, il n'y ait autre chose à faire que de bien broyer les couleurs avec de l'huile de noix ou de lin bien pures, ce secret a été pourtant caché à l'Antiquité jusques à Van Eyck, peintre flamand qui le mit au jour l'an environ 1380. C'est celui que Vasari [2] appelle Jean de Bruges.

On peut peindre à huile sur des murailles, sur la pierre et sur le marbre, sur le bois, sur la toile et sur toutes sortes de métaux. Pour préparer une muraille à recevoir la peinture, on s'y prend de plusieurs manières pour la rendre sèche, parce que l'humidité enlève les couleurs par écailles. Quelques-uns font un enduit avec de la chaux et de la poudre de marbre ; d'autres font un ciment de chaux et de tuile bien pilé. Ils l'unissent avec la truelle, puis ils l'imbibent d'huile de lin avec une grande brosse. Ils prennent ensuite de la poix grecque, du mastic et du gros vernis, qu'ils font bouillir ensemble, et couvrent l'enduit de cette composition, en l'étendant

1. Tuile est un substantif masculin au XVIe siècle (*Huguet*).

2. Vasari, sur la foi de Guichardin, l'appelle en effet Jean de Bruges au chapitre introductif de « La peinture » (t. I, p. 175), ainsi qu'au livre III (*op. cit.*, p. 385) ; mais il rectifie au livre X (t. II, p. 176) en *Jean van Eyck de Bruges*.

et l'unissant avec une truelle chaude ; et quand il est ferme, ils l'impriment de couleurs. Le gros vernis au reste, est une composition de térébenthine et de sandaraque[1] mêlées et fondues ensemble.

D'autres font le premier enduit avec du mortier fait de chaux, de ciment de brique et de sable ; et lorsqu'il est sec, ils en font un second, de chaux, de ciment de brique bien sassé[2] et de mâchefer bien pilé, autant de l'un que de l'autre : tout cela bien battu, et incorporé avec des blancs d'œufs et d'huile de lin fait un excellent enduit. Mais en l'appliquant, il ne le faut pas quitter qu'il ne soit sec, et il faut repasser de temps en temps la truelle par-dessus, car autrement il crevasserait. Vasari dit qu'il s'était servi de cet enduit[3] lorsqu'il peignit le palais du Grand Duc de Toscane. Du reste, on a soin en appliquant le premier enduit, de bien vider les joints des briques, on y fiche même des chevilles de bois bien sec assez près les unes des autres, pour le mieux soutenir.

Pour faire une bonne imprimeure sur l'enduit que je viens de dire ou même sur un simple enduit qu'on croit assez bon, il faut, lorsqu'il est bien sec, y donner deux ou trois couches d'huile bouillante jusques à ce qu'il demeure gras et qu'il n'emboive plus. On applique alors des couleurs siccatives, telles que sont le blanc de craie, l'ocre rouge et autres terres qu'on broie un peu ferme et dont on fait une couche sur l'enduit. Lorsqu'elle est sèche, on y dessine dessus et l'on peint ensuite.

On peut de même peindre à l'huile sur toute sorte de pierre, soit qu'on la veuille couvrir tout à fait, soit qu'on veuille que certains endroits et couleurs de la pierre paraissent, ce qui arrive dans le marbre, où il se rencontre souvent des rochers, la mer, le ciel et d'autres choses, et même des draperies toutes formées. Pour la rendre propre à recevoir la peinture, il faut qu'elle soit bien polie, et alors on y passe une simple couleur à huile, sans colle, et après on y peint ce que l'on veut. La pierre n'est point sujette à se pourrir comme la toile, ni à se carier comme le bois, ni enfin à se détacher comme l'enduit d'une muraille.

Pour bien réussir, il faut faire les cadres d'une pierre qui soit bien dure, ou du marbre qui se lève de la carrière à grandes écailles, que Vasari appelle

1. Dupuy écrit « sandarac », et tient le terme pour masculin, puisqu'il accorde ainsi : « mêlés et fondus ». Substantif féminin : « résine naturelle en poudre, extraite d'un thuya d'Afrique du Nord, servant à préparer des vernis » (*T. L. F.*).

2. « Sasser : Passer par le sas, par le tamis. Sasser de la farine, sasser du plâtre » (*Furetière*).

3. *Vite…, Introduction aux trois arts du dessin, La peinture*, chap. VIII, t. I, p. 177.

lastre[1]. Vous pouvez encore faire vos cadres d'une ou plusieurs pierres de tuf bien sèches, que vous couvrirez de ce mastic dont nous avons parlé pour les murailles et qu'on étend avec une truelle chaude. Et vous mettrez sur ce mastic une simple couche de couleur broyée à l'huile.

Il n'y a pas tant de soin à prendre pour peindre sur le bois : il le faut premièrement coller avec une brosse, puis il faut donner une couche de blanc avec la colle, et ensuite l'imprimeure à l'huile dont je viens de parler.

Pour peindre sur la toile, on choisit de la toile bien unie, et lorsqu'elle est tendue sur le châssis, on lui donne une couche d'eau de colle qui sert seulement à coucher le poil de la toile et à remplir les petits trous, afin que la couleur ne passe pas au travers. Après avoir passé la pierre ponce par-dessus pour ôter les nœuds, on l'imprime d'une couleur simple comme du rouge brun, qui n'offense pas les autres couleurs, qui a du corps et qui subsiste ; on y mêle le plus souvent du blanc de plomb pour le faire plus tôt sécher, ou pour mieux faire, on lui adjoint un peu de blanc d'Espagne. Après que le rouge brun et la craie ont été bien broyés avec l'huile du lin ou de noix, on l'étend sur la toile avec une manière de truelle ou couteau fait à cet usage. Mais on la couche la moins épaisse que l'on peut, et lorsqu'elle est bien sèche, on peut repasser, si l'on le juge à propos, la pierre ponce pour la rendre plus unie ; et encore on y peut mettre une seconde imprimeure de blanc de plomb et du noir de charbon, pour avoir un fond grisâtre. Mais on y emploie si peu de couleur qu'il se peut, de peur qu'elle ne soit cassante lorsqu'on voudra rouler la toile. L'auteur des *Remarques sur Dufresnoy* rapporte que Rubens[2] peignait toujours sur des fonds blancs pour maintenir, à ce qu'il dit, les couleurs fraîches, vives et fleuries.

Mais quoiqu'aujourd'hui on se serve plus de toile que de toute autre chose pour peindre et qu'on les imprime comme nous avons dit ci-dessus, Félibien assure que, quand on n'imprimerait point les toiles, et qu'on peindrait tout d'un coup dessus, les couleurs ne s'emporteraient que mieux et demeureraient plus belles[3]. Il dit aussi qu'il a vu quelques tableaux de Titien et de Paul Véronèse dont l'imprimeure est à la détrempe et qu'ils avaient peints là-dessus ensuite avec des couleurs à huile, ce qui a beaucoup servi à rendre leurs ouvrages plus vifs et plus frais, parce que l'imprimeure à détrempe attire et boit l'huile qui est parmi les couleurs et fait qu'elles

1. De l'italien *lastra*, qui signifie plaque ou dalle : *una lastra di marmo*, est ainsi une plaque de marbre. Au chap. x de l'*Introduction* (« Sur la peinture », p. 178), où Vasari traite de la peinture à l'huile sur pierre, il évoque l'ardoise génoise (*lavagna*) mais non le *lastre*.

2. *Remarque au v. 382*, 2e éd., 1673, p. 216. Le contexte fait concevoir que sont aussi visés les excellents coloristes, Titien, Véronèse et Van Dyck (nommés avec Rubens, p. 215).

3. *Entretien V*, éd. de Trévoux, t. III, p. 10-11.

restent plus belles, l'huile leur ôtant beaucoup de leur vivacité lorsqu'elles y sont trop noyées.

Mais quoiqu'on puisse imprimer les toiles avec une couche à détrempe, cela pourtant se pratique rarement parce qu'elles se peuvent écailler et ne se roulent qu'avec difficulté : c'est pourquoi on se contente de leur donner une simple imprimeure de couleur à huile ; mais quand la toile est bonne et fine, le moins qu'on y peut mettre de couleur pour l'imprimer, c'est toujours le meilleur. Comme aussi ceux qui veulent que leurs tableaux demeurent frais, emploient le moins d'huile qu'ils peuvent et tiennent leurs couleurs plus fermes, y mêlant même un peu d'huile d'aspic [1], qui s'évapore aussitôt mais qui sert à les faire couler et à les rendre maniables.

Un peintre que je connais familièrement et qui peint très bien, emploie les couleurs fermes et ne se sert jamais de pinceaux de petit gris [2], mais de brosse de poil un peu raide qu'il ne quitte point qu'après qu'elles sont tout à fait usées, quelques rudes et raides qu'elles deviennent. Il place ses couleurs toutes pures sur sa palette où, ayant mis le clair de sa couleur sur le ton qu'il veut, il ne fait plus de mélange avec son couteau, faisant toutes les teintes avec la brosse à mesure qu'il peint. Il est vrai que pour les faire mieux couler, il commence en frottant la toile avec de l'huile du pincelier [3] bien éclaircie, soit qu'il ébauche ou qu'il achève, mais il l'essuie au même temps avec un petit linge bien net, et il peint ensuite. Quelquefois il trempe le bout du pinceau dans la même huile ou dans de l'huile d'aspic avant que de le charger de la couleur.

Ce qui fait aussi que les couleurs ne sont point fraîches ou ne conservent pas longtemps leur beauté, c'est que le peintre les tourmente trop en travaillant ; car étant brouillées, il s'en trouve qui altèrent et qui corrompent les autres en leur ôtant leur pointe, pour ainsi dire, et ce qui fait leur vivacité. On les doit donc employer proprement et coucher les principales teintes chacune à sa place sans les mêler avec le pinceau ou la brosse, et en mettre de participantes entre les deux, enfin les unir plutôt par application que par

1. « Aspic est aussi une plante qu'on nomme autrement *lavande* (...). On en fait une huile qu'on nomme huile d'aspic (...) dont les peintres se servent » (*Furetière*).

2. « On appelle petit gris des fourrures faites de peaux de lapin ou de la peau d'une espèce de rats ou d'écureuils qui se trouvent aux pays froids, qu'on appelle aussi écureuil de Hollande, dont la queue est couverte d'un poil blanc tirant sur le gris » (*Furetière*, à l'entrée *Gris*).

3. « Chez les peintres, vase en fer blanc, divisé en deux parties, dont l'une sert pour l'huile et l'autre pour nettoyer les pinceaux » (*Littré*). Notons la forme : « pincelière, vase où l'on nettoie les pinceaux avec l'huile », présente chez le père Binet (*Essay des merveilles de la nature*, Rouen, 1621, p. 306).

friction. On doit encore prendre garde de ne pas mêler ensemble les couleurs qui sont ennemies entre elles ou qui corrompent les autres par leur extrême pesanteur, tels que sont les noirs ; ou par leur mauvaise qualité, tels que sont le noir de fumée, le vert de gris et autres qu'il faut employer à part, si on est forcé de s'en servir. Et même lorsqu'il est besoin de donner plus de force à un ouvrage, on doit attendre qu'il soit sec pour le retoucher avec des couleurs capables de nuire aux autres ; cependant il y a des peintres qui ne font point ces observations, quoique très nécessaires pour la beauté et pour la durée du coloris.

Pour tout dire en faveur de la pratique de cet art, voici ce que j'ai vu faire à des peintres : on contourne les figures sur la toile avec un pastel blanc qui marque sans laisser de la poussière sur l'imprimeure ; on recherche les mêmes contours avec de la laque où l'on a mis un peu de terre verte ou terre d'ombre, ou quelque autre couleur qui serve à l'union, qui fasse sécher et qui ne soit pas malfaisante. C'est pour les carnations.

On recherche pareillement les contours des draperies avec une de leurs teintes et ensuite on remplit le vide avec les autres couleurs pour faire les jours et les ombres, et finalement on fait le fond du tableau ; et tout cela s'appelle l'ébauche.

Il faut laisser sécher cette ébauche et après on peut finir avec les mêmes teintes, ou plus claires ou plus fortes. On commence par le haut du tableau de la gauche à la droite, comme en écrivant, et on tient la toile roulée, si elle est fort grande.

Ceux qui veulent copier contournent une seconde fois sur l'ébauche, ce qu'ils font le plus souvent avec une plume et de l'encre dont les traits sont fort déliés, puis ils finissent. Je ne sais si l'encre, quoique en petite quantité, ne nuit pas aux couleurs à cause de la couperose [1] ; on pourrait se servir à sa place d'un lavis de quelque autre couleur, qui s'emploierait aussi avec la plume. Observez encore que pour ne pas tourmenter les couleurs en noyant les teintes les unes dans les autres, il y a des peintres qui hachent avec des teintes participantes, et cela réussit admirablement dans les grands ouvrages.

Ceux qui peignent avec jugement couchent les couleurs par petits coups et sans précipitation ; ils les mettent plus épaisses, couvrent et recouvrent plusieurs fois leurs carnations, ce que les peintres appellent bien empâter,

1. « Couperose : vitriol, minéral qui se trouve dans les mines de cuivre (...). La couperose sert à faire de l'eau forte commune, de l'encre, etc. » (*Furetière*).

d'où vient le *morbido et pastoso*[1] que les Italiens demandent tant dans la peinture. Et quand ils hachent, le dessous est sec ou presque sec.

Je ne remarque pas ici les teintes qu'il faut préparer sur la palette, tant pour les carnations que pour les draperies, et plusieurs autres choses, parce que j'en parlerai bientôt ensuite, lorsque je traiterai de la miniature.

Pour ce qui est des couleurs, on emploie à l'huile toutes celles qui sont propres à la fresque, exceptés le blanc de chaux et la poudre de marbre ; mais on se sert encore de plusieurs autres comme du blanc de plomb, qui se forme d'une écaille que fait le plomb quand il a demeuré dans quelque lieu humide pendant plusieurs années, coupé en petites lames et suspendu dans un vaisseau où il y a du vinaigre au fond. Ce blanc ne s'emploie point à fresque, il noircit à la détrempe, mais il subsiste à l'huile qui corrige sa mauvaise qualité : c'est au reste le plus beau de tous les blancs. La céruse est de même propre à l'huile, elle se fait de blanc de craie et de blanc de plomb.

Les massicots[2] blancs et jaunes se font aussi de céruse ou de blanc de plomb calcinés, et sont des couleurs propres à peindre à l'huile. L'orpin s'emploie sans le calciner et calciné : pour le calciner, on le met au feu dans une boîte de fer. C'est une couleur dangereuse que peu de peintres cultivent, parce que sa fumée est mauvaise, et son usage n'est pas fréquent.

La mine de plomb qui fait un rouge orangé vient des mines de plomb, elle est ennemie des autres couleurs. Le cinabre ou vermillon, qui se tire des mines de vif argent, ne subsiste pas longtemps à l'air ; il y a des moyens de le purifier et de le rendre plus beau, dont je parlerai en son lieu.

La laque est une couleur qui se fait avec de la cochenille[3], de la bourre[4] d'écarlate ou du bois du Brésil, et de l'alun ; on prétend que cette couleur ne subsiste pas longtemps à l'air, néanmoins il y a peu de couleurs dont les peintres à l'huile se servent avec plus de succès que de la laque fine.

Les cendres bleues et les cendres vertes servent particulièrement aux paysages. L'inde est une couleur commune aux peintres et aux teinturiers, elle sert aux ciels et aux draperies ; elle se conserve longtemps, étant bien

1. Ces termes sont synonymes et enveloppent tous deux l'idée de douceur et de moelleux. La *morbidezza* est une douceur et une souplesse qui fait les *contorni morbidi*, les contours flous. Cela s'oppose au sec et au tranché.

2. « Massicot : couleur minérale et jaune qui se fait avec de la céruse poussée au feu jusqu'à un certain degré, car si on pousse davantage elle devient rouge et fait le *minium* » (*Furetière*).

3. La cochenille est la graine d'une espèce de houx, et qui contient un suc écarlate. Furetière précise : « On nomme *cramoisi* les couleurs où il entre de la cochenille ».

4. « Bourre, en termes de teinturiers, se dit aussi d'une certaine nuance, qui est la même que celle du rouge cramoisi » (*Furetière*).

employée, et ne gâte pas les autres couleurs si on a le soin de la calciner, car autrement elle leur nuit ; au reste il la faut coucher brune et avec peu d'huile. L'inde ou indigo se fait d'une herbe que les Indiens font pourrir dans de l'eau de chaux ; elle a fort interrompu le commerce du pastel, qui est aussi une plante qui se cultive dans notre province de Languedoc et dont on fait le fond des meilleures teintures. Cette drogue seule ne fait pas un si beau bleu que l'indigo, mais la couleur en dure plus longtemps. Philander remarque que la crasse ou l'écume du pastel, qu'il appelle *glastum*[1], laquelle on tire des chaudières des teinturiers, sert aussi à la peinture pour faire du bleu. C'est ce que les teinturiers et marchands appellent de la florée.

Le stil de grain[2] est une composition de craie ou de blanc d'Espagne et de la graine d'Avignon, qui sert aux teinturiers : on mêle de l'alun à cette graine pour conserver sa couleur, elle fait une espèce de jaune.

Le noir de charbon de pierre a beaucoup de corps, les noirs de charbon, de cep de vigne ou de bois de saule sont encore très bons. Ce dernier est bleuâtre et peut servir aux carnations. Les noirs d'os et d'ivoire brûlés dont Apelle se servait, suivant Pline[3], font un noir propre à l'huile et à la détrempe. Mais le noir de fumée est une couleur qui nuit aux autres et qui n'est propre qu'à faire des draperies noires. Les meilleurs coloristes ne s'en servent presque jamais.

Le vert de gris que nous appelons verdet et les Italiens *verderame*[4], est la peste des autres couleurs et qui ruinerait un tableau s'il en entrait la moindre partie dans l'imprimeure ; il fait pourtant un agréable vert. On le peut calciner comme l'orpin dans une boîte de fer, pour lui ôter un peu de sa malignité ; mais il faut l'employer seul car il gâte toutes les couleurs qu'on y saurait mêler. On en met un peu parmi les noirs parce qu'il les fait sécher. Il faut bien prendre garde de ne pas se servir des pinceaux dont on a couché du vert de gris, lorsqu'on veut employer quelque autre couleur.

On peut encore faire une observation qui regarde l'emploi de certaines couleurs à l'huile : c'est qu'on ébauche avec des communes pour ménager

1. Philander, *De Architectura*, 1552, commentaire au livre V, chap. X, p. 294 (l'index terminal de cette édition mentionne à tort la page 302 pour ce *glastum*).

2. « Stil de grain ou de grun, est un nom que quelques peintres donnent à une couleur jaune, faite de la graine d'Avignon, qui vient du noirprun, qui est mêlé à du blanc de Troyes, ou d'Espagne, ou de la céruse, broyés et bouillis ensemble, et réduits en trochisques » (*Furetière*). Le trochisque est une composition sèche, où les ingrédients sont réduits en poudre, liés par une liqueur, puis réduits en petits pains. Le noirprun est l'arbrisseau d'où se tire la graine d'Avignon.

3. Pline *HN*, XXXV, § 42. Ce noir a reçu le nom d'*elephantinum*.

4. Oxyde de cuivre.

les couleurs de prix ; par exemple, quand on veut finir une draperie de laque fine, on doit faire l'ébauche de la commune, et pour finir une draperie du plus bel outremer, on fait l'ébauche du plus commun. On peut même faire l'ébauche avec du charbon de saule qui est bleuâtre, et finir avec l'outremer.

Quant aux huiles, les meilleures pour cette sorte d'ouvrage sont celles de noix et de lin, qui sont fort communes à Toulouse ; on broie avec l'une ou l'autre de ces deux huiles toutes les couleurs qui ne sont pas assez fines d'elles-mêmes, sur un marbre bien dur, jusques à ce qu'il ne reste rien de grossier. Mais comme nous avons remarqué, il ne faut que tout autant d'huile qu'il est nécessaire à broyer les couleurs, et il faut les tenir aussi fermes qu'il se peut. Et pour les faire mieux obéir, principalement en retouchant les ouvrages, on se sert d'un peu d'huile d'aspic, qui fait boire et ôte le luisant d'un tableau. L'huile d'aspic est propre aussi pour enlever la crasse et nettoyer les peintures, mais on doit prendre garde qu'elle n'emporte la couleur. Cette huile au reste se fait avec des fleurs de lavande.

L'huile de térébenthine qui se tire de la raisine est encore bonne à retoucher les tableaux, mais principalement à mêler avec l'outremer et les émaux, parce qu'elle sert à les étendre et qu'elle s'évapore aussitôt : ainsi il n'est pas nécessaire qu'il y ait dans ces sortes de couleurs beaucoup d'huile de noix, car le trop ne sert qu'à les faire jaunir.

Comme toutes sortes d'huiles ne sèchent pas assez promptement, on a trouvé divers moyens d'en faire des siccatives. Quelques-uns font une petite pelote de litarge[1] d'or avec un linge, ils la font bouillir dans une assez grande quantité d'huile de noix avec un oignon bien pelé ; ils ôtent après la litarge et l'oignon, et conservent cette huile dans une bouteille ; d'autres font bouillir de l'azur en poudre dans leur huile, et quand l'azur est au fond et qu'elle est bien reposée, ils versent l'huile qui surnage et la mettent à part pour le besoin. Quelques autres se servent de céruse ou de craie dans la pelote à la place de la litarge, et quand elle a pris quelques bouillons, ils exposent leur huile au soleil, puis ils la versent dans un autre vase. L'huile siccative sert pour employer principalement les noirs, les laques, le cinabre, les azurs et l'inde. L'huile du pincelier devient encore siccative ; on prend de celle qui surnage avec la pointe du couteau ; la plus épaisse sert à d'autres usages.

1. « Litarge : est la fumée du plomb évaporé dans l'affinement de l'or et de l'argent. C'est comme une suie qui s'attache à la cheminée du fourneau. Celle d'or est jaune et celle d'argent est blanche » (*Furetière*).

De la miniature

On se sert dans la miniature des mêmes couleurs qu'à fresque, à détrempe et à huile, dont nous avons parlé en son lieu ; hormis le blanc fait de chaux et de poudre de marbre, qui est uniquement destiné pour la fresque, et le blanc de plomb qu'on ne peut bien employer qu'à l'huile. Toutes les autres dont nous avons parlé, sont bonnes à la miniature, et encore plusieurs autres dont nous allons parler, qui sont particulières à cette sorte de travail.

Une des principales couleurs pour la miniature est le carmin qui est une manière de laque de couleur de rouge cramoisi. La pierre de fiel[1], qui fait un jaune obscur, lui est encore particulière, de même que la gomme gutte[2], qui fait pareillement une couleur jaune.

Le vert d'iris qui se fait du jus de certaines plantes, le vert de vessie qui se fait aussi de certaines graines qu'on fait pourrir dans une vessie, servent à la miniature, quoiqu'on puisse faire la même couleur en broyant de l'inde avec de la gomme gutte.

Le bistre n'est que de la suie détrempée avec de l'eau commune ; mais pour le faire très beau et de plusieurs teintes, on prend des écailles de suie de cheminée, on les broie sur un marbre avec de l'eau, puis on met cette couleur dans un pot, et à mesure qu'on y mêle de l'eau, le bistre se fait clair ; et plus il y a du marc, plus il est noir. Quelques-uns font bouillir de la suie avec de l'eau et l'expriment par un linge.

Il y a aussi le chermès[3] et le jaune des îles de France, deux couleurs nouvelles qu'on emploie à l'huile et à la miniature.

Quelques-unes de ces couleurs sont liquides, les autres sont très fines ou se doivent broyer très fines sur un porphyre ou autre marbre très dur. On garde les premières dans des fioles bien bouchées et les autres dans des papiers bien propres ; pour s'en servir, on les détrempe du bout du doigt dans de petits godets ou d'ivoire ou de verre ou de petites porcelaines, avec de l'eau gommée.

L'eau gommée se fait en mettant dans un verre d'eau bien claire de la gomme arabique bien transparente, gros comme le pouce, et la moitié

1. C'est un calcul biliaire. « Dans le fiel du taureau, il y a quelquefois une pierre recommandée pour la jaunisse » (*Furetière*, entrée *Fiel*). En peinture, c'est « une couleur jaune qui tire un peu sur le brun » (*Littré*).

2. « Gomme-gutte, gomme résine qui, formant avec l'eau une émulsion d'un beau jaune, sert à l'aquarelle » (*Littré*).

3. De l'arbrisseau portant la graine d'écarlate : « les Arabes en appelle la graine kermès et le vulgaire cramoisi la couleur qu'elle fait » (*Littré*, entrée *kermès*).

moins de sucre candi, qui empêche les couleurs de s'écailler ; il faut tenir cette eau dans une bouteille bien propre et n'y toucher point avec des pinceaux chargés de couleur. Pour connaître s'il y a trop ou trop peu de gomme dans les couleurs, on en met un peu sur la main, ce qui sèche bientôt, et s'il y a trop de gomme, la couleur se crevasse, s'il y en a trop peu, elle s'efface en passant le doigt par-dessus.

On ne peut travailler de miniature que sur du vélin, qui est une petite peau blanche et fort unie d'une médiocre grandeur, sur laquelle on dessine ce qu'on veut avec de la pierre d'Allemagne[1]. Mais parce que souvent un contour ne se fait pas du premier coup, et qu'on pourrait barbouiller le vélin, on fait un dessin bien correct sur du papier, on le rougit par derrière avec de la sanguine et puis on le calque. On peut même appliquer un papier frotté de sanguine sur le vélin et le dessin sur ce papier, et le calquer par son entremise. On ne peut guère bien faire un portrait qu'on en fasse plutôt un dessin par les mêmes raisons, de sorte qu'on ne doit pas être surpris si j'ai parlé si avantageusement du dessin.

Pour travailler de miniature, il faut une palette d'ivoire ou de quelque bois très solide tel qu'est le cormier ; c'est assez qu'elle soit de la largeur et de la longueur de la main. On met d'un côté les couleurs pour les carnations, savoir beaucoup de blanc de céruse au milieu et sur le bord, de gauche à droite, les couleurs suivantes un peu éloignées du blanc : du massicot, du stil de grain, de l'orpin, de l'ocre, une teinte de vert composée d'outremer ou à son défaut d'inde, de stil de grain et de blanc, autant de l'un que de l'autre ; une autre teinte de bleu fort pâle, composé d'outremer ou d'inde et de blanc, puis du vermillon, du carmin, du bistre et du noir. Quand on veut faire des draperies, on met premièrement du blanc sur la palette et tout auprès la couleur dont on les veut faire.

Il faut avoir pour la miniature de trois sortes de pinceaux bien pointus, faits de poil de petit gris, les uns assez grands pour coucher les fonds, les autres médiocres pour ébaucher, quelques-uns assez petits pour pointiller ;

1. Cette pierre d'Allemagne est une rareté difficile à rencontrer dans les dictionnaires ou les textes picturaux consacrés à la miniature, contrairement à la pierre d'Italie, autrement dit pierre noire, qui sert aussi à dessiner. Peut-être s'agit-il de la plombagine ou mine de plomb, ou encore pierre de mine, dernière expression dont le *Furetière* précise qu'il vient de l'allemand *mijne* (*sic*). La plombagine pouvait en effet provenir de Passau en Bavière. Comme on ne dessine guère, en la miniature, qu'avec la pointe d'argent, l'encre de chine ou la plombagine, ce serait là un résultat déductif résiduel, quoique la plombagine soit plus particulièrement en honneur chez les miniaturistes anglais, après 1670. Les textes de Claude Boutet ou de Catherine Mac Horry ne disent rien non plus sur la pierre d'Allemagne. Vasari fait de la *sanguine* une pierre originaire d'Allemagne (*Vite*..., t. I, p. 156).

les pinceaux, au reste, de petit gris sont propres et particuliers à la miniature. Mais pour bien faire, il faut avant toutes choses que le vélin sur lequel on doit travailler soit bien arrêté, tendu et sans ride, sur une petite planche de bois, derrière laquelle il soit replié et collé par ses extrémités.

Il faut encore remarquer que tous les préceptes que nous donnons ici pour la miniature se peuvent accommoder à toutes sortes de peinture, mais particulièrement à la peinture à l'huile, où l'on retouche aussi plusieurs fois ; et comme il y en a sur les moindres choses, on ne doit pas les négliger.

Premièrement, lorsqu'on veut coucher quelque couleur également forte partout, il faut faire le mélange dans des godets assez grands, parce que si la couleur venait à manquer, il serait difficile de la trouver par un nouveau mélange. On commence toujours par une ébauche, c'est-à-dire en couchant la couleur à grands coups, le plus uniment qu'il se peut ; on ne lui donne pas pourtant toute la force qu'elle doit avoir quand elle sera achevée, car il faut tenir les jours plus clairs et les ombres moins brunes, parce que, pour finir, on tient en pointillant la couleur un peu plus forte et c'est alors qu'elle fait son effet.

Secondement on peut finir de plusieurs manières : ou par des points tout ronds faits avec la pointe du pinceau, ou par des points un peu longuets, ou enfin par des hachures. On tient même que cette dernière méthode est la plus hardie et la plus courte.

Il faut d'abord s'accoutumer à faire l'ouvrage gras et moelleux, c'est-à-dire que les points ou hachures se perdent dans le fond qu'on finit et qu'ils ne paraissent qu'autant qu'il faut pour qu'on connaisse que l'ouvrage est pointillé, car s'ils paraissent trop, cela est dur et sec, ce qui arrive lorsque la couleur des points et des hachures est trop brune.

Il n'est pas moins important de perdre et de noyer les couleurs les unes dans les autres, et d'adoucir les traits avec les couleurs qui sont des deux côtés, sans qu'on en aperçoive la séparation ni les traits qui les coupent. On appelle une couleur coupée, lorsqu'elle tranche net et qu'elle ne se confond point avec les couleurs voisines. Il est nécessaire aussi de rehausser certains endroits finis, c'est-à-dire de donner sur l'extrémité des jours de petits coups d'une couleur encore plus pâle, qu'on fait imperceptiblement perdre avec le reste.

Après ces préceptes généraux, il y en a de particuliers pour chaque couleur : premièrement pour faire le fond des portraits ou de quelque autre ouvrage, vous pouvez mêler du bistre et de la terre d'ombre avec un peu de noir et de blanc, et le fond sera brun ; vous en pouvez faire de plus clairs en y mêlant beaucoup d'ocre, et d'autres plus gris en y mêlant de l'inde. On en fait encore de verdâtres très propres à mettre derrière les carnations ; il faut pour cela prendre du noir, du stil de grain et du blanc, et en faire une teinte qui sera plus claire ou plus brune suivant qu'on y mettra de l'un ou de l'autre. On commence par coucher la couleur fort légère comme un lavis, et ensuite on met une seconde couche plus épaisse. Ces fonds se peuvent quelquefois laisser sans pointiller.

Secondement, pour faire une gloire[1] qui serve de fond, on mêle de l'ocre avec du blanc, ajoutant davantage d'ocre à mesure qu'on s'approche des bords du tableau ou qu'on s'éloigne du jour principal. Que si l'ocre ne vous paraît pas assez forte, vous y pouvez mêler de la pierre de fiel et encore du carmin, et enfin du bistre. Il faut unir ces couleurs en ébauchant, en sorte qu'il n'y ait rien de coupé ; on pointille ensuite par-dessus avec les mêmes couleurs. S'il y a des nuées de gloire, il faut éclaircir en certains endroits et faire plus brun en d'autres, noyer incessamment et unir le tout ensemble en pointillant avec les mêmes couleurs, qu'il faut pourtant laisser tant soit peu plus fortes.

Pour faire un ciel de jour tout uni, prenez de l'outremer ou de l'inde avec beaucoup de blanc, mêlés ensemble ; vous les coucherez si uniment que vous pourrez avec un gros pinceau, faisant la couche plus pâle à mesure qu'elle approche de l'horizon, ce que vous ferez en mettant plus de blanc, du vermillon et de la mine de plomb ; et sur la fin, vous y mêlerez de la pierre de fiel et beaucoup de blanc.

S'il y a des nuages à votre ciel, vous le pouvez ébaucher avec du vermillon, de la pierre de fiel et du blanc avec un peu d'inde ; et si vous le voulez plus brun, il faut mettre beaucoup plus d'inde, en faisant les jours des uns et des autres de massicot, de vermillon et de blanc. Après l'ébauche, il faut unir et arrondir le tout en pointillant.

Mais si vous voulez faire un ciel de nuit ou d'orage, mêlez de l'inde, du noir et du blanc, que vous coucherez comme le ciel de jour ; quand on y veut faire des nuages, on y ajoute de l'ocre, du vermillon ou du brun rouge, et l'on fait les jours de massicot ou de mine de plomb avec du blanc, suivant qu'il faut les faire plus jaunes ou plus rouges. C'est aussi avec ces mêmes couleurs que vous pouvez faire un ciel d'orage, où l'on voit des clairs de bleu ou de rouge. Mais toujours souvenez-vous d'unir en ébauchant et en finissant. Que si vous voulez suivre ces maximes pour peindre à l'huile, servez-vous d'autres couleurs à la place de la mine de plomb, de l'orpin et

1. « On appelle en termes de peinture et d'opéra une gloire, un lieu fort éclairé, une représentation imparfaite de la gloire céleste. Mignard a peint au Val-de-Grâce une *gloire* » (*Furetière*).

des autres qui sont particulières à la miniature, mais qui fassent le même effet par leur mélange.

Draperies de diverses couleurs

Pour la bleue, prenez sur votre palette de l'outremer auprès du blanc, que nous avons dit qu'il faut placer au milieu ; mêlez une partie de l'un avec l'autre, en sorte qu'il soit pâle et qu'il ait du corps : c'est avec quoi vous ferez les clairs ; et à mesure que vous approcherez des ombres ou des plis enfoncés, vous y ajouterez de l'outremer ou de l'inde, ou de tous les deux ensemble. Tout cela se doit coucher à grands coups, en unissant tant que vous pourrez, toutefois en tempérant la couleur. Vous finirez après en pointillant avec la même couleur, dont vous avez ébauché, mais qu'il faut tenir tant soit peu plus forte.

La draperie de carmin se fait de même, hormis qu'il faut coucher du vermillon pur aux ombres, puis ébaucher sur le tout avec du carmin ; et pour finir, parce que le carmin n'a point de corps, il faut le gommer beaucoup. On y mêle aussi du bistre dans les plus fortes ombres.

On fait une autre draperie rouge que l'on ébauche avec du vermillon mêlé de blanc pour faire les clairs, puis tout pur et ensuite mêlé de carmin aux plus fortes ombres. On finit avec les mêmes couleurs, comme dans les autres draperies.

Les draperies de laque se font en mêlant beaucoup de blanc aux clairs et fort peu dans les bruns. On n'y fait point entrer le vermillon et l'on finit avec les mêmes couleurs.

Les violettes se font par le moyen d'un mélange de carmin et d'outremer, mettant du blanc pour les clairs. S'il y a plus de carmin, le violet sera colombin, et s'il y a plus d'outremer, il tirera sur le bleu. On l'achève en pointillant des mêmes couleurs un peu plus fortes.

La draperie chair se fait en couchant du blanc, du vermillon et de la laque mêlés ensemble, le tout fort pâle, et en mettant moins de blanc aux ombres. Cette draperie doit être fort tendre, parce qu'elle représente une étoffe légère ; au reste on la finit des mêmes couleurs.

Pour faire une draperie jaune, on fait une couche de massicot tout pur, une autre couche de gomme gutte par-dessus, à la réserve des endroits plus clairs, où le massicot reste pur. On ébauche ensuite sur ces couches avec de l'ocre, un peu de gomme gutte et de massicot, mettant plus de ce dernier aux jours et moins aux ombres, pour lesquelles on ajoute de la pierre de fiel. On finit avec la pierre de fiel pure dans les ombres, en y ajoutant du bistre dans les plus fortes, s'il est besoin, et avec les mêmes couleurs dont on a ébauché dans les clairs. Vous pourrez faire un autre jaune en mettant du jaune de Naples et du stil de grain à la place du massicot, et de la gomme gutte.

Les draperies vertes se font en mettant une couche sur le tout de vert de montagne ou de Vérone ; et s'il paraît trop bleuâtre, on y mêle du massicot pour les jours et de la gomme gutte pour les ombres. Et pour ombrer plus fort, on y ajoute du vert d'iris ou de vessie ; on y met même de ces derniers tout purs, s'il faut faire extrêmement brun. Pour faire des verts de différentes sortes, on n'a qu'à mettre plus de jaune ou de bleu et l'on finit toujours avec les mêmes couleurs.

Pour faire une draperie noire, on ébauche avec du noir et du blanc, et l'on met du noir à mesure que les ombres sont fortes ; et l'on mêle de l'inde dans les plus brunes, si l'on veut que la draperie paraisse veloutée ; on finit aussi avec les mêmes couleurs.

Pour faire un blanc de laine, couchez du blanc où il y ait tant soit peu d'ocre et d'orpin ou de pierre de fiel. Ébauchez les ombres avec du bleu, un peu de noir, du blanc et du bistre. Il faut mettre beaucoup de ce dernier dans les ombres les plus brunes, et toujours finir avec les mêmes couleurs.

La draperie gris blanc s'ébauche avec du noir et du blanc et se finit avec la même couleur ; le minime se fait en couchant du bistre, du blanc et un peu de brun rouge qu'on fait plus brun pour les ombres, et on finit avec les mêmes couleurs un peu plus fortes, comme nous avons dit plusieurs fois.

Draperies changeantes

Il y a d'autres draperies dont on se sert pour habiller les divinités de la fable, pour les anges et les jeunes personnes sveltes : on en fait particulièrement des écharpes et on les appelle draperies changeantes. La violette se fait, pour le clair, d'outremer et de blanc, et l'on ombre de carmin, d'outremer et de blanc, suivant que les ombres sont fortes ; on finit en pointillant avec du violet, où il y a beaucoup de blanc. On peut faire un autre violet changeant en mettant une couche de massicot au lieu du bleu, et ombrant comme à la première ; il faut pointiller avec les mêmes couleurs, et bien unir le jaune avec le violet par le moyen de la gomme gutte.

La changeante de carmin se fait en couchant du massicot aux jours et du carmin aux ombres, qu'on unit en finissant avec de la gomme gutte. La changeante de laque se fait de même en mettant du massicot pour le jour et de la laque pour les ombres.

La verte se fait aussi en mettant du massicot pour les jours et du vert de montagne d'iris et de vessie pour les ombres.

Draperies communes

On peut faire plusieurs autres draperies de couleurs moins propres, comme le brun rouge, le bistre et l'inde, pourvu que l'accord des couleurs s'y trouve et que leur mélange ne fasse rien d'âcre à la vue. L'expérience au reste fait assez connaître la force et l'effet des couleurs.

Pour faire les linges, on dessine les plis et sur le tout on met une couche de blanc ; on ébauche ensuite les ombres avec une teinte d'outremer, de noir et de blanc, et on finit avec les mêmes couleurs. On peut encore coucher un mélange d'outremer, de noir et de blanc fort pâle, pour les clairs, et un peu plus fort pour les ombres, puis finir en pointillant des mêmes couleurs ; il faut encore relever les grands jours avec du blanc tout pur et faire quelques teintes jaunâtres d'orpin et de blanc en certains endroits, en les couchant pourtant fort légères.

Si vous voulez faire des linges jaunes, couchez du blanc mêlé avec un peu d'ocre, et pour ébaucher les ombres, servez-vous de bistre, de blanc et d'ocre, et dans les fortes ombres, de bistre pur. Mais avant que de finir, faites en certains endroits de petites teintes d'ocre et de blanc, ou de blanc et d'outremer. Vous finirez avec les couleurs du fond, un peu fortes à l'ordinaire, et rehausserez de massicot. Vous pouvez même rayer ces linges avec de petites lignes, deux bleues et deux rouges, ce qu'on appelle à l'égyptienne.

Si vous voulez faire des linges transparents, afin que ce qui est dessous se puisse voir, faites les teintures dont nous venons de parler fort claires, et mêlez dans l'ombre un peu de la couleur qui est dessous. Il faut seulement relever l'extrémité des jours avec du massicot et du blanc, aux jaunes, et du blanc avec du bleu, aux blancs. Mais si vous voulez qu'ils soient tout à fait clairs, finissez le dessous comme si vous n'y vouliez rien mettre, et après marquez les plis du linge jaune avec du massicot et du blanc, savoir du blanc dans le clair, et dans l'ombre, du bistre, du noir, du bleu et du blanc.

Vous devez faire le crêpe de même, c'est-à-dire finissant bien ce qui est en dessous, puis vous marquerez les plis des ombres et les jours avec les bords du crêpe, par de petits filets de noir.

Il y a d'autres manières pour varier les draperies, vous pouvez les tabiser[1], en faisant par-dessus des ondes d'une couleur plus claire ou plus

1. « Tabiser : faire passer sous la calandre pour y faire paraître des ondes comme sur le tabis » (*Furetière*).

« Tabis : gros taffetas qui a passé sous la calandre » (*Id.*).

« Calandre : c'est une machine propre pour presser les draps et les toiles, et autres étoffes. Elle sert aussi pour y faire ces ondes qui sont sur le tabis et les mohairs » (*Id.*).

brune ; de même pour faire des dentelles, points de France et autres ouvrages de fil, on couche une teinte de bleu, de noir et de blanc, puis on relève les fleurons avec du blanc tout pur ; on fait les ombres avec la même teinte un peu plus forte et on la finit avec la même, en pointillant.

Que si vous voulez que les carnations ou autre chose, paraissent sous vos dentelles, il les faut premièrement finir, et après faire par-dessus vos dentelles avec du blanc pur, les ombrant et les finissant comme je viens de dire.

Pour faire des fourrures, si elles sont brunes, vous les ébaucherez avec du blanc et du bistre, plus de blanc au clair et plus de bistre à l'ombre. Si elles sont blanches, ébauchez avec du blanc et du bleu aux clairs, et ajoutez du bistre aux ombres. Pour les finir, il ne faut pas pointiller mais tirer de petits traits selon le poil.

Architecture et paysages

Pour faire de l'architecture de pierre, on fait les teintes avec de l'inde, du blanc et du bistre ; et pour ombrer, on met plus de bistre que d'inde, selon la couleur des pierres. Si ce sont de vieilles masures, on met en quelques endroits des teintes d'ocre ou d'outremer, et l'on unit le tout en finissant.

L'architecture de bois se fait de plusieurs teintes : la plus ordinaire, c'est d'ébaucher d'ocre, de bistre et de blanc, et de finir sans blanc ou fort peu ; et si les ombres sont fortes, avec du bistre tout pur. On peut aussi ajouter du vermillon, du vert ou du noir, selon la couleur qu'on veut donner ; on finit en pointillant comme nous avons dit, parlant des draperies.

S'il faut faire des terrasses sur la première ligne, on ébauche d'une teinte de vert de vessie ou d'iris, avec du bistre et un peu de vert de montagne ou de Vérone. Si on les veut plus claires, on ébauche d'ocre et de blanc avec un peu de vert. On finit les premières avec les mêmes couleurs un peu plus brunes, les dernières avec du bistre mêlé d'un peu de vert. On peut aussi les faire rougeâtres en les ébauchant avec du brun rouge, du blanc et un peu de vert ; mais les terrasses qui sont éloignées, s'ébauchent du vert de montagne, et on les ombre et achève de vert de vessie. Celles qui sont encore plus éloignées se couchent de vert de mer mêlé d'un peu de bleu ; elles s'ombrent et se finissent de vert de montagne : et plus vous les ferez bleuâtres, en y mêlant de l'outremer et du blanc, plus elles seront dans les lointains. Il faut ajouter de petites teintes de vermillon en quelques endroits de ces dernières, à cause de la réflexion de l'horizon, qui est un peu rouge.

Pour faire des herbes, des feuilles ou des arbres : lorsqu'ils sont proches, on ébauche de vert de mer ou de montagne, et un peu de blanc ; on les ombre avec du vert d'iris et du bistre ; on les rehausse avec du blanc ou du massicot, s'ils sont jaunâtres. À mesure que les arbres sont dans le lointain, on les ébauche de vert de mer et, pour les finir, on y mêle de l'outremer. Les arbres se doivent faire à petites touffes qu'on enfonce en certains endroits et qu'on relève en d'autres, en feuillant sur l'ébauche, c'est-à-dire en touchant les feuilles par petits coups dont les uns relèvent les autres pour faire paraître l'arbre dégagé.

Quoique tout ce détail soit fait sur le sujet de la miniature, il est constant que ces préceptes peuvent également servir dans les autres manières de peindre, parce qu'il y a des couleurs, qui s'emploient à fresque, à détrempe et à huile, qui peuvent faire le même effet que celles dont nous avons remarqué l'usage dans la miniature.

Mais pour revenir à l'union des couleurs, elle ne se doit pas seulement observer dans une draperie et dans une figure, elle se doit aussi trouver dans chaque groupe et dans tout le tableau. Il faut éviter avec soin de commettre ensemble des couleurs discordantes, qui tranchent et dont l'union n'est pas douce lorsqu'elles sont placées les unes auprès des autres ; par exemple du bleu auprès de la couleur de feu et la couleur de feu auprès du vert, et celui-ci auprès du noir.

Outre cela, les peintres qui entendent la perspective aérienne et l'harmonie des couleurs, observent régulièrement de placer les plus sensibles et plus brunes sur le devant de leurs tableaux, les claires et fuyantes dans les loins ; or il n'y a point de couleur qui participe davantage de la lumière et de l'air que le blanc, ce qui fait voir que cette couleur est la plus légère. On la peut pourtant retenir sur le devant et la rendre plus terrestre en la mêlant avec quelque couleur pesante.

Après le blanc, le bleu est la couleur la plus fuyante : aussi en fait-on les lointains ; elle en est encore davantage par le mélange du blanc. L'ocre n'est pas si légère que l'outremer, mais le massicot et le vert de montagne sont fort légers. Le vermillon et le carmin approchent de ceux-ci. L'orpin et la gomme gutte sont moins légers que le carmin et le vermillon ; mais les laques tiennent un milieu, plus doux pourtant que rude. Pour le stil de grain, c'est une couleur indifférente qui prend aisément la qualité des autres, elle est pesante avec les pesantes, et légère avec les légères.

Le rouge brun, la terre d'ombre, les verts bruns et le bistre sont les plus pesantes, mais le noir est encore plus pesant.

Des carnations

Pour les chairs appelées carnations, on fait les contours avec un filet de carmin comme à l'huile on le fait avec de la laque ; on couche ensuite les clairs et les ombres. Si c'est pour des femmes ou des enfants ou autres chairs tendres, on couche une teinte faite de blanc et d'un peu de ce bleu dont j'ai dit la composition ailleurs. Si c'est une carnation d'homme, on met un peu de vermillon au lieu du blanc, et s'il est vieux, un peu d'ocre.

Pour les ombres, on fait une teinte de vermillon, de carmin et de blanc, avec laquelle on recherche tous les traits, et de laquelle aussi on ébauche les ombres, en ajoutant du blanc à proportion que les endroits sont forts ou faibles. Mais on ne met presque point de blanc au coin des yeux, sous le nez, aux oreilles, sous le menton, dans la séparation des doigts, au coin des ongles et dans toutes les jointures où l'on veut marquer quelque séparation. Et il ne faut pas appréhender de leur donner trop de force dès la première ébauche, parce qu'elles s'adoucissent en finissant.

Après avoir couché les clairs et les ombres, on fait des teintes bleues avec de l'outremer et beaucoup de blanc sur les parties qui fuient, sur les tempes au-dessus et au coin des yeux, aux deux côtés de la bouche, dessus et dessous, au milieu du front, entre le nez et les yeux, à côté des joues, au cou et à certains autres endroits où la chair a je ne sais quel œil bleu. On fait ensuite des teintes jaunâtres avec de l'ocre ou de l'orpin et un peu de vermillon mêlé de blanc qu'on met au-dessus des sourcils, aux côtés du nez vers le bas, un peu au-dessous des joues.

Pour finir et bien unir toutes ces teintes, on se sert de ce vert dont nous avons déjà parlé ; on y mêle un peu plus de bleu pour les parties fuyantes, et un peu d'ocre pour celles qui sont plus sensibles. Mais dans la fin des ombres du côté du clair, il faut confondre la couleur imperceptiblement dans le fond de la carnation, avec du bleu puis du rouge selon les endroits. Et si avec le vert et le rouge on ne peut donner assez de force aux ombres, on les finit avec du bistre mêlé d'orpin, d'ocre ou de vermillon, et quelquefois de bistre pur.

Il faut encore finir sur les clairs avec un peu de vermillon ou de carmin et beaucoup de blanc, et de tant soit peu d'ocre pour faire noyer les teintes imperceptiblement les unes dans les autres, prenant garde en pointillant ou hachant, que les points ou hachures suivent les contours des chairs, de même qu'aux estampes bien gravées. Que si les teintes paraissent trop rouges, on les tempère avec du bleu, un peu de vert et beaucoup de blanc qu'on met partout hormis aux clairs et en certains autres endroits, quoique toujours le menton, les joues, le dedans des mains, les doigts et les pieds doivent être un peu plus rouges. Remarquez aussi que ces deux derniers mélanges doivent être si pâles qu'à peine on en puisse voir le travail, n'étant que pour adoucir l'ouvrage, unir les teintes, noyer les unes dans les autres et les ombres dans les clairs.

Pour les yeux, on couche du même bleu et on ombre du même avec un peu de couleur de chair. On marque même les coins du côté du nez avec du vermillon et du blanc, y donnant un petit coup de carmin. On adoucit tout cela avec le mélange dont nous avons parlé, fait de vermillon, de carmin et de blanc, et tant soit peu d'ocre. Si les yeux sont bleus, on fait les prunelles d'outremer et de blanc d'une teinte plus forte. Si les yeux tirent sur le jaune, on y fait entrer du bistre ; et s'ils sont gris, un peu de noir. Pour le cristallin, on le fait d'inde aux bleus, de bistre ou de noir aux autres selon leur couleur. On donne encore un petit coup de vermillon à l'entour du cristallin.

Le tour des yeux, les fentes, les paupières se font de bistre et de carmin, particulièrement les paupières. On finit les yeux avec le mélange rouge ou bleu dont on a fini le reste du visage, et après on donne un petit coup de blanc du côté du jour à l'œil, ce qui lui donne la dernière vivacité. Pour faire la bouche, on l'ébauche avec du vermillon mêlé de blanc, puis on finit avec du carmin et, lorsque le carmin n'est pas assez brun pour les angles de la bouche, on y mêle du bistre.

Quant aux sourcils et à la barbe, on les ébauche comme les ombres des carnations et on les finit avec du bistre, de l'ocre ou du noir, selon leur couleur, en leur donnant le tour naturel du poil par de petits traits ; puis on en relève les jours avec une teinte d'ocre, de bistre, de vermillon et beaucoup de blanc.

Pour les cheveux du côté du jour, on fait une couche de bistre, d'ocre, de blanc et un peu de vermillon ; mais s'ils sont fort bruns, il faut du noir au lieu d'ocre. On ébauche ensuite du côté de l'ombre avec les mêmes couleurs, y mettant moins de blanc. On finit avec du bistre pur ou mêlé avec de l'ocre ou du noir, par de petits traits qu'il faut conduire par ondes et par boucles selon leur frisure ; on relève ensuite ces traits par d'autres petits, faits avec de l'ocre ou de l'orpin, du blanc et un peu de vermillon.

Quant aux cheveux qui tombent sur le front, on les ébauche de la couleur du front, en travaillant comme si on n'en voulait point faire, puis on les forme avec du bistre par de petits traits dont on relève les jours comme des autres. Si les cheveux sont gris, on mêle du blanc, du noir et du bistre, dont on fait l'ébauche, et l'on en recherche les traits avec la même couleur plus forte, et enfin on les rehausse avec du blanc et du bleu fort pâle.

Mais si on veut faire des chairs mortes ou le coloris d'un mort, il faut faire une couche de blanc et d'orpin ou d'ocre fort pâle, puis ébaucher avec une teinte de vermillon et de laque au lieu de carmin, avec beaucoup de blanc. On finit avec un mélange vert, dans lequel il y ait plus de bleu que d'autres couleurs, afin que la chair paraisse livide. Les teintes se font tout de même qu'aux autres carnations, mais le bleu y règne plus que le jaune.

La bouche s'ébauche avec un peu de vermillon, d'ocre et de blanc, mais on doit la finir avec de la laque, à laquelle on mêle du bistre pour donner des coups plus forts aux yeux, au nez et aux oreilles.

Je finirai ces instructions en ajoutant deux choses très importantes pour juger du coloris et pour faire de belles carnations en tout genre de peinture. La première est que les contours ne soient nullement tranchés, mais que les chairs fuient si bien dans les extrémités, qu'il paraisse quelque chose de plus qu'on ne voit, ce que les Italiens appellent *dolce e sfumato*. La seconde est que les chairs soient naturelles avec les réflexions qu'elles font les unes sur les autres, car ces réflexions leur donnent quelque transparence, de la tendresse et du relief, et ce que les Italiens appellent *morbidezza*. Il faut encore leur donner les teintes de réflexion qu'elles prennent des étoffes et des autres corps illuminés qui sont auprès d'elles : ce sont de grandes perfections du coloris qu'on trouve en peu de peintres, parmi le grand nombre qui ont paru jusques ici.

De la peinture au pastel

Il y a une autre manière de colorier sur du papier, laquelle on appelle pastel. On en fait de beaux portraits mais qui s'effacent facilement et perdent bientôt leur beauté, s'ils ne sont couverts d'un verre blanc ou de quelque autre glace fine. Pour faire des pastels, on prend du plâtre bien fin et bien blanc, figé et sec, qui sert pour le blanc, on en broie sur le marbre avec de l'eau tant soit peu gommée. Quelques-uns au lieu d'eau gommée, se servent d'eau commune, où ils ont fait tremper de petites branches de figuier. On mêle à ce plâtre toutes les couleurs qu'on veut et on fait toutes sortes de teintes, pour faire des carnations et draperies, comme à la détrempe, à fresque ou à la miniature. On en forme de petits crayons longuets et pointus, dont on fait divers ouvrages sur du papier fort grainé, lesquels font un agréable effet lorsqu'ils sont bien entendus. Il faut savoir qu'on peut commencer quelques contours avec de la sanguine, et que, lorsque les couleurs ont assez de corps comme le stil de grain, on n'y met point de plâtre.

De la première préparation des couleurs

Quant à la première préparation ou composition des couleurs, elle est plutôt du marchand que du peintre, à qui je conseille de les acheter toutes prêtes et même broyées s'il les trouve commodément, plutôt que de perdre le temps à les composer ou à les broyer. Les couleurs sont : ou naturelles simples, telles que sont les terres, les pierres et les minéraux, ou naturelles composées, telles que sont les massicots, stil de grain et quelques autres, ou artificielles, telles que sont les laques et les émaux, et plusieurs autres.

Je dirai seulement qu'on peut calciner les terres dans une boîte de fer, où le brun rouge devient de belle ocre, et au contraire l'ocre jaune y devient du rouge brun, la terre d'ombre se rend plus belle ; et elles en sont encore plus siccatives. On les peut même raffiner en les pilant et les faisant ensuite dissoudre dans de l'eau bien nette, en sorte que, s'il y a quelque chose, il tombe au fond. Il les faut donc bien brouiller et quelque moment après on verse la liqueur, laissant la lie au fond du vase ; cette lie peut servir aux ouvrages où il faut moins de propreté. On couvre ensuite la liqueur versée et on ôte l'eau qui surnage à mesure qu'elle s'éclaircit : ce qui reste au fond est la couleur purifiée, qu'on fait sécher et qu'on serre [1] pour la broyer à l'huile ou à détrempe ou pour la miniature.

L'orpin et le verdet se calcinent de même, ce qu'il faut faire avec précaution car leur fumée est dangereuse. Il y a aussi une manière de purifier le cinabre ou vermillon, qui est une espèce de minéral, pour lui ôter les parties qui le font noircir. On le broie pour cela sur un bon marbre ou porphyre avec la meilleure eau de vie qu'on peut trouver, et faute d'eau de vie, on se peut servir d'urine ; mais ensuite il faut continuer de le broyer avec de l'eau bien nette. Puis on le peut faire sécher à l'ombre dans un lieu bien fermé où la poussière ne le puisse pas infecter. On le serre après dans du papier. L'azur se peut aussi purifier en le mettant dans une bouteille avec de bonne eau de vie, qu'on remue de temps à autre pendant cinq ou six jours, la tenant exposée au soleil ; car tout ce qu'il y a d'impur tombe au fond. On vide le plus pur qui est ce qui surnage, et la couleur tombe au fond et laisse l'eau claire par-dessus, laquelle on verse et on fait sécher la couleur.

Mais pour tirer l'outremer du lapis lazzuli, qui est une pierre bleue dont on fait des ouvrages comme des autres pierres de prix, voici une manière de le faire : il faut choisir du plus beau lapis dont le bleu soit éclatant et mêlé de petites veines ou filets d'or ; prenez-en une demi livre ou davantage en deux ou plusieurs morceaux. Faites-le bien rougir dans un creuset sur les charbons et, pendant qu'il est fort rouge, mettez-le avec des pincettes dans une terrine où il y ait du vinaigre bien fort qui le puisse couvrir. Il boira une partie de ce vinaigre et se cassera par petits morceaux que vous broierez sur un marbre bien dur ou sur un porphyre avec de bonne eau de vie. La beauté de la couleur qui en doit sortir dépend de le bien broyer.

1. « Serrer signifie aussi enfermer, arranger, mettre à couvert, en lieu sûr » (*Furetière*).

Vous préparerez ensuite une pâte composée d'un quarteron[1] de cire jaune, d'autant de térébenthine, de tout autant de résine et d'une autre quarteron d'huile de lin. Vous ferez fondre tout cela ensemble à petit feu, en mettant premièrement l'huile et la cire coupée à fort petits morceaux ; après vous mettrez la résine et ensuite la térébenthine. Vous en ôterez les ordures qui se détachent de ces drogues, vous servant d'une spatule. Quand cela commence à bouillir, il est cuit et on le lève du feu en le versant dans une terrine vernissée. Lorsqu'il sera froid, vous en prendrez gros comme était votre pierre de lapis, tout à la fois ou à plusieurs reprises, et le mettant sur votre marbre, vous le broierez et mêlerez ensemble avec votre poudre ou lapis broyé. Le tout étant incorporé, vous le devez laisser vingt-quatre heures au plus dans cet état.

Lorsque vous voudrez séparer l'outremer du pastel, vous le prendrez entre vos mains, et en faisant verser un petit filet d'eau dessus la pâte que vous pétrirez de plusieurs manières, cette eau qui tombe du pastel dans une terrine sera toute bleue et entraînera l'outremer. Le plus beau se tire d'abord avec de l'eau fraîche, le second avec de l'eau tiède et enfin le moins beau avec de l'eau chaude, changeant de terrine à chaque fois.

On met les vases qui ont reçu ces eaux bleues en quelque endroit bien couvert et l'outremer tombe au fond de chacun. On en verse l'eau à mesure qu'elle est claire, et l'outremer demeure au fond des terrines, où il se sèche enfin, puis on le serre dans des papiers fort propres. Si vous voulez tirer l'or du lapis qui reste dans votre pastel, vous n'avez qu'à le jeter dans un alambic et le distiller : vous trouverez l'or au fond de l'alambic.

Puisque l'on peut employer l'or et l'argent comme les couleurs, voici de quelle manière il faut les préparer. Prenez de l'or ou de l'argent en feuilles, qu'on vend chez les batteurs d'or, suivant la quantité que vous en voudrez préparer. Broyez ces feuilles avec du miel pur sur le marbre jusques à ce que le tout soit bien doux. Lavez ensuite ce mélange et le mettez dans un verre d'eau fort nette. Après l'avoir remué, laissez-le reposer et puis changez l'eau plusieurs fois jusques à ce qu'elle sera claire, ce qui se fera par l'inclination du vaisseau, après que l'or sera au fond. Pour la dernière opération, il faut avoir un peu d'eau forte et la mettre sur votre poudre. Elle dissipera tout ce qui restera du miel et vous mettrez à part votre or moulu que vous emploierez en le mêlant avec un peu d'eau gommée et

1. Quarteron ici avec la valeur d'un quart. Cependant : « Quarteron, compte qui fait le quart d'un cent ; un quarteron d'abricots » (*Furetière*). Bref un quarteron fait vingt-cinq unités, qui sont un quart du tout.

tant soit peu savonnée, pour le faire couler. Faites de même des feuilles d'argent.

Que si vous voulez appliquer des feuilles d'or ou d'argent à la détrempe sur quelque sujet, je vous avertis que la dorure est la glu des ignorants et du bas peuple, qu'elle gâte et disproportionne les beaux ouvrages de sculpture ; elle se peut appliquer sur le bois, le stuc et sur le plâtre, mais non pas sur la pierre ni sur les sujets humides. Il faut commencer par une couche de colle et ensuite continuer par diverses couches de blanc de craie ou de blanc de plâtre bien broyé, et plus on mettra de couches de blanc plus on fera de bel or ou de bel argent ; car tout le mystère consiste en ceci, de telle manière qu'on en met jusques à douze ou quinze couches, observant ponctuellement que les premières soient bien sèches avant que vous ne mettiez les secondes. Ayant bien frotté et uni le blanc avec une peau de chagrin, on y met une couche de bol[1] ou d'ocre bien broyés, et détrempez avec de la colle de Gand, car on ne se sert pas d'autre pour ce travail. Quand tout est bien sec, on applique les feuilles d'or en mouillant le sujet avec de la simple eau fort claire ; on les brunit après avec une dent de loup[2] ou de chien bien lisses.

Ceux qui appliquent l'or à la détrempe sur des sujets raboteux, où l'or ne se peut pas coucher communément à cause des petits creux, font une teinte de sanguine dans les enfoncements, qui relève merveilleusement les parties où l'or a pu s'appliquer. Mais d'autres en usent encore avec plus d'épargne, par le moyen d'un vernis qui a beaucoup de rapport à l'or. Après qu'ils ont couché des feuilles d'argent à la détrempe et qu'ils les ont brunies, ils font un vernis d'ambre jaune ou carabé[3], de sang de dragon[4], qui est une espèce de gomme comme le carabé, mais qui est rouge, et de la gomme gutte. Ils font dissoudre et bouillir tout cela ensemble dans l'huile de térébenthine et l'appliquent ensuite avec un pinceau : il n'y a rien qui imite si bien l'or que ce vernis glacé sur de l'argent.

Que si on veut appliquer des feuilles d'or sur la pierre, il faut faire cela avec de l'huile grasse ou avec celle qu'on prend du pincelier à huile, où il y

1. « Bol : terre argileuse contenant de l'oxyde de fer qui lui donne une coloration rouge » (*T. L. F.*).

2. « La *dent de loup* chez les artisans est ce qui leur sert à polir leur besogne (...) ».

« En sculpture on appelle *dent de chien* un ciseau fendu par le bout, qui se divise en deux pointes » (*Furetière*).

3. « Carabé : ambre jaune ou succin » (*Littré*). C'est le *succinum* de Pline.

4. «Mais le vrai et naturel sang de dragon est un suc ou gomme d'un arbre appelé anchuse, qui vient d'Afrique » (*Furetière*). C'est, d'après Littré, une racine tinctoriale, l'orcanète ou buglosse (*anchusa tinctoria*) rouge et parfois, plus rarement, jaune.

a quelque peu de couleur. Et quand l'huile qu'on a couchée commence à sécher, on y applique l'or sans autre mystère. C'est ce qu'on appelle or mat.

D'autres dorent en pierre et sur toute autre matière par le moyen d'un vernis composé d'une once de térébenthine de Venise et demi once d'huile de la même térébenthine, qu'ils mettent dans une bouteille et la bouteille dans un plat avec de l'eau sur un réchaud ; ils la font bouillir jusques à ce que la térébenthine soit fondue et mêlée avec l'huile. Ils gardent ce vernis pour le besoin et lorsqu'ils s'en veulent servir, ils le font réchauffer et en vernissent le sujet où l'or prend sans refus. C'est le vernis de Venise avec lequel quelques peintres donnent le luisant à leurs tableaux, à la place du blanc d'œuf bien battu, dont on se peut servir pour le même effet. Mais pour appliquer l'or ou l'argent sur les pierres fines, on n'a qu'à les frotter avec de l'ail et pendant qu'il est frais, on y met des feuilles d'or ou d'argent.

DISSERTATION QUATRIÈME

De la composition

Le dessin et le coloris s'apprennent plus facilement dans les premières années de la jeunesse que dans un âge plus avancé. L'étude dans l'un et la pratique dans l'autre sont les plus sûrs moyens d'y réussir, s'ils sont secondés d'une forte inclination et de beaucoup d'assiduité. Mais ce qu'on appelle la belle composition ne se peut acquérir qu'à mesure qu'on a reçu du ciel et du génie et du talent. Cette partie fait les excellents peintres comme la véritable éloquence fait les grands orateurs ; car la composition renferme à sa manière toutes les grâces de la peinture, comme l'éloquence est un composé de toutes les finesses de l'art de la parole. Enfin si l'éloquence consiste dans l'invention, la disposition, l'arrangement des termes, l'élocution et la cadence des périodes, le geste et la prononciation, la belle composition dans l'art de peindre est la partie qui invente, qui dispose, qui embellit, qui donne la grâce et l'expression et qui prononce l'ouvrage.

On pourrait appeler cette partie de la peinture un assemblage élégant de plusieurs parties qui font un tout, et de plusieurs corps représentés avec leur plan et leur fond sur une superficie, par le concours de plusieurs couleurs. Et à l'égard de la sculpture, on pourrait dire que la composition est un assemblage élégant de plusieurs parties de relief, faisant un corps, ou de plusieurs corps faits d'une matière solide. De sorte que c'est à la composition de donner l'élégance à toutes sortes d'imitations, comme c'est au dessin d'en régler la proportion et au coloris d'y ajouter la couleur. En un mot c'est la faculté, l'art de se servir du dessin et du coloris avec élégance, en imitant les corps visibles tels qu'ils sont ou qu'ils peuvent être dans leur plus bel agrément.

Et comme l'on remarque très souvent qu'un discours qui est régulier dans la grammaire ne peut pas toujours passer pour éloquent, si l'orateur manque d'invention, s'il dispose mal à propos, s'il n'a rien de sublime dans son style ou s'il prononce mal sa pièce. Il en est de même dans la peinture : une ou plusieurs figures peuvent être bien dessinées et manquer au même temps de ce qu'on appelle composition ; car si l'orateur se propose de bien parler pour persuader, le peintre tâche de plaire aux yeux et d'instruire au même temps de son sujet. Celui-là met en usage les figures de l'élocution, l'harmonie de ses périodes, le geste et le ton de sa parole ; celui-ci se sert adroitement de la richesse de ses inventions, de la variété de ses couleurs et enfin de la force de ses expressions. Il semble même que la composition d'une histoire, dans la peinture, est quelque chose de plus que la composition particulière de chaque figure. Ce qui s'éclairera suffisamment par ce que nous allons dire de cette importante partie de notre art.

Soit que nous prétendions ce que c'est que la composition dans la peinture, soit que nous en voulions parler à l'égard de la sculpture, je remarque qu'elle consiste en trois choses ou trois parties principales, qui sont l'invention, l'ordonnance ou disposition, et la convenance dont je vais traiter le plus méthodiquement qu'il me sera possible, et suivant l'ordre que je viens de leur donner.

Je commencerai donc par l'invention qui est cette faculté rare, ce talent précieux d'imaginer et de faire au même temps élection de plusieurs attitudes ou apparences de divers corps visibles et de les produire aux yeux par le ministère du crayon, du pinceau et de l'ébauchoir, pour exprimer quelqu'une de leurs actions d'une manière élégante, noble et gracieuse. Pour moi, je crois que la feuille d'ardoise, dont nous avons parlé dans la dissertation sur le dessin, ne serait pas inutile pour acquérir l'invention ou du moins pour en augmenter la faculté, en accoutumant la main, par plusieurs réitérations, à suivre l'imagination dans toutes les idées qu'elle se forme. En effet, il en est de la composition comme de la parole : un homme parle bien à mesure qu'il pense bien et que sa langue est bien suspendue ; ainsi le peintre dont la main est facile fait de belles choses à mesure qu'il s'en forme de belles idées.

C'est aussi pour aider à cette faculté qu'on conseille aux peintres d'avoir des tablettes toujours présentes, où ils puissent marquer les belles attitudes qu'ils observent dans plusieurs occasions, suivant ce qu'en avaient dit autrefois Léonard de Vinci[1] et Léon Baptiste Albert. Cette

1. Léonard de Vinci, *Traité de la peinture*, chap. XC, (*op. cit.*, p. 107). Léonard précise que le jeune peintre doit avoir : « un porte-feuille ou des tablettes, dont les feuillets soient

méthode était suivie par Poussin qui faisait des esquisses de tout ce qu'il remarquait de plus beau dans la nature et dans les ouvrages de l'Antiquité. Elle a été depuis pratiquée par Lafage, de qui j'ai assez parlé dans ma dissertation sur le dessin. Ce n'est pas qu'on doive copier tout ce qu'on voit de beau en présence d'un objet qui s'offre quelque moment à nos yeux ; cela n'est pas toujours possible ni décent. Raphaël et Poussin n'en usaient pas de la sorte : c'était assez qu'ils eussent considéré attentivement ou la nature ou l'art dans quelque occasion, pour en marquer après de mémoire les principaux traits. L'exercice leur en avait même acquis une habitude et il ne faut pas douter que les plus grands hommes ne se soient servis de cette méthode.

On doit donc s'accoutumer de bonne heure à imprimer dans son imagination ce qu'on a cru digne d'être observé. C'est là que s'en doit faire la première conception, et puis il sera facile de l'enfanter par une esquisse sur des tablettes pour y avoir recours et s'en rafraîchir la mémoire dans les occasions. Que si l'on n'a pas cette habitude et qu'on ne puisse rien imaginer ni rien faire sans voir au même temps l'objet au-dehors, cela se doit plutôt appeler copier qu'inventer et c'est à quoi se bornent les portraitistes. C'est aussi par le défaut de cette habitude que les peintres tombent dans de grandes angoisses, et au contraire, c'est par la facilité de concevoir et d'imprimer les objets dans leur imagination, et ensuite de les enfanter avec la main, qu'ils acquièrent et l'abondance et la liberté de faire un beau choix.

Il y a plusieurs choses à considérer dans l'invention, savoir l'action et le mouvement, qu'on appelle aussi le feu, l'expression et quelque autre je ne sais quoi que les Italiens appellent fierté, furie et terribilité, et enfin la douceur et la grâce. Car quoiqu'un peintre doive parfaitement savoir le dessin pour réussir à ces trois choses, elles dépendent pourtant de la faculté qu'on peut appeler *compositive*.

Les plus célèbres peintres, ceux-mêmes en qui la nature s'est montrée libérale avec excès, se sont pourtant aidés de ce qu'il remarquaient dans le naturel et dans les ouvrages des Anciens pour mieux réussir dans leur invention ; d'où vient qu'on reconnaît dans leurs compositions quelques vestiges des Antiques et même des figures toutes entières, ou du moins qui ont le même goût et la même idée, sans que cela fasse tort à leur réputation ni à la gloire d'être auteurs de leurs ouvrages. Mais ces grands hommes se doivent séparer des plagiaires, qui font leurs compositions de diverses pièces cousues et rapportées, qu'ils copient des ouvrages d'autrui, si bien

tellement attachés qu'on les puisse ôter sans les déchirer». Léon Baptiste Alberti, (*De pictura*, III, § 61, éd. Schefer, p. 228-229) mentionne non des tablettes, mais des modèles jetés sur le papier (*modulos in chartis*).

qu'ils ressemblent à cet oiseau d'Ésope[1] qui s'était paré des plumes du paon. Au contraire on ne saurait mieux comparer les excellents peintres qu'aux abeilles qui composent le miel du suc de mille différentes fleurs ; et quoiqu'en effet la liqueur dont elles le forment ne soit qu'un pur présent de la nature, elles méritent pourtant toute la gloire de cette merveilleuse composition, par l'assaisonnement qu'elles savent lui donner.

En effet il ne serait pas moins difficile de donner des règles de l'art des abeilles que d'entreprendre d'en prescrire pour l'invention ; et si un grand poète[2] nous a dit que ces petits animaux avaient tiré leur origine du ciel, on peut assurer hardiment la même chose à l'égard du divin talent de l'invention. Il est néanmoins certain que l'exercice achève de perfectionner dans un peintre les dispositions de son génie, car comme il comprend du premier coup d'œil ce qu'il y a de plus beau dans tous les objets qu'il considère, il acquiert la facilité de l'attirer à lui, de s'en servir dans les compositions et de le mêler dans ses propres idées. C'est ainsi que l'ont pratiqué les excellents peintres, qui ont compris en quoi consiste le beau et qui ont su imiter ce beau.

Toutes les attitudes et les situations des corps naturels ne sont pas également belles pour être représentées dans une parfaite composition de peinture quoique d'ailleurs elles soient très naturelles, comme dans l'art de danser, on ne se contente pas d'un mouvement naturel, encore même qu'il suive la cadence. On demande pour être charmant, qu'il se fasse par le moyen de certains pas et par des mesures proportionnées au son des instruments qui l'animent. Il en est de même de l'invention : il ne suffit pas d'imiter toutes les attitudes qui se peuvent remarquer dans le naturel, il en faut savoir faire le choix et ce choix est si délicat qu'on remarque dans les plus fameuses statues, qu'elles ont de plus nobles attitudes lorsqu'elles sont considérées d'un côté que lorsqu'elles sont regardées d'un autre. L'excellence de l'invention consiste donc à trouver facilement et à savoir au même temps choisir ce qu'il y a de plus beau dans la situation de toutes les figures qui doivent composer une histoire, afin qu'elles se présentent du côté qui leur est le plus avantageux.

Quant à l'expression et à la fierté, elles résultent du concours de toutes les parties d'une figure, particulièrement du visage, des mains, et enfin de

1. Dupuy fait référence à une fable de La Fontaine, *Le geai paré des plumes du paon* (livre IV, fable 9) qui procède de deux fables d'Esope, dont elle concentre les arguments, *Le choucas et les oiseaux* ainsi que *Le choucas et les pigeons*. Il n'est pas question particulièrement de paon dans ces deux fables.

2. Virgile, *Géorgiques*, IV, v. 149-150 (Paris, Les Belles Lettres, éd. É. de Saint-Denis, 1982, p. 63).

tous les membres pour exprimer la passion, le mouvement intérieur et l'état où se trouve le corps qu'on représente dans un tableau ou dans un dessin. En effet ce sont les diverses situations de ces parties qui expriment nos volontés avec autant d'énergie que la parole. Il ne faut pas être surpris, dit Quintilien [1], si, dans la prononciation de l'orateur, elle a tant de pouvoir sur l'esprit des auditeurs, puisqu'une peinture excellente, qui est un ouvrage muet, dont les figures sont toujours dans la même position, nous émeut souvent avec plus de force que le plus éloquent discours. Mais surtout les yeux et la bouche marquent d'abord ce que nous avons dans l'âme. Les yeux sont les signes de toutes nos passions, et la bouche fait comprendre nos pensées autant par les divers mouvements des lèvres que par la voix qu'elle forme et les paroles qu'elle profère. Un peintre doit donc étudier ces divers mouvements dans le naturel, s'en imprimer les idées et en faire des esquisses pour s'en ressouvenir. Les mains accompagnent d'ordinaire les yeux et les lèvres, et, comme des serviteurs attentifs, elles partent au moindre signe que fait leur maître.

Que si quelquefois les mains s'avancent lorsque le visage se détourne et que la tête se retire, c'est alors que leur mésintelligence exprime plus vivement leur commune aversion pour quelque objet. Est-ce, dit le même auteur, que nous ne demandons pas par nos mains comme par nos paroles ? Nous promettons, nous appelons et nous renvoyons les personnes, nous menaçons et nous supplions encore, enfin nous témoignons de l'aversion et de la crainte par nos mains. Elles sont les véritables signes du commandement, de l'admiration et de la vénération. C'est par les mains qu'on marque le temps, le nombre et la mesure. Elles servent enfin de pronoms et d'adverbes pour désigner les lieux et les personnes, de sorte que, dans une si grande diversité de langues, on trouve dans les mains une manière de s'expliquer commune et intelligible à tous les hommes, de laquelle le peintre doit être parfaitement instruit.

Lomasse a prétendu nous enseigner une règle [2] pour donner du feu dans l'invention : c'est de faire les figures serpentantes comme la flamme qui ne monte jamais qu'en serpentant, de sorte qu'il y ait toujours trois lignes,

1. *IO, XI, 3, § 67* : « Et il n'est pas étonnant que ces gestes, qui, après tout, comportent quelque mouvement, produisent une impression si profonde sur l'âme, quand la peinture, qui est un ouvrage silencieux et qui fixe des attitudes immuables, agit sur notre sensibilité la plus intime au point d'avoir parfois l'air d'être plus éloquente que la parole même » (éd. Cousin, Paris, Les Belles Lettres, t. VI, 1979, p. 241).

2. *Trattato dell'arte della pittura*, livre VI, c. 4, éd. 1844, p. 97. Lomazzo précise qu'un corps ne sera jamais gracieux s'il n'a *questa forma serpentinata*, cette forme serpentine, *come soleva chiamarla Michelangelo*, comme avait l'habitude de l'appeler Michel-Ange.

l'une de la tête au épaules, l'autre des épaules aux hanches, et la troisième des hanches aux parties inférieures. Cette règle s'applique encore à leurs contours qui en ont meilleure grâce, quand ils sont ondoyants comme la flamme, de manière que les enflures des muscles ne se rencontrant pas vis-à-vis l'une de l'autre, ils se contrastent mieux, font voir plus de variété et sentir une certaine disposition à la souplesse qui leur donne beaucoup d'agrément. On ajoute un autre précepte pour la grâce des figures, autant que pour leur action, et je crois que Léon Baptiste Albert l'a enseigné le premier : c'est que la face ne doit jamais suivre l'estomac, mais se détourner un peu ; et si la face se voit de son plein, l'estomac se présentera un peu de côté, c'est-à-dire qu'alors une épaule se montrera plus que l'autre, tant il est vrai que l'œil aime la variété et le contraste dans cet art, et que le feu et la grâce ne sont qu'un certain assaisonnement qui relève le naturel.

En effet ce qu'on appelle la bonne grâce consiste principalement en un certain agrément, une certaine noblesse qu'on trouve dans les yeux, dans le visage, dans l'attitude et dans les contours d'une figure, lorsque la forme, l'action, les draperies sont décentes et convenables à l'âge, au sexe et à la personne qu'on veut représenter, d'où résultent la beauté et la grâce. Enfin cette beauté et cette grâce toujours mêlées ensemble font la belle composition des figures et le comble de la perfection dans la peinture. C'est par elles que nous distinguons les Raphaëls, les Carraches et les Poussins s'il m'est permis de multiplier le nom de personnages si rares dans la composition. On remarque que ces merveilleux génies ne se sont élevés au-dessus de la nature ordinaire que parce qu'ils ne l'ont pas imitée dans chaque corps particulier, mais parce qu'ils ont fait un assemblage en chacune de leurs figures des beautés diversement répandues dans tous les plus beaux corps naturels, à l'exemple des statuaires de l'Antiquité, dont on admire tant les ouvrages. Aussi a-t-on vu le même progrès dans nos Modernes que dans les Anciens : les premiers des Modernes n'avaient ni grâce ni expression, les suivants ont ajouté quelque chose à leur art, et enfin les derniers l'ont poussé à la perfection que nous voyons aujourd'hui.

Nous pouvons donc comparer ces fameux restaurateurs de la peinture et sculpture, qui ont paru depuis deux siècles, à ces divins ouvriers de l'ancienne Grèce et même aux anciens orateurs, par leur différents caractères, leur attribuant toutes les qualités que Quintilien remarque dans ceux de l'Antiquité, lorsqu'il fait le parallèle des peintres et des statuaires anciens avec les orateurs qui avaient acquis le plus haut rang par leur éloquence[1]. Les orateurs, dit cet excellent maître, diffèrent entre eux comme les tableaux et les statues de différents ouvriers ; et comme chaque ouvrage a son auteur, il a aussi ses partisans, de sorte qu'on n'a pu encore voir un orateur assez accompli pour plaire à tout le monde. C'est pour cela qu'il doute qu'aucun art soit encore arrivé à sa dernière perfection, non seulement parce qu'on remarque quelque chose de plus éminent aux uns qu'aux autres, mais parce que le même style et la même manière n'ont pas été agréables à toutes sortes de personnes, par le différent goût de ceux qui en jugent suivant leur condition, leur nation ou leur siècle, ce qui peut aussi venir du discernement de chaque particulier.

Polygnote et Aglaophon, ajoute Quintilien, furent les premiers qui eurent de la réputation dans la peinture[2] ; leurs ouvrages de clair-obscur étaient tant estimés de plusieurs qu'ils les préféraient par la seule intelligence des contours aux plus grands peintres qui avaient paru depuis. Après ceux-ci Zeuxis et Parrhasius ajoutèrent beaucoup aux précédents : le premier sut très bien l'effet des jours et des ombres et l'autre rechercha subtilement les proportions. Zeuxis formait les compositions de ses figures sur Homère, qui représente tous ses héros robustes et membreux, même jusques aux femmes ; mais Parrhasius inventa de si charmantes règles de proportion que tous les peintres les regardèrent comme des lois inviolables et tâchèrent depuis de les observer religieusement dans les figures des dieux et des héros.

A ces deux peintres succédèrent de grands hommes qui avaient tous des caractères différents, car Protogène se fit remarquer par le soin de finir ses ouvrages, Pamphile et Mélanthius par la raison qu'on y découvrait partout ; Antiphile par la facilité de son imagination ; Théon de Samos excella en esprit et en bonne grâce, mais Apelle le surpassa encore sur ce point ; Euphranor se fir après admirer, parce qu'il était excellent et statuaire tout ensemble. On faisait dans le siècle de Quintilien la même différence dans les statuaires[3], car Calon et Egesias avaient suivi la manière toscane dans leurs ouvrages, Calamis avait été plus délicat dans les siens, mais Myron eut ensuite plus de tendresse que les précédents ; Polyclète finit encore mieux les statues et leur donna plus d'air et d'agrément, de sorte que

1. *IO*, XII, 10. Cicéron est ainsi comparé à Euphranor, le plus admirables des peintres et des statuaires, parce qu'il concentrait toutes les perfections partitivement distribuées chez les autres orateurs.

2. *IO*, XII, 10, § 3 , p. 114. Les deux paragraphes qui viennent et le début du suivant sont une paraphrase serrée de Quintilien, XII, 10,§ 3-9.

3. *Similis* in *statuis differentia. IO*, XII, 10, § 7, p. 115.

plusieurs lui accordent le prix sur tous les statuaires. Toutefois pour ne pas faire d'injustice à tant d'autres, ils avouèrent qu'il y manquait du jugement, car, quoiqu'il ait donné à ses figures une beauté qui surpasse la nature, il ne leur a pas pourtant imprimé le caractère de la divinité qui leur était nécessaire, et n'a jamais représenté que des personnes jeunes et tendres. On attribue au contraire à Phidias et Alcamène tout ce qui manque à Polyclète, quoique Phidias ait mieux réussi à représenter des dieux que des hommes, en quoi il a été incomparable, particulièrement sur l'ivoire, quand il n'aurait fait que l'image de Minerve à Athènes et celle de Jupiter olympien à Élide, où la beauté semblait avoir ajouté quelque chose au culte qu'on doit aux dieux, tant son ouvrage avait égalé la majesté du dieu qu'il représentait.

Enfin, parlant de Lysippe et de Praxitèle, il ajoute qu'ils ont merveilleusement approché de la vérité ; que pour Démétrius, il avait plus recherché la ressemblance que la beauté dans les statues. Voilà de quelle manière cet auteur qui écrivait dans un siècle rempli d'excellents hommes, dans tout ce qui dépend du dessin et de la peinture, a parlé des fameux peintres et sculpteurs de l'ancienne Grèce, en comparant incessamment l'art des orateurs à l'art des peintres et des statuaires ; et à bien dire, il n'y eut jamais de comparaison plus juste car, comme la fin de l'orateur est la persuasion, celle du peintre est l'expression qui produit le même effet. Il est aisé d'observer dans nos Modernes le même progrès que cet auteur a reconnu parmi les Anciens, à prendre l'histoire de la peinture depuis Cimabue[1] qui est le premier que Vasari a remarqué, jusques à Raphaël Sanzio ; et parmi les statuaires, depuis Nicolas et Jean de Pise, dont la manière était gothique jusques à Donatelle qui rétablit le bon goût de la sculpture et enfin l'incomparable Michel-Ange Bonarote, qui a surpassé tous les Modernes.

A mesure que l'art de peinture s'est perfectionné, on y a trouvé plus d'expression et de grâce : ainsi Raphaël n'a excellé sur les autres grands peintres et ne s'est rendu inimitable que par ces deux choses ; Jules Romain l'a suivi de près, ayant soutenu la réputation de son maître par l'excellence des ouvrages qu'il acheva depuis sa mort. Les Carraches ont enfin repris les traces de ces deux grands hommes et ont mêlé la couleur lombarde au dessin de l'école de Rome. Poussin étant venu ensuite, a mérité des admirateurs ; et les uns et les autres ont des partisans qui leur donnent le premier rang à leur tour, comme s'il n'y avait pas encore eu de peintre accompli dans toutes les parties de ce noble art.

1. Giovanni Cimabue fait l'objet de la première des *Vies des meilleurs peintres*... (t. I, p. 17-26).

On voit encore à Rome quelques pièces de Phidias et de Praxitèle, qui répondent à tout ce que dit Quintilien[1] en leur faveur; il y en a quelques-unes d'admirables dont on ne connaît pas les auteurs, mais, de quelque main qu'elles puissent être, on leur donne le rang suivant leur expression et leur grâce. La statue du Laocoon qui est au Vatican n'est merveilleuse que par ces deux choses: on y voit un homme vénérable avec deux jeunes enfants qui se plaignent du terrible accident qui les a surpris; ils conservent pourtant toute leur dignité au milieu de ce désastre, et s'ils gémissent, ils le font avec grâce. Cette figure d'Hercule qui se voit au palais Farnèse, à Rome, est encore admirable par l'expression qu'elle fait d'un homme robuste et terrible, qui néanmoins marque tout à la fois quelque chose de divin et de gracieux. Mais encore, qui n'a pas ouï vanter la Vénus de Médicis, qui semble un ouvrage de la main des Grâces? Qui n'a pas ouï parler des Lutteurs, du Faune jouant de la flûte, de l'Apollon, du Gladiateur et de plusieurs autres, où la grâce et l'expression concourent également?

Venons présentement à la seconde partie de la composition, que nous appelons l'ordonnance, qui comprend la disposition et la perspective. L'arrangement et le bel ordre dépendent de l'une, l'autre donne les règles pour la grandeur des objets dans leur éloignement. L'ordonnance dispose, range les parties d'un tableau; c'est elle qui place à propos les groupes des figures, des arbres et des autres choses qu'on y fait entrer. Elle a soin d'éviter particulièrement la confusion, en faisant que les yeux se puissent arrêter sur tout l'ouvrage avec surprise et admiration, et en considérer toutes les parties distinctement[2] et avec plaisir; ce qu'on ne saurait faire lorsqu'il y a de l'entassement, que les figures sont les unes sur les autres, que vous voyez un grand nombre de têtes, qui s'élèvent par-dessus les figures de la première ligne, et celles-ci tellement rangées qu'elles

1. *IO*, XII, 10, § 9. Phidias est mieux doué pour représenter les dieux et Praxitèle, avec Lysippe, s'est approché de la vérité.

2. Ce souci de la distinction et de l'aération qui doit passer entre les figures peut passer à bon droit pour cartésien, au titre d'une occupation de l'espace qui fasse paraître *partes extra partes* les membres du tout, conformément à l'essence même de tout ce qui est étendu. Toutefois aucune adjonction d'un souci esthétique ou artistique ne vient chez Descartes prolonger la thèse purement épistémique et aléthique de la prévalence du distinct et du clair pour la représentation. Le confus peut plaire et être agréable comme le distinct, autre façon de dire qu'il n'y a pas d'esthétique cartésienne chez Descartes; quant à la distinction picturale que Dupuy valorise, elle relève essentiellement du souci d'expressivité que le tableau doit soutenir dans son rapport à l'*historia*: il faut que les figures et les groupes soient assez distingués pour faire les épisodes d'une narration, assez liés pour qu'un argument narratif les coordonne. La distinction relève donc de ce qui peut demeurer stable dans la conversion d'un texte à entendre en un tableau à voir.

remplissent toute la largeur du tableau. Au reste, ce n'est pas le nombre des figures qui fait la belle ordonnance, c'est leur disposition et leur situation. Il suffit d'en mettre assez pour faire entendre l'histoire qu'on représente, sans y en placer plusieurs qui soient inutiles au sujet qu'on traite. On pourrait les appeler surnuméraires comme ces soldats qui restent après qu'un bataillon a été formé.

Toutes les figures doivent donc agir conformément au sujet et marquer une passion qui lui soit propre ; et, comme il arrive souvent que plusieurs admirent ce qui donne du mépris à quelques-uns et de l'indignation à quelques autres, une ordonnance reçoit aussi des expressions différentes et contraires, pourvu qu'elles servent au sujet, mais elle ne peut souffrir des figures qui ne concourent point à l'action principale et qui semblent conserver le sang froid à ce point qu'elles ne prennent pas garde à ce qui se passe.

Les plus grands peintres nous ont montré par leur exemple qu'il vaut mieux disposer une histoire par deux ou trois groupes que de n'en faire qu'un de toutes les figures ensemble, parce que les yeux ont besoin de repos dans l'ordonnance aussi bien que dans le coloris ; car par ce moyen, ils parcourent tout leur ouvrage avec ordre et sans aucune confusion[1]. Cela nous apprend aussi que les groupes ne doivent pas être fort nombreux ; c'est assez qu'il y ait trois ou cinq figures à chacun, mais on en peut approcher deux ou trois, et faire un grand groupe de plusieurs petits, en laissant quelque intervalle qui les distingue l'un de l'autre.

Ajoutons qu'il est si important de bien grouper qu'une ordonnance de peinture paraît irrégulière lorsqu'une figure se trouve seule et sans être soutenue de quelque autre ; et si la nécessité de l'histoire nous oblige de la tenir à l'écart, il faut qu'elle soit accompagnée de quelque chose qui soulage sa solitude, tant il est vrai que l'homme recherche la compagnie dans l'art avec autant de soin que dans la nature. Néanmoins les figures qui composent les groupes ne doivent pas être si collées les unes sur les autres qu'il n'y ait quelque jour entre deux, mais non pas si éloignées ou si détachées que chacune fasse bande à part. Observez encore que les mains, les pieds, les genoux et les coudes ne soient pas cachés derrière les figures du devant, s'il est possible, parce que ces extrémités ne contribuent pas moins à la beauté des groupes qu'à l'expression des figures.

1. Il y a ici une vraie *méréologie esthétique* ou une doctrine des rapports entre le tout et les parties (telle que le tout ne se réduise pas à ses parties quoiqu'il se laisse appréhender à partir de leur diversité ordonnée) dont la raison est dans l'appréhension par l'œil, et sous la raison du repos, du sentiment d'unité dans la diversité et de l'agrément.

La principale beauté d'un groupe consiste dans la variété des attitudes et dans la diversité des contours, ce que les peintres appellent contraste, qui veut dire opposition ; car s'il y a une figure qui se présente par le devant, les autres doivent se faire voir de côté ou par derrière, et de différentes manières. L'œil est extrêmement délicat, il s'offense de voir plusieurs belles choses au même temps et trouve du plaisir dans la variété.

Quelques-uns ont demandé si c'est une règle dans l'ordonnance d'une histoire, de placer toujours sur la seconde ligne les principales figures du sujet qu'on traite. J'ai ouï dire souvent que les plus savants peintres l'ont observée religieusement ; que pourtant il se pourrait trouver des sujets où il ne serait pas nécessaire de garder cette règle, et que cela dépend du jugement du peintre. Nous pouvons dire la même chose quand l'histoire est composée de trois groupes sur la même ligne, car, quoique les figures principales se placent ordinairement dans le groupe du milieu, il n'y a point d'inconvénient qu'elles soient à l'un des côtés, si cette disposition est nécessaire ou favorable au sujet qu'on traite ; mais alors on remarque qu'il faut éviter de les placer trop près des extrémités du tableau, en sorte qu'il y ait toujours un intervalle raisonnable. La raison de cette question vient de ce que l'œil tombe d'abord sur la seconde ligne et sur le milieu du tableau, dont par conséquent le principal objet ne se doit pas trop éloigner. Et par la même raison les extrémités ne doivent pas être ni dans le grand jour ni trop chargées d'ouvrage, afin que les yeux ne se sentent pas arrachés comme avec violence de l'endroit où ils sont naturellement portés.

Enfin pour bien disposer les parties d'une ordonnance, il faut entendre l'optique ou la perspective. Cette science a prescrit des règles de cette diminution qui paraît dans les objets éloignés ; c'est par elle que nous pouvons corriger les fautes qui surviennent très souvent dans la situation des parties d'un tableau. Elle est différente de la perspective aérienne, en ce que l'aérienne considère la couleur de ces parties dans leur éloignement par l'interposition de l'air ; et l'autre qu'on peut appeler la perspective géométrique, consiste dans la grandeur des objets à mesure qu'ils sont éloignés de nos yeux. Je ne pense pas pourtant que le peintre soit obligé d'approfondir la connaissance de l'optique comme les philosophes[1]. Il en doit seulement savoir les règles et même les avoir par écrit pour y recourir au besoin ; mais

1. C'est la position d'Alberti dans le débat issu des Anciens sur la nature afférente ou efférente des rayons lumineux ou visuels qui font proprement voir. Alberti précise : « Cette question est assez difficile et nous la laisserons donc comme nous étant sans utilité » (*De pictura*, éd. et trad. Schefer, Paris, Macula, 1992, p. 82-83 ; ce passage n'est pas dans l'édition italienne).

il les doit encore mieux posséder dans les yeux et dans l'esprit. Les règles sont très souvent sévères ; l'œil et le jugement du peintre sont plus heureux pour bien réussir.

Il faut s'imaginer que votre toile ou votre cadre est une grande glace, par laquelle vous regardez une action qui se passe au-dehors du lieu où vous êtes. Ainsi pour la représenter, vous devez fixer vos figures sur ce cristal transparent de la grandeur que vous les voyez, comme si leurs espèces s'arrêtaient en passant à travers cette glace, ou comme si l'œil y traçait les contours des objets. Car il arriverait, cela supposé, que les plus éloignés, faisant un plus petit angle, quoiqu'ils ne perdent rien de leur grandeur naturelle, tiendraient sur cette superficie diaphane beaucoup moins d'espace que les plus proches, à cause que l'angle du rayon visuel de ceux-ci est plus grand. Il est donc constant que les plus proches sont plus grands et les plus éloignés plus petits ; ajoutons à cela que nous ne saurions distinguer les parties d'un tableau si nous n'en sommes un peu éloignés : nous devons par exemple nous placer au milieu de la salle ou au côté opposé, car notre œil doit être dans une distance raisonnable de l'objet afin que la vision se puisse faire. Ainsi nous devons disposer nos figures et les autres corps représentés en sorte que les premiers paraissent d'une grandeur proportionnée à l'étendue du lieu où est l'ouvrage, et suivant l'éloignement de l'endroit le plus commode pour le voir. Mais comme j'ai fait un petit traité d'optique qui doit accompagner cette dissertation et que cette partie de l'ordonnance y est assez éclairée par des figures, il serait superflu d'en dire ici davantage.

Les peintres au reste, comme je puis avoir remarqué ailleurs, appellent leurs ouvrages de grandes ordonnances, lorsque les figures y sont comme le naturel ou même plus grandes et que la table d'attente[1] peut contenir une histoire en grand. Le génie d'un peintre se fait mieux connaître dans ces sortes d'ouvrages que dans des tableaux médiocres, destinés pour des cabinets, où ils doivent être considérés d'assez près. Ce n'est pas que ces derniers ne soient bien dignes de louange, et souvent ils sont le mieux finis ; mais plus la place est vaste et plus il faut que l'imagination du peintre ait de l'étendue, que son courage[2] soit élevé et son jugement solide.

1. « On dit aussi *tables d'attente*, des pièces de marbre ou des cadres destinés à recevoir des inscriptions, des tableaux, des bas-reliefs, qu'on doit remplir en achevant un ouvrage » (*Furetière*).

2. « Courage signifie quelquefois ardeur, affection (...). Il travaille de grand courage, pour dire avec grande affection » (*Furetière*).

A bien considérer la description que Pausanias[1] nous a donnée des peintures qui étaient à Delphes dans la salle ou le parloir appelé *Leské*, de la main de Polignote, fameux peintre de l'Antiquité, on y comprend beaucoup de grâce et d'expression, mais on n'y remarque pas cette belle ordonnance que nous voyons aujourd'hui dans ce qui part de la main de nos grands peintres. La plupart des héros et héroïnes dont il est parlé dans l'*Iliade* ou *l'Odyssée* d'Homère y étaient représentés dans l'attitude et le caractère qui leur convenait mais sans faire aucun corps d'histoire. Ce que Pline rapporte des ouvrages de Zeuxis, d'Apelle et de Protogène ne donne pas non plus de grandes idées pour la belle disposition ; et on peut faire la même remarque dans les *Images* de Philostrate, de sorte que nous avons surpassé cette savante Antiquité dans ce point important de la peinture, comme dans plusieurs autres, soit à grouper, soit à colorier.

Il nous reste à parler de la convenance, qui est cette partie de la composition qui comprend le choix, la vraisemblance, l'usage, le *décor*[2] et l'ornement. C'est particulièrement dans toutes ces choses que le savoir et le jugement du peintre se font connaître ; c'est ici qu'on remarque s'il sait l'histoire, la fable, la religion et les coutumes de toutes les nations, dans les siècles passés, et ce qui est en usage dans le sien.

Le choix regarde la matière ou le sujet de l'ouvrage, comme dans la poésie la matière se prend pour le sujet que l'on traite, qu'on appelle aussi l'argument. Il doit être convenable au lieu, au temps et aux personnes qui le demandent ; il le faut choisir aussi noble qu'on peut quand on est libre, et ensuite le traiter avec des idées qui répondent à sa dignité et dans les circonstances qui peuvent facilement faire comprendre ce que le peintre veut représenter. Mais si l'on me demande de quel endroit le peintre doit prendre ses sujets, si c'est de l'histoire fabuleuse, c'est-à-dire de la fable, ou si c'est plutôt de l'histoire véritable, je répondrai ce que je pourrais dire si l'on voulait savoir de moi de quel lieu le poète doit tirer son argument. Car s'il veut faire un poème épique ou dramatique, il le peut choisir dans l'histoire fabuleuse ou dans la véritable, ou dans l'une et l'autre comme ont fait Homère et Sophocle. Il doit y ajouter des ornements, donner la forme à son poème et le style sublime à ses vers. Et comme le poète ne fait pas toujours des poèmes épiques ou des pièces de théâtre, que souvent il se contente de faire des idylles, quelque épigramme ou quelque autre ouvrage de poésie, traitant son argument de diverses manières suivant la nature des

1. Pausanias, *Description de la Grèce, livre X, La Phocide*, § 25-31.

2. Dupuy écrit *decore*, comme il est licite aux XVIe et XVIIe siècles. Il s'agit non de l'ornementation mais de la bienséance, en rapport subsistant au *decorum*.

poèmes qu'il entreprend, le peintre traite souvent de grands et vastes sujets, et quelquefois il se contente d'un groupe, d'une figure, d'un portrait ou d'un paysage ; mais comme l'on demande du poète que ses fictions soient vraisemblables, on exige la même chose du peintre, de sorte que rien ne doit choquer la vraisemblance dans une composition d'histoire ni dans aucune autre sorte de peinture.

La vraisemblance est une partie si nécessaire dans la composition qu'il se trouve peu de peintres qui ne la choquent très souvent, lorsqu'ils suivent leur caprice plutôt que la raison et la nature. C'est de quoi se plaint Vitruve dans le septième livre[1] de son *Architecture*, contre la plupart des peintres de son siècle. Au lieu, dit-il, d'imiter les anciens peintres qui peignaient toujours des choses naturelles ou qui avaient la même raison que les naturelles, ils avaient négligé leurs traces par une certaine dépravation de goût et de mœurs. Ceux qui voulaient orner leurs palais faisaient plutôt peindre des monstres que des choses conformes à la nature. On peignait, ajoute-t-il, des roseaux au lieu de colonnes ; on leur faisait porter des couronnements faits de feuilles frisées, retordues et roulées ; on y voyait des maisons supportées par des chandeliers, d'où il sortait certaines tiges avec leurs feuilles ; et sur le tout encore des figures assises. Enfin pour comble de bizarrerie, il naissait de leurs boutons tantôt la moitié d'une figure humaine avec la tête d'un animal, des animaux avec la tête d'un homme ou d'une femme.

Il est aisé de comprendre que ces sortes de *grotesques* représentaient des choses qui n'ont jamais été et qui répugnent si fort à la nature qu'elles ne seront jamais. Aussi n'avait-on introduit de ces formes de peintures que dans les grottes où l'on cherchait le ridicule et l'extravagant pour se divertir quelques moments, mais qui étaient insupportables dans les autres appartements qu'on occupait ordinairement. Nous voyons donc combien il est important de s'éloigner d'un tel dérèglement et avec combien de soin on doit éviter tout ce qui choque la raison et la nature, ou du moins tout ce qui choque l'histoire véritable ou fabuleuse, et voilà ce qu'on appelle la vraisemblance dans la peinture.

Pour mieux comprendre sur quoi se fonde cette vraisemblance dans les choses qui sont même fausses de leur nature, tels que sont les dieux de la fable : cela vient de ce que les hommes ne pouvaient concevoir ces divinités

1. Dupuy vise le chapitre v du livre VII (p. 242 dans l'édition Perrault du *De architectura*). Les monstres qu'il évoque relèvent de ce que l'on nomme *grotesques* et *décor à la grotesque*. Perrault note (p. 242, note 8) que Vitruve n'a guère été suivi dans sa condamnation des grotesques.

que par des idées matérielles et en leur attribuant des passions ; ils ont au même temps cru qu'elles avaient des yeux, des mains, des pieds et des corps d'une beauté extraordinaire. C'est sur ce fondement que les poètes ont fait tant de fictions qui ne choquent point la vraisemblance, et que les peintres les ont imités heureusement. Et comme ces fables embellies par la poésie et par la peinture comprennent tous les mystères de la morale des Grecs et des Romains dans l'Antiquité, les peintres s'en sont toujours servis pour plaire et pour instruire. Les plus habiles même, lorsqu'ils ont travaillé sur l'histoire véritable, ont ajouté plusieurs fictions à leur composition pour faire comprendre les passions qui régnaient dans le sujet qu'ils ont voulu représenter. Tantôt ils ont fait voler la Renommée sous la forme d'une fille ; une autre fois ils ont peint la Victoire qui couronne leur héros. Quelques-uns ont représenté le génie des villes et des nations, les années et les heures ; et enfin ils ont su peindre les passions de l'âme, les vertus et les vices.

Quoique le goût de notre siècle soit différent de celui de l'Antiquité en plusieurs choses et que nos poètes ne s'expriment presque plus par le langage des fables comme les Anciens, il n'en est pas de même des peintres et des sculpteurs, qui ne sauraient se rendre agréables dans leurs ouvrages que par des compositions où la fable et l'emblème ont la meilleure part, de sorte que la manière de s'énoncer ne saurait changer dans la peinture et dans la sculpture.

L'usage n'est pas moins nécessaire dans une parfaite composition que le choix et la vraisemblance. On entend ici par l'usage ce que les Italiens appellent *il costume*, qui comprend les habits, les cheveux et la barbe, qui sont des choses dont la mode change dans chaque nation et plusieurs fois dans un même siècle. Ce n'est pas assez que les draperies, l'armure et les harnais soient riches et bien entendus, il faut aussi qu'ils soient de l'usage du temps où se passa l'histoire qu'on veut représenter. Il serait absurde d'habiller les vieux Romains à la manière des habits qu'on porte aujourd'hui ou avec ces sayons [1] que les Gaulois portaient autrefois. Et quoique la mode de France paraisse à quelques-uns la plus raisonnable, on ne la saurait pourtant souffrir dans une histoire grecque ou romaine. Il faut donc garder ce *costume* dans toutes les compositions de peinture, afin qu'on reconnaisse les personnes représentées, par les mêmes circonstances que les poètes et les historiens nous ont remarquées ; dont il s'est formé un certain usage que tous les peintres doivent parfaitement savoir, qui consiste non seulement

1. « Sayon : espèce de casaque ouverte, portée autrefois par les gens de guerre et par les paysans » (*Littré*).

dans la forme des vêtements, mais encore dans les couleurs dont quelques-unes sont comme consacrées à certaines personnes.

Il est vrai que dans ces derniers siècles, ils ont imité la manière d'habiller qu'ils ont trouvée dans les anciens marbres, et que ceux qui sont venus ensuite ont suivi leurs traces et profité de leurs recherches. Je remarque pourtant qu'on ne fait pas beaucoup de différence pour la forme des habits dans les anciennes histoires qu'on représente aujourd'hui : car on habille toute l'Antiquité à la grecque ou à la romaine, et les dieux de la fable ont chacun leur caractère et leur manière d'habits particulière, dont il n'est pas permis de s'éloigner. Peut-être que les peintres n'ont pas encore assez connu la diversité des modes qu'il y avait parmi les différents peuples de l'Antiquité, ou qu'ils se sont arrêtés à celle qui leur a paru la plus avantageuse pour étaler les beautés de leur art.

Ajoutons ici que, parmi les Grecs, les peintres observaient avec exactitude les choses qui étaient de l'usage du temps auquel s'était passée l'action qu'ils voulaient représenter. Pausanias observe[1] que Polygnote avait peint dans cette salle de Delphes, dont je parlais tantôt, un autel isolé que les Anciens appelaient *ara*, sur lequel on voyait une cuirasse qui n'était point de l'usage du temps de Pausanias ni de Polygnote même, mais du temps que vivaient les héros qui s'en servaient au siège de Troie. Elle était composée, dit-il, de deux lames d'airain attachées avec des boucles, l'une couvrant l'estomac, l'autre les épaules et les reins. Il observe ensuite que ceux qui portaient de ces sortes d'armures combattaient sans bouclier.

Mais puisqu'on est obligé d'habiller souvent les figures de différentes draperies, je dois ajouter ici quelques observations qui ont été faites pour leur composition. Les plus importantes sont que les draperies tombent noblement comme disent les ouvriers, c'est-à-dire que le peintre ne soit ni prodigue ni mesquin d'étoffe ; que cette étoffe soit sensible et moelleuse aux yeux ; que les plis, à mesure qu'ils s'éloignent de leur naissance ou des endroits où elle est forcée et ramassée, soient larges, amples et conduits avec l'économie naturelle que le dessin demande. Raphaël a été le premier qui a pratiqué les larges plis dans sa dernière manière, et tous les grands peintres l'ont imité depuis d'un commun consentement. Les draperies font encore un bel effet lorsqu'elles suivent l'ordre des parties et qu'elles marquent le nu, comme l'on peut remarquer dans les antiques où les muscles plus considérables paraissent sous les draperies, qui sont comme collées sur la figure, ce qui fait un agréable effet dans le marbre ; et c'est pour cela que les anciens statuaires n'ont guère représenté que des étoffes

1. Pausanias, *Description de la Grèce*, X, Phocide, § 25-31.

de lin ou d'autre matière fort légère, mais toujours avec un grand nombre de plis, parce que les grands et larges plis et les grosses draperies font un mauvais effet dans la sculpture, où elles ressemblent à des pièces de rocher plutôt qu'à de véritables étoffes. Il n'en est pas de même dans la peinture où les plis larges font un effet contraire, parce qu'ils donnent le moyen de pratiquer de grands jours et de grandes ombres : ainsi les peintres sont obligés de suivre l'Antique pour les accommodements des draperies, si ce n'est qu'elles ne doivent pas paraître si collées sur les figures, car cela ne fait pas le même effet dans la peinture que dans la sculpture. Et ils les doivent suivre encore pour l'ordre des plis, sans pourtant les imiter dans leur qualité ni dans leur nombre.

Comme j'avais de la peine à comprendre ce qu'on entend par les grands et larges plis, je consultai plusieurs peintres là-dessus, et voici ce que l'un des plus judicieux me fit comprendre par les estampes de Raphaël, du Carrache et de plusieurs autres, et par les antiques de Perrier que nous avions devant les yeux. Il y a dans les draperies des plis fort légers qui s'élèvent peu et ce n'est pas de ceux-ci que la remarque se doit entendre, mais des plus profonds, des plus marqués et de ceux qui s'élèvent assez pour arrêter et fixer la vue : car s'ils ne sont pas trop larges, leurs jours et leurs enfoncements trop fréquents font de la peine aux yeux. On voit dans les antiques un grand nombre de ces petits plis fort marqués, ce qu'on ne trouve pas dans Raphaël ni Carrache, où les ombres et les jours dont les plis se forment, sont larges et étendus.

Il est vrai que l'enflure de ces larges plis, soit qu'elle se forme par la partie qu'elle couvre ou par la qualité de l'étoffe, peut contenir dans sa grandeur plusieurs de ces petits plis qui servent même à la rendre plus gracieuse, si bien qu'un large pli peut être composé d'autres moindres plis mais fort légers et peu marqués, tant dans les jours que dans les ombres. Au reste rien n'est capable d'expliquer la beauté des draperies dans la peinture que la vue des prophètes de Raphaël, où elles sont au comble de la perfection. Et si j'osais librement dire ma pensée, la peinture ne demande pas tant de larges plis que de larges masses de jour et d'ombre, dans lesquelles on ne laisse pas de pratiquer plusieurs plis, ou pour suivre le nu, ou selon la qualité de l'étoffe.

Quand on représente les premiers âges du monde, on fait la plupart des figures nues parce que cette naïveté est convenable à ce temps d'innocence que les poètes ont appelé le siècle d'or ; on exprime de même les divinités de la fable qui, à cause de la beauté extraordinaire qu'on leur attribue, ne peuvent imprimer que de l'admiration et du respect. Que si quelquefois on leur accommode des draperies, il faut observer qu'elles soient légères, changeantes et fort vagues. Il en est de même des petits enfants, où l'on ne voit que de l'innocence et dont les nudités n'offensent jamais les yeux.

Cependant il se trouve des gens qui ont une telle délicatesse pour les nudités qu'ils prennent toutes choses en mauvaise part, quoique d'ailleurs ils témoignent assez d'empressement pour la peinture, dont ils font consister la beauté dans le seul éclat des couleurs. Mais si l'on y prend garde, cela vient de leur peu d'intelligence et de ce que leur esprit n'y prenant point de part, les yeux leur portent les objets dans le cœur qui s'intéresse d'abord, n'étant capable d'autre plaisir que de vouloir quelque chose. Et si tout le monde était de ce mauvais goût, j'avoue qu'il faudrait entièrement bannir cet art, ne souffrir que des enlumineurs, des doreurs et des teinturiers, qui font de plus vives couleurs que les peintres. On serait assez charmé d'une fleur, d'une jupe, de l'éclat de l'or, et les ouvrages des meilleurs peintres seraient méprisés. On verrait bientôt appliquer des tapis d'une riche étoffe à la place de tant d'excellents tableaux que les plus honnêtes gens admirent en divers endroits de l'Europe. Je ne vois pas qu'on puisse souffrir dans un tableau un visage charmant, de belles mains ou des bras même, qui sont peut-être les objets qui font naître ou du moins qui nourrissent dans l'âme cette passion que l'on tâche d'éviter avec tant de précaution, et que l'on puisse désapprouver raisonnablement les autres parties que la peinture représente avec discrétion et convenance. Car ce n'est pas la beauté qui porte aux passions brutales, elle inspire le respect et l'admiration ; elle nous attire plutôt à la vertu qu'à la bassesse. Le plus raisonnable moyen de guérir les gens qui ont cette étrange délicatesse, c'est de leur donner quelque théorie de la peinture, afin que leur esprit arrête et coupe le passage que les objets peuvent faire au cœur, et que la beauté ne fasse impression que dans leur esprit.

Il est vrai qu'il est nécessaire qu'un peintre soit extrêmement judicieux : il doit avoir égard au temps et au lieu, il doit même éviter de s'employer pour des personnes de mauvais goût et pour ceux que le langage muet de son art ne saurait toucher, quelque éloquent qu'il puisse être. Il n'y a point de ville au monde où l'on ait plus de politesse et de discrétion qu'à Rome : c'est pour cela qu'on y approuve toutes les beautés de cet art, lorsqu'elles ne sont pas contre la convenance dont nous parlons ; la délicatesse pour les nudités dans la peinture passerait là pour une vraie rusticité. N'est-il pas absurde d'approuver souvent, en particulier des miniatures où l'art a déployé toutes ses grâces, et de ne pouvoir souffrir des tableaux parce qu'ils sont exposés à la vue du public. Nous les faisons même barbouiller souvent et ôter de place, dans la pensée qu'il se pourrait rencontrer des ignorants et brutaux qui y trouveraient des idées conformes à leur inclination. Nous savons néanmoins que les personnes dont les mœurs sont bien réglées et qui ont de la politesse, ne sauraient trouver qu'une innocente satisfaction dans la finesse d'un art qui fait surprendre agréablement les yeux et la raison de ceux qui s'y connaissent. Toutefois ma pensée n'est pas d'autoriser un peintre qui, sous couleur de cette liberté, voudrait offenser la pudeur du public par la vue de certaines parties que la nature elle-même a honte d'exposer au jour, ou par des attitudes peu conformes aux bonnes mœurs, ce que je déteste avec tous les honnêtes gens.

Ce que les Italiens appellent *costume et décor*, qui sont des termes dont on se sert en parlant de la convenance, ne consiste pas dans les sentiments de la morale, que la peinture ne peut directement exprimer, mais dans les actions extérieures qui ont du rapport à la condition et à la dignité des personnes, qu'on doit toujours reconnaître dans leurs manières. Vous devez, par exemple, faire comprendre la différence qu'il y a entre un barbare, un Grec et un Romain dans la même occasion ; entre une princesse et son esclave, lorsqu'elles expriment toutes deux la même passion, car on demande toujours plus de dignité dans l'une que dans l'autre. De sorte qu'il n'est pas moins difficile de garder le *décor* dans la peinture que de conserver le caractère particulier de chaque personne dans le poème épique et dramatique. On le remarque dans la poésie par les termes propres à celui qu'on fait parler, et par les sentiments que le poète lui donne, suivant sa nation, son rang, son âge et son sexe. Il paraît, ce *décor*, dans la peinture, par plusieurs circonstances extérieures que le peintre observe dans les figures à l'égard des cheveux, des habits, de la couleur, de l'attitude, du geste et de l'expression, choses qui dépendent d'un grand savoir et d'un profond jugement.

Il serait à souhaiter, pour me servir d'un exemple que nous avons devant les yeux, que Chalette et Durand, autrefois peintres de la ville de Toulouse, n'eussent point négligé ce point de convenance que nous appelons le *décor*, dans deux tableaux des Entrées du roi Louis XIII et de Louis XIV, surnommé le Grand, qui règne aujourd'hui. Ce sont les mêmes tableaux dont j'ai parlé en traitant du coloris : on y voit les capitouls à genoux devant le roi ; cependant ils tournent tous la tête d'un autre côté, excepté celui qui parle à Sa Majesté, tellement que leur expression est contraire à l'intention du peintre, qui représente une occasion où apparemment tout le monde regardait Sa Majesté. Chalette pourtant a su très bien historier les portraits du roi Louis XIII et des seigneurs qui l'accompagnaient dans cette action ; il a très bien historié le sien dans un pareil sujet : je ne puis comprendre pourquoi il n'a pas observé la même règle dans les portraits des capitouls. On m'avouera que cette disconvenance est une faute contre ce *costume* et ce *décor*, qui est si nécessaire dans les histoires peintes. On a donc quelque chose à désirer pour la perfection de l'art, lorsque les peintres mettent des portraits dans une composition sans observer cette convenance, car la règle des portraits ordinaires doit sans doute céder aux règles de l'histoire, qui est la plus noble production de la peinture.

Il ne sera pas hors de propos de faire ici une particulière réflexion sur la composition des portraits. On demande en premier lieu qu'ils représentent précisément ce que la nature nous montre, et c'est un défaut de les charger, c'est-à-dire d'ajouter les beautés de l'art à une tête qui ne les a point, quoiqu'il y ait peu de peintres qui ne se piquent de bien altérer la vérité et peu de personnes qui ne le souffrent agréablement dans leur portrait. Mais la science n'est pas en cela, elle consiste à copier exactement tout ce que l'on voit dans le naturel, et à lui donner la vie, l'air, la grâce, la physionomie et même la couleur qui font le véritable caractère d'une personne. Ainsi le portrait est plutôt une exacte imitation qu'une véritable composition. Il y a pourtant certains traits dans les visages qu'on peut n'exprimer point, lorsqu'ils sont inutiles à la ressemblance et d'autres qu'on peut relever, lorsque la nature les a un peu trop cachés.

On exige encore dans les portraits, que les parties jumelles, comme les yeux, les joues, les narines, les tempes et toutes les autres qui sont doubles, soient de même grandeur et de même couleur. Mais ce sont des choses qu'on doit observer dans toutes sortes de figures et qui dépendent des règles du dessin et du coloris, car il serait ridicule qu'une figure eût un pied plus grand que l'autre, un œil petit, l'autre grand, une joue d'une chair vive et blanche, et l'autre d'un teint basané. Il est vrai que, pour ne se pas tromper, on travaille au même temps sur les deux yeux et sur les deux joues, afin que l'une n'ait pas un coup de pinceau plus que l'autre et que tout le portrait paraisse avoir été fait d'un seul coup de main et d'une seule couleur, qui résulte de plusieurs teintes. Or pour bien réussir à toutes ces choses, il serait à souhaiter que la personne qu'on représente demeurât quelques heures dans une même situation, afin que l'idée du peintre fût cependant entretenue par la présence de l'objet. Voilà, si je ne me trompe, la raison pour laquelle les portraits ont presque tous le même regard et la même attitude, qui est celle où naturellement on se peut tenir assez longtemps, et qui a passé comme en coutume, si bien que les portraitistes ne se mettent en peine de rien faire au-delà, et tombent dans ce défaut toutes les fois qu'ils font entrer des portraits dans des ordonnances de peinture.

Quand nous voulons représenter quelque personne de remarque dans une histoire peinte, son portrait doit faire un mouvement conforme au sujet du tableau ; autrement elle y sera comme inutile et surnuméraire, ce qui est contre les lois d'une bonne ordonnance. Si nous faisons paraître un prince dans une bataille ou dans quelque autre action éclatante, la raison veut qu'il commande et qu'il agisse. Il faut composer son portrait dans un état, dans une action qu'on ne peut avoir présente qu'un seul moment. Je dis composer, parce qu'outre la ressemblance, nous y devons ajouter les beautés de la plus parfaite composition : le portrait s'accommode alors à l'histoire et non pas l'histoire au portrait. Or pour bien réussir dans ce point, le peintre doit avoir l'imagination aisée et forte, et la mémoire heureuse, ce que la nature n'a pas accordé au commun des peintres. Néanmoins Léonard de Vinci, dans son *Traité de la peinture*[1], prétend avoir donné le moyen de faire des portraits de mémoire par la règle suivante : on n'a, dit-il, qu'à bien remarquer dans un visage le front et sa forme, le nez, la bouche et le menton, parce qu'il prétend que toute la ressemblance dépend de ces quatre parties. Mais il s'arrête principalement au nez, sans parler davantage ni du front, ni de la bouche, ni du menton. Albert Dürer a donné de même plusieurs exemples de physionomie, qui servent plutôt à trouver la laideur que la beauté dans un portrait[2]. Le génie et l'habitude du peintre sont à mon avis les plus sûrs moyens pour y bien réussir.

J'ai vu autrefois dans le palais qu'on appelle le petit Luxembourg à Paris, une galerie de la main de Rubens sur les aventures de la reine Marie de Médicis. On remarquait dans tous les tableaux cette princesse et ceux qui avaient part à sa fortune, représentés au naturel, dans des actions différentes ; les portraits y étaient bien ressemblants et gardaient la convenance et toutes les lois de l'histoire ; mais Rubens a passé pour un des plus excellents peintres de ce siècle.

Quoiqu'il semble que le *décor* et l'ornement soient la même chose dans la peinture, il y a pourtant autant de différence entre ces deux choses qu'entre la cause et son effet ; car l'ornement peut servir en quelque manière au *décor* d'une histoire, mais le *décor* ne dépend point absolument des ornements. Il a plus d'étendue et se prend pour un certain caractère qu'on doit donner à chaque figure comme j'avais déjà observé.

Nous entendons par l'ornement toutes les choses extérieures à l'histoire qu'on représente, qui servent néanmoins à la fin que le peintre se propose : par exemple une louve qui allaite deux enfants désigne le Tibre ; un crocodile, des pyramides dans un tableau font comprendre que le sujet qu'on traite regarde l'Egypte. Il y a certaines choses qui marquent les personnes :

1. Léonard de Vinci, *Traité de la peinture*, chap. CLXXXIX, (*op. cit.*, p. 211). Léonard n'y traite en effet dans les détails que du nez.

2. A. Dürer, *Quatre livres de la proportion*, livre III, éd. Meigret, p. 82b-86b.

le paon signifie la déesse Junon, le casque et l'égide sont le symbole de Pallas, et Vénus ne marche jamais sans un petit amour accompagné de son arc et de ses flèches.

Les ornements qu'on emprunte de la poterie et de l'orfèvrerie sont encore très charmants, principalement lorsqu'on fait bien représenter des vases antiques avec leurs bas-reliefs, et c'est de ces anciens vases que les orfèvres et les potiers ont pris les règles et les proportions de leurs ouvrages.

Le peintre peut aussi prendre ses ornements de plusieurs choses que la nature semble avoir inventées pour plaire aux yeux : de plusieurs animaux qui servent à l'usage des hommes ou qui sont aimables par leur forme et leur couleur ; de la vue du ciel, lorsque le soleil fait paraître divers accidents de lumière sur quelque nuage ; de l'aspect d'une vaste campagne où l'on remarque des rivières, des bois et des montagnes, ce qu'on appelle paysage, et de la vue de la mer, tantôt calme, tantôt agitée d'une tempête.

Ce n'est pas que la plupart des ornements ne soient quelquefois des parties nécessaires dans une histoire, comme les chevaux dans une bataille, dans un triomphe et dans une infinité de sujets ; il en est de même des éléphants et des chameaux dans les histoires asiatiques ou africaines. On peut dire la même chose du reste des animaux et des autres choses naturelles qui peuvent servir à l'ornement d'un ouvrage. Il n'y a que l'homme qui soit toujours le principal objet dans la peinture, tout le reste ne semble fait que pour l'accompagner.

Nous devons aussi remarquer que les grands peintres ont fait entrer dans leurs compositions ce que l'architecture a de plus charmant et de plus régulier dans ses cinq ordres. Ils ont souvent représenté ces superbes édifices qui étaient les merveilles de l'Antiquité, desquels il ne reste que des masures, des fragments ou des descriptions dans les auteurs, mais que la seule peinture semble faire revivre en rappelant à nos yeux les siècles les plus reculés. Enfin on peut voir dans leurs tableaux les fameux ouvrages de ces derniers temps, où la science de bâtir s'est rétablie dans la perfection qu'elle avait eu parmi les Grecs, et depuis parmi les Romains, sous les empires d'Alexandre et d'Auguste.

Les peintres en ont même inventé qui ne furent jamais, qui pourtant seraient possibles, si l'on en voulait faire la dépense. En un mot on ne peut désavouer qu'un morceau d'architecture placé à propos dans une composition n'en soit un des principaux ornements.

Nous avons deux grands tableaux à Toulouse, où l'on voit de beaux ornements d'architecture. Je les ai déjà remarqués : l'un est de la main de Pader, dans la chapelle des Pénitents noirs, où est peinte l'histoire de Joseph, lorsque Pharaon le fit promener assis sur un char dans les rue de

Memphis. On y découvre de superbes palais et un obélisque avec des hiéroglyphes, ou caractères égyptiens, qui conviennent très bien au lieu et au sujet. L'autre se voit à l'Hôtel de ville et l'on remarque à celui-ci un grand et magnifique temple composé de divers corps de maçonnerie, ornés de belles colonnes avec leurs bases et chapiteaux, frises, corniches et moulures, qui font un merveilleux effet. Ces bâtiments au reste n'ont jamais été que dans l'imagination du peintre ; ils ont pourtant beaucoup de vraisemblance, et la construction n'en serait difficile que par les sommes qu'il y faudrait employer. On voit encore dans l'un et l'autre de beaux effets de perspective et une très belle ordonnance. D'où il est aisé de convenir qu'il n'y a rien de si charmant pour le fond d'un tableau que les ornements d'architecture et qu'il importe beaucoup à tous les grands peintres de s'y rendre savants.

Voilà les principales observations qu'on doit faire sur l'invention, l'ordonnance et la convenance, d'où résulte la parfaite composition dans l'art de peinture. Touchons maintenant, mais en peu de mots et comme en passant, les vices qui sont opposés à cette perfection. Car les choses paraissent encore mieux par leur contraire. Il est certain qu'il y a des défauts qui regardent les figures en particulier, il y en a qu'on peut remarquer dans chaque groupe, et enfin on en trouve qui choquent le tout ensemble d'un ouvrage.

A l'égard des figures, le mesquin est un vice qui vient d'une manière gothique et de l'imitation d'un naturel petit et imparfait ; on le peut comparer au style bas, au style burlesque et au vieux langage. L'extravagant est un vice tout opposé, car il enfle et bouffit les parties par trop de graisse ou d'embonpoint. Il les allonge sans mesure et sans discrétion : c'est justement le style enflé et hyperbolique dans une période.

Le milieu de ces deux extrémités est le beau, le noble, l'élégant, où les anciens Grecs, Raphaël, le Carrache, Poussin et quelques autres ont excellé. C'est un composé d'une proportion juste, d'une chair pleine de suc, d'une couleur vive, d'une grosseur modérée qui pique le goût des plus délicats par l'élégance et par la noblesse des contours.

Après le mesquin et l'enflé qui sont deux extrémités vicieuses, on doit fuir le sec et le dur, qui procèdent du contour, lorsqu'il n'est pas sinueux et ondoyant, qu'il est rigide et coupé ; et lorsque le clair-obscur ne donne pas assez de tendresse aux muscles et de rondeur aux parties. De sorte que tout ce qui n'est pas tendre et moelleux est sec et dur ; car les yeux délicats, à qui l'on s'en doit rapporter, sentent cette sécheresse et cette dureté par la seule vision, comme s'ils touchaient une pièce de bois ou de pierre.

A l'égard de chaque groupe, c'est un grand vice que l'entassement des figures lorsqu'elles sont collées les unes avec les autres et que celles du derrière paraissent être appuyées sur les épaules des premières et même comme cousues. Pour éviter ce vice, il faut laisser quelque jour entre elles et marquer ou faire comprendre l'endroit du champ où elles ont les pieds.

C'est aussi un autre vice de la composition que le défaut de contraste : la répétition des mêmes contours, des mêmes têtes, des mêmes pieds et des mêmes mains dans un groupe et dans un tableau. Un excellent peintre doit être imitateur de la nature par son abondance, car elle est féconde en ses productions : elle varie ses beautés de plusieurs manières.

Enfin les vices qui choquent un tout ensemble sont, premièrement, le défaut d'harmonie, lorsque l'ouvrage n'est pas harmonieux, ce qui vient de trois choses : la première est un certain *papillotage* [1] du clair et de l'obscur, qui cause de la confusion aux yeux et qui trouble le plaisir de la vue, faute de repos assez larges d'ombre et de lumière. Le second vient de la trop grande différence des tons de la couleur d'un groupe, qui ne s'accorde point avec les autres, si bien que chaque groupe est un tableau séparé du reste. Il procède encore de la discordance dans les couleurs, lorsqu'elles sont sans rupture, qu'on voit des places de noir, de rouge ou de vert trop vifs, qui sautent aux yeux et qui choquent l'harmonie.

Le défaut d'ordonnance est encore un vice dans la composition, lorsque le milieu du tableau est vide et les extrémités chargées, lorsque les premières figures ont les pieds sur la bordure, pendant qu'il y a un grand vide sur leurs têtes ; enfin lorsque toute l'histoire semble être resserrée dans le cadre comme si elle avait été mise en prison et si elle avait été forcée de se ranger avec contrainte dans un petit espace. Concluons donc qu'à mesure que le peintre s'éloigne de ces vices, il s'avance dans la perfection.

On est assez persuadé parmi les peintres que Poussin était incomparable dans toutes les parties de son art, mais particulièrement pour la disposition d'une histoire. Ses tableaux qui enrichissent aujourd'hui la France et les estampes que nous voyons d'après ses ouvrages, peuvent donner de grandes idées pour la belle composition. Il est vrai qu'il a rarement entrepris de grandes ordonnances, pour avoir fui les contestations qui arrivent dans les entreprises publiques, où il y a toujours plusieurs prétendants et où le mérite succombe ordinairement à l'intrigue, ce qui l'obligea de se fixer dans son atelier, d'où il a produit une infinité d'ouvrages de médiocre grandeur, par lesquels on connaît assez qu'il aurait également bien réussi

1. « Papillotage. Fig. Effet de ce qui éblouit et fatigue les yeux par des lumières, par des couleurs également vives » (*Littré*).

dans les plus grands tableaux, s'il eût pu les entreprendre sans inquiétude. J'avoue que les grands ouvrages ont fait la gloire des plus célèbres peintres, de Raphaël et de Jules Romain, du Corrège, du Titien, du Paul Véronèse et du Tintoret, d'Hannibal et d'Augustin Carrache et enfin de Pierre Beretin de Cortone, qui a été autant merveilleux pour les plus grandes entreprises, qui étaient toutes au-dessous de son génie, qu'il était incomparable par la prompte exécution dans ses ouvrages ; à quoi principalement les Italiens semblent avoir mis le plus haut point de la gloire des peintres.

La France a produit plusieurs excellents hommes qui peuvent être comparés à ceux de delà des monts : témoins Le Sueur, Le Brun, Mignard et quelques autres, à qui je ne saurais donner assez de louanges. Je m'arrêterai à ceux dont quelques ouvrages sont présents à nos yeux, principalement à Simon Vouet, que j'ai proposé pour l'exemple d'un agréable coloris. On sait la réputation qu'il s'était acquise par ses grands tableaux et par la vitesse de son pinceau ; car, outre le grand nombre d'ouvrages qu'on voit de lui à Paris, il a encore travaillé pour les provinces, et j'ai déjà fait remarquer deux grands tableaux que nous avons de lui dans la chapelle des Pénitents noirs, où l'on peut voir un des plus grands efforts de sa manière. Il y a beaucoup de grâce et une belle disposition, et l'éclat de son coloris attire d'abord les yeux de ceux qui entrent dans ce lieu ; on ne saurait considérer les tableaux de Pader et de Tournier qu'après avoir parcouru ceux de Vouet.

Il est vrai que venant ensuite à l'examen des uns et des autres, ils ont tous leur mérite particulier. J'ai ouï dire à d'habiles peintres que la composition de Pader est très savante ; que ce qui donne d'abord de l'avantage à Vouet dans ce lieu ne vient pas seulement de la régularité de son dessin et de la grâce de ses figures, mais de la *vaguesse*, de la fraîcheur de ses couleurs et de la liberté de son pinceau. Que néanmoins Pader l'a surpassé par les fortes expressions dans la plupart de ses figures : on voit l'horreur du naufrage et la crainte de la mort dans son Déluge ; on voit effectivement rouler le char de Joseph, on voit marcher les chevaux et sa suite à travers une nombreuse multitude qui regarde cette pompe, au lieu que les expressions de Vouet sont un peu languissantes. Pour ce qui est de Tournier, on tient qu'il a trop imité le naturel dans ses tableaux et que sa composition n'est pas assez noble[1].

On prétend que Pader ne devait pas historier son portrait dans la figure de Joseph, à cause qu'il n'était pas assez beau de visage ni de taille pour

1. Ce sont là les reproches en général essuyés par le Caravage au XVIIe siècle, et par conséquent aussi par certains caravagesques, tels que Nicolas Tournier. Sur Tournier, cf. *supra* la *Troisième dissertation*, note 1, p. 187.

représenter son héros. Lorsqu'il exposa ce tableau, on murmurait fort de la liberté qu'il s'était donnée ; les artisans même et le bas peuple y trouvaient à redire, mais l'on ne désapprouva pas le portrait d'un de ses enfants dans la figure de ce jeune page qui est à côté du char, car sa jeunesse et le personnage qu'il représente conviennent très bien à cette histoire. On remarque aussi une disconvenance assez sensible dans le tableau du Déluge, parce qu'on y voit une tour élevée presque au pied d'une montagne ou haute terrasse dont elle est dominée. Mais il ne faut pas en être surpris, à cause que le peintre ne suit souvent que son esprit et sa verve ; et la convenance est un point extrêmement délicat dans la composition d'une histoire peinte, et qui dépend absolument du jugement. Tournier au contraire a autant négligé la belle composition qu'il a été merveilleusement exact et correct dans le dessin : les fonds de ses tableaux sont tout obscurs ; sa bataille de Constantin n'est qu'un groupe assez confus, quoiqu'on y remarque de belles figures à mesure que le naturel dont il s'est servi a été beau. À mon avis, ce peintre avait le talent merveilleux pour les portraits, parce qu'il copiait exactement la nature de ses figures.

Après avoir remarqué tant de difficultés dans la peinture, puis-je prétendre d'engager plusieurs personnes dans un art où la réputation d'excellent peintre ne se peut acquérir que par des ouvrages permanents, incessamment exposés au jugement de tout le monde ? Car il n'en est pas des peintres comme de la plupart des gens de lettres, qui ne sont pas toujours obligés d'écrire pour acquérir de la réputation, ou même qui se gardent bien de composer pour ne pas perdre celle qu'ils ont acquise par le suffrage ou de la fortune, ou d'une prononciation[1] passagère. Un peintre ne doit prétendre à cette gloire que par ses propres productions ; il a le même sort que le poète, l'un et l'autre ne peut acquérir une haute réputation, si ses ouvrages ne parlent en sa faveur.

La peinture d'ailleurs n'est pas un moyen d'acquérir des dignités ou des richesses extraordinaires, à moins qu'un peintre ne soit assez heureux que de rencontrer quelque puissant monarque qui le comble de ses bienfaits. Nous avons pourtant vu plusieurs excellents hommes en cet art, dans chaque siècle depuis son rétablissement, pour espérer qu'il s'en trouvera à l'avenir qui auront le courage de s'y exercer sans que leur but soit uniquement l'ambition et l'avarice. On doit m'accorder que les habiles peintres ont toujours eu sujet de se contenter de leur état, et qu'un gain honnête avec

1. Au sens où : « prononcer signifie aussi quelquefois simplement donner son avis » *(Furetière)*.

la gloire qu'ils se sont acquise durant leur vie, leur a tenu lieu d'une vaste fortune, qui se rencontre souvent sans aucun mérite.

Je ne disconviens pas que quelques peintres n'aient été malheureux dans leurs affaires domestiques ; mais y a-t-il une condition parmi les hommes dans laquelle il ne se trouve pas des malheureux et des misérables ? On voit bien que ce n'est pas une suite de leur art ; cela vient souvent de l'embarras d'une famille ou de l'humeur d'une femme. C'est pour cela que le peintre se doit regarder comme un homme consacré plutôt à l'étude et à la paix qu'au soin des affaires d'un ménage. Il ne se doit engager au mariage que par de puissantes raisons, qui lui fassent voir clairement que cet engagement lui donnera le moyen de mieux vaquer à son travail et à ses études.

Il y a de très beaux exemples à imiter dans la conduite de plusieurs grands hommes de cette profession, pour s'empêcher de tomber dans les défauts de quelques autres. Michel-Ange était, dit-on, un peu bizarre ; oui mais il était d'une vertu héroïque ; il vécut quatre-vingt dix ans toujours garçon et fort retenu.

Pour Raphaël Sanzio, il eut tant de faveur auprès du pape Léon X qu'il passa les dernières années de sa vie dans le luxe et dans les plaisirs ; il mourut à l'âge de trente-sept ans, lorsqu'il commençait de fixer sa fortune. Son élève et son héritier Jules Romain accomplit toutes les parties d'un rare peintre et d'un très honnête homme : il laissa des biens et des enfants, et son fils Raphaël étant mort assez jeune, sa sœur unique qui lui succéda, fut mariée dans une des plus illustres maisons de Mantoue.

Si Hannibal Carrache ne vécut que quarante-neuf ou cinquante ans, c'est qu'il ne ménagea pas assez sa santé. Les auteurs de sa vie ajoutent que le chagrin qu'il avait d'avoir travaillé pour un seigneur qui n'avait pas connu le mérite de son ouvrage du palais Farnèse, précipita ses jours et lui donna du dépit contre son art, comme contre un ingrat qui lui ayant coûté tant de peine lui avait rapporté si peu de fruit, tellement qu'il ne survécut à son ouvrage que sept à huit ans. Dominique Zampieri, ou le Dominiquin, fut plus heureux que son maître Hannibal : il vécut dans une réputation de mœurs qui égalait celle de sa peinture. Il fut marié et laissa une fille assez riche pour sa condition. Guido Reni au contraire ne se voulut point engager dans le mariage, mais il ne sut point profiter des grandes sommes qu'il tira de ses tableaux, de sorte que, pouvant avoir établi des biens pour vivre honorablement, il dissipa tout au jeu et fut presque nécessiteux dans sa vieillesse.

Barbieri, qu'on appelait aussi le Guerchin, ne voulut point se marier non plus que le Guide, mais il pratiqua toute sa vie une sévère honnêteté de mœurs et de religion. Ceux qui ont parlé de lui nous apprennent qu'il établit ses nièces, il en fit des religieuses, il en maria d'autres, et prit encore le soin de bien faire élever ses neveux. Enfin ses manières et sa conduite lui attirèrent l'amitié de tous ceux qui le connaissaient.

Pierre Beretin, qui était de Cortone dans la Toscane, est un excellent patron à imiter pour sa bonté, son humeur gaie et agréable et pour son courage à entreprendre les plus grands ouvrages qu'il terminait en peu de temps ; qualité la plus avantageuse que les peintres puissent désirer, car elle est une marque d'abondance, d'intelligence, de liberté, de génie et d'assiduité au travail. Beretin en effet gagna de grandes sommes, il fut fait chevalier par le pape Urbain VIII, et mourut garçon.

On peut encore louer Poussin en cet endroit et dire qu'il a égalé les plus habiles Italiens en toutes choses, tant par son art que par ses autres qualités : il était extrêmement judicieux et modeste, il aimait la paix et le repos par-dessus toutes choses, ce qui l'empêcha de revenir en France, où il ne voulait avoir de dispute avec personne, ni des concurrents à ses ouvrages. Poussin avait établi environ quatre cents écus de rente à Rome, outre ce qu'il gagnait à son travail. Il se maria, mais ce ne fut ni par passion ni pour s'aider du bien de sa femme ; ce fut pour n'être pas détourné par les soins d'un ménage, à quoi il réussit très bien et n'eut point d'enfant.

Si ceux-là paraissent devoir tout à leur étude et à leur conduite, on en peut remarquer d'autres qui ont encore été extraordinairement favorisés de la fortune. Titien reçut des bienfaits immenses de l'empereur Charles-Quint et laissa de grandes richesses à ses enfants, mais qui les dissipèrent mal à propos. J'ai ouï dire à des gens qui avaient connu Vouet, qu'il avit gagné dans dix-neuf ou vingt ans en France plus de quatre cents mille livres. Ceux qui ont écrit la vie et fait l'éloge de Rubens, nous apprennent qu'il avait été honoré du caractère d'ambassadeur du roi d'Espagne auprès du roi d'Angleterre, et qu'il avait laissé de grands établissements à ses enfants. Il était fils d'un conseiller du sénat d'Anvers ; il était pourtant né à Cologne où son père avait été obligé de se retirer ; il fut élevé premièrement aux lettres, puis il s'adonna tout à fait à la peinture, où son inclination l'appelait.

Mais mon dessein n'est pas d'écrire la vie des grands peintres dans ces dissertations ; j'en ai voulu remarquer quelques-uns qui font honneur à cette profession et qui doivent servir d'exemple à ceux qui la voudront suivre. À quoi pourtant je pourrais ajouter que nous avons vu depuis ce règne le sieur Le Brun, premier peintre du roi, honoré de l'estime et des libéralités de ce grand monarque ; et encore le sieur Mignard, aussi peintre de Sa Majesté, qui est mort dans un haut degré de réputation.

Quoique tous les grands hommes dans la peinture aient naturellement beaucoup de génie, ils ont néanmoins passé leur jeunesse dans l'étude et dans l'exercice. Et c'est par ces moyens qu'ils sont parvenus si avant dans leur profession. En effet ce n'est ni la faveur ni la fortune qui peut faire de grands peintres : ils le deviennent par le génie et le travail. On ajoute que la plupart s'étaient attachés à des personnages illustres dans les lettres et s'étaient si bien insinués dans leur amitié qu'ils avaient acquis par leur secours plusieurs connaissances nécessaires à leur art. Les savants remarquent aussi que le rétablissement de la peinture et de la sculpture ne fut qu'une suite de celui des belles-lettres dans l'Italie, parce qu'on a pénétré par leur secours les merveilles les plus cachées de l'Antiquité et on s'est enfin formé au goût que les Anciens avaient pour les beaux-arts.

Les fameux peintres ont eu des liaisons étroites avec les savants de leur temps. Michel-Ange avait pour intimes amis tous les illustres d'Italie qui vivaient dans son siècle, et Vasari en a fait un catalogue[1]. Tout ce qu'il y avait de savant et de spirituel à Rome se faisait honneur de l'amitié de Raphaël. Le meilleur ami de Titien était l'Arétin, qui le fit valoir auprès de l'empereur Charles-Quint. Et Poussin, étant encore jeune, lia une forte amitié avec ce fameux poète, le cavalier Marin, qui était à la cour de Louis XIII, à qui il dédia son poème d'Adonis[2] ; et enfin, de nos jours, Poquelin de Molière a célébré dans ses vers[3] les ouvrages de Mignard. J'ai même remarqué parmi nous que les peintres qui ont mérité quelque distinction dans notre ville, ont été considérés et connus familièrement des plus honnêtes gens des deux provinces du Languedoc et de la haute Guyenne, parce que, la peinture étant un art inséparable des belles connaissances, les savants et les bons peintres ont une indispensable liaison entre eux.

Je fais ces réflexions afin d'inspirer aux jeunes peintres de fuir les inclinations basses des artisans vulgaires et de faire profession de la peinture comme d'un art libéral. Car quelque progrès que nous y fassions, si nous manquons de bonnes mœurs et de politesse, nous serons dans le mépris pendant même qu'on louera nos ouvrages. Considérez combien il est important de s'éloigner de certaines manières de vivre peu honnêtes, qui nous attirent le mépris des personnes de condition et qui souvent nous

1. Michel-Ange est le sujet central du livre IX des *Vite*... Le catalogue est au chapitre 7 (t. II, p. 303-308).

2. Giovanni Battista Marini ou bien Marino (1569-1625) a publié son poème d'*Adonis* en 1623.

3. C'est *La Gloire du Val-de Grâce*, Paris, 1669. L'édition de 1682 précise : *La Gloire du Dôme du Val-de-Grâce, poème sur la peinture de Monsieur Mignart* (*sic*), *par M. de Molière en l'année 1669*.

font perdre l'amitié de ceux qui pourraient nous procurer des emplois honorables. Comment prétendez-vous plaire avec votre pinceau, si votre personne n'est pas agréable par vos mœurs et par vos paroles ? Tâchez donc d'accompagner vos ouvrages des agréments de votre personne et conduisez-vous en véritables partisans de la vertu et de la gloire, comme les historiens et les poètes. Ayez toujours en vue d'instruire et de plaire comme eux et pensez que ce talent ne vous a été donné que pour cette fin.

La rhétorique en effet, la poétique et la peinture se traitent par des maximes fort approchantes : car, lorsque l'orateur fait une description, il touche toutes les circonstances qui mettent le sujet dans son jour ; les poètes, et principalement les dramatiques, ne réussissent jamais mieux que lorsqu'ils savent choisir les endroits de leur argument qui se doivent représenter sur la scène et qui suffisent pour faire comprendre dans deux heures des choses qui se sont passées dans plusieurs jours. Il en est de même des peintres : ils ne peuvent exposer au même temps et dans le même tableau des circonstances arrivées successivement ; mais par un secret de leur art, ils trouvent le moyen de les faire comprendre d'une seule vue.

Et comme les auteurs conçoivent premièrement une idée générale de leur ouvrage, qu'ensuite ils en font un brouillard[1], quelquefois même un second et un troisième, avant que de mettre au net leur composition, et qu'enfin il y retouchent plusieurs fois avant que de l'exposer aux yeux du public, le peintre forme aussi dans son imagination une idée de son ordonnance et de la disposition des parties de tout l'ouvrage, dont il fait une légère esquisse. Il fait la même chose à l'égard des groupes qui doivent entrer dans la composition, c'est-à-dire qu'il fait des esquisses particulières de chacun, et enfin il en forme un dessin bien arrêté.

Nous observons encore que les plus grands peintres se sont quelquefois servis de la pensée d'autrui pour l'ordonnance de leurs tableaux ; mais comme cette première pensée peut être un effet du hasard, la gloire d'une belle composition appartient à celui qui la rend parfaite. Lorsque les plus grands hommes dans cet art ont voulu représenter une histoire, ils se sont instruits en premier lieu par la lecture des auteurs qui l'ont écrite, ils en ont choisi les endroits les plus avantageux pour la faire comprendre et, faisant plusieurs esquisses sur le même sujet, ils se sont déterminés à celui qui leur paraissait le plus raisonnable.

1. « Brouillard, se dit aussi du papier sans colle, tel que le papier gris (...) On le dit aussi de tout autre grand méchant papier ou inutile qui sert à envelopper quelque chose, ou à d'autres usages » (*Furetière*).

Rien donc n'a tant de rapport aux orateurs et aux poètes que les peintres : vous voyez qu'ils prennent les mêmes routes pour composer leurs ouvrages, qu'ils ont également besoin de mémoire et de livres ; voyez donc ceux qui doivent composer leur bibliothèque : la Sainte Bible et l'Evangile de Notre Seigneur Jésus-Chist avec les Actes des Apôtres, doivent tenir le premier rang ; on doit placer Joseph après ceux-là, il traite des guerres des Juifs et des Antiquités judaïques ; ajoutons-y les auteurs de l'histoire ecclésiastique, Eusèbe, Rufin, Socrate, Théodoret, Sozomène et Évagrius[1], qui composent un volume. Je ne sais si tous ces auteurs ont été mis en français, en faveur de ceux qui n'entendent pas les langues mortes. Les principaux auteurs de l'histoire profane sont Hérodote, Thucydide, Xénophon, Arien, Quinte-Curce, Polybe et Tite-Live ; les Vies des illustres de Plutarque, Suétone, Dion Cassius, Vulcatius Gallicanus, Jules Capitolin, Spartien, Lampride, Trebellius Pollio, Flavius Vopiscus et Aurelius Victor[2], qui rapportent les vies des empereurs romains et ne composent d'ordinaire qu'un volume. On peut ajouter à ceux-ci Diodore de Sicile, qui parle de la Sicile, de l'Egypte et de la Syrie.

Il faut encore avoir les plus célèbres poètes avec leurs commentaires, dont la lecture élève merveilleusement le génie ; mais il est absolument nécessaire qu'un peintre lise attentivement *l'Iliade* et *l'Odyssée* d'Homère, qui sont une source inépuisable de beaux sujets pour la peinture ; il doit aussi savoir les *Métamorphoses* d'Ovide qui comprennent sous l'écorce de plusieurs fables toute la théologie des Anciens. Il ne se peut encore dispenser de lire Pausanias, qui a décrit l'ancienne Grèce, car il rapporte mille choses curieuses de plusieurs ouvrages de peinture, de plusieurs statues et de divers temples des dieux de l'Antiquité, d'où l'on peut tirer de belles idées pour l'ornement des tableaux.

Après Pausanias, nous donnerons une place dans le cabinet du peintre à Philostrate, des *Images*, et à Callistrate, des *Statues* ; et encore à Lucien qui a su décrire admirablement les choses. On y ajoute les fables d'Higinus, les

1. Eusèbe de Césarée (265 ?- 340), Rufin d'Aquilée (340 ?-410 ?), Socrate le Scolastique (380 ?-450 ?), Hermias Sozomène (3 ??-45 ?), Théodoret de Cyr (393-466) et Évagre le Scolastique (536-600) comptent parmi les historiens de l'Eglise ; ils étaient rassemblés en un seul volume d'extraits, par exemple dans : *Historiae ecclesiasticae scriptores graeci, apud C. Fremy*, Paris, 1571 (autre édition en 1612).

2. On trouve tous ces auteurs rassemblés, le premier nommé étant Dion Cassius (155 ?-235 ?) en un seul volume d'*Histoire Romaine*, avec des extraits d'Aelius Spartianus, Julius Capitolinus, Lampridius, Flavius Vopicus, Trebellius Pollio, Vulcatius Gallicanus, éd. Aldo Manuzio, Venezia, 1519. Dupuy a écrit Vulcanius (*sic*) et mis une virgule entre Trebellius et Pollio.

livres faits sur la colonne trajane et sur les médailles antiques ; et enfin un ramas des plus belles estampes des plus grands hommes, non pas pour les copier mais pour les voir de temps en temps.

Enfin le peintre aurait toutes choses à souhait s'il pouvait nourrir ses idées de la vue des plus belles antiques moulées en plâtre, car c'est par cet endroit que se forme le bon goût et qu'il se conserve.

Il y a peu de livres qui soient plus utiles aux peintres que le Traité de peinture de Jean-Paul Lomasse, milanais, particulièrement dans la partie de son ouvrage où il parle de la composition de l'histoire, parce qu'il fait remarquer l'usage que les premiers peintres ont introduit dans les couleurs et les habits pour les sujets de piété et pour la fable. Il y parle encore assez au long des ornements qui entrent dans la composition des tableaux. En un mot ce livre est un excellent ramas de plusieurs connaissances que les peintres doivent avoir.

Je remarque dans Lomasse une chose qu'il affecte de répéter plusieurs fois et qui assurément est digne de réflexion : c'est qu'il ne peut souffrir que les peintres composent d'après des estampes, dont il regarde l'invention comme une malédiction qui est tombée sur l'art de peinture, à cause qu'il y a très peu de peintres qui sachent composer de leur tête, depuis qu'elles ont eu de la vogue. Il soutient qu'il y a plus de temps à perdre et qu'il y a plus de peine à copier qu'à faire de soi-même, lorsqu'on s'y est accoutumé de bonne heure. Enfin il exhorte les peintres et leur conseille fortement de suivre leur propre génie, de lire premièrement le sujet, de voir ensuite les idées ou les ouvrages d'autrui, mais de composer toujours de leur invention.

Que personne ne soit surpris de ce que je viens de proposer aux jeunes peintres, puisque comme les gens de lettres sont obligés de passer toute leur vie ou dans la lecture des auteurs ou à composer leurs ouvrages, les peintres doivent aussi s'occuper à la lecture et ensuite ils doivent décrire avec leur pinceau ce que les écrivains tâchent de peindre avec la plume.

Mais quand un peintre aurait mille rares qualités pour la belle composition, il ne sera jamais accompli s'il n'acquiert la connaissance de l'architecture. Je conseille donc à tous ceux qui souhaitent devenir excellents dans leur profession de lire avec soin Vitruve. C'est le seul maître que nous avons de l'Antiquité dans cette science et tous ceux qui ont écrit depuis sur la même matière n'ont été que les commentateurs de cet auteur. Philander tient pourtant le premier rang pour la théorie ; monsieur Daniel

Barbaro, patriarche d'Aquilée, a suivi ses traces. André Palladio[1] et Serlio[2] ont non seulement su la théorie de l'architecture, mais ils ont encore mis leur savoir en pratique. Notre nation a fait un merveilleux progrès dans cette science depuis que notre grand roi a favorisé les beaux-arts et qu'il a surpassé tous ses prédécesseurs par la magnificence de ses bâtiments. Après les traductions qu'on a faites en France de Vitruve et de Palladio, je ne doute point que les peintres ne se rendent savants dans l'architecture par la seule étude de ces deux auteurs.

Il y a des génies qui ont reçu tant de rares talents dès leur naissance qu'avec peu de préceptes, ils se peuvent élever bientôt au-dessus de leurs maîtres ; mais la plupart des hommes n'ayant pas ces dons extraordinaires de la nature, on fait qu'ils ne se rendent parfaits que peu à peu par la pratique des conseils qu'on leur donne, ne faisant rien qu'ils n'en sachent la raison. Ceux-là tiennent leur savoir de la seule libéralité du ciel ; il ne part presque point de trait de leur main qui ne soit savant et gracieux ; ceux-ci au contraire tiennent de leurs veilles et de leur assiduité tout ce qu'ils ont appris, de sorte qu'ils parviennent les uns et les autres à la perfection de leur art, les premiers avec précipitation et malgré leur âge, les derniers dans la suite de plusieurs années.

1. Andrea Palladio (1508-1580) a publié ses *Quatri libri dell'architettura* à Venise en 1570. Comme il en est question un peu plus loin, ils ont été traduits en français par Roland Fréart de Chambray : *Les quatre livres d'architecture mis en français par R. de Chambray* (Paris, 1650). Nous ne revenons pas sur tout ce qui concerne et entoure Vitruve.

2. Sebastiano Serlio (1475-1554) a fait publier progressivement ses livres d'architecture. Le premier (qui deviendra le livre IV de l'édition définitive) est paru à Venise en 1537, tandis que le septième et dernier, posthume, paraît à Francfort en 1575. Les autres livres paraissent à Paris (1545 et 1547) et à Lyon (1551). L'ensemble devient unitairement *Tutte l'opere d'architettura*, que Scamozzi publie en 1584 à Venise.

TRAITÉ D'OPTIQUE

Pour supplément à la quatrième dissertation sur la composition

Il n'y a rien de plus important dans la composition d'une histoire peinte que d'observer l'optique qu'on appelle aussi la perspective géométrique. Elle est différente de celle que les peintres appellent aérienne, en ce que cette dernière consiste dans la suite successive des teintes. La première est celle dont nous traitons ici : elle enseigne à situer les objets de manière qu'ils paraissent être à leur place naturelle et d'une grandeur convenable dans leur éloignement. Ce mot d'optique vient d'un terme grec qui signifie *vision* ; et celui de perspective d'un mot latin qui répond à la même chose.

Les auteurs qui ont donné des règles de perspective géométrique aux peintres, posent pour fondement que les yeux sont assujettis à suivre la gradation des lignes parallèles à l'horizon, et que ces lignes se marquent par le moyen d'une ligne qui croise, appelée ligne de distance ; si bien qu'au lieu que leurs lignes se devaient accommoder au plaisir des yeux, ils ont cru que les yeux devaient suivre les règles de leurs lignes.

Secondement ils supposent que le peintre doit toujours former sa perspective sur un plan carré ou sur un parallélogramme, ce qui n'arrive pourtant que lorsque l'histoire s'est passée dans une chambre, dont il faut représenter le plan nécessairement ; mais on ne se peut servir de cette supposition lorsqu'on représente une histoire dans un lieu sans borne.

En troisième lieu ils disent, et cela est certain, que la ligne de l'horizon s'élève au-dessus du plan de la première ligne du tableau, à mesure que l'œil est élevé. L'expérience en fait la démonstration et il n'y a pas lieu d'en douter.

Mais ils avancent pour leur principe incontestable qu'il faut choisir un point sur cette ligne de l'horizon, auquel doivent aboutir les deux côtés du plan représenté, ce qui paraît être contre les premiers éléments de la géométrie, par lesquels deux lignes parallèles poussées même à l'infini, ne se rencontrent jamais. Or lorsqu'on représente un plan carré par cette méthode, on suppose toujours que ses côtés et toutes les lignes parallèles à ses côtés vont aboutir à ce point. Donc : ou l'axiome des lignes parallèles est faux, ou ce principe de perspective est une erreur. De là vient sans doute que les yeux se trouvent choqués et qu'il paraît de la contrainte dans un ouvrage.

Ils observent la même maxime dans les hauteurs, dont toutes les lignes parallèles au plan représenté vont aboutir, par le moyen de lignes diagonales qui se croisent, à ce point qu'on suppose toujours à la ligne d'horizon ; ce qui semble choquer le même principe et ne s'accorde pas avec la vision dans la nature, qui n'a point assujetti les yeux à cette contrainte.

En effet j'ai remarqué que les habiles peintres qui ont voulu se servir de cette méthode, ont corrigé ou adouci ces règles par leur propre jugement et suivant que leur vue a trouvé à redire dans leur exécution. Outre qu'il n'y a rien de plus fatigant et qui ôte davantage le génie aux peintres que la contrainte de ces règles et la multiplicité de leurs lignes. Je crois même que les plus fameux peintres n'ont suivi que leur propre jugement.

J'ai tâché de trouver une méthode moins embarrassante, dont pourtant on voit d'abord la démonstration, parce qu'elle consiste dans deux ou trois observations de ce qui arrive dans la vision.

Premièrement le peintre se doit imaginer que l'histoire qu'il veut peindre se passe ou dans le ciel, c'est-à-dire dans le vague de l'air, ou sur la terre dans une campagne libre, ou dans un lieu borné tel qu'est un temple, un palais ou quelque autre endroit clos ; que le cadre est une grande ouverture par laquelle on peut voir l'histoire[1] qui se passe au dehors, dont les espèces qui agissent sur le yeux s'arrêtent à la superficie du cadre ou du tableau.

Secondement, il doit considérer que le tableau doit être vu d'une distance raisonnable, c'est-à-dire proportionnée et à la largeur du cadre, et à la grandeur des figures qui sont sur la première ligne. Car si c'est une grande salle, une église ou quelque autre lieu vaste, où l'on veut représenter une histoire en peinture, il faut que les premières figures soient grandes à proportion. C'est donc une maxime qu'on doit observer nécessairement, que les grands cadres sont destinés pour de grands lieux où les petits sont

1. Réminiscence du *De pictura* d'Alberti : « Je trace d'abord sur la surface à peindre un quadrilatère de la grandeur que je veux, fait d'angles droits, et qui est pour moi une fenêtre ouverte par laquelle on puisse regarder l'histoire » (livre I, éd. Schefer, 1992, p. 115).

ridicules, et tout au contraire les petits sont propres pour des cabinets, où les grands tableaux ne font point leur effet.

La troisième observation, et sur laquelle roule tout ce traité, c'est que les objets dans la nature, quelques grands qu'ils soient, se voient tout entiers par une très petite ouverture, lorsqu'ils sont éloignés de nos yeux. Et au contraire, s'ils sont près de notre vue, nous n'en saurions voir qu'une partie par le même vide. Cela vient de ce que le rayon visuel[1] qui embrasse l'objet est beaucoup plus serré en tout sens, à l'égard des objets éloignés qu'à l'égard de ceux qui sont près de nos yeux.

Supposons que l'ouverture par laquelle nous regardons les objets naturels est une véritable glace au travers de laquelle leurs espèces, leur forme et leur couleur sont portées à nos yeux; si nous marquons les contours et toutes les parties suivant la base de notre rayon visuel à l'endroit où la section s'en fait par le verre, nous trouverons que le rayon visuel des plus éloignés aura une base plus petite que celui des plus proches[2], quoique dans la nature, ils soient de la même grandeur. Le devoir du peintre est donc de représenter les objets sur sa toile ou sur sa planche de la manière qu'ils paraîtraient au travers d'une glace, où il y aurait moyen de fixer leurs espèces ; et la science qui donne des règles pour y réussir s'appelle optique. Voici une figure qui nous explique clairement ce que je viens de dire du rayon visuel.

Figure première (page 285)

L'œil voit ici deux objets de même hauteur et grandeur, dont l'un qui est EF, est sur la première ligne, et est vu par le rayon visuel AB, qui est coupé par la superficie du tableau où les espèces sont représentées. Ce rayon a sa largeur et sa hauteur suivant l'objet ; et il faut conclure la même chose de toutes les parties qui la[3] composent.

L'autre objet est le terme GH que l'œil voit par le rayon visuel CD, qui est coupé par la même superficie, où les espèces semblent s'être arrêtées, de

1. Comme Dupuy le précisera un peu plus loin, il faut entendre par ce rayon, non une droite mais la pyramide visuelle, ou le cône dont la base est sur l'objet et le sommet est en l'œil. Un rayon serré signifie donc que l'angle au sommet de la pyramide est très aigu.

2. Dupuy énonce que l'intersection de la pyramide visuelle et du plan du tableau est une surface moindre pour un objet éloigné, en soi identique à un objet plus proche, dont la projection vers l'œil sera plus grande sur le même plan.

3. Ce « la » semble une coquille pour un « le » qui assumerait l'objet EF. On peut cependant supposer qu'il reprend la figure qu'est EF, si l'on n'oublie point que figure peut ici renvoyer au tout du schéma linéal (figure première) mais aussi à la représentation humaine en quoi consiste précisément l'objet EF.

sorte que sa hauteur représentée sera CD et sa largeur sera proportionnée à sa hauteur, ce qu'il faut dire aussi de toutes ses parties. Considérons donc qu'elle est la diminution de la figure GH dans son éloignement, comparée à la figure EF qui est plus proche.

Or cela vient du rayon visuel, dont les deux lignes se trouvent plus serrées et l'angle de l'œil où est la pointe de ce rayon est plus aigu, à mesure que les objets sont éloignés ; comme il se trouve plus obtus ou plus large à mesure qu'ils sont plus proches, d'où il arrive que nous pouvons voir par une très petite ouverture des objets fort grands quand ils sont éloignés, parce qu'alors les deux extrémités du rayon visuel peuvent passer par cette ouverture. On peut aussi appeler le rayon visuel une pyramide dont l'objet est la base, et si l'objet est rond, le rayon visuel se pourra encore appeler un cône et la superficie du tableau fera la section de cette pyramide ou de ce cône.

Du champ des figures, plan ou aire que les Italiens appellent la pianta

Le champ des figures, c'est-à-dire l'aire où elles sont plantées, s'étend depuis le pied du tableau jusques à la ligne d'horizon ; cette ligne semble s'élever à mesure que l'œil est élevé et se tient toujours au niveau de l'œil. C'est dans cette aire que se doivent disposer toutes les figures d'une histoire : quelques-unes sont placées sur une ligne plus avancée qu'on peut appeler la première ligne du tableau ; d'autres sur une autre ligne derrière les premières, ce sera la seconde ligne ; et enfin quelques autres sur une troisième et quatrième lignes. C'est pourquoi, si le tableau se doit poser ou se doit faire dans un lieu élevé, le champ n'en paraîtra presque point à l'œil et la ligne horizontale sera près du pied du tableau, à moins que l'ouvrage ne se fasse à quelque voûte où, à cause du retour du cintre, l'aire se peut découvrir plus que si la place du tableau était perpendiculaire. Mais il faut alors prendre garde que les objets et l'aire même où ils sont plantés ne paraissent se renverser sur nous. La figure suivante nous en facilitera mieux l'intelligence.

Figure seconde (page 285)

L'œil A, qui se trouve fort élevé au-dessus du pied du cadre, voit le champ EF où se passe l'histoire par le rayon visuel AEF, dont EF est l'objet et la base ; la section de ce rayon se fait par la superficie du cadre en CE, qui représente le champ ou l'aire dans le tableau, et ce champ s'élève depuis E jusques à C. Ainsi dans cette élévation de l'œil, le champ servira de fond au tableau. J'appelle champ ce qui se suppose à niveau dans la nature, car s'il y a des montagnes ou des arbres ou des édifices vus de leurs côtés, cela appartient au fond ou derrière du tableau ; de sorte que le fond est différent du champ en ce que le champ est sous les pieds des figures et le fond est derrière, quoique souvent le champ serve de fond aux premières figures. Le fond au contraire ne sert jamais de champ, car il se suppose toujours perpendiculaire.

Et parce que l'œil B est presque au niveau du champ EF, il le voit par un rayon plus serré, dont la section qui s'en fait par la superficie du cadre est DE, qui est toute l'élévation que le champ peut avoir dans le tableau, de sorte que si l'œil était au niveau du pied du cadre, il ne verrait point le champ, quoiqu'il puisse voir les pieds des figures. Mais s'il était au-dessous du pied du cadre, il ne verrait ni pied ni champ des figures, comme il arrive à ceux qui regardent par une fenêtre : car si elle est à hauteur d'appui, ils voient toute la campagne, mais si elle est plus élevée du rez de chaussée, ils ne voient que les branches, le bout des arbres ou le toit des maisons, ou même ils ne peuvent voir que le ciel.

De la largeur de l'aire ou du champ et de celle des objets par les mêmes principes

Nous avons observé dans les deux précédentes figures que la hauteur des objets représentés dans le proche et dans le loin, dépend de la section du rayon visuel qui se fait par la superficie où leurs espèces s'arrêtent, qui est le tableau. Nous avons encore observé que le champ paraît élevé depuis le pied du cadre jusques à l'horizon à mesure que l'œil est élevé. Faisons maintenant la même observation à l'égard de la largeur des objets et de l'étendue du champ où ils sont plantés.

Figure troisième (page 285)

Supposons que l'ouverture AB, par laquelle l'œil regarde l'aire ou le champ, a trois cannes[1] de largeur depuis A jusques à AB[2] ; qu'il y a deux

1. La canne est une mesure de longueur, apparentée à l'aune, en ce que c'est une sorte de bâton ferré aux deux bouts et qui permet le métrage des tissus. Furetière nous apprend, parlant de l'aune de Paris, que : « La canne de Toulouse en contient une aune et demie ». Or une aune de Paris fait un peu plus de trois pieds sept pouces, autrement dit un petit peu moins d'un mètre vingt (le pied de roi de douze pouces faisant 0,324 m, donc le pouce 2,7 cm) ; la canne de Dupuy est une unité qui tourne donc autour d'un mètre quatre-vingts.

2. Bizarre notation : en regard de la figure 3, il faut ici comprendre : « depuis A jusques à B », c'est-à-dire ce qui comprend le corps A, d'une canne, l'ouverture médiate d'une canne et en fin le corps B d'une canne.

corps d'une canne chacun, le corps A, d'un côté, et le corps B de l'autre, qui, arrêtant la vue à cause de leur solidité et qu'ils sont fort proches, ne laissent qu'un espace d'une canne entre les deux, par lequel l'œil peut voir la largeur de l'aire KL, et plus loin la largeur HI, et encore plus loin la largeur du même champ MN, parce que le rayon visuel s'élargit de plus en plus vers l'horizon.

Or la largeur MN est cinq fois plus grande que l'ouverture, par laquelle l'œil regarde le champ, car cette ouverture n'est que d'une canne, de sorte que cette largeur MN peut contenir cinq corps d'une canne chacun, qui sont vus par cette ouverture qui n'est que d'une canne. Si donc les espèces de ces cinq corps s'arrêtent sur la superficie de cette ouverture d'une canne, ou si la pyramide visuelle de chacun se coupe à cette superficie, ce qui est la même chose, sa largeur sera partagée en cinq parties dont chacune représentera la largeur d'un de ces cinq corps dans cet éloignement ; de sorte que ces corps seront diminués dans la peinture qu'on en doit faire comme d'un à cinq. Et si le rayon visuel était porté plus loin, sa largeur serait plus grande et embrasserait un plus grand nombre de corps de même grandeur. Mais alors cette ouverture d'une canne se diviserait en plus de cinq parties, suivant le nombre de corps que l'œil verrait, parce que le rayon visuel de chaque corps se rétrécit à mesure qu'il est vu de loin. Et tout au contraire, si vous terminez le rayon visuel à la ligne HI, il n'embrassera que quatre de ces corps, si bien que la superficie où sa pyramide se coupe sera divisée en quatre parties qui représenteront la largeur de ces quatre corps dans l'éloignement de l'œil jusques à HI ; de même si votre rayon visuel se termine à KL, il n'embrassera que deux de ces corps, et, étant coupé à la superficie du cadre, vous diviserez la largeur de l'ouverture, qui est entre les deux corps du devant, en deux parties qui représenteront ces deux corps dans cette distance KL.

Vous voyez donc que la largeur du champ et celle de chaque objet en particulier dépend du rayon visuel, comme nous avons remarqué de la hauteur des figures et de l'élévation du champ jusques à la ligne d'horizon ; et que le rayon visuel doit être considéré comme une pyramide ou comme un cône qui se coupe par la superficie du cadre, où le peintre fixe les espèces des objets.

Il y a une autre observation sur cette troisième figure, qui est que les cinq corps C, E, F, G, D, étant sur une ligne parallèle, il se forme divers triangles depuis l'œil jusques à ces cinq corps qui sont les bases[1] de ces

1. Il faut considérer la figure 3. Dupuy entend que C, E, F, G et D sont cinq corps comme les corps A et B, de longueur égale à une canne chacun. Il introduit un peu de confusion par

triangles : et les pyramides[1] œil C, œil E, œil F, œil G, œil D, sont égales en quantité à cause que leurs bases sont égales[2], néanmoins la largeur de ces pyramides est inégale parce que les rayons visuels ou pyramides œil M[3], œil N, sont plus serrés que les pyramides œil E, œil G ; et celles-ci sont plus serrées que la pyramide œil F, ce qui nous paraîtra sensiblement par la ligne MN dont l'œil est le centre : car, quoique les corps C et D servent de base à l'une et à l'autre pyramide, la base M et la base N sont plus petites que les bases C et D, et, par conséquent, les pyramides[4] œil M et œil N sont plus serrées que les pyramides œil E, œil G et ces deux plus que la pyramide œil F. D'où il s'ensuit que le corps F sera représenté plus large que les autres, parce qu'il est plus proche de l'œil et que son rayon visuel ou pyramide

deux raisons : d'une part, parce qu'il ne distingue pas bien la ligne circulaire d'équidistance à l'égard de l'œil, dont l'arc pertinent est entre les points M et N, comme sont tracés plus au près les arcs KL et HI, et les bases des triangles dont le sommet est sur l'œil, et qu'il appelle C, E, F, G et D ; d'autre part parce que les dites bases sont donc des droites en regard des triangles et aussi bien des corps figurés en deux dimensions et faisant obstacle aux rayons visuels.

1. Autrement dit les triangles de sommet unique pris sur l'œil et de base prise sur chacun des cinq corps C, E etc.... Dupuy a écrit M au lieu de C, ce qui ne peut être que *lapsus calami*.

2. Ceci reprend en effet la proposition I du livre VI des *Éléments* d'Euclide, qui énonce : « Les triangles et les parallélogrammes qui sont sous la même hauteur sont l'un relativement à l'autre comme leurs bases » (*Les Éléments*, trad. B. Vitrac, Paris, P.U.F., 1994, t. II, p. 155).

On sait que la superficie d'un triangle est donnée par la formule : base x hauteur / 2. À hauteur constante, deux triangles, quant à leur superficie comparée, sont donc comme leurs bases. Dans notre cas, les bases C, E,F etc... des triangles dont le sommet est sur l'œil sont égales et la hauteur de tous ces triangles est aussi égale pour tous. Ces triangles sont donc égaux en superficie, mais non quant à leurs angles ni à la longueur de leurs autres côtés. Ainsi le triangle Œil C pour reprendre la notation de Dupuy a son angle au sommet de l'œil plus aigu (plus resserré, dit Dupuy) que le triangle Œil F, dont l'angle au sommet est le plus grand. Dupuy veut ici montrer qu'on voit en conséquence la base F plus grande que la base C ou que la base E.

3. Comment comprendre cette notation ? M, si ce n'est un point comme nous l'avons jusqu'ici noté, est un arc de cercle et non une droite ; c'est la base curviligne centrée sur l'œil et dont les droites qui la limitent interceptent le corps C.

4. Dupuy introduit ici de la confusion par sa dénomination de base M et base N, lesquelles sont des arcs de cercle et non des droites, le point M, sur la figure 3 étant intersection de la droite supérieure et d'un rayon de cercle de centre pris sur l'œil. Comprenons que la base M est l'arc (et s'il est assez petit, assimilable à une droite) des points équidistants de l'œil et qui s'éloignent de la base CD, à mesure que l'on s'éloigne de F. La droite œil M est égale au rayon de cercle qui va de l'œil au centre de F : ainsi la base F est plus proche que la base C et donc, c'est là tout le sens du propos de Dupuy, elle est vue plus grande que C, plus grande que E et que G, à proportion des angles de vision pris au sommet de la pyramide visuelle.

visuelle est plus large[1]. Et tout cela est pris de la première proposition du sixième livre d'Euclide.

Il faut encore observer que la vision se fait circulairement et que la distance qui est entre l'œil et divers objets de même grandeur ne peut être égale que lorsque ces objets sont sur une même ligne circulaire, de sorte que si vous poussez[2] la ligne CD bien loin d'un côté et de l'autre, que vous la divisiez en plusieurs parties égales aux corps C, E, F, G, D et que vous tiriez des lignes de l'œil à toutes ces divisions, vous ferez autant de triangles égaux en quantité qu'il y aura de bases égales, parce que ce que les uns perdent en largeur, ils le remplacent par leur longueur, ainsi ces triangles se resserreront[3] à mesure que leurs bases s'éloigneront vers les extrémités de la ligne droite, où leurs bases seront marquées. Et si vous tirez une ligne circulaire, vous verrez sensiblement cette vérité, comme j'ai déjà remarqué. D'où il s'ensuit que les objets ou corps qui sont de même espèce et grandeur dans un tableau, doivent être supposés sur une ligne circulaire, parce que la vision se fait circulairement ; comme lorsque vous jetez une pierre dans un étang, vous voyez que le mouvement qu'elle cause sur la surface de l'eau se fait circulairement. Ainsi notre œil agit circulairement sur les objets qui sont à l'entour de nous ; et comme l'agitation de l'eau est plus forte à l'endroit où la pierre a été jetée,et qu'elle diminue sa force peu à peu, il en est de même de notre œil : il reçoit fortement les objets lorsqu'ils sont près de nous et faiblement lorsqu'ils sont éloignés, parce que le rayon visuel se rétrécissant par leur éloignement, leurs espèces n'agissent pas si sensiblement sur la rétine de notre œil, et nous avons de la peine à les distinguer, à mesure qu'ils s'éloignent de notre vue.

Figure quatrième (page 286)

Cette figure doit servir à faire comprendre que la vision se faisant circulairement, comme nous avons observé, les lignes d'un tableau se doivent toujours supposer circulaires : ainsi l'œil regardant par l'ouverture AB, voit sans aucun empêchement toute la largeur du champ qui est AB[4]

1. Cette largeur est donc l'apparence perspective d'une base en soi égale aux autres mais vue de plus près et dont l'angle au sommet pris sur l'œil sera moins aigu que les autres. Largeur veut ainsi dire plus grande ouverture de l'angle de vision.

2. Il s'agit de la prolonger, non de la replier en arc de cercle.

3. Ce resserrement n'est autre que le plus grand aigu de l'angle pris sur l'œil.

4. Le segment AB est tracé sur la figure 4 comme un segment de droite et non un arc de cercle, car il représente le plan du tableau, assimilable à une fenêtre, et dont la section du cadre qui l'entoure est d'ailleurs visible au-dessus et au-dessous dudit segment.

sur la première ligne, CD qui est sur la seconde, EF sur la troisième et GH sur la quatrième, de sorte que tous les corps qui seront sur la quatrième ligne et de même grandeur seront égaux dans la superficie du cadre et ainsi des autres lignes. Si nous supposons cinq ou six figures, ou plus sur la ligne AB, qui remplissent par leur largeur toute l'ouverture AB, il s'ensuivra que si nous supposons des figures d'une pareille grandeur sur la ligne CD, il en faudra un plus grand nombre pour remplir toute la longueur de cette ligne, qui est de la largeur du champ CD. Si nous voulons remplir de figures de même grandeur la troisième ligne qui est EF, il y en pourra davantage, et à la quatrième GH, qui est encore plus longue, il s'y en pourra placer encore un plus grand nombre.

Or si vous partagez la ligne AB en cinq ou six parties, pour y faire cinq ou six figures qui sont sur le devant, il la faudra partager encore en plus de parties pour y représenter les figures de la seconde ligne CD, qui sont en plus grand nombre, par exemple huit ou neuf ; de même pour représenter les figures de la ligne EF qui seront peut-être au nombre de quinze. La superficie du cadre se doit diviser en sa largeur en quinze parties ; et si la quatrième GH contient vingt figures, vous ne sauriez vous dispenser de partager votre superficie en vingt parties pour y représenter[1] les vingt figures de cette quatrième ligne GH.

On peut faire une démonstration de ceci de la manière suivante : soit AB, superficie du cadre, divisée en quatre parties par quatre rayons visuels de largeurs égales, dont est composée la première ligne AB ; soit CD la seconde ligne composée de cinq de ces largeurs, dont les rayons visuels sont marqués sur la même superficie AB, qui est l'endroit de leur section. Je dis qu'ils seront moindres d'une quatrième partie[2] que les premiers, parce

1. La ligne AB *est* une ligne d'une certaine longueur et à une certaine distance de l'œil, comme CD, EF et GH, mais elle *représente* aussi la profondeur de la pyramide visuelle, de sorte que les parties de CD se voient sur le plan figuré par AB, comme les parties de EF et de GH. La construction perspective suppose que la profondeur du champ vient se télescoper sur le plan du tableau de sorte que chacun des détails de la profondeur doit y être projeté, autrement dit *représenté* par un point ou une partie de la superficie. On a ici un usage, qui relève de la géométrie projective, du concept de représentation.

2. Il y a ici une erreur ou une inadvertance de Dupuy, qu'il ne commet point dans le calcul accordé à la ligne EF, pour laquelle, en effet, les huit unités de longueur en lesquelles elle se partage se trouvent projetées sur les quatre unités de la toute AB, de sorte que cette partition de AB en huit, par projection de EF vers l'œil, permet de poser pour l'inconnue de réduction recherchée, l'équation : $8x = 4$. D'où $x = 4/8 = 1/2$. La projection sur AB d'une unité de EF, la réduit de moitié, comme le dit Dupuy. Pour CD, on doit poser de même $5x = 4$ (les cinq unités de CD doivent se réduire par projection sur la longueur de AB = 4 unités) et donc $x = 4/5 = 1 - 1/5$, et non $1 - 1/4$. Les unités projetées de CD sur AB sont moindres d'un cinquième. On pouvait aussi remarquer que $5\,(1 - 1/4)$ ne redonne pas quatre unités. Le calcul des réductions

que la ligne AB, qui était divisée en quatre, se trouve divisée en cinq. Soit la troisième ligne EF composée de huit de ces largeurs, qui sont autant de corps, dont les rayons visuels soient coupés sur la même superficie de notre cadre : leur largeur se trouvera plus petite de moitié comme de quatre à huit, et ainsi de la ligne GH.

Nous tirerons encore une autre conséquence de cette proposition, qui est que si vous divisez la largeur de votre superficie en quatre parties, vous représenterez la largeur de quatre corps plantés sur la première ligne ; si vous diminuez ces parties d'un quart, vous représenterez ceux de la seconde ; si de moitié, ceux de la troisième, et ainsi de la quatrième à proportion.

Il s'ensuit encore de là une autre conséquence qui est qu'il en est de même de la hauteur de ces corps comme de leur largeur ; par exemple, si la figure d'un homme qui est sur la première ligne du tableau a huit palmes de hauteur et deux de largeur à ses épaules, la section du rayon visuel de la hauteur sera de huit palmes sur la superficie, et si vous diminuez cette largeur d'un quart, et la hauteur de deux palmes, qui font aussi le quart, la section du rayon visuel vous représentera cette figure sur la seconde ligne ; de même si vous diminuez cette largeur et hauteur de la moitié, la section du rayon visuel vous le représentera sur la troisième ligne, et ainsi des autres.

Moyen pour mettre en pratique les précédentes propositions

Supposons qu'un peintre doit représenter une histoire dans un grand lieu sur une planche ou muraille qui a cinq cannes de largeur et trois cannes de hauteur[1]. Il ne suffit pas qu'il en fasse une esquisse et qu'après, dans l'exécution de son ouvrage, il corrige les défauts en le quittant à tout moment pour le considérer de loin ; méthode peu expéditive, car il est obligé de faire tout lui-même et il ne saurait se servir d'une autre main. Il est encore forcé de tirer une infinité de lignes pour mettre toutes les parties de son ouvrage en perspective, et de consumer beaucoup de temps à cela. Cette lenteur accable le génie et étouffe le feu de l'imagination[2], qui donne

perspectives n'est pas le fort de la théorie picturale de Dupuy du Grez, qui ne recherche pas l'exactitude en la matière.

1. En unités toulousaines d'époque, environ neuf mètres sur un peu plus de cinq mètres. C'est donc un grand format, pour lequel la construction perspective semble ne point pouvoir être négligée.

2. Nette opposition d'une mécanisation que détermine la subordination aux règles nécessaires et constantes, et d'une liberté dans le travail sur l'ouvrage qui requiert le temps propre du génie et un rythme accordé à la puissance imaginative. La construction perspective fait perdre cette successivité empressée des actes artistiques.

souvent l'expression et la grâce aux ouvrages. Il évitera l'un et l'autre si, avant que de mettre la main à l'exécution, il en forme un dessin[1] exact, ce qu'il fera facilement en la manière suivante.

Lorsque le peintre a mesuré ou fait mesurer la largeur et la hauteur de la muraille où il veut peindre ou appliquer son tableau, il doit considérer de quelle distance cet endroit peut être vu le plus commodément, non pas qu'il soit obligé de fixer un point pour cela, mais afin que l'œil puisse embrasser sans peine toute la largeur et hauteur du cadre ; ce qui réussira si l'œil et les deux extrémités du cadre font un triangle isocèle et que la distance qui est entre l'œil et le tableau surpasse la largeur comme de cinq à sept[2], suivant l'étendue de l'appartement où la peinture se doit appliquer. Cela étant fait, il n'a qu'à prendre une feuille de papier de la grandeur qu'il voudra où il réduira par une mesure proportionnée la largeur et la distance, comme il sera dit dans la figure suivante. Au reste vous me permettrez que je me serve du mot de cadre à la manière des Italiens et que je comprenne par ce mot l'espace que le cadre contient.

Figure cinquième (page 286)

Soit AB la largeur du cadre de quatre à cinq cannes ; soit AE[3] la distance pour le voir de sept cannes ; soit œil IK le grand rayon visuel[4] ; soit AIKB le champ où se passe l'histoire qu'on représente. Soit AB la superficie où il faut fixer les objets. Je suppose que l'histoire se passe dans ce champ, sur trois lignes FGH ; que la ligne F, qui est la première, est à une canne de la superficie, car il faut laisser du champ depuis le pied du cadre jusques aux premières figures, et l'ordonnance en est toujours plus belle.

La seconde ligne ou ligne du milieu est G, que je suppose à quatre cannes au-delà de la première. Et la troisième est H que je suppose aussi à quatre cannes au-delà de la seconde ; de sorte que toute cette vision se fait dans la profondeur de seize cannes, savoir de l'œil à la superficie du cadre, sept cannes ; depuis E jusques à la première ligne F, une canne ; depuis F

1. Dupuy écrit, comme nous l'avons déjà remarqué, *dessein*, qui enveloppe ici le détail successif de ces opérations inaugurales pour la pratique de la peinture.

2. Ceci enveloppe que l'œil tombe orthogonalement sur le plan du tableau en son milieu (et cette droite sera la hauteur de sept cannes) à une distance d'environ douze ou treize mètres.

3. Appellation étonnante. Il s'agit de la distance de l'œil au tableau, donc : en suivant les façons de Dupuy, de l'axe œil E.

4. Autrement dit la pyramide visuelle, considérée depuis le sommet sur l'œil jusqu'à la base IK.

jusques à G, quatre cannes ; et depuis G jusques à H, quatre cannes, faisant justement les seize cannes.

On peut supposer que l'histoire se passe sur une seule ligne qu'on doit alors placer plus avant dans le champ ; ou sur deux lignes seulement, ou enfin sur trois comme dans la présente figure. On en pourrait encore supposer quatre et plus, mais il faut remarquer qu'après la troisième ligne, l'œil voit les objets fort confus et fort confondus avec le fond. Il est pourtant très utile de marquer plusieurs lignes pour savoir de quelle grandeur doivent être les figures dans le plus grand éloignement.

Toutes ces mesures étant réduites sur du papier et ces lignes étant marquées, je considère le nombre des figures qui se peuvent placer sur la largeur de cinq cannes, qui font justement quarante palmes, à raison de huit palmes[1] la canne, chaque palme de huit pouces et chaque pouce de huit lignes.

Or pour un grand lieu, il faut que les premières figures ou celles de la première ligne, soient de dix palmes[2] de hauteur et cela revient à deux palmes et demi pour la largeur des épaules. Ce qui n'empêche pas qu'on en puisse faire quelques-unes plus sveltes et d'autres plus robustes, mais la largeur ordinaire servira toujours de règle pour cette opération. Si donc nous donnons deux palmes et demi à chaque figure pour sa largeur, notre cadre qui a quarante palmes de large, en contiendra seize, de sorte que nous diviserons la première ligne courbe AFB en seize parties, et nous ferons sur notre superficie toutes les figures de la première ligne de dix palmes. Nous diviserons la seconde ligne G par la même mesure ou module de deux palmes et demi, et nous trouverons vingt-quatre divisions, dont le rayon visuel sera moindre d'un tiers sur la superficie[3], par les raisons que nous avons dites dans les précédentes propositions. Il faudra donc représenter les figures de la seconde ligne, sur notre superficie, plus étroites et plus courtes d'un tiers que celles de la première, c'est-à-dire qu'elles auront six palmes deux tiers de hauteur. Pareillement la troisième ligne H sera divisée par la même mesure des deux palmes et demi, et il s'en trouvera trente deux[4],

1. Le palme, substantif masculin, (pour la paume de la main, et qui remplace le pied d'autres systèmes de mesure) fait donc environ 22,5 cm ; alors le pouce fera environ 2,8 cm et la ligne 0,35 cm.

2. Soit donc un peu davantage que le naturel, excédé d'environ 20 %.

3. La seconde ligne mesure ainsi soixante palmes qui font vingt quatre fois deux palmes et demi, de sorte que chaque unité est représentée sur le plan du tableau de quarante palmes par une partie qui en soit les deux tiers, autrement : 1 – 1/3.

4. Il est donc assigné à cette ligne une longueur de quatre-vingts palmes (2,5 x 32), double de celle de la première ligne, et donc représentée sur elle par des parties moitié moindres.

dont les rayons visuels seront moindres que ceux de la première ligne de moitié, de sorte que les figures de cette troisième ligne seront de la moitié plus étroites et plus courtes sur notre superficie que celles de la première ligne. Nous dirons la même chose d'une quatrième et cinquième ligne, s'il est besoin d'y marquer des figures.

Moyens pour marquer les lignes du champ sur la superficie du cadre

Après que vous aurez trouvé la grandeur de vos figures sur chaque ligne, vous devez chercher l'endroit où elles doivent être placées dans la superficie du cadre, ce que vous ferez par le moyen d'une autre opération et de la figure suivante sur un autre papier.

Figure sixième (page 287)

Soit ABCD la grandeur de votre cadre de cinq cannes de largeur et trois cannes de hauteur. Soit la distance GC d'où le tableau doit être vu, de sept cannes. Soit l'œil élevé au-dessus du pied du cadre, depuis G jusques à l'œil. Soit CE une canne dans le champ, où est la première ligne E. Tirez une ligne ponctuée[1] depuis l'œil jusques à E ; cette ligne croise la ligne du cadre AC à la hauteur où vous devez placer la première ligne 1. Soit ED la profondeur de quatre cannes dans le champ, de sorte que la seconde ligne soit D : tirez une ligne ponctuée depuis l'œil jusques à D et vous marquerez votre seconde ligne 2 à l'endroit où la ligne ponctuée œil D croise la ligne AC. Vous tirerez une autre ligne ponctuée depuis l'œil jusques à F qui aboutisse à quatre cannes au-delà de D, et l'endroit où elle croisera la ligne AC sera pour marque la troisième ligne 3 ; de sorte que 1, 2, 3 seront les trois lignes de votre champ élevé sur l'horizon ou suivant l'élévation de votre œil, car l'horizon se doit toujours entendre au niveau de notre œil.

Néanmoins il n'est pas absolument nécessaire de régler l'élévation de l'horizon à fleur de notre vue ou de la hauteur qu'on voit le tableau ; on le peut supposer un peu plus élevé, je dis un peu car cela ne paraît pas dans l'ouvrage. On ne sera pas obligé non plus de chercher le point de vue dans cette méthode, parce que le tableau se pourra considérer également de tous les endroits, d'assez près et d'assez loin, d'assez haut et d'assez bas, le tout dépendant des premières figures.

Lorsque vous aurez trouvé les lignes de votre champ, que vous marquerez en si grand nombre que vous voudrez, ou pour vos groupes ou

1. Nous dirions « pointillée ».

pour chacune de vos figures, vous les placerez de la grandeur de dix palmes sur la première ligne, comme dans l'exemple proposé dans cette sixième planche ; vous les ferez de six palmes deux tiers sur la seconde, et sur la troisième de cinq palmes. Vous verrez d'abord qu'elles fuiront doucement par une diminution semblable à la vision des objets éloignés dans la nature.

Mais parce que cette sixième planche n'est que pour pratiquer la diminution des figures par la précédente, et pour trouver l'élévation de leur champ ou de leurs lignes, il est nécessaire de former un dessin de l'ouvrage qu'on veut faire, ce qui est aisé par la manière suivante. Vous prendrez une ou deux grandes feuilles de papier, vous y marquerez un parallélogramme aussi grand que vous le trouverez à propos, et vous le diviserez en cinq parties des deux côtés plus longs, et en trois parties des deux côtés plus courts : ces parties vous représenteront les cinq cannes de largeur et trois cannes de hauteur de votre cadre. Si vous faites chaque partie d'un palme, chaque palme vous représentera une canne et chaque pouce vous représentera un palme, parce que votre dessin aura cinq palmes de largeur et trois de hauteur. Au reste j'entends le palme de douze doigts ou de huit pouces, qu'on appelle *palm* à Toulouse, ce qui n'importe pas à cause qu'il ne sert ici que de module.

La première chose que vous ferez, ce sera de marquer vos lignes aux côtés du dessin, ce que vous pourrez faire en les divisant en plusieurs parties comme les côtés AC, BD de la sixième figure. Vous marquerez le nombre et l'endroit où seront les lignes 1, 2, 3, que vous tirerez par des occultes[1] pour les pouvoir effacer ; vous placerez ces figures sur ces lignes comme j'ai dit, mais il faudra plutôt avoir formé des esquisses de votre pensée sur des papiers séparés, suivant ce que j'ai remarqué dans le traité de la composition. Et lorsque votre dessin sera mis au net, vous le réticulerez, et réticulerez pareillement la toile ou la place où vous devez exécuter votre entreprise.

Je remarquerai comme en passant qu'après que vous aurez marqué vos lignes sur un papier d'une juste grandeur et que vous aurez fait vos esquisses sur des feuilles séparées, vous les pourrez appliquer chacun à leur place, en attachant les feuilles avec de la cire, afin qu'elles se puissent facilement lever et changer quand vous le trouverez bon. Il faut commencer par les groupes plus éloignés, c'est-à-dire par ceux de la troisième ou

1. « Occulte, en géométrie, se dit aussi d'une ligne qu'on a peine d'apercevoir et qu'on tire avec la pointe du compas ou avec du crayon de mine de plomb, pour faire plusieurs opérations géométriques, pour dresser des plans, des dessins de bâtiments, de fortifications et de perspective, qu'on efface quand l'ouvrage est achevé » (*Furetière*).

quatrième ligne ; vous placerez ensuite les groupes de la seconde ligne, ou de celle qui succède à la plus éloignée ; mais il les faut découper jusques au contour, et ôter tous les vides qui servent de fond, afin que les groupes et figures qui sont derrière se puissent voir autant qu'il se pourra. Il faudra faire la même chose à l'égard des groupes et des figures de la première ligne, qui se trouveront devant tous les autres. Après cela, vous jugerez si votre ordonnance est conforme à l'histoire que vous représentez, et si tous vos groupes agissent à même fin. En second lieu, si vos figures sont disposées favorablement pour recevoir le clair-obscur et pour faire de beaux contrastes par de larges ombres et de larges lumières.

Enfin vous verrez s'il y a de l'entassement et si les extrémités des figures du derrière sont trop cachées, de sorte qu'elles perdent de leur action et de leur grâce. En un mot vous réfléchirez si vos yeux ne sont pas assez contents et s'ils ne tombent pas d'abord sur le principal objet ou sur le groupe où sont les principales figures. Car alors il vous sera aisé de changer votre disposition, en détachant vos esquisses aussi souvent qu'il vous sera nécessaire et jusques à ce que votre ordonnance réponde à toutes les règles d'une bonne composition. Il y a pourtant des endroits que l'effet des couleurs met quelquefois dans leur dernière beauté.

Cela étant fait, vous devez travailler à former un dessin arrêté et accompli dans toute l'exactitude que la composition demande dans la peinture.

L'auteur des *Remarques* sur le poème d'Alphonse Dufresnoy rapporte que le Tintoret se servait de modèles ou de mannequins de trois pieds de hauteur, qu'il disposait de manière qu'avec des filets, il pouvait trouver les effets de l'optique, ce que j'ai ouï dire que Poussin faisait aussi[1]. Nous devons inférer de cela qu'ils connaissaient que la règle ordinaire de perspective qui fait aboutir toutes choses à un point, est défectueuse. Cette méthode peut servir à disposer les groupes et à remarquer l'état des ombres et des réflexions, mais c'est un grand esclavage, cette machine émousse l'imagination de ceux qui en ont beaucoup ; il est vrai qu'elle soulage ceux qui en manquent.

1. R. de Piles mentionne le Tintoret à la note au vers 219, tout d'abord avec Véronèse et Michel-Ange, pour l'usage de modèles de cire (2e éd., 1673, p. 175-176), puis seul pour ajouter les chambres d'ais et de cartons, avec portes et fenêtres où il plaçait ses modèles, qu'il précise avoir *deux pieds de haut* (p. 178). Un peu plus loin, la connaissance de ouï-dire sur Poussin doit provenir d'un petit texte d'A. Le Blond de la Tour qui détaille une façon de procéder du Poussin, semblable à celle de Tintoret, la *Lettre du sieur Le Blond de la Tour à un de ses amis contenant quelques instructions touchant la peinture*, Bordeaux, 1669.

Quoique les règles que j'ai proposées ne regardent principalement que les figures, elles peuvent néanmoins servir pour toutes sortes d'autres sujets, principalement pour faire de l'architecture ou des bâtiments. Il suffit d'observer que les ornements d'une composition et généralement tout ce qu'on veut représenter dans un tableau, doit être proportionné aux figures, pour éviter la bévue de l'empereur Hadrien qui était fort intelligent : il avait fait bâtir un temple de Vénus sur son dessin et y avait ordonné des statues colossales qui étaient pourtant assises ; il fit voir cet ouvrage au plus fameux architecte de son siècle, il s'appelait Apollodore, et lui demanda son sentiment. Cet habile homme lui répondit que tout y était beau, mais il lui fit remarquer que si ces statues étaient debout, elles seraient plus hautes que la voûte du temple, ce qui arrive à plusieurs peintres qui ne proportionnent pas les bâtiments aux figures de leurs tableaux.

Il n'est point d'ornement qui égale l'architecture dans un ouvrage, ou plutôt il n'en est point de plus nécessaire pour l'histoire ; mais les bâtiments y doivent sur toutes choses être proportionnés aux figures qu'on considère comme des personnes qui en ont l'usage en commun ou qui les habitent en particulier. Et le peintre doit ici faire l'office d'un véritable architecte en donnant assez d'étendue à ses bâtiments. Il saura enfin leurs mesures sur chaque ligne du tableau, de sorte que, s'ils sont sur la seconde ligne ou sur le devant, et que les figures soient grandes comme nature, il est évident qu'on ne peut voir qu'une partie de l'édifice, qui sert de fond et qui remplit tout le tableau ; et si alors vous faites voir les bases des colonnes, vous ne sauriez faire voir leur chapiteau, à moins que le cadre ne soit d'une prodigieuse hauteur. Le peintre qui veut employer de cette sorte d'ornements dans son ouvrage, ne doit pas être ignorant de l'art de bâtir. Il doit très bien connaître les cinq ordres, leurs proportions et leurs propriétés ; et lorsqu'il veut représenter quelque bâtisse, il faut qu'il en sache la hauteur, la largeur et toutes les dimensions, ni plus ni moins que s'il voulait élever un bâtiment réel et effectif.

On ne peut donc ordonner des bâtiments entiers dans une composition où les figures sont comme le naturel, que sur la troisième ou quatrième ligne. Ce que nous pourrons faire en supposant d'une certaine grandeur le palais ou le temple que nous voulons représenter. Supposons qu'il soit de dix cannes de diamètre, et reprenons la cinquième figure et voyons la planche où nous avons supposé la largeur du cadre AB de cinq cannes ; et nous y avons trouvé place pour seize figures de deux palmes et demi d'épaules chacune : vous voyez que votre édifice ne peut s'y placer tout entier, parce qu'il est supposé de dix cannes. Il ne se peut non plus placer sur la seconde ligne G qui n'est que d'environ huit cannes ; mais il se pourra placer sur la troisième ligne parce qu'elle a environ onze cannes d'étendue. Néanmoins cet édifice remplira presque tout le tableau, lui servira de fond et bornera la vue ; on ne saurait même en voir les parties finies par les règles du coloris, à cause de son éloignement.

On doit juger par cet exemple qu'on ne peut représenter de grands bâtiments qu'en les supposant à une quatrième ou cinquième ligne. Mais encore pour le faire avec plus d'exactitude, il serait bon de faire le plan de l'édifice, suivant les règles de la cinquième figure, et de le réduire à sa juste grandeur sur la superficie du cadre par la règle des figures, dont la hauteur se doit prendre de leur largeur. Et quant à sa situation, parce qu'elle ne peut être que sur plusieurs lignes à cause des angles, on pourrait trouver leur place, suivant ce que nous avons démontré dans la sixième planche et figure.

Je dirai néanmoins que si le peintre voulait représenter des bâtiments entiers sur la première et seconde ligne, il serait obligé de tenir ses premières figures petites à proportion, et que cela serait supportable dans un vaste lieu, à cause de la grandeur des édifices qui rempliraient assez la vue au défaut de la grandeur des figures.

Cette méthode de mettre en perspective les figures et les autres objets a de grands avantages. Premièrement elle est toute conforme à la nature et par là, elle n'a rien de forcé. L'art y trompe imperceptiblement les yeux sans que le jugement s'en aperçoive. Il n'est pas nécessaire de chercher le point de vue, puisqu'il est à toute sorte de distance proportionnée aux premières figures. Que s'il fallait entourer une vaste salle de tableaux, vous n'avez qu'à supposer l'œil à l'endroit opposé à chaque cadre, non pas au milieu de cette salle, quoique après que l'ouvrage sera achevé, vous le pourrez regarder avec plaisir de tous les endroits de la salle indifféremment.

Vous voyez donc que tout le mystère de l'optique dépend de savoir comparer les mesures de l'éloignement et du proche, et de les réduire avec proportion les unes aux autres par les règles de la nature même, qui ne consistent pas tant à assujettir les yeux à des angles, à des points ou à des lignes, qu'à rapporter dans l'art les véritables effets de la vision dans la nature. Il faut avouer pourtant que la science du dessin peut suppléer à tout, et que la vue du peintre doit être elle-même la dispensatrice de ces mesures.

Je ne crois pas que le suprême héros des peintres de nos derniers siècles, Raphaël Sanzio, ait suivi d'autres règles que celles de ses yeux ; et si je ne me trompe, plusieurs autres grands personnages comme Jules Romain, Hannibal Carrache et bien d'autres se sont gouvernés par leur propre jugement, sans s'assujettir à ces règles de perspective qui se proposent un point fixe sur l'horizon, auquel toutes les parties du tableau vont aboutir. Ils ont pourtant pris garde que l'optique ou la vision ne fût point offensée dans leurs ouvrages, ayant les règles de la nature cachées dans leurs yeux et dans leur jugement : et ces règles sont d'autant plus belles que tout y est sans contrainte et sans affectation.

Quant à celles que je viens de proposer, la démonstration en paraît d'abord, car elles sont toutes conformes aux effets que font les objets sur nos yeux. Je n'en suis pas l'inventeur comme vous voyez, c'est plutôt la nature qui les découvre à tous ceux qui y font réflexion. Je laisse pourtant à de plus diligents que moi d'y faire de nouvelles observations.

Moyen pour trouver la grandeur qu'il faut donner aux objets éloignés et fort élevés, afin qu'ils paraissent dans une juste proportion

Quoique Vitruve ait recommandé aux architectes d'agrandir les membres des édifices qui sont fort éloignés des yeux par leur élévation, afin qu'ils paraissent d'une juste grandeur, il n'en a pas laissé de règle précise ; et voici les paroles de cet auteur au chapitre troisième du troisième livre[1] :

Quo enim altius oculi scandit acies, non facile persecat aeris crebritatem ; dilapsa itaque altitudinis spatio et viribus extrita, incertam modulorum renunciat sensibus quantitatem. Quare semper adjiciendum est rationis supplementum in simetriarum membris ut cum fuerint in altioribus locis opera, aut etiam ipsa colossicotera, certam habeant magnitudinum rationem.

A mesure, dit-il, que l'œil est éloigné de l'objet, il a de la peine à pénétrer l'épaisseur de l'air, de sorte que, se trouvant fatigué par son éloignement, il rend à notre imagination des mesures incertaines de la grandeur des choses que nous regardons. C'est pourquoi il y faut toujours suppléer par raison, afin que les ouvrages qui sont plus élevés, paraissent d'une grandeur raisonnable.

On ne sait si les Anciens savaient quelque règle pour cette augmentation, ou si c'est seulement à vue d'œil qu'ils la pratiquaient. Mais il y en a une, qui est rapportée[2] par Serlio, laquelle est très utile, ou pour mieux dire, nécessaire aux architectes, sculpteurs et peintres pour savoir de quelle grandeur doivent être les membres d'architecture, les statues colossales et celles qui sont posées sur une élévation, et enfin quelle doit être la grandeur des figures de peinture aux voûtes, aux plafonds et aux

1. Ce passage correspond, dans l'édition Gros (Paris, Les Belles Lettres, t. III, 1990) de Vitruve, au § 9 du chapitre V de ce livre III (*op. cit.* p. 29).

2. *Tutte l'opere d'architettura et prospetiva di Sebastiano Serlio*, éd. Scamozzi, Venise, 1584 ; nous citons l'édition de Venise, 1619, par exemple, livre IV, chap. 12, p. 193.

autres endroits fort élevés. Car il est certain qu'à mesure qu'elles sont éloignées, elles doivent être plus grandes. C'est à peu près la règle qu'a gardée l'ouvrier de la colonne Trajane, où l'on remarque que les figures les plus élevées paraissent à peu près de la même grandeur que les plus basses, quoiqu'il soit constant qu'elles soient plus grandes. On peut tomber dans de lourdes fautes si l'on n'observe pas cette règle, principalement dans l'architecture lorsqu'il y a des membres avancés qui empêchent de voir les bases des colonnes et les pieds des figures qui sont par-dessus ; comme j'ai fait remarquer en parlant du portail de saint Jory, qui est un ouvrage de Bachelier où la corniche empêche de voir les bases et les petits enfants qui sont au bas du corps supérieur. Car il fallait les élever sur un appui ou contre-base pour éviter cet inconvénient. Quelques-uns ont pris ces appuis et contre-bases pour le *Scamilli impares*[1] de Vitruve, et avec raison, parce qu'ils se doivent faire par de petits gradins de peur que les soubassements ne paraissent enfoncés plutôt qu'à leur plomb. Et quoiqu'il semble que cela soit différent de cet agrandissement de figures dont je parle, il se fait pourtant par la même règle, comme nous verrons dans la figure suivante.

Figure septième (page 287)

Celui qui veut peindre quelque histoire dans la voûte ou plafond d'une salle ou d'une église, doit premièrement mesurer la largeur et la hauteur de cette salle ou église, et les rapporter sur le papier, comme vous voyez dans cette septième figure, où la salle a huit cannes de largeur AB et CD, et douze de hauteur AC, BD . Je suppose que l'œil qui est le centre de la vision, est à une canne d'élévation, regardant les figures EF, GH, IK, BM, au travers de la ligne circulaire O,F ,E, par des rayons égaux qui sont marqués sur la dite ligne courbe mais inégaux par la base de leur pyramide. Car la base E qui fait une partie de la ligne BD, est moindre que la base F et celle-ci moindre que G ; puis H est plus grande et encore les bases I, K et B, de sorte qu'à mesure que les murailles de la salle, la voûte ou le plafond sont élevés, les bases des rayons s'agrandissent, si bien que pour faire paraître les figures

1. *Scamilli impares* : petites banquettes de hauteur inégale. C'est « une des choses des plus difficiles et des plus obscures qui soit dans Vitruve » (C. Perrault, note 16, p. 88 de l'édition de 1684). Les *scamilli impares* apparaissent au livre III, 4, 5 (éd. P. Gros, Paris, Les Belles Lettres, p. 23), et derechef au livre V, 9, 4. Vitruve renvoie, au livre III, à une figure, *forma et demonstratio*, qui est perdue. Ces banquettes étaient impliquées, comme éléments matériels ou agents de mesure, dans l'incurvation (*adjectio*) du stylobate, et le raffinement des corrections optiques du genre de l'*entasis* des colonnes. Voir la mise au point de Pierre Gros sur les interprétations multiples des *scamilli impares* (livre III, note 5, p. 139-145).

du plafond ou de la voûte de la même grandeur que la figure E, que je suppose comme le naturel, il faudra que les figures qui seront à la hauteur B soient trois ou quatre fois plus grandes que la figure E. Quoique j'avoue que si cette règle ne satisfaisait pas l'œil dans son exécution, il dépend de la discrétion du peintre d'en tempérer la rigueur ; et c'est la raison qui oblige les architectes, dans les ouvrages de conséquence, de faire des modèles de la grandeur que l'ouvrage doit avoir.

C'est par la même raison que les figures peintes vues obliquement d'assez loin, au côté d'une galerie, comme il s'en voit une aux Religieux Minimes de Toulouse, prennent de justes proportions, parce que le rayon visuel se rétrécit au point de leur légitime grandeur, ce que la figure suivante nous va faire concevoir facilement.

Figure huitième (page 288)

Je suppose que la ligne AB qui sert de base au rayon visuel, œil AB, où l'objet est peint, est de deux palmes et demi ; ce rayon visuel, à l'endroit C, est d'une palme et un quart. Si je veux que cet objet soit vu de même grandeur obliquement par le rayon œil EAD, il est nécessaire qu'il soit de même largeur en E que le rayon visuel œil AB l'est en C. Et par ce moyen le rayon oblique aura la base plus grande, savoir depuis A jusques à D, et l'objet que je peindrai paraîtra de la largeur de la base AB.

On peut connaître par cette proposition que la grandeur des objets ne paraît à nos yeux que par la largeur du rayon visuel, de sorte que si nous voulons peindre sur un endroit élevé et vu de biais, nous devons allonger ou élargir les objets pour les voir dans leur juste hauteur ou largeur ; ce que plusieurs ont pratiqué par des manières mécaniques et sans aucune intelligence de la peinture. Le père Magnan [1], religieux minime, qui est reconnu pour un de nos illustres de Toulouse, parlait souvent d'une optique qu'il avait faîte à Rome dans le couvent de la Trinité du Mont, laquelle lui avait parfaitement réussi. Je crois qu'il en a fait mention dans son livre [2] de l'optique, dioptrique et catoptrique. Il se fit prêter un très beau tableau du

1. Emmanuel Magnan ou Maignan (1601-1676) religieux minime toulousain, et auteur notamment d'un *Cursus philosophicus* (Toulouse, 1653) outre ses travaux de perspective et d'anamorphoses.

2. Il s'agit de la *Perspectiva horaria, sive de Horographia, gnomonica, tum theorica tum practica libri quatuor*, Rome, 1648. En cet ouvrage, une gravure (p. 438) illustre le procédé matériel de construction de l'anamorphose que décrit Dupuy. On se reportera aux *Anamorphoses* de Jurgis Baltrusaitis (Paris, Flammarion, 1984, p. 51-54) pour une description plus complète.

fondateur de son ordre, et pour ne pas le gâter, il fit faire un châssis de même grandeur, il le fit traverser de plusieurs cordes de luth, et il enfila deux ou trois formes de petits boutons à chacune ; puis ayant mis le tableau dans ce châssis, il poussait les boutons aux endroits qu'il voulait marquer. Il fixa ensuite ce châssis dans un lieu convenable, entre la muraille vue de biais et le point de vue qu'il avait choisi : il tendait de longs filets depuis ce point jusques à la muraille, les faisant passer sur ces petits boutons, et le peintre qui le servait en cette opération, tirait les traits du tableau sur la muraille d'un endroit marqué à l'autre, et sans qu'il y parut aucune forme du tableau. Mais toutes ces lignes, tous les traits bizarres venant à se raccourcir sur cette muraille lorsqu'on les regardait de biais, la peinture paraissait dans sa juste proportion.

Il ne faut pas être surpris si les parties supérieures de quelques anciens bâtiments qui subsistent encore, sont un peu grandes, quand on vient à les mesurer, cependant elles paraissent proportionnées quand on ne fait que les voir : c'est que l'architecte a voulu contenter les yeux qui les auraient autrement trouvées petites et mesquines. Il arrive un effet contraire dans les statues colossales qu'on voit d'un peu bas et d'assez près, car alors les jambes et les cuisses paraissent longues et la tête petite, de sorte qu'une figure de sept têtes ou de sept et demi, paraîtra de neuf et de dix têtes. Mais quand on vient à rechercher les mesures au vrai, on trouve que les proportions sont différentes de ce qu'elles paraissent, ce qui arrive parce qu'elles ne sont pas dans un lieu avantageux et tel que le sculpteur avait choisi lorsqu'ils les avaient posées la première fois. Mais cette grande disproportion ne paraît pas lorsque l'œil est également éloigné de la tête et des pieds du colosse. C'est pour cela que les habiles sculpteurs font des modèles de stuc ou de plâtre, de la grandeur que doivent avoir leurs figures, et dans leur place même, ajoutant ou diminuant à mesure que l'œil et le jugement l'exigent.

Nous lisons dans les *Chiliades*[1] de Tzetzès qu'il y avait deux statuaires à Athènes : l'un s'appelait Phidias, l'autre Alcamène, et ils étaient rivaux dans leur art. Alcamène faisait de belles figures, il les finissait toutes avec un même soin, sans songer ni à la géométrie ni à l'optique, et toute la ville

1. Jean Tzetzès est un polygraphe byzantin du XIIe siècle, et ses *Chiliades* sont un recueil divisé en séries de mille vers (d'où le titre) d'anecdotes tirées de l'antique. Le *certamen* de Phidias et d'Alcamène se trouve en deux endroits : VIII, 193 et XL, 381. On notera que Blaise de Vigenère achève semblablement son *Épître à Barnabé Brisson* de 1578 (en préface à sa traduction commentée des *Images* de Philostrate) par cette anecdote exprimant la supériorité des œuvres qui impliquent considération des effets de la perception dans leurs déterminations internes.

admirait ses ouvrages. Phidias prévoyait toujours le lieu où les figures se devaient placer, et ne s'amusait point au jugement du peuple ; il se gouvernait plutôt par la raison de son art que par l'habitude qu'il en avait. Le peuple d'Athènes ayant délibéré de consacrer deux statues à la déesse Minerve et de les poser sur deux hautes colonnes, cet ouvrage fut partagé à ces deux fameux concurrents : Alcamène fit la figure de la déesse svelte et d'un visage fort gracieux ; tout le monde l'allait voir avec admiration dans son atelier et on ne parlait que de la Minerve d'Alcamène. Phidias au contraire composa sa figure tout autrement, car il lui fit de grandes parties qui n'avaient point de grâce dans l'atelier et il faillit être lapidé par le peuple. Mais quand les deux statues furent mises en leur place, celle de Phidias parut avec toute la beauté qu'on pouvait désirer et fut fort estimée par les Athéniens, celle d'Alcamène perdit de sa grâce, parut mesquine et ridicule.

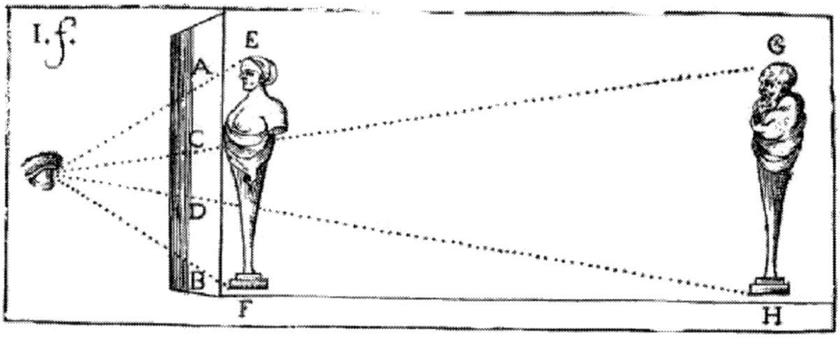

Figure première

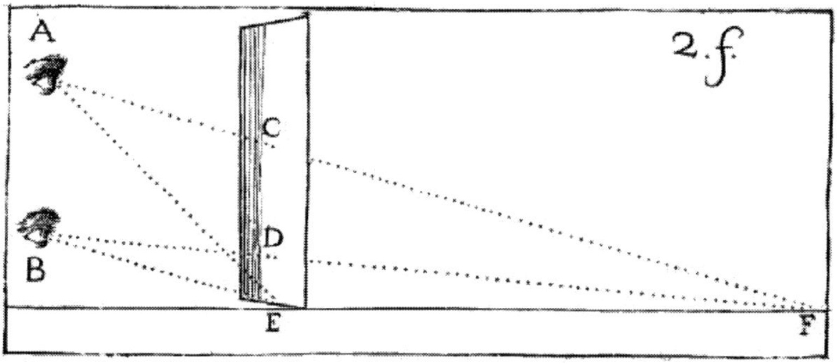

Figure seconde

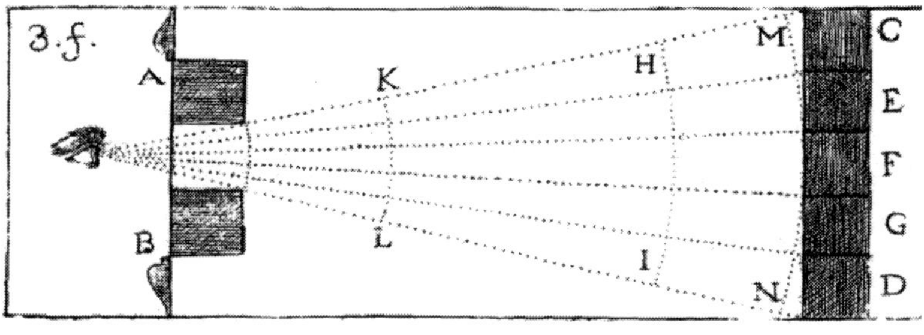

Figure troisième

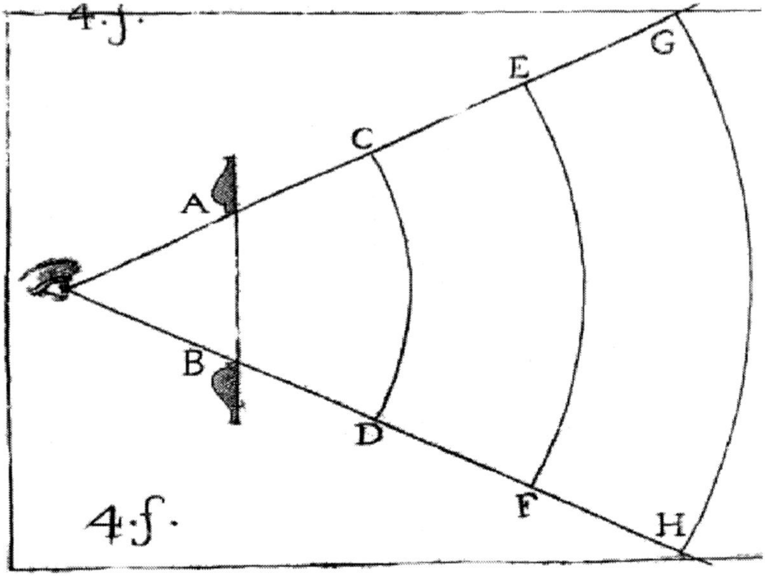

Figure quatrième

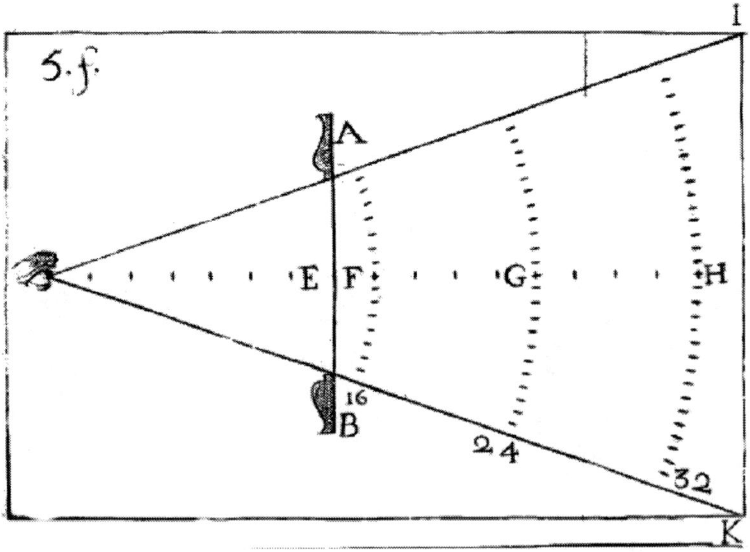

Figure cinquième

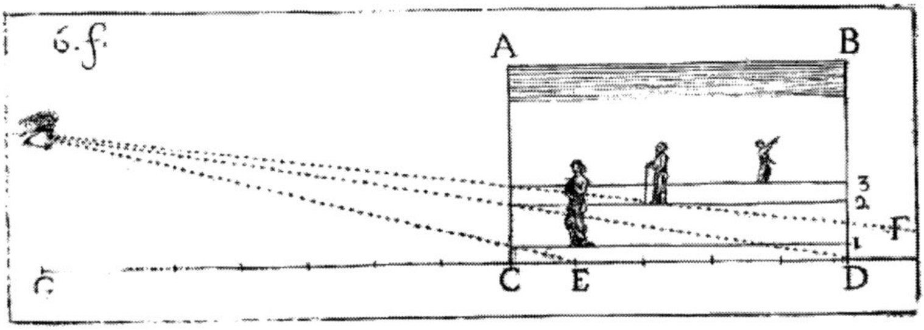

Figure sixième

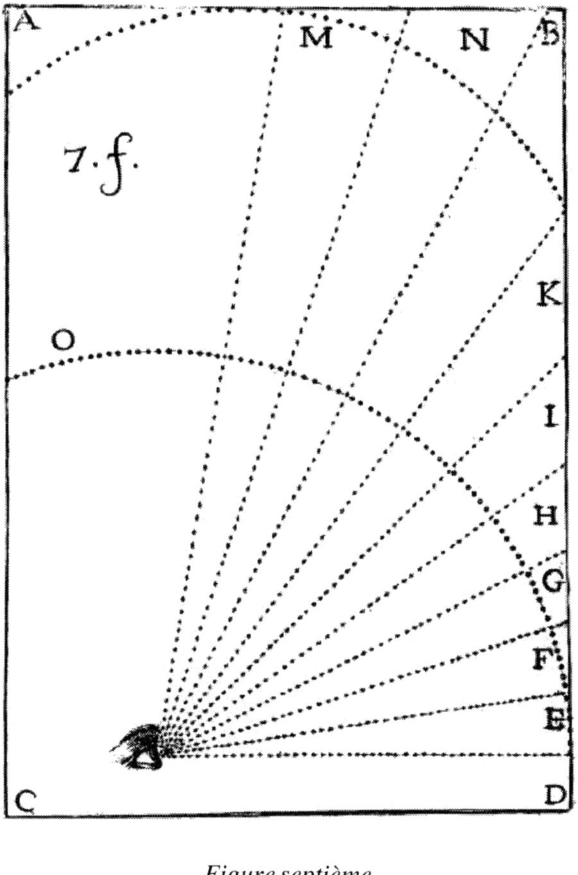

Figure septième

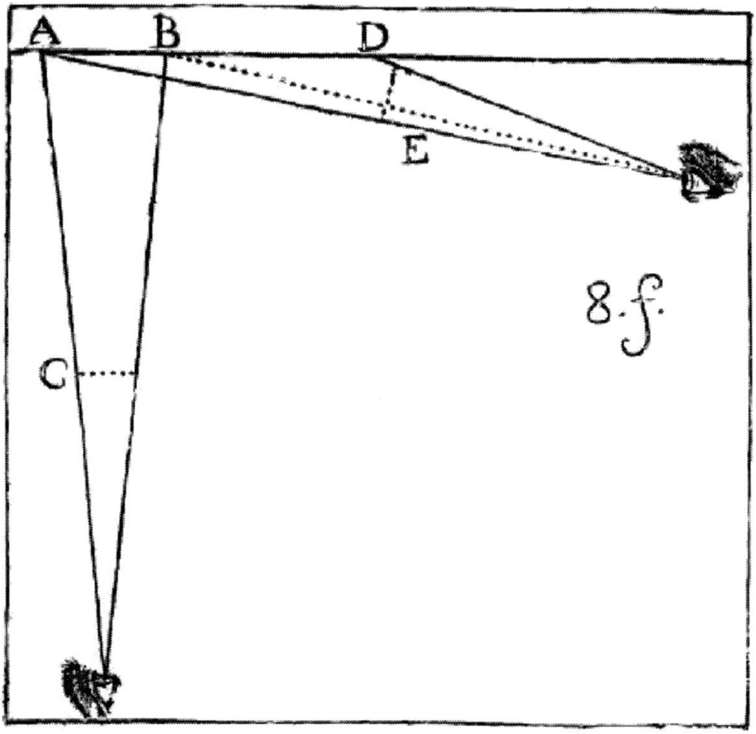

Figure huitième

BIBLIOGRAPHIE

Sources

ALBERTI (L.-B.), *De pictura* (1431), 1re éd. Bâle, 1540, rééd. par J.-L. Scheffer, Paris, Macula, 1992.

ARMENINI (G.-B.), *De' veri precetti della pittura,* Ravenna, 1587, éd. par M. Gorerri, Milano, 1988.

BAGLIONE (G.), *Vite dei pittori, scultori ed achitetti*...(1572-1642), Roma, 1642.

BELLORI (G. P.), *Le vite de' pittori scultori ed architetti moderni*, Roma, 1672.

BISAGNO (F.), *Trattato della pittura*, Venezia, 1642.

BOUTET (C.), *Traité de la mignature* (*sic*), Lyon, 1672, reprint Genève, Minkoff, 1973.

CATHERINOT (N.), *Traité de la peinture*, Bourges, 1687, reprint Genève, Minkoff, 1973.

Conférences de l'Académie royale de peinture, tome I, 2 vol. :1648-1681, éd. par J. Lichtenstein et C. Michel, Paris, ENSB-A, 2006.

DESCARTES (R.), *Œuvres,* éd. par C. Adam et P. Tannery, Paris, Cerf, 1897-1913, rééd. Paris, Vrin, 1996.

DOLCE (L.), *Dialogo della pittura*, Venezia, 1557, rééd. par L. Fallay d'Este, Paris, Klincksieck, 1996.

DU BOS (J.-B.), *Réflexions critiques sur la poésie et la peinture*, Paris, 1719, rééd. Paris, ENSB-A, 1993.

DÜRER (A.), *Quatre livres de la proportion des parties et pourtraits du corps humain,* Nüremberg, 1528, trad. par L. Meigret, Paris, 1557.

EUCLIDE, *Les Eléments*, trad. par B. Vitrac, Paris, P.U.F., 1994.

FÉLIBIEN (A.), *Entretiens sur la vie et les ouvrages des plus excellents peintres*, 1666-1688, reprint Genève, Minkoff, 1972, rééd. des livres I et II par R. Démoris, Paris, 1987.

– *Principes de l'architecture, de la sculpture, de la peinture et des arts qui en dépendent*, Paris, 1676.

GAURICUS POMPONIUS, *De sculptura,* Florenza, 1504.

HORACE, *Epître aux Pisons (Art poétique)*, trad. par F. Villeneuve, Paris, Les Belles Lettres, 1934.

JUNIUS FRANCISCUS, *De pictura veterum libri tres*, Amsterdam, 1637, rééd. avec trad. du livre I par C. Nativel, Paris, Droz, 1996.

LOMAZZO (G.-P.), *Trattato dell'arte della pittura, scoltora et architettura*, Milano, 1584.

MALVASIA (C.), *La Felsina pittrice*, Bologna, 1678, rééd. par A. Emiliani, Bologna, 1969.

MONCONYS (B.), *Journal de voyage de M. de Monconys*, Lyon, 1666.

PADER (H.), *Traité de la proportion naturelle et artificielle des choses de Ian Pol Lomazzo*, trad. par H. Pader, Toulouse, 1649.

PAUSANIAS, *Description de la Grèce*, t. X, éd. par M. Casevitz, J. Pouilloux et F. Chamoux, Paris, Les Belles Lettres, 1992.

PHILANDRIER (G.), *In decem libros Vitruvii Pollionis de architectura annotationes*, Roma, 1544.

DE PILES (R.), *L'art de peinture de C.-A. Dufresnoy*, 1668, reprint Genève, Minkoff, 1973.

PLINE, *Histoire naturelle*, livre XXXV, éd. par J.-M. Croisille, Paris, Les Belles Lettres, 1985.

QUINTILIEN, *Institution oratoire*, t. XII, Paris, Les Belles Lettres, 1980.

RIDOLFI (C.), *Le meraviglie dell'arte, overo le vite de gli illustri pittori veneti*, Venezia, 1648.

SOPRANI (R.), *Le vite de pittori, scoltori et architetti genovesi*, Gênes, 1674.

VASARI (G.), *Le vite de' piu excellenti architetti, pittori et sculptori italiani*, Florenza, 1550, rééd. avec trad. par A. Chastel, Paris, 1981-1989.

VIGENÈRE (B.), *Les Images ou tableaux de platte peinture*, Paris, 1578, rééd. par F. Graziani, Paris, H. Champion, 1995.

VITRUVE, *De architectura libri decem*, trad. par C. Perrault, Paris, 1673, rééd. de la 2e éd. de 1684, Paris, Mardaga, 1979, rééd. par P. Gros, Paris, Les Belles Lettres, 1992.

ZUCCARO (F.), *L'idea de' pittori scultori e architetti*, Turino, 1607, rééd. par D. Heikamp, Florenza, 1961.

Littérature critique

CHENNEVIÈRES-POINTEL (P.), *Recherches sur la vie et les ouvrages de quelques peintres provinciaux de l'ancienne France*, t. 4, Paris, 1854.

Les collectionneurs toulousains du XVIIIe siècle, Somegy éd. d'art/Musée P. Dupuy, Toulouse, 2001.

FONTAINE (A.), *Les doctrines d'art en France*, Paris, 1909, reprint Genève, Slatkine, 1970.

RAMET (H.), *Histoire de Toulouse*, Toulouse, 1935, reprint Toulouse, Le Pérégrinateur, 1994.

RAYNAL (J.), *Histoire de Toulouse*, Nantes, Forest, 1759.

REINACH (A.), *Textes grecs et latins relatifs à l'histoire de la peinture ancienne* (Recueil Milliet), Paris, Klincksieck, 1921, rééd. Paris, Macula, 1985.

SAINT-RAYMOND (E.), « Conférence du 6 avril 1911 » dans *Mémoires de l'Académie royale des sciences, inscriptions et belles-lettres de Toulouse*, 10e série, t. XI, Toulouse, 1911.

TEYSSÈDRE (B.), *Roger de Piles et les débats sur le coloris au siècle de Louis XIV*, Paris, Bibliothèque des arts, 1965.

TABLE DES MATIÈRES

SUPPLÉMENT À LA PREMIÈRE DISSERTATION

Sur la dignité de la peinture, sur l'histoire des peintres de l'Antiquité et des restaurateurs de cet art

DISSERTATION SECONDE

Qu'est-ce que le dessin, et des moyens de s'y avancer

SUPPLÉMENT À LA SECONDE DISSERTATION

De la structure et des proportions du corps humain

TROISIÈME DISSERTATION

Du coloris, en quoi il consiste, et du choix qu'on en peut faire

SUPPLÉMENT À LA TROISIÈME DISSERTATION
Sur le coloris

DISSERTATION QUATRIÈME
De la composition

TRAITÉ D'OPTIQUE

Pour supplément à la quatrième dissertation sur la composition

ACHEVÉ D'IMPRIMER
EN MARS 2011
PAR L'IMPRIMERIE
DE LA MANUTENTION
A MAYENNE
FRANCE
N° 642170E

Dépôt légal : 1er trimestre 2011